现代基础教育研究 第三十四卷

RESEARCH ON MODERN BASIC EDUCATION Vol. 34. JUNE 2019

现代基础教育研究

2019 年 6 月 25 日出版

执行编辑：王中男，孙　珏，张雪梅

Research on Modern Basic Education

Vol.34 June 2019

CONTENTS

(Main Articles)

我国中小学 STEAM 课程建设的现状、问题与对策

车丽娜，郝立翠

（山东师范大学 教育学部，山东 济南 250014）

摘　要： STEAM 课程注重学生的科学与创新素养，满足了我国人才培育的新需求，受到了国家的高度重视，并快速渗透到中小学的课程体系中。但 STEAM 课程在融入我国中小学的过程中，存在着学科间的知识联结匮乏、课程内容与生活的关联性低、课程创生空间及教师胜任力不足等问题。中小学在开发 STEAM 课程时，要充分考虑到课程的育人目标，注重知识联结的适切性、学习经验的有效性、情感体验的丰富性以及师资培养的完善性。

关键词： STEAM 课程；课程实施；课程建设；合理性

STEAM 教育的理念最早产生于 20 世纪 80 年代的美国，作为信息时代培育创新型人才的重要举措，它旨在通过科学（Science）、技术（Technology）、工程（Engineering）、艺术（Arts）与数学（Mathematics）的综合实施来培育学生的科学与创新素养。STEAM 课程的跨学科整合、注重创新教育的理念，为我国中小学课程及育人模式的改革提供了有力的支撑，适应了我国人才培养的新需求，从而有效地被引入我国中小学的课程体系中。

一、我国中小学 STEAM 课程建设的历程

我国教育界于 20 世纪末开始引入美国“基于项目的学习”理念，开发具有研究性的综合实践活动课程，该类课程在突破学科界限培养学生的创新能力方面彰显了巨大的优势，也为我国课程改革的综合化取向提供了思想动力。而 STEAM 课程更加侧重于通过调研活动和产品设计等方式来完成项目，有效促进了学生的认知能力及创新思维的发展，满足了我国对复合型、创新型人才的需求。这一系列内外因的综合作用使得 STEAM 课程在我国的引介与发展成为必然。2016 年 11 月，中国教育学会牵头成立了由国内知名高校、中小学、科研机构以及相关企业志愿组成的 STEAM 课程创新协作体——“STEAM 课程联盟”，开始打造具有中国特色的 STEAM 课程及评价体系。同时，为了规范 STEAM 课程的实施路径与方向，国家制定了一系列的支持和指导性政策。从 2016 年出台的《教育信息化“十三五”规划》到 2018 年的《STEM 教师能力等级标准（试行）》、“中国 STEM 教育 2029 创新行动计划”等，都为 STEAM 课程的落地提供了有利条件。

基于我国人才培育的需求，在基础教育阶段融入 STEAM 课程刻不容缓。而为了在吸收国外 STEAM 课程先进理念的基础上保持我国课程发展的本土特色，很多中小学开始有选择性地借鉴国外的 STEAM 课程理论并付诸实践。我国中小

基金项目：本文系山东省研究生教育创新计划项目“课程与教学论专业研究生教学与科研能力一体化培养模式的探索”（项目编号：SDYY16084）的研究成果。

作者简介：车丽娜，山东师范大学教育学部教授，博士生导师，博士，主要从事课程与教学论、教师教育研究。
郝立翠，山东师范大学教育学部硕士研究生，主要从事课程与教学论研究。

学STEAM课程建设在经历了前期的艰难探索以后,呈现出融合发展的崭新态势。很多学校有意识地将STEAM课程中的科学、技术、工程、艺术的内容融入分科教学的过程之中,将国家课程与STEAM课程适当协调,在不影响国家课程课时量的基础上,促进STEAM课程与正式课程体系接轨,在传统的分科课程体系中融入STEAM课程的跨学科整合优势,结合基于项目或问题解决的课程开发方式,提升学生的知识应用能力。

二、我国中小学STEAM课程建设中的问题及原因

STEAM课程在我国中小学的发展起步较晚,长期的分科教学及以授受为主的教学方式又严重限制了STEAM课程的发展空间,使其在具体实施中面临着一系列问题。

1. 学科壁垒森严致使知识联结匮乏

由于分科课程在我国课程体系中占据主导地位,各科教材的编写缺乏相关知识的融入,考试的评价方式与内容也多以分科的形式为主,由此而形成的学科壁垒致使综合课程的发展缺乏内生性动力,各科内容的融合难以实现。这种单向度的分科课程不仅引发了学科间的内容重复、交叉、学生学业负担过重等一系列问题,也破坏了学生经验的统一性,造成“只见树木,不见森林”的现象,进而导致类似STEAM这样的综合课程的推进举步维艰。习惯于学科边界内生活的教师及学生缺乏整合性经验,在面对STEAM课程时,他们往往不知从何处着手。很多教师简单地将STEAM跨学科统整的概念理解为两科以上教学内容的合并,造成教学中的机械拼盘现象,使跨学科统整的意义流于形式。同时,由于我国中小学教师的STEAM素养较低,对STEAM各学科的内容更是知之甚少,无法准确把握各科内容的联结点,造成课堂授受的知识较为零散、不成体系。这种知识拼盘的课程内容与实施方式仅能满足学生一时的好奇与体验,而不能激发学生长远的发展兴趣。当前,纵然STEAM教育理念方兴未艾,大多数教师却仅将其作为一门单独的新兴学科加以对待,既不能利用现有的课程体系促进学生综合能力的发展,也无法将STEAM素养的培育融入各学科的教学之中。

2. 静态知识观限制课程内容的生活迁移

任何学校的课程建设都是在一定的价值观念的引导下发生的。学校课程建设本身具有公共性,而公共事物的参与者都会秉持自身的价值观念建构个体的社会认知与职责范围。“学校课程建设的公共性存在于不同视点的相互关系之中,无论是视点的单一化,还是这种相关性的消失,都有可能导致学校课程建设公共性或学校共同生活世界的裂变。”[1]当前,我国中小学课程建设表现出均一化的静态知识倾向,无论是学科课程的组织还是综合课程的实施,大多以静态的知识学习为主要目的,导致学生素质发展取向上多元视域的消失。中小学教师在课程实施中秉持的是静态的知识观,注重于间接经验的学习,造成了知识学习与生活世界的剥离。STEAM课程的实施也在一定程度上受到这种知识观的影响,教师在课堂上系统地讲授STEAM课程相关学科知识。课程的讲授侧重于STEAM课程文本内容的理解,但却忽视了学生生活的具体情境,致使课程内容仅仅局限于课堂内,而无法引发学生持续观察与思考。STEAM课程建设的主旨在于通过创设真实的问题情境,引发学生对现实问题的持续思考,在促进学生有效掌握理论知识的同时,创生出新颖的现实问题解决策略。然而,静态知识观催生了脱离生活情境的知识与策略宣讲,严重偏离了STEAM课程建设的初衷,也影响了学生问题解决能力及自主创新能力的发展。

3. 照搬国外经验致使课程创生空间不足

任何类型的课程建设都是在不断丰富课程内容的同时拓展课程空间的过程。由于STEAM课程的内容综合性及思维创新性特征,更加需要在多学科内容的融合中创生课程实施乃至学生思维发展的空间。而当前的课程体系大多是在借鉴国外STEAM理念及科技创新教育经验的基础上形成的,在将国外的创新教育思想与本土的传统课程体系对接过程中,教师需要有步骤地消化吸收并加以改造和拓展。当前,由于教师对该课程性质的认知不足以及本身的经验匮乏,在教学中只能机械地模仿和借鉴国外的课程,课程内容在移植国外经验的过程中基本固化统一。“教学沦为既定课程内容的客观主义呈现,即使教师是教学的主体,其个性发挥的空间也受到了极大的限制”。[1]很多教师将国外引进的STEAM课程看作

科学课程的另一种变式,沿袭着传统的封闭性教学设计来讲授崭新的教学内容,致使 STEAM 课程的创新性不足。同时,由于对移植的课程标准及课程内容的理解有限,导致课程本身开放性不足。“有时候教师必须对指定的课程标准进行教学与评估,这种规定限制了学习活动的设计,导致把学习活动整合到真实活动中的过程变得比较困难。”[2] 而且,受传统的考评机制的影响,教师为了提升个人的绩效,往往选择增加核心学科课程的讲授时间,而忽视或弱化 STEAM 课程的建设。为了在有限的教学时间中尽快完成目标,教师以讲授及演示实验等方式不断推进教学进度,使得课程的实施不能充分展示问题探究过程,更不能有效地促进学生创新思维的发展。

4. 教师培养滞后导致教师胜任力不足

我国中小学在推进 STEAM 课程建设的过程中,非常注重国外的课程案例的引进及实验室等硬件设施的完善,但针对 STEAM 课程专任教师的培养体系的建设却相对滞后。我国以往并没有培育 STEAM 课程教师的经验,很多学校是由承担科学、物理、化学乃至信息技术课程的教师来兼任 STEAM 课程,有的学校将 STEAM 课程教师送到科技公司进行短期培训,有的学校则直接聘请科技公司人员到中小学进行现场教学。以上师资队伍组建方式虽可以在短期内维持 STEAM 课程的开展,却难以实现课程的持续推进。而我国高师院校的教师培养体制既没有建立完善的 STEAM 教师职前培养体系,也无法为在职教师提供系统的 STEAM 课程实施方式的培训。职前培养先天不足,职后培训相对乏力,这必然导致我国大多中小学 STEAM 课程教师胜任力不足,面对课程实施中的具体困难,他们只能通过多方求教、查阅资料等方式来解决问题。面对创新素质要求极高的 STEAM 课程,很多教师以现学现卖的方式机械地复演课程设计中的操作步骤,导致该课程所包含的创新思想难以体现,更不能持续地激发学生创造性思维的发展。

三、我国中小学 STEAM 课程改革的展望

STEAM 课程的实施是培养学生的创造思维和创新能力的重要途径,对于弥补我国传统课堂教学的不足具有重要价值。为了有效应对当前课程实施中的问题,发挥 STEAM 课程的优势,在课程建设中应注意学科间知识内容的链接,并进一步重视教学情境的创设,融入生活经验。

1. STEAM 课程建设应把握知识联结的适切性

(1)学科知识的分化与融合

STEAM 课程虽然是一种综合课程,但却并不关注学科知识的整合程度和范围,而是将重点放在特定问题的解决上,基于问题解决的需要而对相关知识进行统整。“整合必须明确,应支持学生学习单个学科的知识,整合并不一定越多越好。”[3] 即课程的融合必须建立在分科学习的基础之上,学生只有掌握了各学科的基础知识,才能更好地学习跨学科的知识内容。“综合课程的价值,在相当程度上恰恰取决于分科课程所给予学生的知识基础。”[4] STEAM 课程中的科学、技术与工程素养的培养,也正是建立在数理学科与自然科学的基础之上,只有较好地掌握了数学、物理、化学、生物等学科的基础知识,才能更好地学习与整合其他科目的内容。因此,我国中小学在借鉴 STEAM 课程的过程中,应明确各个学科领域及跨学科领域必需的标准,在不改变现行分科课程的基础上,把关联性的任务整合到一个综合课程的活动单元或计划里。整合并不等于分科知识的拼盘,而是在理解各学科的重要概念与结构性知识的基础上,进行科际间的、跨学科的知识联结。

(2)课程内容的整合与开发

STEAM 课程的开发应充分考虑学生身心发展与知识积累的渐进性,避免教学设计的统一化、简单化等倾向。布鲁纳指出,课程的编制需要考虑到的因素之一,是“怎样把这些教材分成不同的水平,使之与学校里不同年级不同水平的学生的接受能力配合起来”。[5] 学生在低年级应可以接受技术、工程、科学类的课程内容,关键是传授知识的方式与知识内容的编排是否能适应学生的认知特点。STEAM 课程内容的开发应遵循最近发展区原则,选择符合学生思维的,并能激发其探究欲望的教学内容。即“设计的问题应该具有一定的复杂性,没有现成的解决方法可供参考,驱使问题情境中的学习者运用一系列的工程设计策略”。[3] 在此基础上,结合学生的兴趣、生活的情境,按照由浅入深、由简单到复杂的顺序,对不同学科间的相关内容进行整合。STEAM 课程的整

合实质上是综合整合模式,关注学科拓展、跨学科融合以及学科知识与生活经验的联系。STEAM课程的开发应不断地深化这些联系,促进学生跨学科经验在现实生活中的理解与运用。美国跨学科团队的集体备课模式为STEAM课程内容的整合提供了有力的支撑,团队中的教师依据明确的学习结果来识别每一个科目领域需要覆盖的学习目标,并以此来进行知识与技能的教授。[6]我国中小学在开发STEAM课程时,也可以借鉴这种跨学科的集体备课模式,以方便教师对STEAM课程内容的整体把握。

(3)不同学段的关联与衔接

STEAM课程建设应该注重学段之间的连续性,把握年级之间的内容衔接,并针对学生的年级特征进行创造性转化。“综合课程应该是一种连续性的课程形态,使学生在整个教育过程中,认识到学科间的联系,形成分析问题、解决问题的能力。”[7]美国STEAM课程构建了K-12年级的STEAM培养体系,从小学低年龄段便开始培育学生的工程、技术素养,为学生进入STEAM高中及高校的学习奠定了基础。而我国在引进国外现成的STEAM项目的过程中,如果不进行本土化改造,则学生无法在系统的课程实施中获得连续性经验,一旦缺少这种经验基础,我们引入的STEAM课程只能是一种碎片化的、不成体系的培育方式。国外体系化的STEAM项目需要与我国现行的课程体系有效对接,在考虑学生已有知识的基础上选择适切性的课程内容,并在课程内容的拓展中与各个学段的培养目标相关联,从而达成课程内容循序渐进,实施难度螺旋式递增的设计效果。

2. STEAM课程要确保学习经验的有效性

(1)先前经验的激发与唤醒

教师要有意识地将STEAM的知识内容与学生先前的经验建立联结,并与学生的生活经验相关联。“一个最明智的人所能做的一切,就是更广泛地、更细致地观察正在发生的事情,然后从已经被注意到的东西中更谨慎地选择那些因素,这些因素恰恰指向将来要发生的事情。”[8]教师作为学生学习的引导者,不能以学生自我喜好来组织教学经验,也不能进行墨守成规的教学。而应在学生以往经验的基础上,探究学生创新性思维生成的空间。因此,学生已知经验与未知经验的关联为教学目标的实现提供了可能,这种可能既可以是顺承先前知识结构,通过相关知识的唤醒与激发,促进学生对STEAM知识的理解与掌握;也可以是打破已有知识的固化结构,在新问题与先前的知识经验的认知冲突中拓展思维的广度与深度。因此,教师应该基于学生先前的生活经验而进行STEAM课程建设,引导学生在生活中感悟、运用知识,并在头脑中构建以往经验与新知识的联结,实现对STEAM知识的有效掌握。

(2)知识结构的内化与运用

知识不是客观存在的真理,而是建构于个人头脑之中的主观经验。因此,学习也不应该是现成知识的积累,而是借助已知知识探索未知世界的过程,是经验重建和意义生成的过程。学生只有将知识与自己的经验建立适当的联结,才能真正体会到知识的意义,才能将知识内化为自己的经验。STEAM课程具有过程模糊性与结果明确性的特点,注重于激发学生的自主学习能力,通过基于项目的问题情境,引导学生不断尝试,使学生在试误的过程中不断积累经验,从而完成项目。但与此同时,知识的内化也同样离不开思维的作用,“生命活力是隐含于那些非生命的物质载体之中的。没有这种以生命载体向非生命载体的运动,知识就难以形成、积累、继承和发展。”[9]教师在教授STEAM课程的过程中,不仅要引导学生进行动手操作,还应关注学科知识的掌握和学科思维的拓展。STEAM项目所涵盖的学科知识与思维能力,同样是学生解决问题的重要基础。

(3)学生发展的需要与实现

学生的兴趣与需要是STEAM课程开发的基础,也是美国大学STEAM先修课以及校企联动机制的目标来源,学生本位的STEAM课程开发极大满足了学生深造及就业的多元需求。而我国正处于STEAM课程实践的初期,还没有建立起完备的STEAM课程体系及校企联动机制,缺乏对学生需求的深度关注。但是,在具体的实施过程中,我们完全可以依据学生的兴趣与需求设定不同的培育方案,并设置多种选修课供学生选择。具体的课程内容可与高校、企业等的机构共同开发,并依据学生的学习情况进行定期调整。STEAM教师在教授课程内容的同时,也应充分关注学生的需求,通过课堂观察与问卷调查等方式,了解学生的心理诉求并进行有效的引导。随着课程的实施,STEAM 教师还应及时地调整与更新课程内容,以满足学生的发展诉求,提升其学习动机与学习效果,实现学生综合素质的持续发展。

3. STEAM 课程需提升情感体验的丰富性

(1)创设情境空间

情境空间的创设有利于学生对 STEAM 内容的掌握与感知。在课程实施过程中,教师需要营造真实的问题情境,使学生在解决复杂的生活问题的过程中,掌握各相关学科的内容。建设完善的 STEAM 教学空间需要大量的经费投入,这在经济条件相对落后的学校难以实现,在这种景况下,学校可以借助其他学校的创客空间、智慧教室、实验室乃至通过本校公共区域或教室的改造,来营造有利于 STEAM 学习的特定情境。针对设备及情境空间缺乏的现状,学校也可以与社会机构建立合作机制,利用个人工作室、科技公司等机构来实现 STEAM 课程的建设。另外,教师可以利用多媒体、互联网技术及人工智能技术来拓展课程实施空间,创设教学情境。

(2)增强职业体验

STEAM 课程应满足学生的升学及就业发展需求,并利用各种社会机构展开教学,而我国 STEAM 教育的社会联动机制还不够健全。“目前我国在推进 STEM 教育时基本都是各自为营,尽管也形成了一些专业机构和学校联盟,但都是民间的松散机构,没有形成全社会的合力,导致力量分散,缺乏力度,质量也参差不齐。”[10] 我国在完善 STEAM 课程体系的过程中,应针对学生的就业需求设计合理的职业规划与体验项目。为此,中小学应加强与社会公共机构的合作,充分利用各种社会资源,使企事业单位和各种公益机构成为学校开展 STEAM 课程的有力合作伙伴。同时,学校应注重与企业和高校的合作,为学生的职前体验开辟场域,满足学生各种专业知识的学习兴趣,为学生未来的职业发展奠定基础。

(3)注重人文关怀

STEAM 课程不仅关注科学、技术教育,同时也注重学生情感的陶冶,是一种人文性与科学性相融合的课程。我国中小学在建设 STEAM 课程时应充分融入人文性元素,丰富学生的情感体验。STEAM 课程在基于问题的项目解决中,需要小组间的协作与商讨,这种模式加深了同伴间的人际交往,令学生体验到合作的乐趣。学生在不断试误的过程中,加深对知识的好奇心,随着问题的解决,学生的科学探索精神也应运而生。“营造可以唤起学生整体生命获得刻骨铭心的整合性体验的情境却是真正的设计难点。”[11] 教师应该在学生原有经验的基础上,广泛地理解与运用综合课程的概念,将知识渗透到各科教学的过程中,从经验的层面激发学生的整合性体验。中小学在探索 STEAM 课程的道路中,应不断挖掘能激发学生情感体验的人文性因素。

4. STEAM 课程要增强师资培养的针对性

(1)建设长效师资培养机制

为了保障 STEAM 课程建设的教师资源,必须建设长效培养机制。STEAM 教师的培养非一朝一夕可完成,相关机构应积极邀请专家学者,通过顶层设计,为 STEAM 教师的职前培养与职后培训提供方案与制度保障。美国政府对 STEAM 教师的培养投入了大量的经费,并通过竞争性奖金、学费补贴等举措增加 STEAM 教师的薪酬。[12] 适当的薪资补贴可以提升教师参与培训的积极性。另外,为解决我国 STEAM 教师职前教育缺失,职后培训乏力等问题,教育部门应打通中小学与高校间的壁垒,使我们在逐步培养专业化的 STEAM 教师的同时,在职及兼职教师也能在专家的指导下弥补 STEAM 专业知识的不足,获得更大的发展空间。

(2)组建跨学科的教师团队

习惯于分科教学的教师难以在短期内掌握跨学科的知识内容,把握学科之间的联结点,而各学科教师间的通力合作则可以很好地弥补这种不足。组建跨学科的教师团队可以将各学科的教师团结在一起,通过单元设计、主题探究以及问题解决等形式,使各学科教师充分发挥自身的专业优势,准确把握相关知识的联结点。各科教师在理清了对应的知识点及教学策略之后,可以邀请专家学者及科技公司的技术人员也参与到课程的开发中来,完善方案的顶层设计及技术层面的内容。经过各方人员的协作,形成相应的课程建设方案。各学科教师依据方案合作进行教学设计,即各科教师在相关的主题或情境问题下,依据相关内容所属的专业领域,针对不同的知识及程序模块设计教学过程。在合作的过程中,各科教师不断总结问题并集体磋商,经过循环往复,问题得以解决,逐渐形成完备的、适合我国学情的 STEAM 课程方案。

(3)转变教师的传统角色

受到 STEAM 课程跨学科、情境性强及强调动手操作等特点的影响,教师在 STEAM 课程建设的过程中应该持续地进行学习、善于发现新问题,并针对问题解决而创设辅助性的教学情境。这就要求 STEAM 教师应从机械授受、以纲为本的传统型角色中脱离出来,应成为课程的开发者。教师在课程创生的过程中不断总结教学经验,打破简单依据项目内容进行教学的习惯,形成在实践中摸索前行的创新行为。在信息科技占据主导地位的当代社会,自主学习是教师专业发展的根本性要求,教师只有树立起自主学习并终身学习的理念,具有恰当的角色定位,才能适应当前教育改革的发展趋势。

参考文献:

[1] 徐继存.学校课程建设的价值自觉[J].西北师大学报(社会科学版),2018,(6):106-111.

[2] Susan M. Drake, Rebecca C. Burns.综合课程的开发[M].廖珊,黄晶慧,潘雯,译.北京:中国轻工业出版社,2007:114.

[3] 赵中建.美国中小学 STEM 教育研究[M].上海:上海科技教育出版社,2017:30,40.

[4] 丛立新.综合课程面临的几个问题[J].中国教育学刊,2001,(1):37-40.

[5] 布鲁纳.教育过程[M].邵瑞珍,译,王承绪,校.北京:文化教育出版社,1982:37.

[6] 罗伯特.M.卡普拉罗,玛丽.玛格丽特.卡普拉罗.基于项目的 STEM 学习:一种整合科学、技术、工程和数学的学习方式[M].王雪华,屈梅,译.上海:上海科技教育出版社,2016:82-83.

[7] 吕婷.综合课程改革的重点问题探究[J].教育理论与实践,2014,(25):57-60.

[8] 约翰·杜威.民主主义与教育[M].王承绪,译.北京:人民教育出版社,1990:160.

[9] 陶本一.学科教育学[M].北京:人民教育出版社,2002:184-185.

[10] 中国教育科学研究院课题组.中国 STEM 教育白皮书发布:提高学科的本质认知和科学素养[N].中国教育报,2017-8-26,(3).

[11] 吴国珍.走出综合课程改革实践困境的反思[J].教育发展研究,2006,(6):54-58.

[12] 王新燕,陈晨.美国 STEM 教师培养的主要经验及其启示[J].上海教育科研,2017,(4):80-83.

The Current Situation, Problems and Countermeasures of STEAM Curriculum Construction in Primary and Secondary Schools in China

CHE Lina, HAO Licui

(Faculty of Education, Shandong Normal University, Jinan Shandong, 250014)

Abstract: The STEAM curriculum, which emphasizes students' scientific and innovative qualities and meets the new demand of talent cultivation in China, has been highly valued by the country and has rapidly penetrated into the curriculum system of primary and secondary schools. However, in the process of integrating STEAM into the primary and secondary schools in our country, there exist such problems as disconnection of interdisciplinary knowledge, low correlation between course content and life, insufficient space of course creation and weak competence of teachers. When developing the STEAM curriculum, primary and secondary schools must fully consider the educational objectives, and pay attention to the relevance of knowledge connection, the effectiveness of learning experience, the richness of situational awareness and the perfection of teacher training.

Key words: STEAM curriculum, curriculum implementation, curriculum construction, rationality

我国学校改进研究的热点与未来走向
——基于 CNKI(2005—2018 年)文献的知识图谱分析

和学新，于　楠
（天津师范大学 教育科学学院，天津 300387）

摘　要： 文章以“学校改进”为关键词，基于 CNKI 核心数据库进行知识图谱分析，发现学校改进评估研究、学校效能与学校改进研究、学校自主改进研究、学校改进策略优化研究、学校改进模式探索是研究热点。学校效能与西方学校改进经验研究、学校改进内部动力机制研究和学校改进实践多样化探索等是学校改进研究的发展脉络。在未来，我国学校改进应深入研究学校改进动力机制和学校改进理论转化问题，积极应对学校改进中的困境。

关键词： 学校改进；知识图谱；研究热点；未来走向

20 世纪 80 年代，美英等发达国家掀起了学校改进运动。受西方学校改进运动影响，我国于 2005 年前后开始进行相关的理论与实践探索。学界引用较多的“学校改进”的定义是由费尔岑 1985 年提出的，他认为，“学校改进是改变一所或多所学校的学习条件或者内部条件时所进行的系统和持续的努力，最终目标是为了更有效地实现教育目的。”[1]学校改进是一种教育变革的方法或策略，目的指向学生的发展，根据不同参与主体，采用不同策略或机制对学校整体进行有效的改进。我国学校改进工作呈现出怎样的态势？发展脉络如何？其特点和未来的发展趋势如何？对于这些问题的回答有助于明晰我国学校改进研究概况，把握未来趋势，为学校改进后续探索提供可供参考的努力方向和策略。

一、研究数据

以“学校改进”为检索字段对 CNKI 进行主题检索，发现我国有关学校改进的研究的专业文献最早为 2005 年 10 月召开的中国首届国际教育效能与学校改进大会的会议综述。[2]本文据此将相关文献的检索时间设定为 2005—2018 年。在北京大学中文核心期刊和中文社会科学引文索引期刊库检索，精确匹配检索后得到文献 374 篇。去除投稿须知、书评、重复文献等，最后得到有效文献 243 篇作为本研究的数据样本，检索日期为 2018 年 9 月 1 日。所检索的文献基本上可以客观地反映我国学校改进研究的进展情况。

二、研究过程

关键词是文章核心内容的浓缩与提炼，高频率关键词可视为研究热点。[3]本研究对学校改进研究

作者简介：和学新，天津师范大学教育科学学院教授，主要从事教育基本理论研究。
于　楠，天津师范大学教育科学学院硕士研究生，主要从事教育基本理论研究。

热点的分析是关键词共词分析，其步骤为：第一步，在中国知网数据库检索，对多余及无关的文献进行删除，将文献转化为数据文本；第二步，利用 Bicomb 2.0 软件，对关键词进行提取，合并类似关键词和剔除非关键词，生成高频关键词表；第三步，生成学校改进的高频关键词聚类图；最后一步，绘制学校改进研究热点知识图谱。

1. 高频关键词的生成

本研究高频关键词采用 Bicomb 2.0 软件统计词频，规范化处理关键词，合并近义词。例如将“美国”“英国”“西方国家”合并为“西方国家”，将“教师发展”“教师”“教师培养”合并为“教师发展”，将“U-S 合作办学”合并为“院校协作”等。取用词频大于等于 3 并且排名前 42 位的高频词形成高频关键词表，其出现频次占关键词出现总频次的比例约 45%，这些关键词基本可以反映近年来中国学校改进研究的热点（见表 1）。

表1　我国学校改进研究高频关键词表

序号	关键字段	出现频次	百分比%	累计百分比%
1	学校改进	136	14.6079	14.6079
2	西方国家	46	4.9409	19.5489
3	教师发展	16	1.7186	21.2675
4	学校效能	14	1.5038	22.7712
5	校长	13	1.3963	24.1676
6	学校文化	13	1.3963	25.5639
7	基础教育改革	12	1.2889	26.8528
8	薄弱学校	12	1.2889	28.1418
9	学校管理	11	1.1815	29.3233
10	院校协作	11	1.1815	30.5048
11	领导力	11	1.1815	31.6864
12	农村学校	7	0.7519	32.4382
13	U-D-S(大学-地方-学校)伙伴协作	7	0.7519	33.1901
14	教育行政组织	6	0.6445	33.8346
15	学校变革	6	0.6445	34.4791
16	教育变革	6	0.6445	35.1235
17	集团化办学	5	0.5371	35.6606
18	策略	5	0.5371	36.1976
19	教育质量	5	0.5371	36.7347
20	学生参与	5	0.5371	37.2718
21	教育改革	4	0.4296	37.7014
22	学校评估	4	0.4296	38.131
23	学校特色发展	4	0.4296	38.5607
24	中小学	4	0.4296	38.9903
25	外部评估	4	0.4296	39.42
26	指标体系	3	0.3222	39.7422
27	学校组织	3	0.3222	40.0644
28	学校组织变革	3	0.3222	40.3867
29	质量保障	3	0.3222	40.7089

（续表）

序号	关键字段	出现频次	百分比%	累计百分比%
30	教育政策	3	0.3222	41.0311
31	实践	3	0.3222	41.3534
32	课程领导	3	0.3222	41.6756
33	教育督导	3	0.3222	41.9979
34	澳大利亚	3	0.3222	42.3201
35	教师领导	3	0.3222	42.6423
36	基础教育	3	0.3222	42.9646
37	英国教学学校	3	0.3222	43.2868
38	学校发展	3	0.3222	43.609
39	能量建构	3	0.3222	43.9313
40	自我评估	3	0.3222	44.2535
41	农村校长培训	3	0.3222	44.5757
42	内生模式	3	0.3222	44.898

2. 构建高频关键词矩阵

Bicomb 2.0 软件用于对获得的 42 个高频关键词做共词分析，并生成表示两目标相似程度的词篇矩阵。然后利用 SPSS 19.0 软件通过 Ochiai 系数计算利用词篇矩阵做出表示两个关键词相似性的相似矩阵。根据学校改进高频关键词相似矩阵得出[4]，学校改进由近及远的关键词是校长（0.291）、领导力（0.263）、学校管理（0.211）、西方国家（0.187）、院校协作（0.166）、基础教育改革（0.151）、薄弱学校（0.126）、教师专业发展（0.108）、学校文化（0.105）、农村学校（0.099）等。

3. 高频关键词聚类图的形成

图 1 的横轴说明关键词之间的距离，数字越小的关键词距离越近，纵轴反映的是高频关键词。[5]因此，对我国学校改进研究内容大致可以划分出五类。分类一关注学校发展结果评估，包括外部评估、自我评估、学校评估、质量保障等 4 个关键词；分类二关注新基础教育背景下教育改革，包括教育改革、学校效能、教育政策等 13 个关键词；分类三关注学校改进的内容和影响因素，包括集团化办学、学校组织、学生参与等 6 个关键词；分类四关注学校改进中主体角色及其关系，包括领导力、校长、教师发展等 12 个关键词；分类五关注的主题为学校改进中的路径探索，包括能量建构、农村学校、学校特色发展等 7 个关键词。

4. 高频关键词知识图谱的生成

将多维空间对象转化为保留对象原始空间关系的低维空间定位、分析和归类的数据分类方法，叫作多维尺度分析。[6]对相异矩阵进行 ALSCAL 多维尺度分析，得到 Euclidean 距离模型散点图，如图 2 所示。图内纵轴表示密度，表示领域内各关键词的相关度；横轴表示向心度，表示领域间的相互影响强度。其中，第一象限内领域一的学校管理和指标体系，领域三的学校特色发展和学校组织等，这些关键词内部联系不紧密，外部联系也不大，是学校改进研究网络的边缘区域；第二象限内邻域一的学校评估和自我评估等，领域三的课程领导和农村校长培训，内部联系不紧密，但与外部联系紧密，重要性小；位于第三象限的研究领域主要是领域二中的教育改革和西方国家等，各关键词之间的内部联系相关性大，却与外部其他领域不相关，价值高，但属于隐形价值；第四象限有领域五的伙伴协作和大学地方学校合作等，领域四的校长和教师领导等，与外部其他领域关系十分紧密，同时内部各关键词之间联系密切，属于我国学校改进研究领域的核心热点。

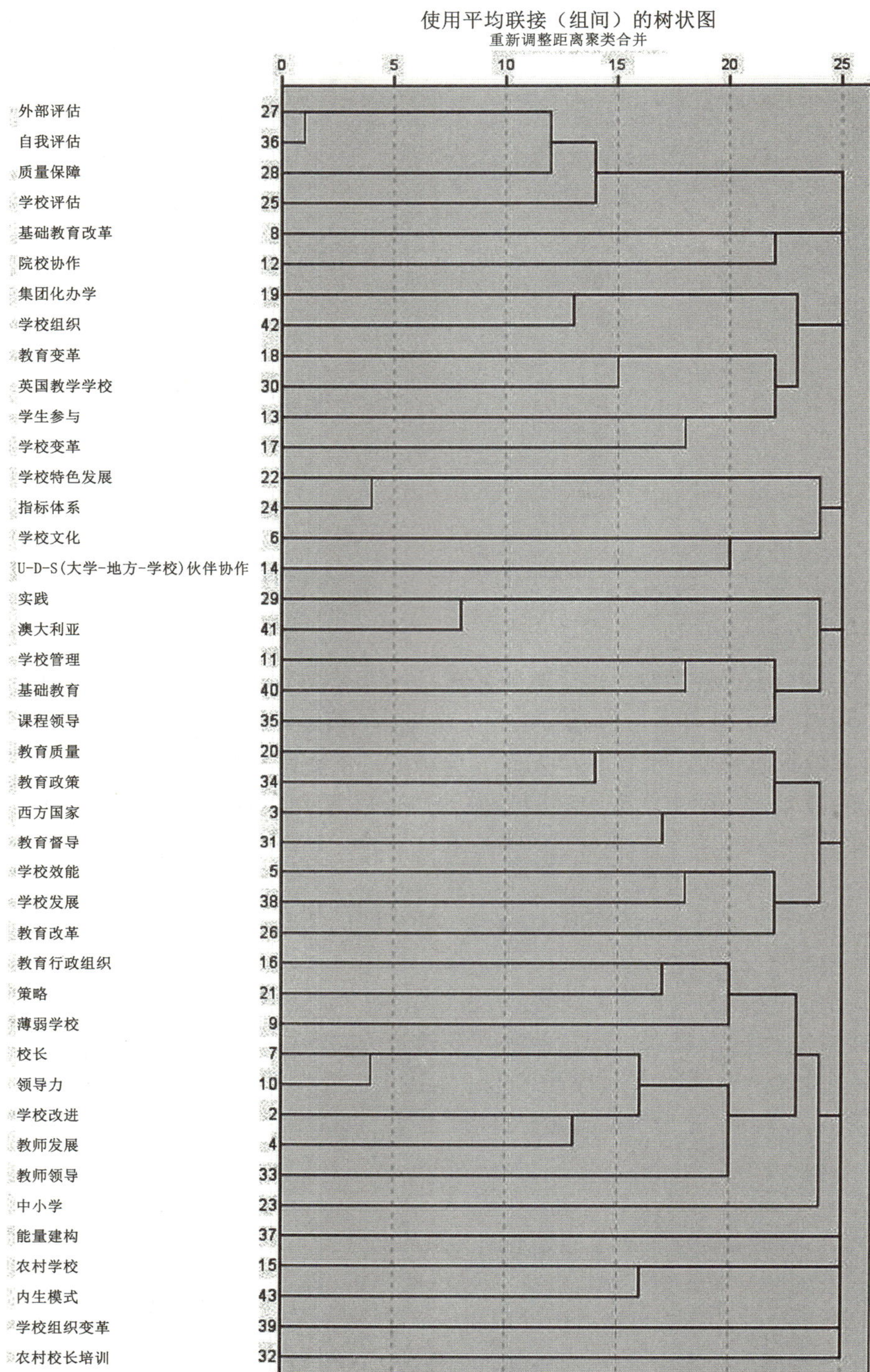

图 1　我国学校改进研究高频关键词聚类树状图

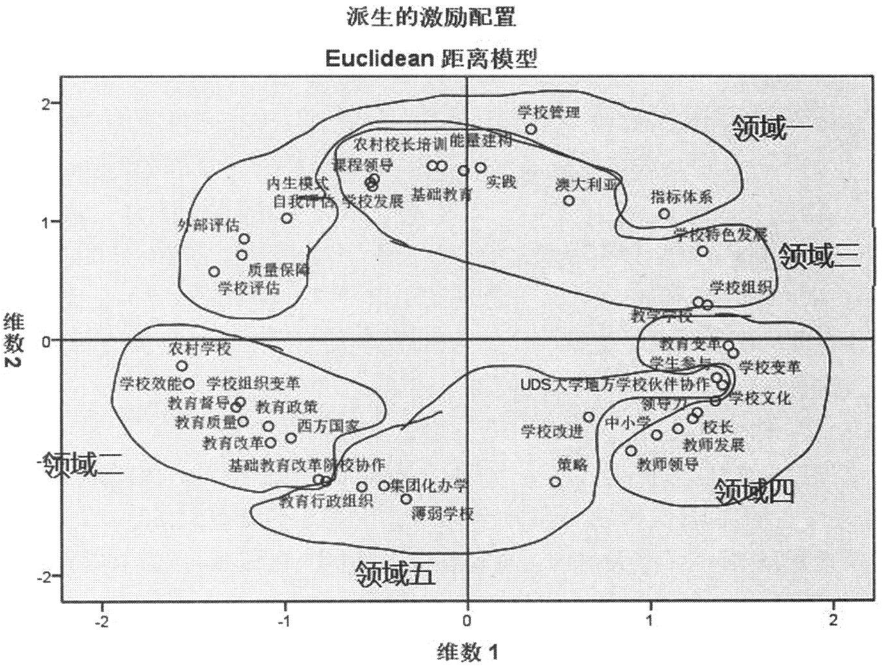

图 2　我国学校改进研究高频关键词知识图谱

三、我国学校改进研究热点透视

我国学校改进研究热点可总结为五个领域：学校改进评估研究、学校效能与学校改进研究、学校自主改进研究、学校改进策略优化研究、学校改进模式探索研究。

1. 学校改进评估研究

实践证明，有效的学校改进必须以科学的评估为基础。20 世纪 80 年代起，“校本管理”运动不断发展。此项运动旨在给学校更多办学自主权，其中一个重要策略就是学校自我评估。20 世纪 90 年代后，英国在新的教育督导体系中突出了学校自我评估和与外部督导相互协作、配合的两种活动的地位。[7]我国各级教育行政部门也随着教育管理体制改革的深化，学校办学自主性和自主发展需求的状况有了显著改变。由图 2 可以看出，在领域一中，学校改进研究关注的学校评估、外部评估、自我评估等关键词处在第二象限，和其他象限的关键词有联系，与本领域内各关键词的联系不大，说明研究内部结构不紧密；学校改进前期是国家为保障教育质量而推行教育改革的措施，关注国家层面教育制度改革对学校的影响，关注学校发展的结果和质量，评估则是学校改进的重要方式。随着学校改进研究的深入，研究者对其关注度降低，评估研究最终处于边缘化位置。

2. 学校效能与学校改进研究

学校改进与学校效能研究在学校发展的历史中一直是密切相关的，正是在学校效能的研究中，研究者发现了学校改进的重要意义。学校改进研究是从学校效能研究不断发展分化而来的，但两者在理论认识以及研究方法上的分歧越来越大。到了 20 世纪 90 年代，两种研究又出现了结合的趋势，并由此产生了一批将两者结合在一起的学校改进项目。[8]由图 2 可以看出，领域二关注的学校效能、教育改革、西方国家等关键词有着相对完整的结构框架，同时与其他象限内的关键词联系较少。虽然这意味着这些研究并未充分发挥其理论和学术影响,但具有较大的潜在价值。学校效能研究与学校改进研究的结合不仅有助于理论上的进步,也有助于推动教育实践的发展。

3. 学校自主改进研究

我国早期学校改革是由国家政府推行的自上而下的改革,教育体制的变革推动学校改进的发展。现在的学校较之以往,已完成从变革对象到变革主体,从政策的被动执行者到创造型执行者的变化。[9]由图 2 可以看出,领域三跨越第一象限和第二象限,且领域内关键词之间位置松散,与其他领域关系小。我国学校改进是受西方国家影响而发展起来的。前期学校改进研究注重对外国文献的梳理,随着学校改进的深入研究,研究者开始关注解决本土问题,其中包括对农村学校改进的研究等。随着学校改进方式从刚性指令性变革转向柔性自主变革,政府开始协同各种力量来支持学校发动变革,以满足学生多元和多层次的发展需要。

4. 学校改进策略优化研究

根据学校改进的定义,学校改进最终是为了促进教育目标更好实现,因此,学校改进需要多重策略的运用,如校长领导力的提升、教师发展、学生参与等。由图 2 可以看出,领域四主要位于第四象限,各关键词之间联系紧密,与其他领域关键词也有联系,这表明学校改进研究者对领域四的关注度高,该领域内学生参与、教师发展、校长领导等关键词属于学校改进研究的核心和热点。其中,校长、教师和学生是学校持续改进得以实现的关键"能动者"。[10]

5. 学校改进模式探索研究

学校改进于 20 世纪 80、90 年代成为教育领域重要的研究热点,随着教育整体性变革的推进,出现了大量旨在推动实践领域学校改进的大学与中小学伙伴合作,研究者也越来越重视对这一问题的探讨。从领域五可以看出,它属于第三象限,领域二和领域四与领域五关系密切,但是内部关键词联系不大。位于第四象限的伙伴协作、中小学等关键词表明,学校改进研究前期多关注中小学自主变革,这是学校变革的初步尝试,后期暴露出了后劲不足、无整体性改革等问题。大学和中小学合作模式,由于相关人员要求较高、在小范围内实施、影响力有限等问题,关注度有所下降。现阶段,随着学校改进研究的深入,研究者开始关注多学校联盟、校际教研联合体、集团化办学等诸多以校际互动合作为内核的教育均衡发展模式。这一部分关键词位于第三象限,与外部领域联系紧密,同时内部结构相对严谨,具有很大的潜在研究价值。

四、我国学校改进研究的合作网络与演进脉络

1. 合作网络

机构合作网络是以科研机构间的合作为研究对象,反映的是科研机构之间交流与合作关系,更能从宏观的角度把握学校改进的发展方向。研究利用 Citespace 软件绘制了我国学校改进机构合作网。从图 3 可以看出,北京师范大学、东北师范大学、华东师范大学、香港中文大学是整个网络中心度最大的节点,它们在我国学校改进机构合作网络中发挥着重要的推动作用。北京师范大学是合作发文最多的机构。

聚焦到典型机构可以分析出:北京师范大学学者研究内容聚焦西方国家学校改进发展经验、中国学校改进评估研究、学校管理方面的内容,如对西部三省小学生进行追踪调查,研究公平有质量的学校管理的有效路径。[11]东北师范大学学者主要研究了国外学校改进经验、多方合作办学等主题,如与鞍山市二一九小学合作开发了环境教育校本课程[12],与鞍山铁东区 L 小学合作制定、执行、评估学校发展规

划,呈现大学与中小学如何开展学校改进活动。[13]华东师范大学的学校改进研究多关注学校改进实践策略研究,如有学者发现学校改进有教育教学思想更新、管理革新、信息技术的应用、日常教育智慧四种本土策略。[14]香港中文大学十分关注学校改进中教师专业发展,认为教师是学校改进中关键的能动的内在变革者,学校领导及教师团队则是学校改进强有力的内在支持者。[15]

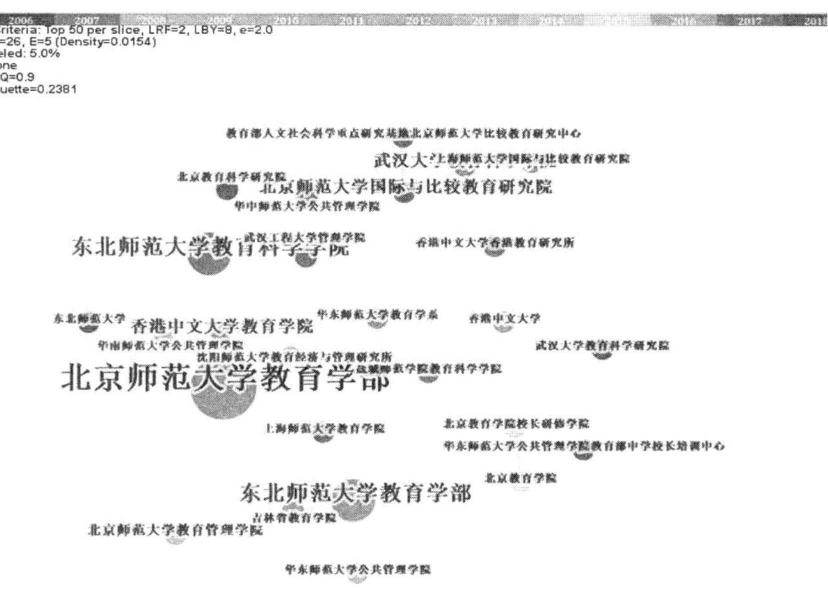

图 3　学校改进研究机构合作网

2. 演进脉络

本研究使用 Citespace 软件提供的时区视图作为分析演进脉络的工具,基本操作如下:节点选择为 Keyword,Slice Length 设置为 3,Selection Criteri 设置为 Top20 per slice,得到关于我国学校改进关键词共现时区视图。

由图 4 可知,我国学校改进研究主题结合定性分析可以分为三个阶段:

(1)学校效能与西方学校改进经验研究(2005—2009 年)

这一时期的学校改进研究,受西方学校效能研究的影响,学者们多关注对西方国家学校改进成果的梳理与引进。21 世纪的中国社会处于一个重要的转型时期,这时期学校效能、学校管理、学校改进等成为高频关键词。以叶澜为代表的"新基础教育"课题相关学者,强调社会转型时期学校教育应实现自身的转型,即实现"转型式发展"[16],提出了"学校转型性变革"的内涵,即学校教育的整体形态、内在基质和日常的教育实践要完成由"近代型"向"现代型"的转换。这一阶段的学校改进是从学校的实际需求出发,关注学生发展,体现了学校改进中"以学生发展为本"的教育价值取向。

(2)学校改进内部动力机制研究(2010—2014 年)

自 2010 年以来,我国颁发了一系列关于深化教育改革的文件:《国家中长期教育改革和发展纲要(2010—2020)》提出了中小学改革任务,扩大教育开发;2013 年《深化教育领域综合改革的意见》提出,转变教育发展方式,深化教育领域综合改革;2014 年《关于全面深化课程改革落实立德树人根本任务的意见》进一步深化课改。在国家教育均衡发展政策的推动下,一些地方和学校加大了学校改进的力度,自主或联盟进行学校改进,与此同时,和高校专业研究者的协作改进数量规模呈扩大趋势,学校改进的

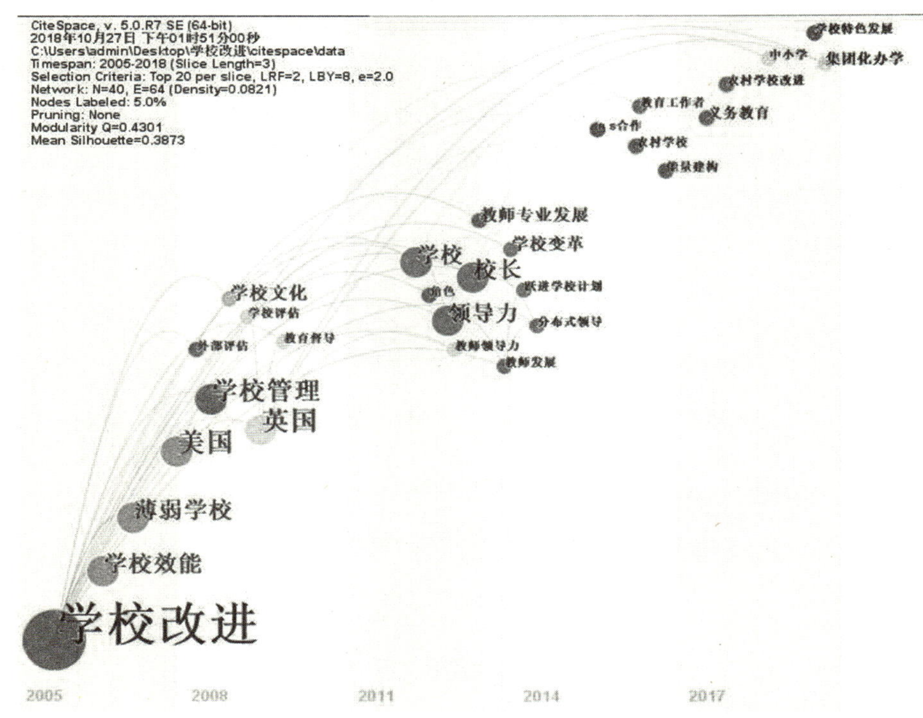

图 4 基于 Citespace 的关键词共现时区图谱

主体和模式呈现多元化的趋势。[17] 以往学校一直由外部力量驱动学校变革,当其学校策略局限性日益显露后,学校逐步成为为变革主体。现在,学校自身也成了改进的动力来源。校长、教师专业发展、领导力等成为高频关键词。

(3)学校改进实践多样化探索(2015—2018 年)

2015 年,教育部印发《关于深入推进教育管办评分离促进政府职能转变的若干意见》,针对政府管理教育存在的越位、缺位、错位现象以及学校自主发展、自我约束机制尚不健全,社会参与教育治理和评价还不充分等问题,提出了深入推进管办评分离,厘清政府、学校、社会之间的权责关系,构建三者之间良性互动机制,促进政府职能转变的改革措施。这一阶段,学校改革强调自主和内涵发展,为了促进学校特色发展,学者们从不同的角度进行学校改进实践创新。这一阶段的高频关键词有能量建构、集团化办学、学校组织变革等。[18][19]

五、我国学校改进研究未来走向分析

我国学校改进研究经历了学校效能与西方学校改进经验研究、学校改进内部动力机制研究、学校改进实践多样化探索等不同时期。尽管我国学校改进有了较大进展,但内外部动力机制问题、理论转化问题和改进中的困境与调适问题等方面还有待解决。

1. 深入研究学校改进动力机制

学校改进研究的热点图谱反映了学校改进中的动力机制处于核心地位。对于学校改进的影响因素可分为外部动力和内部动力。从外部动力来看,学校改进受到学校文化的制约,“学校文化是由校长倡导,学校全体成员共同参与建构的一种精神境界和品格,环境文化、典章文化、精神文化、礼仪文化是影响学校改进提升与发展的四种文化。”[20] 还有学者发现“影响学校改进的主要因素包括学校制度的改进、关爱共同体的形成、校长的领导力、教师专业成长、环境建设、教育资源的共享”。[21]而在内部动力中，有学者认为学校改进必须加强教师领导力和学生领导力建设。通过文献的梳理发现，以往研究局限于单一因素，校长、教师和家长的角色在学校改进研究中谈论颇多。由于学校改进是复杂的、需要多方参与合作的，面对未来学校、教育环境的不断发展，学校改进的影响因素有哪些？过程中的动力是否会发生变化？内外动力机制如何定位？它们之间的关系应该是怎样的？这些问题的研究有助于学校改进动力的形成和目标的实现。未来研究中可以对学校改进其他动力机制进行深入研究，不再局限于单一视角，而应是多视域地探讨它们之间的关系。

2. 努力探索学校改进理论转化问题

多元化发展是我国学校改进研究的特征，但学术研究和实践研究较为分散，理论的支持对学校改进的持续发展十分重要。学校改进的内涵、要素及路径等方面在学界大多基于单一视角，缺乏其全视角研究。学校改进的未来研究会遇到更复杂的问题和挑战，因此，学校改进要取得效果，不能随意和零碎地对学校活动进行干预，否则会导致对学校正常育人工作的干扰。那么，我们应依据什么理论来制定学校协同改进的方案？如何把国外先进的理论转化到学校改进的实践中来？高校研究者掌握的理论如何让学校教师理解运用？这就需要解决学校改进的理论转化问题，学者在进行多学科融合和深入系统的研究时，要把握其本质规律，从而更好地服务学校改进实践活动。

3. 积极应对学校改进中的困境与调适

现阶段，尽管大中小学和政府部门之间的多主体合作、集团化办学等逐渐成为我国学校改进趋势，但是，多种主体之间的合作仍然处于貌合神离、若即若离、自发随意的状态，缺乏实效评估，多数大学研究者在合作改进中存在有改进行动而无改进成果的问题。[22]学校改进是一个长期动态的过程，不同的利益主体在学校改进中会遇到许多冲突和矛盾。如何解决这些冲突？如何相互适应？对这些问题的解决要进行深入研究。因此，学校改进研究要想进一步发展，多方合作中各利益主体应建立地位平等、民主协商的主体关系，做到和谐发展与共生。

参考文献：

[1] R.Halsall.School Improvement: The Need for Vision and Reprofessionalisation[M].British Educational Research Journal,2001:505-508.

[2] 孙绵涛，祁型雨，谢延龙.中国首届国际教育效能与学校改进大会综述[J].教育研究，2005,(12):88-89.

[3] 郭文斌，方俊明.关键词共词分析法：高等教育研究的新方法[J].高教探索，2015,(9):15-21,26.

[4] 王佑镁，叶爱敏，赖文华.MOOC 何去何从：基于知识图谱的国内研究热点分析[J].中国电化教育，2015,(7):12-18.

[5] 杜友坚.近年来我国高校成人教育研究热点知识图谱及发展趋势研究——基于成人教育研究文献的共词分析[J].中国高教研究，2014,(4):78-82.

[6] 王佑美，陈慧斌.近十年我国电子书包研究热点与发展趋势——基于共词矩阵的知识图谱分析[J].中国电化教育，2014,(5):4-10.

[7] 褚宏启.基于学校改进的学校自我评估[J].教育发展研究，2009,(24):41-47.

[8] 卢乃桂，张佳伟.学校效能与学校改进走向结合的理论基础的探讨[J].教育学报，2007,(5):3-7.

[9] 张爽.重新认识学校 推动学校改进[J].中国教育学刊，2006,(8):22-24.

[10] 卢乃桂，张佳伟.学校改进中的学生参与问题研究[J].教育发展研究，2007,(8):6-9.

[11] 张海军，毛亚庆.公平有质量教育视角下的学校管理改进研究——对西部三省小学生的追踪调查[J].教育科学研究，2013,(12):46-49.

[12] 李君，唐丽芳，谷晓沛.小学环境教育校本课程的开发与设计——以鞍山市二一九小学为例[J].东北师大学报(哲学社会科学版)，2012,(3):163-168.

[13] 唐丽芳，马云鹏.大学与中小学伙伴合作的基点与主线：学校发展规划——以东北师大与鞍山 L 小学合作为例[J].东北师大学报(哲学社会科学版)，2013,(5):193-196.

[14] 沈玉顺.学校改进实践策略解读——基于我国中小学学校改进实践的分析[J].教育发展研究，2010,(18):16-20.

[15] 钟亚妮,卢乃桂.香港学校改进的个案分析:教师改变,从"心"开始[J].中小学管理,2011,(11):45-47.
[16] 叶澜.21 世纪社会发展与中国基础教育改革[J].中国教育学刊,2005,(1):6-11.
[17] 马云鹏,欧璐莎,金宝.从双方合作到三方合作:学校改进模式新探索——以鞍山市铁东区为例[J].中国教育学刊,2011,(4):25-28.
[18] 张熙.着力改造学校空间——兼谈学校改进的方向与转化[J].教育科学研究,2015,(10):5-14.
[19] 张建,程凤春.名校集团化办学中的校际合作困境:内在机理与消解路径——基于组织边界视角的考量[J].教育研究,2018,(6):87-97.
[20] 张俊华.影响学校改进提升与发展的四种文化[J].教育发展研究,2008,(12):71-74.
[21] 王丽华.薄弱学校改进的个案研究[J].教育发展研究,2007,(20):33-37.
[22] 胡定荣.学校改进:认识边界、历史逻辑与前进方向[J].中国教育科学,2016,(3):91-119.

On the Hotspots and Future Trends of School Improvement Research in China

—Analysis of Knowledge Map Based on CNKI Literature (2005-2018)

HE Xuexin, YU Nan
(Educational Science School, Tianjin Normal University, Tianjin, 300387)

Abstract: When "school improvement" is treated as the key word to analyze the data processing and knowledge map in CNKI core database, it could be found that school improvement evaluation, school efficiency and school improvement, school independent improvement, school improvement strategy application, school improvement model exploration are the hotspots of school improvement research in China. School improvement research has experienced several stages of development such as school effectiveness and research on the improvement of Western schools, the study of internal dynamics of schools, and the diversification of school improvement practices. In the future, school improvement research should deeply study the school's improvement dynamic mechanism, strive to explore the school's improvement of theoretical transformation, and actively respond to the difficulties in school improvement.

Key words: school improvement, knowledge map, research hotspot, future direction

学习评价价值观“有分无人”的后果
——基于“个体”维度的审视

王中男[1,2]

(1. 上海师范大学知识与价值科学研究所,上海 200234;2. 上海师范大学期刊社,上海 200234)

摘　要： “分数世界中人的主体性的迷失”是学习评价价值观“有分无人”的严重后果,而这一后果又会相继引发“个体”维度的自由危机和创新危机。文章首先基于“人的主体性”概念提炼了其分析框架,并根据此分析框架指出,“分数世界中人的主体性的迷失”体现为:“自由自觉性、超越性和创造性”的逐渐被抑制,以及“自在自发性、给定性和规范性”的逐渐被纵容。继而基于“个体”维度,探讨了人之主体性迷失所引发的双重危机。在此部分中,分别以古时科举考试为例,探讨了建基于考试内容和考试方式对于思想自由之禁锢和钳制的自由危机;以当代高考为例,探讨了创新危机以及创新危机产生的原因和导致的后果。最后指出,当前的学习评价价值观亟需转变。在“价值观念”上,应从“分数本位”走向“素质本位”;在“操作方式”上,应从“唯分取人”走向“分中有人”。

关键词： 学习评价价值观;人的主体性;主体性迷失;自由危机;创新危机

“分数世界中人的主体性的迷失”是学习评价价值观“有分无人”的严重后果,而这一后果又会相继引发个体层面的自由危机、创新危机,以及社会层面的单向度化危机、未来发展危机。以下篇幅,笔者拟先基于“人的主体性”的分析框架,来论证“分数世界中人的主体性的迷失”;继而专从“个体”维度出发,来分析“人之主体性迷失”所引发的自由危机、创新危机。

一、分数世界中人的主体性的迷失:学习评价价值观“有分无人”的严重后果

当前学习评价价值观由于存在“有分无人”这一“价值失衡”问题,其导致的严重后果是“分数世界中人的主体性的迷失”。那么,何为“人的主体性”?当前学习评价价值观又如何导致了“分数世界中人的主体性的迷失”?且看下文分析。

1. 何为“人的主体性”

人作为一种实践存在,主体性是其本质属性,该本质属性又可表现为“自由性和创造性”“自在性和给定性”双重内涵。具体而言,“自由自觉性、超越性和创造性;自在自发性、给定性和规范性”,皆是人之为人的本质属性,这些本质属性共同构筑了人之主体性的丰富内涵,这一双重属性又可以作为我们分析“人的主体性”这一核心概

基金项目: 本文系 2018 年度上海市教育科研市级课题“中小学教师课堂评价素养指标体系的建构和应用研究”(立项编号:C18070)的研究成果之一。

作者简介: 王中男,上海师范大学知识与价值科学研究所特聘副研究员,上海师范大学期刊社编辑,教育学博士后,主要从事课程与教学论研究。

念的分析框架。

2. 分数世界中人的主体性的迷失

学习评价价值观“有分无人”的严重后果，即分数世界中人的主体性的迷失。

根据“自由自觉性、超越性和创造性；自在自发性、给定性和规范性”这一人之主体性的分析框架，分数世界中人的主体性的迷失主要表现在两个方面：其一，分数世界中学习者的“自由自觉性、超越性和创造性”逐渐缩减；其二，分数世界中学习者的“自在自发性、给定性和规范性”逐渐扩增。

我们知道，“分数世界中人的主体性的迷失”是当前学习评价价值观“有分无人”的严重后果。那么，人的主体性的迷失又会引发怎样的危机？本部分将遵循“个体・社会”这一分析框架之中的“个体”维度，来论证人之主体性迷失所引发的双重危机。

二、人之主体性迷失所引发的双重危机：基于“个体”维度的审视

基于“个体”维度来审视，人之主体性迷失会引发自由危机和创新危机。笔者拟以科举考试为例来阐述自由危机，以高考为例来阐述创新危机。

1. 自由危机：以科举考试为例

当人之主体性中的“自由自觉性”逐渐迷失甚至虚无，而“自在自发性”却逐步占据人之主体性的主导地位时，自由危机就会产生。那么，自由危机是什么？自由危机不同于身体危机和心理危机，而是一种涉及精神领域的深层次危机，其主要表现是人作为主体的思想自由被禁锢，以及由此所导致的思想自由的缺失。简言之，“思想的禁锢、自由的缺失”是自由危机的核心所在。

那么，人之主体的思想自由如何被禁锢？思想自由又怎样会缺失？笔者拟以科举考试之考试内容和考试方式为切入点，作以回应，并兼论自由危机。

(1)考试内容对思想自由的禁锢：“荒弃群经，惟读‘四书’”

科举考试将考试内容限定于儒家经典范围之内。到了明清时期，考试内容则聚焦于“四书五经”。

其实，以儒家经典作为考试内容本无可厚非。因为儒家思想的核心在于“仁、义、礼、智、信、恕、忠、孝、悌”，将渗透着这些思想精华的“四书五经”作为考试内容，不仅有利于考生个人的修身养性，也有利于整个社会的返璞归真。然而，当考试内容被严格限定和高度规范之后，就不可避免地会带来对人之思想自由的禁锢。这主要表现为两个方面：

其一，考试内容的限定，会限制人的知识范围和思想疆域，使应试者“荒弃群经，惟读‘四书’”。受功利主义价值观的驱使，科举学子“(故)凡读书之士，自童至老，日抱近科试卷一帙，即为当今有用之学，不必更求其他。间有英敏弟子，偶阅《小学》《孝经》及《史记》《汉书》、宋儒语录者，父兄、师友无不呵责、誚诮，谓其‘看无用之闲书，误有用之正课’。是以圣经、正史、修己资治之书，反为误人之厉禁。”[1]考试内容对于科举学子之思想学识的限制，由此可见一斑。

其二，考试内容的限定，会继而导致应试者思想自由的缺失，使应试者“海内之非程朱之书不读”，“一心只读圣贤书”。正所谓“旧书不厌百回读，熟读精思子自知”，熟读儒家经典圣贤书本是一件好事，然而如若读书者不能对圣贤经典有自己的思考感悟，不能自由地诠释和言说，而必须依照官方指定的参考注疏来阐述官方认可的思想见解时，思想自由无疑会被禁锢，思想自由缺失亦不可避免会产生。比如明清时期就规定，考生必须依据程朱理学的《五经四书性理大全》①来诠释“四书五经”，而不得在此注疏范围之外有自己的见解。这样的规定无疑是考试内容对应试者思想的禁锢，亦必然会导致应试者思想自由的缺失。

如果说一时的应试还不足以限制应试者的思想疆域、导致应试者思想自由的缺失，那么“自童至老、皓首穷经”呢？指向于“白首穷经通秘义”呢？考试内容的限定又将对应试者带来多少思想的禁锢、导致多少自由的缺失？

(2)考试方式对思想自由的钳制：“谢绝学问，惟事八股”

科举考试的考试方式有策问、帖经、经义等多种方式。到了明清时期，考试方式逐渐规范化为八股文。

其实,八股文作为一种规范严格的文体②,从文体形式上而言,的确能够体现古汉语的语言韵律之美。然而如果从政治角度来审视,那么这种冠之以“代圣立言”之名的八股文写作,就在很大程度上钳制了应试者的思想自由,在一定范围内遮蔽了应试者作为人所应有的本质属性。因为八股文要求应试者守经遵注、循规蹈矩,以阐发儒经大义。而内容上的“守经遵注”和形式上的“循规蹈矩”,无疑会在一定范围内束缚应试者的思想自由,在很大程度上规约应试者的思想自由。正因为思想自由遭受限制,故而时至清末,八股文体已俨然沦落为一种文字游戏。然而遗憾的是,已有太多应试者倾其一生来钻研这种文体,将毕生的自由思想和才华智慧泯灭在这种文体探索之中。

无疑,八股取仕这种方式对应试者思想自由的钳制、对人之本质属性的消解都是极大的,其危害亦是罄竹难书,顾炎武曾以“八股之害甚于焚书坑儒”[2]来批判八股取仕。那么,危害究竟有多大呢?从商衍鎏的“终日仆仆,皆以练习科举考试为目标也”的描述,到郑观应的“中国之士……将一生有用之精神,尽销磨于八股五言之中”的惋惜[3];从龚自珍的“一腕人才海内空”[4]的悲怆,到魏源的“天下果真无才哉?”[5]的失落;从王韬的“时文不废,天下不治”[6]的感慨到康有为的“八股之文,实为亡国亡教之大者也”[7]的评论,我们皆可以感知到八股取仕对应试者个人所产生的思想危害,以及对整个国家社会所带来的严重后果。

千百年来,“诸生荒弃群经,惟读‘四书’;谢绝学问,惟事八股。”③如果说一时限定的考试内容和规范的考试方式,尚难以抑或无法限制思想的自由、导致自由的缺失,那么千百年的时间呢?在科举考试存在的这1300余年的历史时空,千百年来固化的考试内容和考试方式,难道还不足以使应试者循规蹈矩、墨守成规,不足以使应试者的思想自由遭受禁锢、泯灭缺失吗?

综上所述,应该看到,思想自由之于人之主体太过重要。帕斯卡尔曾直言,“思想形成人的伟大”[8];马克思亦认为,“人是自由自觉的类的存在物。”[8]如此,思想自由之于人之主体的重要性,可见一斑。然而,当人之本质属性中的自由自觉性、超越性和创造性被抑制,当自在自发性、给定性和规范性被纵容之时;当人的思想被禁锢、自由被缺失,当人的主体性渐渐迷失之际,自由危机的产生也就无可避免了。

2. 创新危机:以高考为例

当人之主体性中的“超越性和创造性”逐渐迷失甚至虚无,而“给定性和规范性”却逐步占据主导地位时,创新危机就会产生。

(1)由“钱学森之问”论起

“为什么我们的学校总是培养不出杰出人才?”“钱学森之问”犹如“一石激起千层浪”,不仅在教育界乃至整个社会引起了一场轩然大波,更在人们心头激荡起了层层思考的涟漪。

言之谆谆,意之殷殷。对于“钱学森之问”,或许每一位教育者都会给以尝试性回答,且仁者见仁、智者见智。笔者认为,“杰出”源于“创新”,所谓“杰出人才”就是“拥有创新精神、兼具创造能力”的人才。基于这种认识,“钱学森之问”就可以转化为“为什么我们的学校总是培养不出兼具创新精神和创造能力的人才?”而对于此,笔者认为其根本原因在于,我们产生了创新危机。

(2)创新危机的因与果:双重视角的审视

“钱学森之问”的根本原因在于我们产生了创新危机;围绕“创新”而展开的高考论争的根源亦在于创新危机。那么,创新危机为什么会产生?创新危机又会造成什么样的后果?笔者拟基于哲学视角剖析创新危机产生的原因,基于教育学视角揭示创新危机导致的后果。

①创新危机产生的原因:超越性和创新性被抑制;给定性和规范性被纵容

从哲学的视角来看,在人的主体性范畴里,在本质属性的相互博弈中,当“超越性和创新性”不断被抑制,而“给定性和规范性”不断被纵容之时,创新危机就会产生。

超越性和创造性,是人之为人的本质属性。“超越性与创造性,构成了人的基本的生存方式。”[8]人存在的价值,就在于对自然的超越和人的文化创造。抑或说,作为自由自觉的类的存在物,人的生存基础就体现在人对自然的超越和人对文化的创造。从这个角度上而言,“人与动物相区别的最根本的规定性,即超越性与创造性,也就是自由的维度。"[8]因为,"人永远在追求某种创新,人又永远不能满足于或停留于已有的创造,人不仅以某种方式超越给定的或外部的自然,而且也在不断地超越、更新和重建已有的文化造物。"[8]马克思曾以"人的活动的双重尺度"的著名观点来诠释人与动物的区别。其指出,"人区别于动物的类本质特征,就在于人是自由自觉的类的存在物。"[8]而人的自由自觉性、超越性和创造性,在于"人能同时按照任何物种的尺度和自己内在的尺度进行生产和创造。"[8]简而言之,能够自由地创造,是人之为人的本质之处,亦是人区别于动物的根本特征。

超越性和创造性固然极其重要,然而,"自由和创造性对于人的存在的确具有特殊重要的价值,它是人之为人的根本所在。"[8]我们不得不承认,"就人的主体性的内涵而言,……它不仅包括人的自由和创造性,而且包括人的力量的有限性和局限性。"[9]甚至于,"人作为实践存在物的根本特征就在于以自由的创造性的活动不断扬弃给定性和自在性。"[9]

我们固然不能否认人之主体性中所天然存在的这一属性张力抑或内在矛盾,但不能不指出,当给定性和规范性不断被纵容和姑息,而超越性和创造性持续被抑制和压迫时,不仅人的主体性会迷失,人之为人的价值和意义会消泯,创新危机亦不可避免会产生。

②创新危机导致的后果:创新精神泯灭,创造能力削减,导致创造力缺失

人的主体性中,不可避免地存在着"超越性和创造性、给定性和规范性"这两大范畴的天然张力或内在矛盾。"在特定的条件下,特定文化的超越性和创造性精神会为人提供自由和创造性活动的空间和条件;而在另外一种条件下,特定的文化模式的自在性和强制性又会成为个体发挥创造性的桎梏。"[8]

基于此来诠释教育现象,我们会发现:当人之主体性中的"超越性和创造性"被肯定和颂扬,"给定性和规范性"被否定和抑制时,学习者的创新精神和创造能力就会增强;反之,学习者的创新精神和创造能力就会减弱。

因而,当创新危机产生时,抑或说当人之主体性中的"给定性和规范性"抑制住"超越性和创造性"时,学习者的创新精神可能已然泯灭,而创造能力亦随之埋没。

正因为产生了创新危机,所以我们会发现,当前基础教育最让人诟病的地方,在于让学习者失去了创新精神和创造能力。"2009 年教育进展国际评估组织对全球 21 个国家进行的调查结果显示:中国孩子计算能力排名第一,创造力排名倒数第五,想象力排名倒数第一。"[10]关于中国学生的创造力,杨振宁就认为,"中国教育把学生变成死读书的人,结果是习惯接受而不习惯于思考,更不敢怀疑和考证,因而也就不容易培养出有创造性、有独立见解、有开拓能力的人才。"[10]而因为基础教育唯高考马首是瞻、高考又是基础教育的指挥棒,因而,以"创新"为核心的高考论争就从未消失过。

(3)以"创新"为核心的高考论争

其实,自 1952 年高考建制,尤其是 1977 年恢复高考制度以来,有关高考的论争就从未休止过。"这些论争既有激越之'攻'与冷静之'守'的巨大反差,也有唇枪舌剑、笔锋墨利的'你来我往',争得热闹纷呈,'打'得难舍难分。"[11]

在这场持续至今的高考论争中,对于高考口诛笔伐、严厉苛责的大有人在。比如,"有论者指责高考是'人神共愤的考试'","无论对学生,对教师,还是对家长,都是炼狱"。而且,这种炼狱般的高考,已经"'吞噬'一代人甚至几代人的青春。"[10]

甚至主张废除高考的学者亦不在少数。比如,孙绍振就"要求立即'枪决'高考,不能'死缓',更不能'无期'"。[12]认为及早废除全国统一高考体制,"对于后代是功德无量的。"[13]顾海兵则指出,现行高考制度是"计划经济的最后一个堡垒","可以休矣"。[14]冯增俊指出,"如果说鸦片战争迫使我们废除科举制以图强兴国,那么我们今日主动改革以致废除统考制度,就是要避免鸦片战争的历史悲剧重演。"[15]黄全愈认为,高考已为人们所"深恶痛绝","绝大多数人会同意取消高考","要不要取消高考已经不是问题,而能不能取消高考才是人们举步不前的主要顾

虑”。[16]

而在对高考的严苛批判中，非常重要的一个原因就指向于“高考与创新”之间的关系。比如说，冯增俊就认为，统考制度“极大地扼杀了儿童创造性”[15]，“（统考制度）使中国教育死水一潭，是直接扼杀人才、泯灭民族创造性的罪魁祸首。”[15]舒云认为，高考制度“‘偷’走了国人的创造力，应尽早把高考‘请进坟墓’”。[10]主张取消高考的黄全愈则提出了“‘创造性’能不能教”的问题，并基于中美两国素质教育的比较得出结论：“创造性不是教的，而是培养的”[17]，统一高考制度无疑不利于学生创造性的培养。

在对“高考与创新”这一问题各抒己见的诸多学者中，笔者认为，许纪霖教授的认识与评论颇为引人深思。许纪霖教授认为，“高考制度是迫不得已的荒谬”，“这一形式公平的应试教育，在实质上是极其不合理的，如果说，科举制度使得中国的大多数精英封闭在圣贤的思想中，缺乏创新能力，最终使得中国落后于欧洲的话，那么，如今这一新的应试制度，同样在摧残人才、摧残中国人的智慧，并将进一步拉大中国与世界在知识创新能力上的差距。这是在一个等级社会中，为了形式上的公平所付出的实质性代价，为了等级社会的制度性稳定而不惜摧残个人的自我创新。”[18]如果说为了维护高考形式上的公平而牺牲了学习者非常宝贵的创新精神和创造能力，无疑，这个代价是极其惨重的。其不仅会导致人之为人的本质属性的消泯，亦会致使整个社会陷入未来发展的危机。

结语：“分数本位”的学习评价价值观亟需转变

正所谓“对症下药，方可药到病除”，既然已知问题出在“价值失衡”上，那我们当前所亟需做的就是转变价值观念，使其从“价值失衡”转向“价值平衡”。在此一宏观的“价值转向”背景下，我们的“选才标准”亦应随之改变，需从“分数本位”走向“素质本位”，从“唯分取人”走向“分中有人”。也许，钱学森先生对温家宝总理所提的两点意见，是对我们最好的谏言：“一是要让学生去想去做那些前人没有想过和做过的事情，没有创新，就不会成为杰出人才；二是学文科的要懂一些理工知识，学理工的要学一点文史知识。”[19]

注释：

①《五经四书性理大全》是宋元程朱理学家们注释《四书》《五经》的汇辑本。

②“八股文是一种特殊文体，专取《四书》《五经》内容而命题，注释必须遵循程朱理学家的标准，不得自由发挥。每篇文章由四个段落组成，包括‘起股’‘中股’‘后股’‘束股’。‘股者，对偶之名也。’因而，在每股之中，要求一反一正，一虚一实，一浅一深。每篇八股文的字数都有限制，每部分之间要用固定的虚词联接。”引自：孙立群.中国古代的士人生活[M].北京：商务印书馆，2003：70.

③康有为如是说。引自：璩鑫圭.中国近代教育史资料汇编·教育思想[M].上海：上海教育出版社，1997：137.

参考文献：

[1] 李世愉.中国历代科举生活掠影[M].沈阳：沈阳出版社，2005：96-97.

[2] 王中男.考试文化研究[D].华东师范大学博士学位论文，2012：102.

[3] 夏东元.郑观应集（上册）[M].上海：上海人民出版社，1982：104.

[4] 龚自珍.夜坐//龚自珍全集[M].上海：上海人民出版社，1975：467.

[5] 魏源.默觚下·治篇一//魏源集[M].北京：中华书局，1976：37.

[6] 陈兴德.二十世纪科举观之变迁[M].湖北：华中师范大学出版社，2008：37.

[7] 沈茂骏.康有为维新运动时期的社会改革思想[J].华南师范大学学报（社科版），1988，(4).

[8] 衣俊卿.文化哲学——理论理性和实践理性交汇处的文化批判[M].昆明：云南人民出版社，2005：79，45，54，40，40，45，45，45，124.

[9] 衣俊卿.论人之主体性的双重内涵[J].社会科学战线，1989，(2)：76.

[10] 舒云.高考殇[J].北京文学，2005，(10)：4-35.

[11] 刘海峰.高校招生考试制度改革研究[M].北京：经济科学出版社，2009：192.

[12] 孙绍振.炮轰全国统一高考体制[J].粤海风，1998，(5)：4-7.

[13] 孙绍振.废除全国统一高考体制[J].艺术·生活，1998，(6)：8-13.

[14] 顾海兵.中国高考制度批判：计划经济式的考试可以休矣[J].中国改革，2001，(10)：12-14.

[15] 冯增俊.全国统一高考制度与中华民族创新精神[J].华东师范大学（教育科学版），2001，(4)：26-31.

[16] 黄全愈."高考"在美国:旅美教育学专家眼中的中美"高考"[M].南宁:广西师范大学出版社,2003:14.
[17] 黄全愈.素质教育在美国[M].广州:广东教育出版社,1999.转引自:衣俊卿.文化哲学——理论理性和实践理性交汇处的文化批判[M].昆明:云南人民出版社,2005:323.
[18] 许纪霖.等级社会:应试教育的社会基础[J].书摘,2008,(1):20.
[19] 新华网.温家宝:钱学森之问对我是很大刺痛[EB/OL]. http://news. xinhuanet. com/politics/2010 - 05/05/c _ 1273985.htm.

On the Serious Result of the Learning Assessment Values of "Only Score but No People"

—A Study Based on the Dimension of "Individual"

WANG Zhongnan[1,2]
(1. Institute of Knowledge Value Sciences, Shanghai Normal University, Shanghai, 200234;
2. Journals Center, Shanghai Normal University, Shanghai, 200234)

Abstract: "The loss of people's subjectivity in the score world" is the serious result of the learning assessment values of "only score but no people", which will cause freedom crisis and innovation crisis from the individual dimension. This paper first refines the analysis framework of "people's subjectivity" based on its concept, and then according to this analytical framework points out that the basic characteristics of "the loss of people's subjectivity in the score world" can be manifested as: the "freedom consciousness, transcendence and creativity" is gradually suppressed, and the "spontaneity, prescriptiveness and normatively" is gradually connived. Then from the individual dimension, the paper illustrates a double crisis caused by the loss of people's subjectivity. This part has discussed first the freedom crisis by using the ancient imperial examination as an example, and pointed out that the freedom crisis stems from the content and the way of examinations that controlled the freedom of learners' thought. Then it has discussed the innovation crisis by using the contemporary college entrance examination as an example, and explored the causes and consequences of innovation crisis. Finally, the paper points out that learning assessment values should experience several changes, which are the value concept should be changed from "score-based" to "quality-based", and the operation mode should be changed from focusing on score only to showing concern to person themselves.

Key words: learning assessment values, people's subjectivity, the loss of people's subjectivity, freedom crisis, innovation crisis

促进学生核心素养发展的课堂教学文化变革研究
——基于弗兰德斯互动分析系统的应用

贾 瑜

（北京师范大学 中国基础教育质量监测协同创新中心，北京 100875）

摘 要： 课堂教学文化具有一定的结构，通过发挥其认知与传播、适应与创新、培育与塑造功能，影响学生核心素养的发展。文章基于弗兰德斯互动分析系统的案例探索，反思当前课堂教学文化现状并分析原因。促进学生核心素养发展的课堂教学文化在主体能动性、课堂创新性、教学开放性、内部规范性上应该：回归教育本质，重在主体视界的融合；开展基于"问题与项目"的教学，倡导"学为中心"；加强课堂教学内外部联系，向生活世界扩展；凸显"软"文化作用，改革评价制度。

关键词： 课堂教学文化；核心素养；弗兰德斯互动分析系统；结构功能主义

《中国学生发展核心素养》总体框架将学生核心素养分为"文化基础、自主发展、社会参与"三个方面，综合表现为"人文底蕴、科学精神、学会学习、健康生活、责任担当、实践创新"六大素养。课堂教学文化对学生核心素养的发展具有显著影响[1]，变革传统课堂教学文化，营造促进学生核心素养发展的课堂教学文化至关重要。课堂教学文化是由课堂创新性、主体能动性、教学开放性、内部规范性协同运作共同构成的结构系统。[2]本研究根据帕森斯结构功能主义及其在教育学中的应用，分析了课堂教学文化在文化系统、社会系统以及人格系统内对学生核心素养发展的影响。基于弗兰德斯互动分析系统，选取案例反思当前课堂教学文化的现状，并提出发展学生核心素养的课堂教学文化的优化与建设策略。

一、课堂教学文化与学生核心素养的关系阐释

根据帕森斯的观点，在分析人的行为特征时，不能孤立地从单向度看待人本身，而应立足于人格系统、文化系统和社会系统，这样才能揭示出人的社会性存在结构。[3]学生作为正在社会化的个体，在分析其行为特征时也应立足于三大系统。该理论认为任何社会结构都是一个组织化的系统，具有一定的功能，教育作为社会整体的一个组成部分，担负着重要的社会功能，学校教育的主要功能是社会化功能。[3]按照结构功能主义理论，课堂教学文化作为学校文化母系统中的一个子系统，必然具有一定功

基金项目：本文系中国博士后科学基金面上资助项目"基于学生核心素养的课堂教学质量评价研究"（项目编号：212400207）的研究成果。

作者简介：贾 瑜，北京师范大学中国基础教育质量监测协同创新中心博士后，主要从事课程与教学论、基础教育研究。

能。考虑到课堂教学的主要功能在于促进学生社会化,而文化的终极价值追求在于教化与塑造人,本研究认为课堂教学文化至少应具有三大功能,即认知与传播、适应与创造、培育与塑造,并据此对课堂教学文化与学生核心素养之间的关系作以阐释。

1. 课堂教学文化在文化系统内对学生“文化基础”产生影响

在文化系统内,课堂教学文化通过发挥其认知与传播功能影响学生人文底蕴与科学精神的内容、载体和中介、思维方式与价值观念,使学生形成一定的文化基础。教学在文化之中,并传承与发展着文化。[4]传播对文化的影响至关重要,传播在本质上来说就是文化,“事实上,要区分‘文化’与‘传播’是武断和生硬的。一切文化要成为一种社会产物从而名副其实地变成‘文化’,就既是传播的主宰,又被传播所主宰,因而文化就其本质而言,也是传播性的。”[5]文化传递着思想感情、宗教信仰、价值观念、科学知识及文学艺术等文化信息,语言和文字作为文化传播的重要载体,也是学生在课堂教学中获取知识的中介。课堂教学过程中连接教师“教”与学生“学”的文本、教学材料等载体是人类优秀文化的浓缩,学生通过学习这些优秀文化传统和社会经验,不断获得关于世界、社会和自身的知识,为认识和改造世界创造条件。

另外,学校开设的文、史、哲与基础教育阶段的课程大致指向人文知识的基本领域[6],是学生学习各种人文知识、接受人文教育的主渠道,帮助学生习得人文与科学领域的知识和技能,积淀人文知识。“文化是实践的”,人文知识通过学生的心理体验进而体现在行为上,就可能被转化为人文情怀,故而“强调文化的实践性是重要的。正是文化的参与者赋予了人、客观事物及事件以意义。事物‘自身’几乎从不会有一个单一的、固定的、不可改变的意义。”[7]由此,逐步形成个体独特的思维方式和行为习惯,在实践行动中获得解放,在文化精神上得到提升。课堂教学文化的最高使命在于造就和培养学生具有理性自觉[4],即具有理性批判和自我反省能力,培养学生有意识地进行观察、比较、分析、综合、抽象、概括,以此为形成科学精神打下坚实基础。

2. 课堂教学文化在社会系统内对学生“社会参与”产生影响

在社会系统内,课堂教学文化通过发挥其适应与创造功能,影响学生与社会的关系,促使学生“社会化”,实现社会参与。在课堂教学中,有关社会生活行为方式和规范的指导经常且普遍地发生着,教学制度、教学过程尤其是课堂教学过程中生成的课堂教学文化,都为学生提供了合乎社会生活秩序的范型[8],并通过课堂教学加速学生的认同与内化,从而逐步形成对现实社会生活的适应性。课堂教学文化还通过各项规章制度、纪律要求和约定俗成的“硬”规范及师生人际关系、集体舆论、教风、学风等“软”规范为学生的行为划定界限,赋予其“公民意识”,承担相应社会责任。此外,学生在课堂教学中还通过潜移默化的方式自觉或不自觉地习得人际交往、为人处世、谋取职业的本领,以及适应社会环境的能力,使其思想和行动符合社会规范,逐步形成对社会生活的适应性,由“自然人”转变为“社会人”。

另外,文化浸润着创新,创新滋生于文化。[9]课堂教学中教师的“教”是创造性的过程,教师既基于书本而又超越文本内容,将动态变化的知识及最新发展成果传递给学生;学生的“学”也是一种创造性的过程,是一种自在、自为的学习过程,学生要基于自身理解有选择性地建构其知识结构,而非被动接受;课堂教学中还涉及有关教学方法与效果等的相关研究,而研究过程更是创新的过程,是发挥和培养师生创造力的过程。长此以往有利于形成一种创新性的课堂教学文化,这种文化能够唤起师生的主体意识,激发学生的创新意识和创新精神,使学生成长为有理想信念,敢于担当,能够推动社会进步的人。

3. 课堂教学文化在人格系统内对学生“自主发展”产生影响

在人格系统内,课堂教学文化通过发挥其培育与塑造功能,促进学生个性全面、和谐发展,进而形成学生独特的人格特质,实现个体由“自然状态”到“文化状态”的转变。这种转变的实质是个体独特性的形成,课堂教学活动则是实现这一转变的最有效途径。个体人格是在先天遗传素质和后天社会环境因素的共同作用下形成和发展的,从这一意义上讲,课堂教学文化对人格具有重要塑造价值。课堂教学文化对学生的个性面貌及其发展水平具有全局性影响,它遵循着人格结构发展的逻辑,发挥对人格系统的正向优化作用,培育和塑造学生人格,并形成其独特个性。在课堂教学中,以知识学习活动为基础,学生在各个层面上都发生着以情感、兴趣、态度、价值观、信念乃至整个人格为内容的同化、顺应和平衡,并由此而出现心智与体能的综合性变化,这种综合性变化的相对平衡状态标示着特定阶段个性品质的发展水平。[8]因此,课堂教学文化不仅引导和塑造学生的行为,更塑造学生的人格。通过发挥课堂教学文化认知与传播功能,能够促进学生全面、和谐发展,增强社会适应性,进而形成健全的人格,成为有明确人生方向和生活品质的人。因此,课堂教学文化应成为"解放人"的工具,促进学生学习与生活并重,既要"会学习"又要"会生活",实现自主发展。

二、基于案例分析的课堂教学文化现状反思

课堂教学文化是在师生双方的交往互动中所产生的理念体系及行为方式的总和,其中互动所产生的教学行为是课堂教学文化的重要内容。因此,对师生互动行为进行分析能够在一定程度上折射出现代课堂教学文化的某些特征。弗兰德斯互动分析系统(Flanders Interaction Analysis System,简称 FIAS)能有效观察课堂内复杂的师生互动行为,基于此,本研究将其作为案例分析的工具。

1. 案例选取

本研究在某市各选取一所中、小学校,随机选取不同学段、不同班级、不同科目的 8 节课作为案例分析的对象,具体情况见表 1:

表 1　师生互动行为分析案例选取

案例编号	教学内容	年级	科目
C1	分数与除法	小学五年级	数学
C2	江姐	小学五年级	语文
C3	Unit 5 Part B Look At the Monkeys	小学五年级	英语
C4	明朝君主专制空前加强	初中一年级	历史
C5	一元一次方程的认识	初中一年级	数学
C6	病毒	初中二年级	生物
C7	预防犯罪	初中二年级	政治
C8	月是故乡明	初中二年级	语文

2. 案例分析工具

FIAS 是一种对课堂言语行为进行量化分析的结构化方法,它将课堂教学中的师生互动行为加以分类,通过编码较为客观地记录其中的交互过程,再通过矩阵统计分析得到直观的互动分析数据,为教师的教学质量评估提供重要依据。然而,FIAS 也具有一些局限性,因此,本研究借鉴方海光、崔允漷等研究者的改进方法,在保留 FIAS 原有类别和经典表述的基础上对其进行部分调整和优化,主要将"同伴或小组讨论""学生成果展示""有用的沉默"三个维度纳入"学生语言"和"沉默或混乱"两个类别中,形成了基于现代课堂的行为互动分析系统(见表 2),以便更好地应用于现代课堂教学,更细致、全面地进行案例分析。

表 2　改进后的互动分析分类编码系统

分类	编码	内容	行为描述
教师语言　间接影响	1	接纳感受	教师以一种平和的心态接纳及澄清学生的感受
	2	表扬鼓励	通过话语称赞或鼓励学生的行为
	3	接受或采纳意见	教师肯定学生的意见,并发展和完善学生的意见
	4	提问	教师就内容或程序向学生提问,期待学生回答
直接影响	5	讲授	教师就内容或步骤提供事实或见解,表达想法
	6	指令	教师通过语言来要求或指示学生做出某些行为
	7	批评	教师以严厉的口吻指责学生,以维护教师的尊严
学生语言	8	学生被动应答	学生通过语言回答教师的提问
	9	学生主动应答	学生主动表达自己的想法,引起新的话题
	10	同伴或小组合作	与同桌或分组操作与讨论,交流与分享观点
	11	学生成果展示	通过电脑、实验、游戏或在黑板上展示学习成果
沉默或混乱	12	有用的沉默	学生阅读、做练习、思考问题等;观看课件等
	13	无效语言	暂时停顿,短时间内安静或混乱,无效语言

3. 案例统计分析

本研究使用 FIAS 编码系统对上述 8 个课堂视频进行分析,得到 8 个原始数据记录表;再对每个视频进行编码,课时长度 39—45 分钟不等,每 3 秒记录一次,一节课大约记录 700—900 个代码数据。编码后,组合序对,构建矩阵表,得到八个案例的分析矩阵表。根据矩阵数据,可进行如下分析:

(1)课堂教学师生言语行为互动变量分析

通过课堂教学中教师言语、学生言语、教师间接影响与直接影响、学生主动反应与被动反应以及有用与无用的沉默等变量的分析(见表 3),可以反映出课堂教学的风格或倾向,一定程度上体现本节课的课堂教学文化。

表 3　各案例变量分析表

变量	计算方法	案例一	案例二	案例三	案例四	案例五	案例六	案例七	案例八
教师话语比率	$[\sum^{7} Row(i)] * 100 \div Total$	48.71	46.01	41.96	64.91	60.4	68.72	50.96	40.28
学生话语比率	$[\sum^{11} Row(i)] * 100 \div Total$	27.97	44.63	48.06	22.87	22.57	16.39	18.32	26.57
教师间接影响与直接影响的比率	$[\sum^{4} Row(i)] * 100 \div \sum Row(i)$	65.79	81.28	44.09	73.14	58.45	26.81	33.47	33.69
教师提问占教师话语比率	$Row(4) * 100 \div \sum^{7} (i) Row(i)$	20.1	28.8	12.3	28.59	21.47	11.66	18.37	19.12
学生主动应答占学生话语比率	$Row(9) * 100 \div \sum^{11} Row(i)$	50.7	7.28	39.85	17.80	2.17	1.53	6.88	0.41
有用的沉默比率	$Row(12) * 100 \div Total$	20.49	8.13	8.72	12.22	14.55	14.52	28.95	28.35

从表 3 可知,就教师话语比率而言,8 个案例中仅有一个案例略高于常模(68.72%),其余均低于常模,表明现代课堂教学中的话语权并未被教师完全把控,学生有了更多发言机会,一定程度上体现了民主参与的课堂教学氛围。就学生话语比率看,8 个案例中的学生话语比率在初中二年级略低于常模(16.39%、18.32%),其余均略高,表明在教师民主、开放的课堂教学氛围影响下,学生的参与率有所提高。从教师间接影响与直接影响的比率看,8 个案例都较低,说明教师采用间接影响的言语及时间小于采用直接影响的言语及时间,反映了课堂教学中教师的教学倾向于发布指令,鼓励还不够。8 个案例中只有两个案例的教师提问比率略高于常模(28.59%、28.8%),其余均较低,说明当前的课堂教学中教师运

用问题来进行启发的教学仍然不够。从学生主动应答比率看，有两个小学阶段的案例高于常模（50.7%、39.85%），其余均低于常模，初中阶段甚至低于10%，说明学生，尤其是初中生在课堂教学中仍习惯于单向接受教师的讲授与灌输，主动发言及批判质疑的问题意识仍有待增强。

（2）师生行为频次分析

另外，还可从师生行为频次来描述课堂的总体特征（见表4），揭示课堂教学中学生的参与度、主动性及课堂气氛的活跃度。

表4 各案例师生行为类别统计表

行为	接纳感受	表扬鼓励	接受或采纳意见	提问	讲授	指令	批评	学生被动应答	学生主动应答	同伴或小组讨论	学生成果展示	有用的沉默	无效语言
C1	3	12	59	76	130	98	0	144	93	0	0	159	22
C2	5	6	48	106	141	62	0	142	26	88	101	65	10
C3	0	43	24	45	142	112	0	166	167	57	29	76	11
C4	0	1	73	155	228	85	0	157	34	0	0	102	0
C5	30	21	43	131	271	114	0	143	5	51	29	147	25
C6	3	1	48	64	377	56	0	80	2	49	0	116	3
C7	1	4	22	74	180	122	0	44	10	49	42	229	14
C8	0	1	21	69	183	85	2	103	1	134	0	254	43

由表4可知，在13类行为中，8个案例的频次较多集中于第4类（提问）、第5类（讲授）、第6类（指令）、第8类（学生被动应答）、第11类（有用的沉默）五种行为。首先，从教师言语来看，教师以直接影响为主、间接影响为辅来对学生施加影响，即多通过讲授、指令的方式来影响学生，提问为辅。其次，从学生言语来看，学生主要以被动应答为主，主动应答行为在小学阶段的次数要明显高于初中阶段。相比传统课堂教学，同伴或小组讨论、学生成果展示两类行为在现代课堂教学中均有所体现，但在不同学科间差异较大，且次数远低于教师讲授的频次。再者，“有用的沉默”这一类行为频次也较高，表明课堂教学中教师留给学生进行自学和思考的时间，让学生有机会对知识进行内化、重构和表达。最后，值得一提的是，第7类“批评”行为在当前的课堂教学中已几乎杜绝，除最后一个案例中出现2次，其余均为0次。

4. 案例分析结论

基于以上现代课堂教学师生行为互动的变量分析和频次分析，可归纳出现代课堂教学文化的几大基本特征。

（1）课堂教学文化由灌输走向启发，问题启发仍不够。由教师提问在教师言语中的比率来看，当前启发式教学仍然不够，只有两个案例略高于常模，其余案例均较低，尤其是在初中阶段，教师提问比率更低。就其提问频数来看，教师在8个案例中讲授的频次大致介于130—377之间，初中阶段的讲授高于小学阶段；提问的频次介于45—155之间，小学阶段的提问高于初中，反映出我国当前的课堂教学文化中，小学阶段的启发式教学要优于初中阶段。总体而言，虽然提问的频次不及讲授，但是走向问题启发式教学是不可阻挡的趋势，同时也是现代课程教学改革的要求。

（2）课堂教学文化由独白走向对话，学生主动性待加强。同伴或小组讨论、学生成果展示两类行为在现代课堂教学中均有所体现，虽然次数远低于教师讲授的频次，但相比传统课堂教学还是有一定程度的提高。从学段上看，小学阶段在“同伴或小组讨论”上的频次要低于初中阶段；而在“学生成果展示”

上要高于初中阶段,初中课堂有些甚至为0次。然而从学生主动应答的比率与频次来看,8个案例中学生主动应答的比率在小学阶段要高于初中阶段,初中阶段均低于常模,次数上介于1—167次之间,而被动应答的次数介于44—166次之间,表明课堂教学中学生的主动性还有待加强。

(3)课堂教学文化由封闭走向开放,单向传授仍占优势。课堂教学中"有用的沉默"行为频次较多,介于65—254之间,比率最高也达到了28.95%,初中阶段尤其高,说明随着现代信息技术的运用,学生自主学习和独立思考的时间增多。另外,由学生话语比率分析可知,有两个初中阶段案例的学生话语比率低于常模,其余均高于常模,体现了当前课堂教学的话语权并未完全被教师把控,学生的课堂参与率有所提高,一定程度上体现了民主、开放的课堂教学氛围。然而,从教师话语比率和学生话语比率的对比来看,教师的话语比率(介于40.28%—68.7%之间)普遍高于学生的话语比率(介于16.39%—48.06%之间),说明教师的单向传授仍占据优势。

(4)课堂教学文化由批评走向赏识,鼓励仍不够。第2类"表扬鼓励"行为和第3类"接受或采纳意见"行为的频次远高于第7类"批评"行为,这说明现代课堂教学中教师更善于表扬,并接受与采纳学生的意见,批评行为基本已杜绝。但从教师间接影响与直接影响的比率来看,教师采用间接影响(第1—4类行为)的言语及时间少于采用直接影响(第5—7类行为)的言语及时间,且指令发布的频次也高达122次,反映了课堂教学中教师的教学倾向,多指令发布,鼓励仍不够。

5. 原因分析

课堂教学是个充满文化的场域,课堂教学中面临的很多问题实际上都可以归结为文化的问题。我国自20世纪80年代以来开始实施素质教育,到2001年启动基础教育课程改革。尽管已过去了几十年,但课堂教学在一定程度上仍处于"教师教学理念在变,教学行为不变"的境况。这也致使我国当前课堂教学中仍存在着"教师单向传授占主导,启发性不够,学生主动性有待加强"等问题,而这又主要是传统教学文化根深蒂固的结果。长期以来,我国课堂教学中忽视文化功能,致使课堂教学形成"以知识为中心"和"以考试为中心"的畸形、变异的应试教育文化。当前,我国已进入基于核心素养的课程改革的时代,课堂教学已不再是单纯地传授知识,而是要在教学中诱导、激发学生的人文精神,培养具有创新精神和实践能力的人。相应地,传统的课堂教学文化也受到挑战和质疑。课堂教学的真正转型依赖于课堂教学文化的转型,仅从技术层面进行的教学改革,并不会必然带来课堂教学实践的真正改变。因此,要从深层次上变革传统的应试教育文化,发挥课堂教学文化对学生核心素养发展的正向作用。

三、促进学生核心素养发展的课堂教学文化建设

如前所述,课堂教学文化是由课堂创新性、主体能动性、教学开放性、内部规范性协同运作共同构成的结构系统。基于核心素养的课堂教学要变革传统的课堂教学文化,才能发挥其最大功效。

1. 主体能动性:主体视界的融合

主体间,亦即主体之间的关系,是指两个或两个以上主体的关系,它超出了主体与客体关系的模式,进入了主体与主体关系的模式。[10]课堂教学中的主体包括教育者和受教育者,发挥二者在课堂教学中的主体地位,实现主体间的相互沟通和交流,构建主体间性的课堂教学模式,既是教学规律的内在要求,也是诸多研究者的呼唤。所谓"视界融合"出自伽达默尔(Gadamer)的《真理与方法》,其"视界融合"蕴含着从某个立足点出发所看到的一切,强调了理解者对于过去与现在的动态把握,理解者反映现实世界的能动性。[11]教育主体的视界融合,不但要从教育者、受教育者的主体角度看待教育实践活动,而且强调了各自平等对话的身份和可能性。

教育的本质是主体间的指导学习,这是教育最基本的同一性和共同特征。[12]教学活动是师生教学相长的过程,故既要重视教育者及其教的作用,又要重视受教育者及其学的作用。但学习的主体终究是受教育者,因此课堂教学的主要和终极目标是教育者通过各种教学活动指导和教会受教育者学习。[12]作为教育实践的课堂教学活动应摒弃和打破传统教师单向传递、灌输式的单一教学模式,关注学生主体能动性的发挥,强调师生间的交往互动,回归教育本质。主体是既有社会性又有自主性、兼具个性、独特性和创造性的存在,强调教育教学中培育与维护"人"的尊严,一方面是要提升教师对教育事业、教育改革的价值认识,并在相关实践中自觉完善自我;另一方面要培养、提升学生的生命自觉[13],这也是当前核心素养教育的本质要求。

2. 课堂创新性:倡导"学为中心"

基于核心素养的课程教学本质是变革,要在课堂教学目的、教学方法和学习方式上突破以往、开拓创新,以适应核心素养这种全新的育人模式。总体来说,就是要变革学生接受式学习,强调"学为中心",引导其走向自主与探究式学习;变革教师"一站到底"的教学方式,转向基于问题与项目的教学。

"学为中心"就是以学生为中心、以学习为中心,是建立在"以生为本"教育理念上的一种教学关系。"学为中心"的课堂教学方式变革就是要转变教师主导的课堂教学,强调学生的主体性地位,通过学生主体性的发挥提升其自我学习能力,关注学生内在方法论的形成。课堂教学应逐渐从讲授传统知识的"学科为中心"转向营造具体情境的"学习为中心","在这样的课堂教学中,学习过程是真正以学生为主体的对话过程,是学生人格发展、心灵世界建构的过程。"[14]此外,可借鉴加拿大、英国及西班牙等国培育学生核心素养的经验,开展基于问题(problem)或项目(project)的教学,让学生处于以真实任务为基础创设的教学情境中,在教师指导下,以小组或同伴协作的形式,全身心投入到开放性的任务或问题中,多方寻求信息,运用多种方法创造性地完成任务、解决问题,以从中获得能力的提升。有研究表明,当学生有机会在真实问题和现实世界中应用课堂习得的知识和技能,尤其是当需要持续投入时间与精力互相合作以完成项目时,学生就越能深入地理解和融会贯通所学内容。[15]与传统教学方式相比,开展基于问题或项目的教学更有利于提升学生的创新和实践能力,对推动课堂教学改革、培育学生核心素养具有重大作用。

3. 教学开放性:向生活世界扩展

素养总是与情境联系在一起,核心素养的形成有赖于个体与情境的持续互动,个体在情境中通过活动,不断解决问题、创生知识,形成一定的思维观念和探究技能,从而促进素养的发展。[16]因此,课堂教学既要加强与外部世界的联系,也要向学生的生活世界扩展,发挥学生的主体能动性。

从课堂教学外部来看,课堂教学活动应加强与外部世界的联系,鼓励教师超越学校围墙的限制,开发、利用、整合有效的社区课程资源,服务于教育教学实践。如围绕核心素养框架,遵循"以学生为主体、以学习为本位"的原则,选择有启发性与创造性的教学素材,为学生提供观察与探索、讨论与创作等实际操作及展示的机会,开发学生特色课程资源。还可建立校外综合实践活动基地,让学生走出校园,提供在真实的情境中主动学习的机会,促使核心素养能够在情境性的实践中被习得和巩固。此外,利用信息技术特别是多媒体、人工智能等的发展,提升教育信息化水平,开发符合核心素养教育需要的"慕课"平台和"微课"等。从课堂教学内部来看,寻求学习境脉的真实性[17],向学生的"生活世界"扩展。课堂教学旨在解决现实生活中的问题,终归是要回归生活的。基于核心素养的学习总是要求与具体情境结合起来,通过具体任务获得必要的素养。[18]课堂教学的任务之一就在于选择或创设合理的教学情境,通过适当的教学活动以促进学生学习的发生。基于直面现实生活与社会中的情境,在教学中创设与学生现实生活紧密关联的、真实性的问题情境,让学生通过有目的的活动,开展体验式、合作式、探究式或建构式学习。

4. 内部规范性:凸显“软”文化

任何学校制度文化均蕴含着独特而丰厚的育人价值,这是学校制度文化赖以生存与持续发展的资本。[19]因此,应从课堂教学文化与氛围的角度切入,关注“软”文化的建设。核心素养是适应个体终身发展和社会发展所需要的必备品格和关键能力。其中,“品格”是人作为主体最具人性的本质力量,蕴含着人的道德性和精神性。[20]品格的塑造与形成依赖于个体在知识传授与环境熏陶的基础上,自身思想上发生变化,并逐渐内化为个体相对稳定的人格、气质、修养等内在品质特征。从这一意义上说,师生间的平等对话和精神交流是促进学生思想转变与精神成长的合理路径。实际上,除品格之外,个体能力的形成,尤其是涉及批判创新等思维能力的形成,更加呼唤民主平等、自由和谐的文化氛围。因此,应在课堂教学中营造良好的合作学习氛围,有意识地为学生创造表现机会,多理解与支持、鼓励与宽容,保障相对自由的课堂表达权利。积极、安全的心理环境在教师转变教学思想和观念、改善师生关系、塑造学生积极健康的人格、培养学生的社会责任感等方面,均会产生潜移默化的作用,这种影响对于促进学生核心素养的发展具有不可估量的力量。

另外,本研究中的内部规范性还包括评价制度的导向。基于核心素养的学业质量评价是落实核心素养的难点和关键点。[21]学业质量标准可指导学生一段时间学习结果的评价,是学生核心素养在学科当中的具体体现[22],其主要目的是用来监测学生核心素养达到的程度,促进学生核心素养的形成。学业质量标准应根据不同学段、学科的要求加以具体化和细化。当前需关注的重点是:如何实现基于核心素养的评价体系与现行课程目标、课程内容等课程与教学体系的深度融合;如何确定科学合理的学业质量标准评价框架和水平表现;如何提升针对核心素养指标的评价方法与技术,特别是对于复杂认知能力、社会技能、情感态度的评价等。

参考文献:

[1] 贾瑜,宋乃庆.课堂教学文化对学生核心素养影响的实证研究[J].江西师范大学学报(哲学社会科学版),2018,(3):122-129.

[2] 贾瑜,宋乃庆.素质教育背景下的课堂教学文化:意蕴、价值与外在表征[J].课程·教材·教法,2018,(1):42-48.

[3] 钱民辉.教育社会学——现代性的思考与重构[M].北京:北京大学出版社,2005:39.

[4] 郝志军.教学文化的价值追求:达成教化与养成智慧[J].教育研究,2008,(4):52-53.

[5] 道格拉斯·凯尔纳.媒体文化——介于现代与后现代之间的文化研究、认同性与政治[M].丁宁,译.北京:商务印书馆,2004:60.

[6] 刘庆昌.人文底蕴与科学精神——基于《中国学生发展核心素养》的思考[J].教育发展研究,2017,(4):35-41.

[7] 斯图尔特·霍尔.表征——文化表象与意指实践[M].周宪,许钧,译.北京:商务印书馆,2005:3.

[8] 吴康宁.课堂教学社会学[M].南京:南京师范大学出版社,1992:301.

[9] 陈衍泰,何流等.开放式创新文化与创新绩效的关系研究[J].科学学研究,2007,(3):567-572.

[10] 曾新.论主体教育中的主体间性[J].华中师范大学学报(人文科学版),2011,(9):134-139.

[11] 汉斯-格奥尔格·伽达默尔.真理与方法[M].洪汉鼎,译.上海:上海译文出版社,1999:393.

[12] 郝文武.教育:主体间的指导学习——学习化社会的教育本质新概念[J].教育研究,2002,(3):4-16.

[13] 叶澜.课堂教学过程再认识:功夫重在论外[J].课程·教材·教法,2013,(5):5-12.

[14] 陈树生,李建军.课程文化:学校文化建设的核心[J].教育发展研究,2010,(2):84-87.

[15] Trilling Bernie. Fadel Charles. 21st Century Skills: Learning for Life in our Times[M]. San Francisco: Jossey-Bass, 2009: 18.

[16] 杨向东.核心素养与我国基础教育课程改革的关系[J].人民教育,2016,(19):19-22.

[17] 钟启泉.基于核心素养的课程发展:挑战与课题[J].全球教育展望,2016,(1):3-25.

[18] 张紫屏.基于核心素养的教学变革——源自英国的经验与启示[J].全球教育展望,2016,(7):3-13.

[19] 冯永刚.学校制度文化育人的价值意蕴及其实现[J]. 教育科学研究,2018,(5):89-92.

[20] 余文森. 核心素养导向的课堂教学[M].上海:上海教育出版社,2017: 14.

[21] 杨志成.核心素养的本质追问与实践探析[J].教育研究,2017,(7):14-20.
[22] 辛涛,姜宇,王烨辉.基于学生核心素养的课程体系建构[J].北京师范大学学报(社会科学版),2014,(1):5-11.

A Research into Teaching Culture Transformation to Promote the Development of Students' Key Competences

—Based on the Application of FIAS

JIA Yu
(Collaborative Innovation Center of Assessment toward Basic Education Quality, Beijing Normal University, Beijing, 100875)

Abstract: Classroom teaching culture has a certain structure, which affects the development of students' key competences by exerting its functions of cognition and communication, adaptation and innovation, and cultivation and shaping. Based on the case study of Flanders Interaction Analysis System (FIAS), the current situation of classroom teaching culture and the reasons are explored. Classroom teaching culture including innovation, activation, openness and internal normativeness should be reformed to promote the development of students' key competences. It also should return to the essence of education, focus on the fusion of horizons among subjects, develop the teaching based on "question and project", advocate "learning-centeredness", strengthen the relationship between internal and external classroom and expand to real world, play the role of "soft" culture and reform the evaluation system.

Key words: classroom teaching culture, students' key competences, Flanders Interaction Analysis System (FIAS), structural functionalism

项目学习：课程与教学改革热点新透视

杨　伊，夏惠贤

（上海师范大学 教育学院，上海 200234）

摘　要： 项目学习源于学生真实的生活情境，是学生综合利用学习资源解决生活中的实际问题，并以具体的产品或方案为结果的一种研究性学习方式。文章梳理了项目学习的思想渊源，并通过对 Web of Science 核心数据库中相关文献的分析，描述国外项目学习的研究状况，探讨项目学习的理论渊源以及对我国中小学课程与教学改革的启示。

关键词： 项目学习；课程与教学改革；启示建议

项目学习被确立为一种学习方法至今已有一个世纪。虽然对项目学习的研究从未间断过，但直到 21 世纪，才重新引起研究者的关注，成为课程与教学研究的热点问题之一。

一、从发端到盛行——项目学习的发展轨迹

项目学习在其一个多世纪的发展历程中，以成熟的理论、完善的策略、丰富的实践不断回应并适应着时代的需求，成为促进课程与教学改革的重要方式。

1. 项目学习的由来及内涵

“项目学习”(Project - based learning，简称“PBL”)的思想可以追溯到 20 世纪上半叶。1908 年，一位名叫斯廷森的美国教师在农业职业学校的课程中首次使用了“项目法”这一术语。最早将项目学习作为一种教学方法的是美国教育家克伯屈。1918 年，克伯屈在哥伦比亚大学《师范学院学报》上发表了“设计(项目)教学法”，对项目学习做了这样的阐释：“我开始构想某个能达到这个目的的概念。如果发现了这样一个概念，我认为它必须强调行动因素，特别是全心全意的、充满活力的、有目的的活动。”[1] 其中“这个目的”指的是“把教育过程中相互联系的各个方面更彻底地统一起来”的目的。克伯屈对项目学习最初的论述是立足于对班级授课制的批判和反思，对其暴露出的诸如学习动机弱、学习者地位边缘化、教学内容脱离生活等一系列问题的修正。由于克伯屈深受杜威教育思想的影响，他将杜威的思维五步法发展为一套教学法，因而有学者将他的理论概括为“具体化、程序化、可操作”的杜威哲学。[2] 从 20 世纪 20、30 年代开始，克伯屈的项目学习法在美国得到了广泛的应用。

随着新课改研究性学习的提出，项目学习在我国中小学也掀起了热潮，立足于我国课程改革的需要和学生的学情，笔者认为，可以从三个角度对项目学习进行透视。视角之一是作为一种探究性学习模式，学科的概念和原理是中心，完成作品是目的，探究并解决问题(即项目学习过程)是连接学科和成果的手段；视角之二是作为一种教学方式，强调师生的民主关系与共同参与，在教师的引导下，以学生为主

作者简介：杨　伊，上海师范大学教育学院博士研究生，主要从事课程与教学论研究。

夏惠贤，上海师范大学教育学院教授，博士生导师，博士，主要从事课程与教学论、比较教育、教师教育研究。

体展开探究，建构起属于自己的知识体系；视角之三是在课程视域下界定为一套完整的课程活动，贯穿课程决策、课程设计、课程实施、课程评价的全过程。笔者认为，从实施过程界定项目学习有助于转化为学习实践。因此，所谓项目学习就是以真实生活情境中的问题为驱动，以学生自主探究为基础，通过明确计划的学习过程，获得真实、具体的学习成果的一种学习方式。

2. 国外项目学习的研究现状分析

项目学习在国外已有了较长的研究历史并取得了一定的成果，这对我国课程与教学的改革具有重要的启发意义。笔者对 Web of Science 核心数据库进行检索和分析，截止 2018 年底，标题含有“project-based learning”的文献共有 359 篇，排除非教育类的 103 篇，非期刊论文 10 篇，提取出符合项目学习研究的 246 篇文献进行分析。

（1）研究概况

Web of Science 核心数据库中最早记录项目学习的文献是 2006 年，笔者通过对在 2006—2018 年间发表的文献进行梳理，发现项目学习的研究总体呈上升趋势。

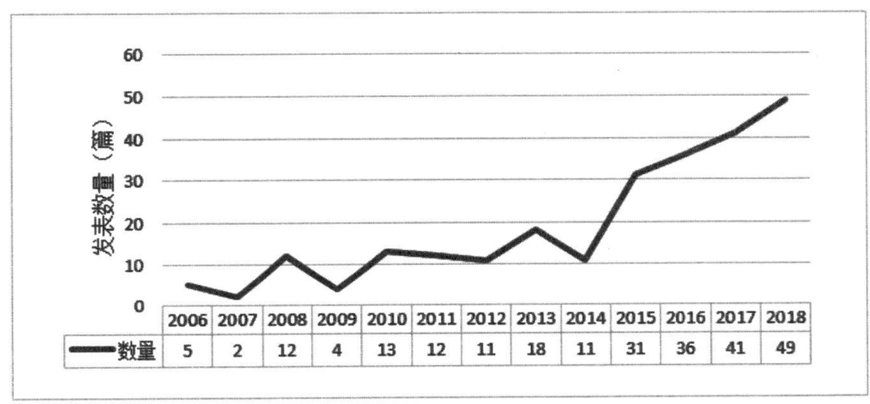

图 1　2006—2018 年以“项目学习”为题目的外文核心期刊数量统计图

如图 1 所示，国外对项目学习的研究在 2008—2014 年间有较大波动，除 2009 年发表文献较少外，其余年份均在 10 篇以上，与最初两年（2006/2007）相比，有明显增长。从 2015 年开始，项目学习逐渐成为课程与教学领域研究的热点问题。

笔者对上述 246 篇文献进行梳理，发现项目学习在所涉学段、学科和研究方法上各有不同的侧重点。从学段上看，项目学习以高等教育领域为主，其次是中小学（中学为主），学前教育涉及较少。这一分布情况反映了国外研究者对项目学习的基本认识：项目学习需要高阶思维，更丰富的经验，更充足的知识积累，更适用于年龄较大、学习能力较强的学生，低年段学生并不是项目学习的适用人群。从与学科结合角度看，70%以上的研究是依托具体学科进行的，高等教育中以理工科结合为主，中学阶段主要适用于数学、物理、科学等理科课程。而其中将项目学习用于 STEM 教育则是近年来兴起的崭新研究领域。研究结果显示，项目学习对于 STEM 教学是有效的。从研究方法上来看，在笔者所梳理的文献中，半数以上使用了案例研究，而最初国外学者是通过质性方法研究项目学习的，在 2006—2007 年间所发表的 7 篇文献采用的都是质性研究，2008 年发表的 12 篇文献也仅有 2 篇论文采用了定量方法。可见，国外项目学习的研究是通过质性方法中的案例研究起步的，至今案例研究法仍然是开展项目学习的主流方法。

（2）成效分析

近年来，研究者将项目学习应用于不同的学科，对学习者的工作技能、生活技能、认知加工能力、自我管理技能、态度、个人倾向、信念等诸多方面的效果进行比较，结果显示项目学习确实比传统教学方法更有效。如,博尔勒(Boaler, J.)发现,接受项目学习 3 年的学生在数学技能和知识上都有提高,能培养学生对数学的积极态度,减少焦虑。[3]巴伦(Baran, M.)等人的研究表明,项目学习在提高学生物理学习的态度和积极性的同时,还提高了学生的物理成绩,是培养学生认知、情感和心理运动技能的有效途径。[4]值得一提的是,项目学习与 STEM 教育的整合是近十年来出现并兴起的研究领域,楼(Lou, Shi-Jer)等人以我国台湾地区一所女子高中的学生为研究对象,为女生体验工程设计的乐趣以及提高 STEM 知识应用的有效性创造了新的机会。[5]卡普拉罗等人对三所学校的 836 名高中生进行了研究,研究结果表明,项目学习更有利于平时学业成绩表现不佳的学生,并缩小了成绩差距。[6]诸如此类的研究不胜枚举,项目学习效果广泛地包含了测验成绩、学习兴趣、学习动机、认知水平、学习策略等多个领域。因此,要从宏观上梳理和把握项目学习的效果,首先应当找到一个统一的标准对现有研究成果进行规整。

心理学家加涅曾将学习效果分为言语信息、智力技能、态度、认知策略、动作技能五个领域。基于这一标准审视国外研究,发现项目学习在动作技能维度产生的效果尚不明确,但其他四个维度则都取得了一定的成果。首先,项目学习在"智力技能"方面产生的作用最为明显,成果颇丰,是国外研究者探讨项目学习价值最为关注的领域。其次,"态度"是关注度仅次于"智力技能"的领域,研究者常常借助量表、访谈等方式对项目学习在动机、兴趣上的促进作用进行独立的、与其他维度分离的探究。再次,由于"认知策略"较为隐蔽,测量难度大,因此国外学者关于项目学习对认知策略促进作用的研究相对薄弱。最后,"言语信息"较为特殊,研究者往往不会刻意测量知识量的变化,但由于智力技能的提升依赖于言语信息的积累,又难以将两个维度彻底分离,所以在该维度上项目学习的效果通过智力技能反映出来。综上所述,项目学习对学习效果的促进是全方位、多维度的,是从知识到情感,从思维水平到学习动机的整体提升。

二、从思想到方法——项目学习的理论渊源

国外研究成果不断证明项目学习的价值,从发端到盛行再到今天成为各国的研究热点,作为一种有历史、有根基的学习方式,其当下的教育实践都有思想渊源和深厚的理论基础作为支撑。

1. 理论基础:经验为基,自主建构,多元发展

项目学习是兼具哲学与心理学基础的教育实践,是多种理论成果共同作用下的学习方式,更是不同理论发展到今天教学中的交汇。

纵观项目学习的实施路径,杜威的经验课程及做中学的思想是项目学习坚实的理论基础,项目学习的实施在宏观上可以视为杜威经验课程思想中的直接经验和间接经验的有效统一;深入项目学习的认知过程,建构主义理论揭示了学习者建构自己的知识体系的本质,以及对知识获得深刻理解的内在机制;立足于学习效果,多元智能理论描绘了项目学习发展学生多元智力、极大地开发学生学习潜能的终极追求。三种理论从不同层面支持了项目学习,每一种理论的发展与更新也为项目学习发展注入了源源不断的动力。

(1)经验为基

项目学习的思想源于杜威的经验课程及"做中学"思想。他认为,以学生经验获得为基础的活动学习应当占据教育的中心位置,学生在"做中学"不仅可以获得深刻的印象,还能提高学习的兴趣和学习动机,这正是以儿童活动为中心设计教学最直接的优势所在。杜威指出:"个人直接经验的范围是非常有限的。如果没有代表不在目前的、遥远的媒介物的介入,我们的经验几乎将停留在野蛮人的经验的水平上。"[7]项目学习是将理性与经验协调起来的实践,教师的引导,学生的全程参与,师生共同制订学习计划以及在解决问题过程中对间接经验的运用,都是将直接经验与间接经验统一起来的有效实践,是一种脱离了盲目、在不确定的情境中有计划的探索。另一方面,从形式上看,项目学习是对杜威思维五步法的践行。在项目学习中,一般要经过发现问题、提出问题、分析问题、提出假设、评价、验证、得出结论

等几个环节。在这一过程中,学生要在一系列活动中学会从不同角度思考问题,收集和处理信息,获取新知识、分析和解决问题以及开展合作与交流等活动。这是一个漫长的过程,学习者的经验正是在这一较长的时间跨度中持续改造、不断发展的。它不同于很多的所谓教学设计只有很短的时间跨度,跨度短的教学设计不利于儿童将经验有系统地组织起来以达到对事物的系统认识。

综上所述,项目学习是儿童的直接经验与学科教材之间的统一,这种统一是儿童在与环境的交互作用中实现的,最终使儿童的心理经验达到学科学习逻辑的高度。

(2)自主建构

杜威强调直接经验的获得与经验协调,强调经验的持续改造,而建构主义理论则从另一角度肯定了经验在学习中的作用,它是一种学生根据在其自身的经验背景中建构自己知识体系的理论,关注的是学生积极地从事"做"(doing)的活动,而不是被动地"接受"知识。[8] 弗兰克(Frank, M.)和伊斯梅尔(Esmaiel, Y. E.)等人在各自的研究中不约而同地提到:项目学习是一种建构主义的教学策略。[9] 建构主义学者认为,知识主要是个人建构的,学习是学习者通过新旧经验间的互动作用而建构起自己的经验体系的过程。这意味着学习是主动的,学习者不是被动的接受者,而是对外界信息进行主动选择和加工的主体。每个学生在原有的经验基础上对新的信息进行编码,建构自己的认识与理解,原有知识又因为新知识的进入而发生调整和改变。因而,建构主义特别强调源于学生现实生活的问题对于启迪学生思维的意义,强调真实情境对于知识建构的重要作用,强调用情境呈现问题,主张用产生于情境的问题启迪学生思维,由此支撑并鼓励学生开展项目学习。因此,研究者指出,"情境""合作""交流"和"意义建构"是项目学习的四大要素。其中"情境"必须有利于学生对所学内容的意义建构。师生、学生之间的合作贯穿于学习过程中,其对学习资料进行搜集与分析、假设的提出与验证、学习进程的自我反馈和学习结果的评价以及最终意义的建构都有十分重要的意义。每个学习者都是一个认知源,学生经过充分的合作才能将信息互换,其中"交流"必不可少,而"意义建构"则是教学过程的最终目标。[8] 因此,项目学习实质上是一种研究性学习方式,问题扎根于学生的实际生活,学生作为学习成员开展沟通与合作,而意义建构是这一过程的最终目标,即学生对学习内容所体现出的知识的性质以及各事物之间的内在联系获得深刻的理解。

(3)多元发展

美国心理学家加德纳(Gardner, H.)在其《智能的结构》一书中提出了多元智能理论。多元智能理论强调每个人都有不同的智力类型,每个人都有不同的智力强项和优势。除传统备受关注的"逻辑—数学智能"和"语言智能"外,还有空间智能、肢体—动觉智能、音乐智能、人机智能、内省智能、存在智能以及自然观察智能。以上九种智能不同程度地为学生所有,而学生的个体差异就在于不同智能之间的组合。这些智能代表了不同的潜能,而怎样让这些潜能得以发挥呢?加德纳认为,遗传和环境都会影响智能开发,将潜能应用于适当的问题情境中的过程就是潜能得以激发的过程,也是智能得以发挥的过程。该理论并不属于理论建构型,而属于创意点子型;不具有解释性,只具有描述性[10],是一种具有浪漫主义色彩的假设,在教育领域具有较强的可操作性。这一理论是对传统纸笔测验方式的超越,传统的标准化测试不仅测量的是儿童的单一智能,其所学习的内容不能有效迁移到生活情境中去,因而不利于培养其解决问题的能力。加德纳本人极力主张将项目学习作为创建学习环境的方法来提高每位学生的多元智能。近年来,多元智能理论在教育领域的应用取得了一系列的成果,其中之一就是关于项目学习开发学生多元潜能的研究。中国研究者也较早地开展了这方面的研究,从课程设计的角度论述了多元智能理论视野中的项目学习问题,论述了其对于开发学生的多元智力、培养学生创新精神和实践能力的重要意义。通过适当培养并不断积累学习经验,学生的每一种智能都可以得到提高,发挥各自的智能潜能[11],这在后来关于项目学习的实践中不断得到了证实和发展。

2. 实践创新:情境创设,思维启迪,合作探究

上述理论基础是项目学习由理论走向实践的基本准则,以学生经验习得为基础的活动学习引发学

生的自主建构,自主建构式的学习可以开发学生的多元潜能。而活动学习则包括情境创设、思维启迪、合作探究等学习方式正是开展项目学习的有效途径。于是,笔者将三大理论基础与项目学习之间的关系加以简化,见图 2:

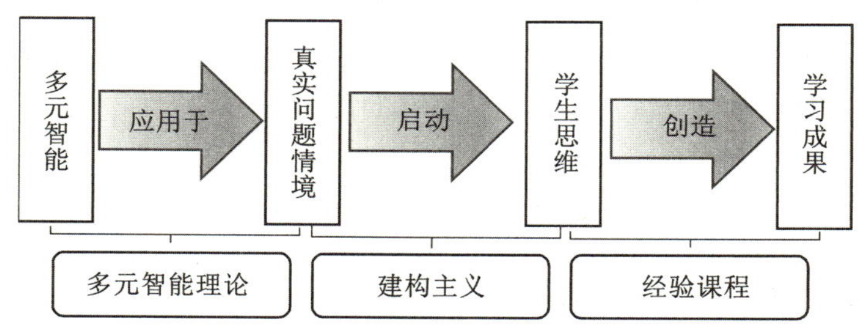

图 2　三大理论基础与项目学习的关系图

(1)情境创设

国外研究者在项目学习实施中首先强调问题情境的真实性,这是项目设计的关键所在。情境是指支持学生进行探究学习的环境,这种情境既可以是物质实体的学习环境,也可以是借助信息技术条件所形成的虚拟环境。[12]学习项目的确立应当紧密联系学生的生活实际,要把学习的知识融入生活问题之中,以具体、真实和动态化的方式呈现在学生面前。只有源于学生生活的问题,才能引发学生实践、探索的热情,激发学习动机,使学生将智力强项发挥出来。在本文所选取的五个案例中,阿姆斯特朗的学习中心旨在建构一种促进多元智能发展的课堂生态(classroom ecology)[13],拉泽尔则是致力于从多元智能的角度对课程整合进行了研究。项目学习依托真实的问题情境,需要不同学科的综合,允许教师将各种教与学的策略综合到项目的规划和实施过程中,需要每一个成员发挥其智能强项,用其擅长的方式开展学习,帮助学生开发各种智能潜能。国外众多实践表明,仅仅依靠单一智能解决实际问题是不可能的,真正的问题解决需要多种智能的组合。多元智能理论视域下的项目学习丰富了教育的内涵,对树立正确的学生观和教学观,推动教育改革发展具有重要的意义。

(2)思维启迪

建构主义理论认为,学习是学生自主建构知识的过程,学生要主动思考、主动建构,从他们的背景经验出发形成对问题的解释。要想将儿童现有的知识作为新知识的增长点,要想启动学生思维,"诱因"就显得尤为重要。在项目学习中,"诱因"就是问题情境的设计。外部信息本身并没有意义,意义是学习者在新旧知识经验间反复的相互作用过程中建构的。这对问题的质量提出了更高的要求,它要能引起新旧经验之间的冲突,能引发观念转变和结构重组。在项目学习的四大要素中,居于首位的就是"情境"要素,一个能引发学生兴趣,并且与学生经验相关的问题情境是学生建构自己知识体系的起点和基础。项目学习在实施时,要重视知识在情境中的处理和转化。可见,项目学习是一种创建学习环境,让学生在环境中构建个人知识体系的学习方式。

(3)合作探究

学生自主探究一直是课程与教学领域关注的核心问题。卢梭较早意识到解放儿童天性的意义,他提倡的教学以儿童天然的好奇心和探究本能为基础,是遵循和提升儿童本性的教学。卢梭曾指出:"不要教他这样那样的学问,而要由他自己去发现那些学问。"[14]杜威认为儿童天生有四种本能,社会的本能、制造的本能、探究的本能和爱表现的本能。这些本能通常表现为"说""做""发现""制造"。[15]教师的作用在于唤起学生理智的兴趣,激发对知识探究的热情,不要向学生简单地奉送真理,而是要共同参与儿童的活动,引导儿童去探究和发现真理。[16]布鲁纳借鉴了杜威的思想,认为学习的过程就是教师引导下学生发现的过程,强调自我思考和探究事物。他将探究的过程概括为四步:提出问题,创设问题情境，提出假设，评价、验证、得出结论。探究训练教学则包括呈现疑难情境，提出假设和收集资料，以及得出结论等三个程序。项目学习不仅强调动手能力的培养，更强调对真实问题的探究，是一种目的明确的研究性学习方式。探究可以是独立探究，也可以是合作探究，项目学习的亮点就在于强调同辈人之间的合作，这种合作促使每个学生的智能强项都得以充分发挥。维果茨基提出“最近发展区”的概念，将之界定为：“‘实际发展水平’（独立解决问题）和‘潜在发展水平’（成人引导或与其他能力较强的同学合力解决问题）之间的距离。”[17]该理论侧重于同伴间的合作与交流，不仅是教师应当在最近发展区之内与学生进行互动，同龄的学生之间就某一问题的讨论与切磋也有可能在最近发展区之内进行，这是比单独活动更高级的行为，所以他认为与较强的同伴展开合作有利于认知的发展。通过合作制作作品完成学习任务，这是项目学习有别于其他学习方式的典型特征。

综上所述，在三大基本理论的支撑下，项目学习在实践中不断发展，以多元智力理论为基础，将多元智力应用于真实问题情境；以建构主义理论为基础，通过真实问题情境启动学生思维；以杜威经验课程为基础，将直接经验与间接经验统一于“做中学”的实践，以创造出真实的学习成果。

三、启示与建议

由于项目学习较好地体现了经验课程及“做中学”的思想，与我国基础教育课程改革中提出的“倡导学生主动参与、乐于探究、勤于动手”等要求相一致，它为我国今后课程与教学改革提供了有益的启示。

1. 关注核心素养培养

21 世纪是知识主导的时代，核心素养受到了世界各国的高度关注。经合组织（OECD）基于“关键能力的界定与选择”研究而倡导“核心素养”或“关键能力”培养。于是，核心素养便成为当今世界各国普遍关注的问题。核心素养包括创新能力、信息素养、合作能力、社会责任、交流技能等，这些素养在项目学习中都会有所涉及，这为学生形成正确的价值观念、必备品格和关键能力提供了发展路径。

其一，提升信息素养。素养是通过调动预备的知识成功地满足复杂要求的能力，它是认知技能、知识、动机、价值观、道德、态度、情感和其他社会行为要素的集合。[18]信息素养（information literacy）则是以获取、评估、利用信息为特征，传统与现代文化素养相结合的科学文化素养。[19]学习者要能辨识真伪，剔除误导信息；要能评价资源质量，甄别高质量的学习资源；要权衡好人与信息的关系，保持批判性思维，有自己独到的见解和独立的思考；要在现有材料的基础上整合创生，能创造性地使用资源。项目学习能提供真实的和启发性的提高信息素养的环境。在项目学习实施过程中，学习者学会多渠道收集信息，使用信息设备与软件，评判性理解信息内容，试图估计信息的价值，利用信息开发原型。

其二，培养合作能力。在项目学习中合作能力的培养是通过协同学习来完成的，所谓协同学习就是“借助数人的交互作用而相互学习”。[20]分布式认知理论（distributed cognitive theory）认为，认知还存在于群体当中，也就是学习共同体中的每一个成员都可以看作是一个认知源，共同的目标将他们凝聚在一起，完成个体无法完成的任务。项目学习中每一个体都会获得一个重要的角色，他们在协同学习中提升合作能力。

其三，发展批判性思维。在各国所倡导的“核心素养”体系中，批判性思维（critical thinking）都是重要组成部分。美国提出的“21 世纪能力”（21st Century Skill）将批判性思维作为高阶认知能力之一，在日本提出的相关框架中，批判性思维能力被列为思考力的重要组成部分。在中国，学生发展核心素养体系将“批判质疑”作为 18 种要素之一，要求学生具有问题意识；能独立思考、独立判断；思维缜密，能多角度、辩证地分析问题等。项目学习强调学生对待问题要有敏锐的察觉，独立的思考和批判的眼光，这在理念上与国际上的主流思想一致，在实践上回应了批判性思维的培养要求。

其四，增强自我反思能力。自我反思与批判性思维是不可分割的，经合组织（OECD）提出了“关键能力”(Key Competency)的框架,居于框架核心的正是“反思性思维”,它不仅指能够应对当下的状况,反复地开展特定的思维方式与方法,而且是指具备应变的能力、从经验中学习的能力、立足于批判性立场展开思考与行动的能力。[21]分析学习的微观过程,自我反思的过程就是元认知过程,是对认知行为的管理和控制,包括计划、监控和调节。在项目学习中,学生在教师的指导下尝试不同解决方案,并预估其有效性的过程就是计划的过程;在项目实施中学生不断认知自己或小组与目标的差距,评判学习成果的优势与不足,这是监控的过程;在项目学习进入最后阶段检查学习结果,及时补救修正的过程就是调节的过程。

2. 转型教育评价模式

我国长期以来所奉行的是目标取向评价,将预定目标作为评价标准,其不足在于它忽略了学生的主体性、创造性的发挥,忽略学习过程本身所蕴含的价值。而项目学习所采用的评价方式是主体取向评价,即“第四代评价理论”,倡导评价是被评价者、教师、学习同伴共同建构意义的过程。因此,梳理国外项目学习的相关案例,可以发现,其评价是多元且伴随学习全过程的,贯彻了第四代评价理论的思想。第四代评价的本质是共同建构,即利益相关者(项目学习所波及的所有人员,包括学生、教师、管理者、家长等)要将心理建构充分表达出来,这在项目学习的计划阶段体现尤为明显。共同建构的途径是协商,协商伴随评价而生,不断综合利益相关者的宣称(Claims)、担心(Concerns)和问题(Issues)。在项目学习中,教师用共识(Consensus)代替说服(Convince),拿出一种大家普遍接受的多元化评价方案,即过程性评价方案,使各方利益最大化,这是对学生主体价值的肯定和关注,是师生关系民主化在评价方案制定中的体现。

中小学生综合素质的发展应体现在道德品质、学习素质、能力素质、身心素质健康、审美与表现等几个方面,项目学习是实现学习素质和能力素质培养的重要途径。“学习素质”强调学习的热情、自信心、好奇心等非智力因素,强调如何发现真理比掌握真理更重要。“能力素质”则要求中小学生从小开始锻炼其实践能力,强化实践意识,积极参加课外活动。综合素质的评价要点与项目学习的实践特色高度一致,对项目学习过程的评价也正是实施综合素质评价的过程。项目学习对中国教学评价方式过程化,师生关系民主化,评价指标多元化有重要的意义。

3. 转变作业设计思路

长期以来,受凯洛夫教育学思想的影响,作业一直被视为课堂教学的延伸。中国关于“作业”内涵的主流观点属于“教学视域下的作业观”,从性质上来看,它是课堂教学的组成部分,是课堂教学的一种补充;从功能上来看,它以巩固知识技能为主要目的;从完成方式来看,它是由学生个人独立完成,这里的“学生个人”强调两个方面,一是脱离教师指导,二是不提倡学生之间的合作。但自基础教育课程改革提出“研究性学习”以来,作业内涵发生了重要的转变。新课改打破了作业与实践活动之间的界限,树立了以动态知识观为思想基础的现代作业观,它强调探究性、创造性、过程性和实践性,这与项目学习有着明显的一致性。项目学习进入我国后,围绕学生感兴趣的主题,完成时间较长的“长期专题作业”(长作业)融入了学习过程中。在我国课堂实践中,采用的是长短作业结合的方式,短作业主要承担的是巩固课堂知识、练习基本技能的作用,作业最初的内涵通过短作业得到了保留。受项目学习的影响和启发,长作业则以教学内容为本,但不拘泥于教材;形式多样,可以是实验、调查、小发明、小制作等,注重探究过程和探究能力培养;长作业的答案是开放的,鼓励学生创新;鼓励独立思考也鼓励合作交流;最重要是的,长作业以真实生活为背景,鼓励学生应用知识解决生活中的问题。项目学习对我国中小学作业设计产生了重要的影响,事实上,国内半数以上有关项目学习的研究是应用于基础教育的,特别是中学阶段,这与国外有明显的不同,国外关于项目学习的研究最初从高等教育领域着手,并一直占据主体地位。可见,我国对项目学习的借鉴主要是中小学的教学实践。国外在项目学习研究中获得的成果会继续为我国打开新的思路,对于我国基础教育摆脱旧的思路具有重要的意义。

总之,项目学习作为一种盛行的学习方式,对学生发展具有重要意义。要在教学中合理地实施项目学习，不仅要积累实践经验，更要不断深化相关理论研究。只有这样，才能将国外关于项目学习的实践经验合理地引入我国，逐步推进，成为深化我国课程与教学改革的强大推动力。

参考文献：

[1] 威廉·克伯屈.教学方法原理——教育漫谈[M].王建新，译.北京：人民教育出版社，1991：329.

[2] 易红郡."设计教学法"评述[J].课程·教材·教法，2013，(7)：103-109.

[3] Boaler, J. (2002). Learning from teaching: Exploring the Relationship between Reform Curriculum and Equity[J]. Journal for Research in Mathematics Education, 33(4):239-258.

[4] Medine, B., Abdulkadir, M.,&Seyma, Y.(2018).Learning Physics through Project-Based Learning Game Techniques[J]. International Journal of Instruction, 11(2):221-234.

[5] Lou, S. J., Chou, Y. C., Shih, R. C.,& Chung, C. C.(2017).A Study of Creativity in CaC2 Steamship-derived STEM Project-based Learning[J]. Eurasia Journal of Mathematics Science and Technology Education, 13(6):2387-2404.

[6] Han, S., Capraro, R., &Capraro, M. M.(2015). How Science, Technology, Engineering and Mathematics (STEM) Project-based Learning (PBL) Affects High, Middle, and Low Achievers Differently: the Impact of Student Factors on Achievement[J]. International Journal of Science and Mathematics Education. 13(5): 1089-1113.

[7] 杜威.民主主义与教育[M].王承绪，译.北京：人民教育出版社，1990：246.

[8] 王万红，夏惠贤.项目学习的理论与实践——多元智力视野下的跨学科项目设计与开发[M]. 上海：百家出版社，2006：26-28.

[9] Frank, M., &Barzilai, A. (2004). Integrating Alternative Assessment in a Project-based Learning Course for Pre-service Science and Technology Teachers[J]. Assessment & Evaluation in Higher Education, 29(1):41-61.

[10] 张玲.加德纳多元智能理论对教育的意义到底何在[J].华东师范大学学报(教育科学版)，2003，(1)：44-52.

[11] 夏惠贤.多元智力理论与项目学习[J].全球教育展望，2002，(9)：20-26.

[12] 刘景福，钟志贤.基于项目的学习(PBL)模式研究[J].外国教育研究，2002，(11)：18-22.

[13] 夏惠贤.多元智力理论与个性化教学[M]. 上海：上海教育出版社，2003：94-99.

[14] 卢梭.爱弥儿：论教育[M].李平沤，译.北京：商务印书馆，1990.

[15] 杜威.思维与教学[M].孟先承，余庆俞，译.北京：商务印书馆，1936：14.

[16] 夏惠贤.探究性教学论纲[J].山东教育科研，1996，(4)：57-59+55.

[17] 维果茨基. 学龄期的教学与智力的发展[J].龚浩然，译. 教育研究，1983，(6)：71-76.

[18] 郑勤华，陈悦，陈丽.中国 MOOCs 学习者学习素养调查研究[J].电化教育杂志，2011，(10)：33-35.

[19] 胡靖华.论网络环境下学习者的信息素养及其培养[J].现代远程教育研究，2013，(2)：45-48.

[20] 秋田喜代美，藤江康彦.授业研究与学习过程[M].东京：日本大学教育振兴会，2010：143.

[21] 钟启泉，崔允漷. 核心素养研究[M]. 上海：华东师范大学出版社，2018：2-23.

Project-based Learning: A New Perspective of Curriculum and Teaching Reform

YANG Yi, XIA Huixian

(School of Education, Shanghai Normal University, Shanghai, 200234)

Abstract: Project-based learning originates from students' real life situation. It is a kind of research study method in which students make comprehensive use of learning resources to solve practical problems in life and take specific products or schemes as the results. This paper reviews the ideological origin of PBL and analyzes relevant literature in Web of Science. Based on those results, this paper describes the research status of project-based learning in foreign countries, and discusses the theoretical origin and the enlightenment to the curriculum and teaching reform of primary and secondary schools in China.

Key words: project-based learning, research status, enlightenment and suggestions

改革开放以来我国多学科课程整合模式的变迁:反思与启示

王　飞

(山东师范大学 教育学部,山东 济南 250014)

摘　要: 改革开放以来,我国多学科课程整合模式经历了重新起步期、本土化探索期和深入发展期三个阶段而日臻成熟。但是,在其发展过程中也存在着整体规划、协同推进不足,对发挥内容的综合育人功能的关注度不够,对课程整合程度的理解和把握欠佳等问题。在其未来发展中应着力进行基于核心素养的课程整合顶层设计,以主题为依托实现课程内容的整合,丰富课程整合的实施方式,以及完善课程整合的评价方式,进而实现多学科课程整合模式的良序运行。

关键词: 多学科课程整合模式;核心素养;顶层设计;教师教育

现代课程整合的理论和实践最早诞生于20世纪初期的美国。无论从理论还是实践来看,美国的课程整合都沿着两条不同的路线发展和前行。其中一条路线奠基于杜威的课程理念,经由霍普金斯(T. Hopkins)等人的努力逐渐发展和完善,并于20世纪80年代末在比恩(J. Beane)等人的发展下形成了较为系统化的理论体系。它认为真正的课程整合不是从学科知识出发的,而是根据学生和社会发展的需要,确定相互衔接而又逐渐递升的主题,在解决主题所涉及问题的过程中学科知识仅是课程资源的来源之一。另一条路线奠基于美国赫尔巴特运动者的学科内容相互关联(correlation)的思想,其后经由卡斯维尔(H. Caswell)等人的改进,到20世纪末期通过雅克布斯(H. Jaeobs)和福格蒂(R. Fogarty)等人的研究逐渐系统化。它侧重于从学科内容关联的角度出发,将具有相关性的内容进行整合,使学生掌握更加系统的知识,进而促进学生对世界的全面和整体认知。澳大利亚课程论研究者托尼·道登(T. Dowden)将二者分别命名为“完整的课程整合模式”(Integrative Models of Curriculum Integration)和“多学科课程整合模式”(Multidisciplinary Models of Curriculum Integration)。[1]

我国课程整合的理论与实践深受美国的影响,从20世纪初期课程整合的理论研究与实践探索之初也形成了上述两种模式,并沿着这两条路径逐渐发展。尤其是改革开放后,随着实践领域课程整合的推进和理论领域对国外课程整合理论的借鉴、吸收与创新,我国课程整合的理论与实践都取得了可喜的成就。在两种课程整合的模式中,完整的课程整合模式因主张完全抛弃学科限制设置主题的思想较为理想化,而在现实发展中

基金项目:本文系教育部人文社会科学研究基金项目“我国中小学教师的代际差异研究”(项目编号:15YJC880081)的研究成果。

作者简介:王　飞,山东师范大学教育学部副教授,博士,主要从事教师教育、课程与教学论研究。

受到诸多制约,其发展比较缓慢;多学科课程整合模式在尊重现有分科教学的基础上,主张通过学科关联的思想增加内容的系统性和整体性,既贴合实际,又有利于克服课程分科过细、学科之间缺乏联系,难以发挥课程的整体育人功能以及不利于学生的全面发展等弊端,在理论和实践领域取得了较大的发展。

2014 年 3 月,教育部印发了《关于全面深化课程改革落实立德树人根本任务的意见》,明确提出研究和制定学生发展核心素养体系的任务。核心素养是学生应该具备的适应终身发展和社会发展需要的必备品格和关键能力,它是一系列知识、能力和态度的集合,是学校课程改革的根本目的和总体方向。[2] 核心素养的综合性和整体性决定了必须重新调整学校的课程结构,整合课程资源,以建立知识之间以及知识与生活之间的联系,使学生在与世界的开放联系中不断开阔视野,创生意义,从而更有效地面对现实问题,成为具有高尚道德情操、扎实科学文化素养、健康身心和良好审美情趣的完整发展的人。课程整合,尤其是多学科课程整合模式恰好满足了核心素养的上述要求,是有效贯彻落实核心素养体系,完成立德树人根本任务的重要途径。以史为鉴,对改革开放以来我国多学科课程整合模式的发展脉络进行梳理和总结,从中找出亟待解决的问题,有利于为通过课程整合有效落实核心素养提供更加科学的践行路径。

一、改革开放以来我国多学科课程整合模式的发展历程

1. 重新起步期

改革开放后,学校系统的恢复与建设,有效提升了学校的教育教学质量,为国家培养了大批牢固掌握学科知识的人才。不过,由于过于强调分科的课程设置与教学,导致科目庞杂、内容繁难,以及缺乏与生活和社会的联系,致使学生负担过重和厌学情绪浓厚。这促使一些学者开始思考重新借鉴国外的课程整合理论,以克服我国分科设置课程的弊病。而恰在此时,多学科课程整合模式的代表人物英格拉姆雅(J. B. Igram)和雅克布斯(H. Jacobs)等人的课程整合思想逐渐成型,并成为引领发达国家进行跨学科课程整合实践的理论指引。在此背景下,一些学者将在国外具有较多运用并取得了良好效果的课程整合思想引入我国,以期为克服我国基础教育领域课程过度分化而产生的弊端寻找理论突破口。如吕达将英国学者英格拉姆(J. B. Igram)的《综合课程和终身教育》(Curriculum Integration and Lifelong Education)的第三章和第四章翻译,刊载在《课程·教材·教法》1985 年第 2 期、第 3 期和 1986 年第 10 期上,分别从认识论、心理学和社会学方面分析了课程整合的作用以及综合教学的原理和实践等。

人们在进行理论探讨的同时也开展了一些改革实验,其中最有影响力、最系统的莫过于东北师大附中的综合课程改革。1984 年,原国家教委立项"初中课程改革和综合教材的研究与实验",并将项目委托给东北师大附中,由此开启了东北师大附中多学科课程整合模式的实验。在借鉴国外课程整合理论与实践的基础上,经过两年的研究,东北师大附中于 1985 年底编制了《自然科学基础》和《社会科学基础》两套综合教材,前者将物理、化学、生物和自然地理进行整合,后者将政治、历史、地理(除自然地理部分外)进行整合。不过由于两套教材的编写人员是按照学科进行分组的,物理专家和物理教师负责编写物理章节,化学专家和化学教师编写化学的章节等,当各小组编写完毕后再将其组合,并且各分小组又有其各自的指导思想和编写原则。[3] 这就导致所编写的教材没有真正将各学科综合起来,呈现出典型的拼盘特点。此外,由于师资力量限制,在教学实践中只能选择物理教师讲授物理知识,化学教师讲授化学知识的方法进行上课,导致课程的综合性在实践中也未充分体现。虽然有上述诸多缺陷,但是东北师大附中的综合教材中减少了不同学科之间的重复性内容,在备课阶段也尝试采用集体备课以增进教师对其他学科内容的了解等,都为之后我国开展多学科课程整合模式的实践提供了借鉴和启示。

总之,该时期多学科课程整合模式的理论探

讨主要局限于介绍国外多学科课程整合模式学者的观点，尚缺乏对这些理论的深度反思和本土化改造。在实践探索方面，只有个别学校进行了初期的尝试，但由于缺乏对课程整合的深度理解，多学科课程整合模式的实践大多停留在不同学科内容简单拼盘的层次。

2. 本土化探索期

从 20 世纪 80 年代末开始，我国学者有意识地在借鉴国外课程整合理论的基础上，对多学科课程整合模式的理论基础、设置、管理、整合的深度与广度等进行了初步探讨。随着多学科课程整合模式实践的大规模开展，一些学者通过对现有课程整合实践的调研，从实证角度为其科学实施提供了一些宝贵的建议，如应该创立知识内容高度融合、逻辑严密和结构紧凑的综合课程教材新体系，避免各学科内容相互割裂的拼盘式整合；要成立跨学科课程整合专题研究小组，从理论上为多学科课程整合模式的实施提供理论指导；通过跨学科教研等方式，提升教师的全学科意识和能力，保障综合课程在实践中的有效落实等。[4]

1988 年，在原国家教委“全国九年义务教育教材规划会议”后，上海市和浙江省的综合课程改革实验几乎同时启动。[5] 在综合课程设置方面，上海市和浙江省在 7—9 年级的社会学科与自然学科设计了综合型课程。综合型的社会学科称为“社会”，将历史、人文地理和社会学的一些基础知识融合在一起；综合型的自然学科称为“理科”，在小学自然学科的基础上，学习有关自然地理、物理、运动、能、生命科学、宇宙、地理等方面的初步知识。[5] 此外，广东省对高中综合课程的研究与实验从 1996 年开始，集中力量开发综合文科和综合理科两种新课程。该阶段课程整合的实验不仅范围广泛，在整合的深度上也有所突破，以浙江省综合理科的实验为例，综合理科课程主要围绕“人与自然的关系”展开，以人类认识自然、认识自身，利用自然、改造自然，保护自然、保护自身作为内容设置的主线，以神奇的大自然、生命运动、物质和运动、人与自然、自然原理的运用、科学和生活等为各册教材的主题，将生物、物理、化学、地理、天文等内容进行整合，同时借鉴国外 STS 课程理念，让学生体验科学与技术应用，科学、技术与社会之间的互动关系等。不过，教材整合的程度依旧偏低。在课程实施中，由于综合课程师资的匮乏，仍然存在着综合课程分科讲授的问题。

总体而言，该时期有关多学科课程整合模式的理论探索开始超出简单介绍和移植国外课程整合理论的阶段，学者们结合我国国情，集中对综合课程设置的意义和价值、如何设置综合课程、设置综合课程时应注意的问题等进行了初步研究，其中最为关注的是综合理科和综合文科课程的设置问题。实践方面，此阶段课程整合的范围更广，扩展到多个省份，不过，从全国来看，这一时期采用综合课程的地区仍然不多，主要集中于东部沿海发达省市。从综合课程的设置来看，虽然整合的程度有所提升，但拼盘的痕迹依旧明显。

3. 深入发展期

《基础教育课程改革纲要(试行)》明确提出要改变课程缺乏整合的现状，设置综合课程，增强学科知识之间的联结，以增进学生综合运用知识的能力。从此，综合理科课程(科学)、综合文科课程(社会)、综合实践活动等正式成为国家基础教育课程体系的重要组成部分。在政策的促动下，有关课程整合的理论研究也呈现井喷之势，大量国外有关多学科课程整合模式的观点被引入我国，如福格蒂(R. Fogarty)等多学科课程整合模式代表人物的理论被引入我国。我国港台地区有关课程整合的研究也受到了极高的重视，比如台湾学者欧用生和香港学者林智中、李子建等人有关课程整合的理论受到了理论界的热烈探讨。在学习和借鉴国外及港台地区多学科课程整合模式理论的同时，我国一些学者也深入探讨了适合我国教育发展现实的多学科课程整合模式理论和模式，如信息技术与课程整合的有效性研究、基于课程整合的校本课程开发研究，以及相近学科间课程整合模式的研究等。

与此同时，多学科课程整合模式的实践也超越了拼盘式整合，如科学课程以培养学生的科学素养为宗旨，将物理、化学、生物等理科内容，按照其关联性进行整合，设置综合性的大主题，每个大主题下又包含相互关联的小主题，在促进学生综合理解理科知识的基础上,也保证不同学科内容的独立性和系统性。不仅教材的整合度获得了大幅度提升,而且不同学校还根据自身特色,创造了丰富多彩的多学科课程整合模式。如 2012 年 1 月,北京市海淀区率先在 14 所小学开展“课程整合、自主排课”实验,目的就是推动三级课程融合打通,聚合课程合力,使学校的课程结构更好地指向育人目标,凸显办学特色。通过课程资源整合、课程内容整合等方式,实现课程的优化。[6] 此外,如清华大学附属小学建立的“1+X”课程等也尝试着将相关学科内容进行整合。

总之,进入 21 世纪以来,我国多学科课程整合模式的理论探索更加深入,其关注的领域也更为广泛,几乎涉及我国基础教育中的所有课程领域。在实践中,课程的体系和内容更趋合理,主题间的联系更为密切;越来越多的学校加入了多学科课程整合模式的实施行列,并因地制宜地探索了诸多有特色的践行模式。

二、当前多学科课程整合模式存在的问题

1. 整体规划、协同推进不足

多学科课程整合模式从知识的相关性和整体性视角出发,力图克服知识的过度分割导致的知识条块化和琐碎化等弊端。它主要通过设置综合课程,或者将不同学科的相近内容综合后整体设计和教学,以综合性内容的教学促进学生对内容的全面掌握。从目前我国多学科课程整合模式的实施现状来看,由于缺乏整体规划,课程整合主要表现为教师的一种个体行为。限于学生考试、教师考核、学校资源等多方面条件的制约,很多教师在进行课程整合的初始阶段就放弃了尝试,有些教师因为种种限制,在实施过程中举步维艰,影响了教师课程整合的积极性。一些学校为了响应课程改革对课程整合的呼吁,提出了在全校实施课程整合的口号,但是由于缺乏整体规划,没有从课程整合的理论和实践层面进行整体设计,只是停留在将不同学科的相近内容进行简单拼凑的阶段,甚至有些教师为了完成学校对其提出的课程整合任务,将相关度很低或者完全没有必要整合的内容硬生生地拉入课程中。

2. 对课程内容综合育人功能的关注度不够

设置综合课程或将交叉内容进行整合,最重要的不是为了减少内容的重复,而是为了还原知识的整体性。通过对知识整体性的把握,全面、系统地了解知识的组成部分及其相互关系,进而认识到知识与生活的联系,从而恢复知识的鲜活性和生动性。当学生体会到知识不是脱离生活,而是来源于生活,并服务和引领生活时,就不仅能增强对知识学习的兴趣和热情,而且能够发现知识的系统性。因此,虽然从技术层次来看,多学科课程整合模式是从整合学科内容的角度出发的,但是其立足点和根本目的是通过整合课程实现内容的综合育人功能。不过,从现有课程整合的实践来看,对整合的方法、手段、技术和策略的研究和实践非常热衷,而系统性地思考“为何整合”,并以此为指导进行“整合什么”和“怎样整合”的考虑则非常少。若没有深层次地对整合原因和目的的思考,没有将整合定位于促进综合育人功能上,整合就往往流于形式,仅仅成为课程的一种新的组织方式。

3. 对课程整合程度的理解和把握存在问题

多学科课程整合模式的目标指向统整学生的知识,帮助学生认识世界的完整图景,培养学生综合运用知识解决问题的能力,并在此基础上实现学生综合素养的全面提升。当前多学科课程整合模式的理论和实践主要存在两种问题。一种是通过发现不同学科内容之间的交叉和相关,将其整合进一门课程中进行教学,其整合的出发点是避免内容的重复,故整合工作的多少依赖于学科内容间的重合度;另一种主张通过对不同课程内容的研读,把所有内容彻底融合,然后按照某种逻辑将内容重新安排,整合程度依赖于所选择的将内容融合和排序的逻辑的适切性和难易度。第一种情况忽略了课程整合旨在帮助学生认识完整的世界图景以及在此基础上提升学生的综合素养,虽然易操作,效果却不明显。第二种整合主要停留在理念的层面上,在实践中很难做到,因为依据什么标准将所有学科课程内容进行融合,融合到什么程度等是很难确定的,并且课程融合后依据什

么标准进行分类或排序以及分成多少类型等也很难确定。实际上,多学科课程整合模式追求的并不是建立一门包罗万象的综合课程,而是根据可能,在特定的范围内实行课程一体化,而一体化或整合的依据恰恰是看整合是否有利于学生认识完整的世界图景。

三、多学科课程整合模式的未来走向

1. 进行基于核心素养的课程整合顶层设计

基于核心素养的课程整合顶层设计就是要以核心素养为轴心和主线,从"目标、内容、实施、评价、改进、辅助"等方面进行系统设计。具体而言,"目标"主要体现在通过课程整合培养学生具备什么样的核心素养和使学生的核心素养发展到什么程度,它是课程整合系统的"导航"。"内容"主要关注通过哪些内容和资源来实现核心素养,并通过优化组合,提升促进核心素养的效果,它是课程整合系统的"载体"。"实施"是指课程整合的运作过程中,应该着力探索和发现有益于学生核心素养发展的各种新方式和新途径,它是课程整合系统的"抓手"。"评价"应依据学业质量标准对学生进行考核,它是课程整合系统的"杠杆"。"改进"以评估系统的结果为依据,对课程整合全过程中出现的问题或不足进行调整,它是课程整合系统的"补丁"。运用评估结果随时调整课程整合系统,使其一直处于动态调整和完善之中,发挥课程整合的最大效果。"辅助"为课程整合的正常运行提供各种制度、文化、物质资料等资源,是课程整合系统的"保障"。政府的政策支持、社会的理解和扶持、校园文化的支撑等是保障课程整合系统运作的必备条件。这些系统之间环环相扣,形成一个环形链条,共同保证基于核心素养的课程整合系统的完善和发展,发挥聚合效果。

2. 以主题为依托实现课程内容的整合,构建系统的知识体系

多学科课程整合模式在课程内容上的有效推进方式应该是立足于学校各学科内容的关联性,由学校课程设计者将学校中部分相关学科内容以一个或一组主题为中心加以统整,帮助学生在知识学习过程中了解知识之间的相关性,从而有序组织学校的课程资源,构建系统的知识体系。主题的选择与确定主要有两种方式:一种是以各学科知识之间的关联为纽带,确定最能体现各知识点共性的核心词汇作为整合的主题;另一种是以各学科知识所要达到的学生素养的共性作为整合的主题。在实际内容的整合过程中,两者往往是相互结合的,既注重相近知识点的整合,也注重对于学生某方面能力或素养提升的作用。

3. 丰富课程整合的实施方式,保障课程整合的有效实施

从教育的本质来看,课程整合首先应该是对人及其意义的关注,而不是对内容的关注。因此,虽然通过设置综合课程,首先实现课程内容的整合,然后在综合课程的架构中逐渐实现内容与人的融合是课程整合的一个重要途径,但是其实践容易过于关注内容的系统性和整体性,而忽视对人及其意义的寻求。综合课程只是多学科课程整合模式的一种实施模式,在课程整合的初级阶段,在课程整合还没有被广泛接受的时期,通过设置综合课程来促进人们对知识的系统理解是实施课程整合的应然之举。但是,如果仅限于通过设置综合课程来实施课程整合,不仅会限制课程整合的范围,而且往往会造成不同内容之间的简单拼凑,形成拼盘式课程。因此,课程整合的实施方式应该多元化,在充分了解课程整合的目的和意义的基础上,根据实际情况选择适当的整合模式,充分发挥课程整合的作用和价值。

4. 完善课程整合的评价方式,为课程整合的发展提供引领

改革开放以来,多学科课程整合模式的实验屡遭波折,如 20 世纪 90 年代和 21 世纪之初曾在初中阶段开展综合课程实验的广州、武汉等城市纷纷退出中学综合课程改革的实验,恢复分科设置课程。其中一个非常重要的原因是课程整合的理论和实践研究中缺乏对课程整合的有效评价手段,而传统的评价方式又主要以学生的学科知识掌握为主。这就导致通过课程整合所达到的培养学生综合知识掌握、系统知识运用、知识与生活之间的关联等方面的素养未被充分体现:一方面使

得人们无法看到课程整合的优势与作用而对其效用产生质疑;另一方面也不能检测课程整合在达成其效用方面的程度而无法为其改进提供指引。因此,为了引领课程整合的深入发展,应该构建课程整合的科学评价方式,以“为了学生的学习”而非“测试学生的学习”为课程评价观,改变过去“以考试替代评价,过度注重学生成绩,而忽视学生真实能力提升”的弊端,发挥课程评价发现课程整合价值、创造课程整合价值,并为课程整合价值的实现“保驾护航”的作用。具体而言,课程评价的指标不应该仅限于知识点,而应该以学生对知识掌握的系统性、灵活性和应用性为标准;课程评价的实施过程不应该是简单的对应或判断关系,而应该是预测和评判经验符合学生生长需要的过程,并且在该过程中学生并非被动的被评价的客体,而应该是评价的主动参与者;课程评价的结果也主要不是课程整合结果或学生的终结性评价,而是为课程整合的深入推进和学生素养的提升提供科学建议和指引。

参考文献:

[1] Dowden T. Relevant, Challenging, Integrative and Exploratory Curriculum Design: Perspectives from Theory and Practice for Middle Level Schooling in Australia[J]. The Australian Educational Researcher, 2007,34(2):51-57.

[2] 中华人民共和国教育部.关于全面深化课程改革落实立德树人根本任务的意见[R].2014.

[3] 贾明.编写四年制初中综合教材《自然科学基础》化学部分的指导思想和编写原则[J].化学教育,1987,(1):22-23.

[4] 白月桥.我国中学综合课程研究现状与改革前景[J].教育研究与实验,1992,(2):5-8,39.

[5] 崔允漷,张俐蓉.我国三套义务教育课程方案比较[J].课程·教材·教法,1997,(5):56-59.

[6] 张彦祥.课程整合、自主排课:区域推动学校课程结构的真正变革[J].中小学管理, 2014,(2):41-42.

Reflections and Prospects on the Development of the Multidisciplinary Curriculum Integration in China since the Reform and Opening-up

WANG Fei

(Faculty of Education, Shandong Normal University, Jinan Shandong, 250014)

Abstract: Since the reform and opening-up, multidisciplinary curriculum integration in China has experienced three stages: the starting stage, the localization and the in-depth development, and has been gradually mature. However, there still exist such problems as deficiency in overall planning and coordinated advancement of curriculum integration, little attention paid to the function of educating people, a lack of understanding of the degree of curriculum integration. Some suggestions have been made for future development, which include carrying out the top design of curriculum integration based on key competencies, relying on the theme to integrate the curriculum contents, enriching the ways of curriculum integration, and improving its evaluation method in order to ensure the effective implementation of multidisciplinary curriculum integration.

Key words: multidisciplinary curriculum integration, key competencies, top design, teacher education

论普通高中学习环境:现实问题与优化策略

周 杰

(江苏师范大学 教育科学学院,江苏 徐州 221116)

摘 要: 学习环境对高中生的成长具有重要的教育价值,创设适切的学习环境是高中教育的应然追求。然而,审视我国当下普通高中学习环境,问题主要表现为:学习环境异化为应试教育的温床;学习环境沦为灌注知识的场域;学习环境窄化为学校物态环境。工具理性的僭越、传统教学观的束缚以及简单性思维的规约是引发问题的主要原因。优化普通高中学习环境,可从如下方面入手:基于学习的本质,凸显价值理性;以学习者为中心,促进"教"向"学"的转向;运用复杂性思维,进行有效统整与融合。

关键词: 普通高中;学习环境;优化策略

学生总是融身于学习环境中,学习环境创设的适切与否,会影响甚至决定学生的学业成就、道德品性的高低。"我们从来没有直接地进行教育,而是通过环境间接地进行。"[1]构建有效的学习环境,将会对学生的认知、情感与道德的发展产生积极作用。为高中生创设适切的学习环境,让学生从中汲取智力提升和德性发展的有益元素,是高中教育的重要旨趣。

一、高中教育学习环境的现实问题

反观当下我国普通高中教育,不难发现:越来越多的教育管理者、决策者和实践者认识到学习环境对高中生成长的意义,并尽力创设适切的学习环境。然而,在工具理性的规约下,在"教"的范式与境脉中,普通高中的学习环境不尽如人意。

1. 学习环境异化为应试教育的温床

高中教育,衔接义务教育与高等教育,其价值取向、性质定位,影响高中生未来的生活和工作质量,关涉千千万万个家庭的利益。因此,对高中教育的性质与功能必须给予足够的关注。针对普通高中教育的定位问题,有学者指出,"以工具价值和内在价值的统一对普通高中教育重新定位,是普通高中教育改革与发展的价值基础。"[2]因此,高中教育的工具价值与内在价值需要兼顾,二者不可偏废,不能仅强调工具价值而忽略内在价值。因为对高中教育性质与价值定位的认知偏差,极有可能带来高中教育实践的盲目和错位,对高中生的健康成长带来消极的影响。审视我国普通高中教育,许多高中极力凸显教育的工具价值,而对教育的内在价值缺乏足够的关注,从而导致高中教育异化为"应试教育",呈现出"工具主义""技

基金项目: 本文系国家社会科学基金教育学 2012 年度重点课题"高中阶段的教育发展战略研究"(项目编号:AHA120004)的研究成果。

作者简介: 周 杰,江苏师范大学教育科学学院副教授,博士,主要从事教育学原理、课程与教学论研究。

能主义”“功利主义”的倾向。由此，“升学率”成为衡量普通高中教育成功与否的关键；“考分”成为评价教育有效与否的重要尺度。为了提高“升学率”，许多高中精心创设了与之相匹配的学习环境。由此，本应是促进学生自由个性化发展的普通高中学习环境异化为应试教育的温床，具体表现为：

其一，崇尚考分与排名。许多普通高中学习环境的创设带有极强的功利色彩。教师为“分数”而教，学生为“分数”而学。成绩公布栏、考试排行榜在许多高中随处可见并成为学习环境的重要组成部分，给高中生带来无形的心理暗示及压力。毋庸置疑，这种深受工具理性影响并渗透功利色彩的学习环境，不仅不能让学生体验到学习的内在价值，反而会让学生成为分数的“奴隶”，进而丧失独立精神和自由人格。

其二，备考口号充斥校园。学校的教育理念、口号，是一种隐形的学习环境，会对学生学习产生心理暗示，并影响其学习行为。审视当下高中教育中的一些备考口号，让我们在多元话语的表述中感受到狭隘的价值导向。有的高中甚至要求学生在标语下方签名、立誓，从而让这些标语、口号深入内心，最终成为自己的潜意识、集体的无意识。从本质上讲，这些励志标语和口号，是考试文化在高中校园中的集中体现，折射出高中教育因放弃对教育终极价值的追问而陷入“应试”泥淖的窘态。

2. 学习环境沦为知识灌输的场域

尽管教育改革已进入了深入推进的阶段，灌注知识的状态并没有得到明显改观。为更好地服务于知识的线性传递，许多普通高中创设了与之相匹配的学习环境：教室里，教师讲台在前，学生课桌在后并以秧田式结构排列。反观我国当下高中学习环境，不难发现其助推知识线性灌注的特征：

其一，相对封闭的场域。当下，许多普通高中的管理者和教育者，往往将学生限制在相对封闭的物态空间——教室中。在他们看来，发生在教室中的学习才是真正有效的学习，因为相对封闭的空间有助于排除一切干扰因素，从而提高学生的学习效率。从本质上讲，这种认识误区深受“讲授”教育学的影响并偏离了学习的本质。由此，教室成了教师传递、学生接收相关知识与信息的物态空间。在这一空间里，教师线性传递知识的数量越多、速度越快，学生被控制和异化的程度会越深。显然，将教室作为学习环境的全部，并将知识的线性传递作为教学最主要的任务，学生将会处于虚假学习、浅层学习的状态中，难以产生深度学习。

其二，控制性的交流环境。许多普通高中的设计者和管理者认为：为确保知识线性传递的过程不受阻碍，为确保知识传递的有效性，唯一可为的就是赋予教师知识传递的合法地位。于是，教师成为课堂教学的主宰，教学变成了“有知”的教师向“无知”的学生传递必要知识的过程。而在传递知识的过程中，学生最好能保持一种被动状态，即接收、识记从教师端传来的知识和信息，不需要反思、质疑的介入，因为反思、质疑会直接影响知识传递、接收的速度与精确度。由此，学生化为被动的“容器”，而教师则成为主动的“灌输者”。教师与学生之间呈现出灌输与接收、控制与顺从的关系。这种渗透控制性色彩的交流环境，只会给学生增加无形的压力。置身其中的学生，只能对教师及传递的知识亦步亦趋，不敢有丝毫质疑，知识的创生及精彩观念的涌现难以实现。

3. 学习环境窄化为学校物态环境

学习环境是一个复杂的系统，学习环境既包括校内，也包括校外；既涵盖物态环境，也涵盖虚拟环境。然而，反观我国当下普通高中的学习环境，不难发现，学习环境的范围被窄化了，具体表现为：

其一，学习环境被窄化为学校环境。学习环境是复杂的系统，学校、家庭和社会都会对高中生的健康发展发挥作用。不过，许多高中将学校环境作为学习环境的全部，从而遮蔽了家庭、社会的价值。许多普通高中采取封闭式管理的方式将学生限制在学校中，人为阻隔了学校、家庭与社会之间密切的关联。许多普通高中强制性要求学生全部住校,有的学校甚至规定半年回家一次,热衷于"军事化管理"的方式,因为这种方式能有效地将学生调动起来、激发起来并投入到备考中。在这里,备考与备战几乎成为同义词。置身于"考试工厂""高考集中营"中,许多高中生缺乏体验、实践和自我规划的机会,并最终成为只会考试的"单向度"的人。

其二,学习环境被窄化为物态环境。随着网络技术的发展,学习环境得到了进一步突破与扩展,虚拟学习环境日益受到学生的关注。虚拟学习环境能够突破物态学习环境实物化、具像化的局限,为学生提供更丰富的学习资源以及更具挑战性的学习任务,并在激发学生学习动机和兴趣方面具有明显的优势。然而,许多普通高中并未将虚拟环境纳入学习环境的范畴之中,仍固执地将创设的物态学习环境作为学习环境的全部,从而窄化了学习环境的范围。由此,学生会受限于物态学习环境而无法从虚拟学习环境中获致有价值的学习资源。

二、学习环境现存问题的归因分析

如前所述,普通高中学习环境沦为应试教育的温床、知识灌注的场域以及学校的物态空间。引发学习环境异化、窄化的影响因素有很多,而其中工具理性的僭越、传统教学观的束缚以及简单性思维的规约是主要因素。具体分述如下:

1. 工具理性的僭越

普通高中学习环境的异化与工具理性的僭越、价值理性的缺失不无关系。"工具理性"与"价值理性"分属于不同领地,二者不可偏废,保持二者的相对平衡是必要的,因为工具理性与价值理性的"二律和合"[3]是引领个体和社会发展的定律。过分强调工具理性,会遮蔽教育的本质,而与之相关联的教育环境、学习环境亦会因此被异化。

高中教育工具理性僭越的最直接表现是对教育工具价值的崇尚以及对内在价值的贬损。升学就业成为压倒一切的终极目标,学习异化为升学就业的手段。由此,学生难以感受教育的终极旨趣,难以体验学习的内在快乐。在追逐分数和排名的环境中,学生渐趋失去了追寻意义的能力,变成了擅长考试的熟练操作工。最可悲的是,长期沉浸于这种学习环境的高中生,会慢慢习惯这种异化并将其视为正常状态。可以说,工具理性的僭越让高中教育沾染了功利主义色彩、让学生的学习异化为提升应试能力的活动,而与之相匹配的学习环境亦彰显工具价值并完全服务于应试。因此,创设兼顾工具价值与内在价值的学习环境,尤为重要。

2. 传统教育观的束缚

普通高中学习环境的异化与传统教育观存在密切关联。传统教育强调"效率至上",所谓"效率至上"是指教师在有限时间内向学生传递最大量、最系统的知识。由此,教师"讲授"便成为保证教育教学效率的重要手段,而学生接收、强记教师所传递的知识便成了学习的全部。

在传统教育观的影响下,学习环境的创设服务于教师有效地"讲"以及学生有效地"听"。在许多高中教师看来,教室是传递和识记知识、信息的有效空间。秧田式的桌椅布局,统一朝向教师的坐姿,强化着教师之"讲"和学生之"听"的合法性、合理性。在相对封闭的教室里,教师将自认为正确且重要的知识灌注给学生,并要求学生竭尽全力去接收、识记。由于相对封闭,教师成为学生不受干扰而获取知识的重要源头。普通高中学习环境成为教师高效率传递知识的场域,并带有一定的控制性色彩。由此观之,传统教育观影响下的学习环境不是立足于学生的"学",而是服务于教师的"教"。这种学习环境在强化"教"的同时割裂了教与学内在的关联,并与促进学生自由个性化学习的旨趣相背离。

3. 简单性思维的规约

普通高中学习环境的窄化与缺乏复杂性视角、思维不无关系。"复杂性其实存在于组织之中:即一个系统的组成因素用无数可能的方式在相互作用。"[4]运用复杂性视角去观照学习环境,不难发现,普通高中学习环境是包括学校、家庭和社会的复合体，是融合物态与虚拟的统一体。在这个复杂的系统中，诸多因素发生着交互作用并形成合力助推高中生的学习。然而，简单性视角下的高中学习环境仅局限于学校中的物态环境，将许多内蕴丰富教育价值的学习环境排除在外。普通高中学习环境系统中的部分被当作全部去看待，系统中诸因素的互动关系亦未受到足够重视。可以说，受简单性视角与思维的影响，高中学习环境被窄化并走向僵化，置身其中的学生可能会丧失诸多有价值的学习资源。

简单思维对学习环境创设的影响是消极的，无助于学生的深度学习和自由个性化发展。超越简单思维，将学习环境作为复杂的整体去看待，并以关联的思维整合一切有助于高中生学习的环境，是非常必要的。在普通高中学习环境的创设中，只有摒弃简单思维的消极影响，构建多元适切的学习环境才可能成为现实；只有秉持复杂性理念并运用复杂性思维，样态各异的学习环境才可能形成合力，进而促进高中生个性化的自由发展。

三、高中教育学习环境的优化策略

如前所述，在工具理性的规约下，在“教”的范式与境脉中，我国普通高中学习环境存在诸多问题。优化普通高中学习环境，可主要从如下方面入手：其一，基于学习的本质，凸显价值理性；其二，以学习者为中心，促进“教”向“学”的转向；其三，运用复杂性思维，进行有效统整与融合。具体分述如下：

1. 基于学习的本质，凸显内在价值

普通高中学习环境的创设必须要基于学习的本质，思忖教育的内在价值。让考试排行榜、备考的励志口号逐渐淡出历史的舞台，摆脱压抑、沉闷的指向应试的学习环境，代之以灵动、自由的学习环境。可以说，对学习本质的理性认识，是创设有效学习环境的前提和基础。

高中教育是工具价值与内在价值的统一体，为升学、就业做准备是普通高中教育工具价值的体现，而指向健全人的培育则是高中教育的内在价值。譬如：江苏省锡山高中（以下简称“锡山高中”）摆正内在价值与工具价值关系，将“高”升学率作为追寻教育内在价值的副产品而不是作为教育的全部。为满足学生深度学习的需要，锡山高中为学生创设了80间拥有多媒体网络教学系统和小型班级图书阅览室的普通教室；为满足学生探究的需要，锡山高中为学生创建了“胡氏三杰”自然科学实验中心；为拓展学生学习环境，锡山高中为学生打造了云学习课程基地。[5]锡山高中学习环境的创设，走出了“为考试而学习”的认识误区，统整了学习的工具价值与内在价值，强化了学习环境“促学”与“育人”的双向功能。徜徉在这种自由、舒适的学习环境中，高中生智慧的创获、品性的提升，便有了坚实的基础和有力的保障。

2. 以学习者为中心，促进“教”向“学”的转向

如前所述，许多高中创设学习环境与有效传递知识相匹配，这种学习环境渗透着强烈的控制性，无助于知识的创生和高中生的自由个性化发展。这是传统“教”的情结在教育中的体现，高中教师关注“如何教”“怎样才能教好”，与之相适应的高中学习环境“多为更便捷地为教师呈现教学信息提供支持，而学生的信息如何呈现则考虑得少之又少”[6]。换言之，在“教”的境脉中，学习环境等同于教的环境，主要服务于教师的“教”而对如何引领和促进学生更好地“学”缺乏足够的关注和必要的支持。其实，学习环境是促进学习者学习的支持性资源。基于如上认识，优化高中教育的学习环境，构建与“学”相匹配的学习环境成为必然要求。与“学”相匹配的学习环境，至少有如下特征：

其一，灵活的布局方式。传统学习环境中“讲台在前，课桌呈秧田式排列”的布局，强化了高中生作为听众、记录者的身份，学生与教师、学生与学生之间真正的互动与交流难觅其踪。其实，在倡导知识创新、深度学习的背景下，合作、对话是促进高中生有效学习的重要因素。因此，应“改变刻板的布局，支持教师工作台的灵活移动，同时也支持学生课桌的灵活转动和移动，并通过

去除讲台来消除师生之间联系的人为‘割裂’。”[6]学习环境中灵活的布局方式,不仅是形式上的改变,更是“学习是对话、协作”理念在实践中的真正落实。可以说,优化的学习环境将会促进师生、生生间的深入对话与交流,从而使学生的深度学习真正发生。

其二,多元化的学习环境。传统学习环境的“均质化”“雷同化”倾向,让高中生缺乏丰富多元的体验。置身于“均质化”的学习环境中,学生个性化学习的需要难以得到满足。因此,构建多元化的学习环境成为许多高中明智的选择。譬如:美国科技高中改造并重新设计学校的物质环境,摒弃学习环境中保守、僵化的元素,并加入创新元素。创设的学习环境主要服务于“学”。如:多功能研讨室,拥有灵活的家具和墙壁,能够适应直接教学、学生自主研究、团队项目式工作与演示汇报等多种类型。“户外学习空间”:包括研究区、庭院、露天剧场和表演空间等,用来扩展学习。[7]美国科技高中学习环境的功能区划分,使得高中生的研究、分享与展示成为可能,进而拓展了学生学习的广度和深度。

其三,智能学习支持环境。随着新媒体、新技术的介入,智能学习支持环境日益受到关注。将智能学习支持环境引入教育教学中,将会极大地促进学生深度学习。有学者对智能学习支持环境的构成进行了描述,“智能学习支持环境主要由多屏学习展示环境、泛在网络支持的拓展环境、可移动的开放环境、集中的后台服务环境等构成。”[8]智能学习支持环境,是以学习者为中心的支持系统,对“21 世纪及未来学习者进行智能学习”提供技术支撑。置身于智能学习支持环境中,学生将获得更便捷、更丰富的学习资源。

3. 运用复杂性思维,进行有效统整与融合

如前所述,许多普通高中以军事化管理的方式,隔断学校与家庭、社会的关系,忽略家庭、社会创设的学习环境的价值,并将学校学习环境打造成“考试工厂”。这是简单性思维在学习环境创设上的集中反映,即未认识到学校、家庭和社会间的内在关联,亦未兼顾高中教育的工具价值与内在价值。基于此,优化高中学习环境需要运用复杂性思维,借助统整与融合的方式来进行。

其一,统整学校、家庭和社会。当下,在核心素养的框架下,普通高中教育必须要明确努力的方向,即着力于学生核心素养的提升。毋庸置疑,培育与提升学生的核心素养,仅靠普通高中学校教育是不够的,学校、家庭和社会必须要形成合力。因此,学校创设的学习环境并不是高中生学习环境的全部。高中学习环境的创设要运用复杂性思维,整合学校、家庭和社会的资源,帮助学生充实知识、增进能力和提升德性。譬如:美国托马斯高中加强与社会的合作,拓展高中生的学习环境与视野。托马斯高中与社会各界的合作领域既包括设施设备、资金、人员培训、导师等方面,也包括课程设置和开发。托马斯高中的实验室多是工商界伙伴资助建成或运转的。托马斯高中也运用学校网站、家校联谊会、校友会等多种渠道,将所需要更新或添置的实验设备列出清单,公布于众,寻求资助、捐赠或支持。[9]可以说,托马斯·杰弗逊科技高中创建 13 个专业化研究型实验室,为学生构建了研究型学习环境,消弭了高中与大学、社会研究机构的界限,从而让研究性学习在科技高中有了强有力的物质保障。学习不能仅局限于校内,校外也有诸多有价值的资源可供选择和利用。加强与社会合作,整合学校与社会资源,是高中明智的抉择。

其二,融合物态空间和虚拟空间。随着技术的革新与进步,教育与技术的关联愈益密切。借助技术的支持,教育实现了跨越式的发展,而对教育中学习环境的定位与阐释亦不断有所突破和创新。创设虚拟的学习空间,为学生提供便捷有效的学习平台,将会引发普通高中教育新的变革。高中教育学习环境的创设,必须要充分考虑物态学习空间和虚拟学习空间各自独特的优势,并对二者进行有效整合,实现学习环境的最优化,为高中生提供丰富、灵动的学习资源与平台。

综上所述,当下我国普通高中教育学习环境仍不尽如人意,存在进一步优化与完善的空间。优化普通高中教育的学习环境,要凸显学习环境

促"学"的本质,实现从学习环境服务于"教"向促进于"学"的转向,整合物态环境与虚拟环境,将家庭、社会等环境的影响统合到育人环境中。在复杂性思维的引领下,高中学习环境在范围上得以拓展,"促学育人"功能愈益强大。

参考文献:

[1] 杜威.杜威教育论著选[M].赵祥麟,等,编译.上海:华东师范大学出版社,1981:150-153.

[2] 张华.论我国普通高中教育的性质与价值定位[J].教育研究,2013,(9).

[3] 杨建华.理性的困境与理性精神的重塑[J].浙江社会科学,2014,(1).

[4] 米歇尔·沃尔德罗普.复杂:诞生于秩序与混沌边缘的科学[M].陈玲,译.北京:生活·读书·新知三联书店,1997:112.

[5] 江苏省锡山高级中学[EB/OL].http://www.jxshs.cn/Category_76/Index_1.aspx.

[6] 许亚锋,陈卫东,等.论空间范式的变迁:从教学空间到学习空间[J].电化教育研究,2015,(11).

[7] 梁晓鸽,朱益明.美国高中改革计划与实践案例[J].全球教育展望,2014,(3).

[8] 叶新东,陈卫东,等.未来课堂环境的设计与实现[J].中国电化教育,2014,(1).

[9] 刘翠航.美国托马斯·杰弗逊科技高中——创新人才培养模式初探[J].基础教育参考,2010,(5).

Learning Environment of Senior High Schools: Realistic Problems and Optimization Strategies

ZHOU Jie

(Institute of Education Sciences, Jiangsu Normal University, Xuzhou Jiangsu, 221116)

Abstract: Learning environment is of great educational value to the growth of senior high school students. Creating appropriate learning environment is the inevitable pursuit of senior high school education. However, when we reflect on the current learning environment of ordinary high schools in China, there are mainly the following problems: the transformation of learning environment into the hotbed of exam-oriented education, the change of learning environment into the field of knowledge infusion, and the narrowing of learning environment into the school physical environment. The main reasons for these problems are the overstepping of instrumental rationality, the restraint of traditional educational concept and the limitation of simple thinking. To optimize the learning environment of high school education, we can start from the following aspects: focusing on the essence of learning and highlighting value rationality, promoting "teaching" to "learning" based on learner-centeredness and choosing complex thinking.

Key words: senior high school, learning environment, optimization strategy

《现代基础教育研究》
第 34 卷，2019 年 6 月　（Research on Modern Basic Education）　Vol.34，Jun. 2019

故事与教育：教育叙事研究的多重维度探究

刘秀霞

（华东师范大学 教育学部，上海 200062）

摘　要： 教育叙事研究的对象是教育现象和经验，通过对教育生活经验和日常教育实践的叙述，人们能够增加对教育及其意义的理解。近年来，教育叙事研究在理论和实践领域都获得了较大发展，形成了其特有的理论体系和研究方法系统。文章对教育叙事研究过程中的多重维度进行了探讨，认为在教育叙事研究中，过去与现在融为一体，声音与沉默交相辉映，真实与虚构并行不悖，故事与诠释意义共生。

关键词： 教育叙事研究；故事与教育；多重维度

“叙事是一种讲述性的、表演性的行为事件，是编故事、讲故事的过程。”[1]“叙事研究指的是运用或者分析叙事资料的研究”[2]，它是质的研究中的经验和故事。人类讲述并倾听着故事，这些故事关系着个体和社会的过去和未来。叙事中有我们的思考与梦想，通过叙事和再述，我们实现交流，理解人与事件，并实现身份认同。[3]叙事研究是一种研究人类体验世界的方式，是理解经验的一种方法。它从讲述者的故事开始，以研究者对故事进行重述和诠释为主要任务，重在对叙事材料及意义的阐述，简而言之即：“经历的和讲述的故事。”[4]叙事研究“作为在科学与人文这两极之间的一个中间道路，已逐渐成为教育研究中的一个核心学术话语方式”。[5]。

教育叙事研究要求叙事研究者具有“教育学的立场”。有学者从两个方面阐释了这种立场：其一，“基本假设：人发展的可能性，人的可塑性和可教育性”；其二，“基本问题：人是如何在社会、人、教育的三重关系中生成与发展，从而不断将自身的可能性转化为现实性的？以什么样的方式来促进人的生命主动、健康地发展？人在教育生活中的状态是怎么样的？”[6]教育叙事研究要体现基本的教育学立场，并将其作为贯穿于叙事过程中的主线。唯有如此，叙事研究方可能成为教育学的思想资源，从而丰富和发展教育学。基于教育叙事研究的理论视角，本文从“过去与现在、声音与沉默、真实与虚构、故事与诠释”四个教育叙事研究的关键维度进行阐释和探究，以期能澄清教育叙事研究过程中的部分问题。

一、教育叙事中的过去与现在

1. 现在要追溯过去

任何教育叙事研究的起点都是对当下教育问题、教育现象、人的成长和发展的反思，它并非凭空而来，而是源自日常教育、学习和生活实践。教育家的教育故事叙事探究、乡村教师教育日常生活实践的叙事探究、教师群体工作场所学习的叙事探究等，都属于教育叙事研究的范畴。通过某一个人物、某一种现象、某一个事件引起思索与反思，研究者从中发现并提出教育叙事研究问题，随后追根溯源，步入过去的状态，在其中探究并梳理事件的来龙去脉。最终的研究成果多为故事文本，或是基于“‘扎根理论’的‘情境式’研究报告，

作者简介：刘秀霞，华东师范大学教育学部博士研究生，主要从事中国教育史研究。

即‘叙事研究’式的研究报告”,或是含有“证词”的聚类分析式的报告,或是“夹叙夹议”“先叙后议”的故事阐释。[7]论述中,会由古及今或自今至古地再现被叙述故事的起承转合,而那些对现存问题、现象、事件起到决定性影响的因素,将呈现在故事的叙述脉络中。

2. 过去是为了现在

重现教育历史并不是目的,成就教育未来才是目的。教育叙事研究的目的,不仅仅是为了呈现过去,更重要的是为了理解现在,关注并尝试解决现存的教育问题。教育叙事研究探讨的是过去发生的故事,是历史的一部分,具有历史研究的属性和意义,同时它又以人的教育为核心。因为“历史问题不属于过去,而是属于现在。我们活在从过去带过来的矛盾复杂关系所构成的现在,我们缠旋于当下的特定处境”。[8]教育历史中进步的、美好的部分值得我们学习,而那些消极的部分同样值得我们花时间去反思,避免重演。因此我们有必要“不断翻动历史,折腾记忆,把历史的‘历’,化为行动,重行经历、跨越,直面不忍卒睹的自身的和他人的创伤,通过对记忆中的缺口和破伤的阅读,打断塑造、生产主体的惯性作用,以期个人的、群体的改变可以发生”。[8]教育发展历史中既有美好的存在,亦有因教育失败而来的伤害、崩溃等。那些散发着夺目光芒的故事注定会被无数人传颂,而那些失意的、惨淡的教育故事同样值得我们着墨,在直面教育现实的过程中以期实现改善与超越。

3. 过去与现在融为一体

“以复杂性思维,在关注‘善’的同时,也关注‘恶’在教育生活中的存在。”“面对教育生活中的‘善’和‘恶’,教育叙事的复杂性要求的是以生命、灵魂为主体的叙事伦理。它重在呈现人类生活的丰富可能性,重在书写教育世界里的复杂感受,它反对单一的道德结论,也不愿在善恶中挣扎,而是以生命的宽广和仁慈来打量一切教育生活中的人与事。”[6]过去的善与恶都紧随现在,例如,对一位年过七旬的乡村民办女教师展开的叙事访谈,从侧面可以印证这段论述。“过去是多么容易流入现在的生活,回忆也就是在现在的环境中重新经历往昔。”[8]对历史上出现且延续至今的此类困扰,需加以正视和改进。

过去与现在融为一体、密不可分。过往的不论是善的还是恶的,都应在教育叙事研究中得到显现,既不过于推崇“善”的事迹,亦不对“恶”的故事“讳疾忌医”。唯有此,教育叙事研究中的现在才能恰切地追根溯源,过去才能更好地激励现在。不可否认的是,直面那些“恶”的教育历史故事,有时更有利于阐释当前的教育现状,进而解决当下的教育问题。

二、教育叙事中的声音与沉默

1. 和声源自何处

教育叙事研究中,故事可以来自一个人,也可以来自一群人;声音可以来自现场参与式观察,也可以来自访谈与交流。经典的叙事研究著作《沉默的另一面》展现了和声的多方来源,即采访、阅读、实物、节日、仪式、感受等。具体说来,采访构成该研究资料的主要来源,作者采访了与印巴分治相关的每个阶层中的个体——有家族遭受印巴分治痛苦的血缘亲戚,有维护民族荣誉保护妇女贞操的男人,有不被鼓励发言的妇女,有没有选择权的儿童,还有被社会所孤立的“贱民”。这些声音从不同的视角,展现了同一轴画卷的不同画面。访谈之外,日记、回忆录、报刊文章、不同的人的信件、调查委员会的报告、小册子、书籍,还有在家庭内部和家庭成员间的声音——纪念仪式和故事讲述,都是和声的来源。这些声音中有官方的声音、民间的声音、研究者的声音,甚至有相互对立和矛盾的声音,种种不同的和声组成了作者创作的基础。教育叙事研究同样需要此种和声,和声来自教育者、受教育者的日常生活,来自相关者的观点和感悟,来自研究者的观察和理解等。

2. 此处无声胜有声

沉默是一种无声,教育叙事研究中,沉默有时可起到“此处无声胜有声”的效果。部分故事中,沉默者才是关键要素所在。使用访谈法收集叙事故事时常遇沉默,布塔利亚·乌瓦什(Urvashi Butalia)分享道:“我父母那一代人总在讲印巴分治的故事,它占据了他们的思想,填满了他们的生活,纪念着他们的过去,然而当你让他们一本正经地坐下来,就想要采访他们,请他们谈谈这些故事时,他们却很奇怪地不愿意深谈了。”[8]此刻访谈者与被访谈者间的关系,他们对研究的认识和理解的意义都得到呈现。这种沉默背后的缘由,可能有四个层面——重视的隐退、秘密的隐藏、痛苦的逃避、文化的默许。"她们的沉默,她们没有完全说出来的话,她们语调的细微差异。男人们很少谈到妇女。妇女几乎从不谈论她们自己,实际上她们否认自己有什么事情'值得'一谈,这种姿态经常得到她们的男人的进一步肯定。"[8]文化传统造就了那些失去话语权的群体,他们或是女人,或是儿童。任何一种沉默,都值得教育叙事研究者在资料搜集和整理的过程中加以关注。有一些沉默需要被打破,另外一些故事中"沉默"或许才是关键所在。当然教育叙事研究者不应忽略教育叙事研究伦理,"对于研究者来说,是'允许'沉默,还是'强迫'开口?"[8]这是一个值得思索的问题。"在有些情况下沉默比说话更重要,有时候强迫别人开口是一种侵犯。"[8]教育叙事研究者应学会识别并尊重访谈对象自身的意愿,此刻,研究者不仅仅是听到了什么,更多的是看到和感受到了什么。恰如托尼·亚当斯(Adams T. E.)所强调的叙事研究中应避免产生伦理性侵犯或道德性侵犯,更不可强迫别人开口。[9]

3. 声音和沉默交相辉映

教育叙事研究中的声音来源是多元的,可以是现场资料的收集,如通过简·克兰迪宁(Clandinin D. J.)等提出的三维叙事探究空间模式(Three-dimensional Narrative Inquiry Space)[10],进行声音和沉默资料的收集;可以是研究者的声音,如通过斯丹纳·苛费尔(Steinar Kvale)等提出的三种不同的解释策略:"自我理解、批判性常识理解和理论性理解"[11],进行文本内容的解读;还可以是访谈资料的获取,如通过斯坦菲尔德(Stanfield R. B.)提出的"O-R-I-D"[12]①由浅入深的访谈技巧,依次使用客观性问题、反思性问题、诠释性问题、决策性问题,来推动访谈的深入。此外,和声的声源还可进一步扩展,如那些没有接受完整义务教育的群体、培训机构的成员、政府工作人员等。他们对教育、教师、学校、校长、学生的认识以及如何看待自己和教育之间关系等态度,对教育的发展产生一定的影响。有时候正是那些看起来与教育毫无关系的沉默,却成为教育发展的重要动力。沉默的背后,彰显的或许是现状的本源。

在教育叙事研究中,提及此种沉默,"无声教育家"武训是个很好的案例,他前 20 年的生活与教育场域彼此沉默,然而其后续的生涯却与教育难以割离。上文关于七旬乡村民办女教师的叙事访谈中,她提及自己早逝的父亲。女教师的父亲是一个文盲,但女教师对弟妹的识字要求和对下一代接受高等教育的要求,却深受"沉默"的文盲父亲的影响。小时候,她是村中为数不多的上学的女孩子,父亲作为村支书,曾遭遇过因不识字无法用纸头记录会议要函的痛苦,每次开会只能在脑海里把所有的会议内容都记住,然后尽可能准确地转达。"好记性不如烂笔头"的信念使他支持大女儿读书识字,并期待子女们都能识字。这位女教师牢记父亲当年的期待。她 17 岁那年,父亲过世。随后,她省吃俭用,供小她 10 多岁的四个弟妹上学识字,并鼓励下一代接受高等教育。在她努力引导下,下一代 11 人中,9 人接受了高等教育,这在乡村是一种荣誉。而下一代教育故事里的关键人物,是她已故多年的沉默着的父亲。

"声音"和"沉默"都是教育叙事研究中的重要资料来源,教育叙事研究者既要扩大和声的多元性,也不应忽略那些或许是刻意或许是无意中的沉默。研究者需要将沉默视作声音的一种,探究其背后隐藏的故事。

三、教育叙事中的真实与虚构

1. 回忆的不确切性

让叙事对象或对象群体讲述或者撰写自身的故事,是教育叙事研究过程中的重要内容,通过这些故事获取他们生命历程②中扮演的角色、发生的重要事件和遇见的关键人物,进而挖掘本土概念。不可否认的是,对同一事件,不同人可能描绘出别样的画面。每个人的讲述,都会呈现一幅独一无二的图景,每个人的故事都是一种截然不同的经历。同一件事可被有差异性的个体以不一样的方式叙述,这种差异性不仅仅体现在讲述者的差异上,他想到了什么?遗忘了什么?说出了什么?保留了什么?也展现在倾听者的不同上,他听到了哪些?关注了哪些?理解了哪些?这些都对资料搜集工作产生影响。"每个人都绘出一个不同的画面,都把画面重新刷新。现在回想起来,画面每一次都在变化:你是谁,你从哪里来,你在跟谁谈话,什么时候谈的,在什么地方谈的,你注意听了哪些?他们愿意告诉你哪些……"[8]所有这些都影响着研究者建构的画面。回忆的不确切性要求教育叙事研究者具有史学家的技艺,倾听故事之后,需要研究者在心灵中实现对过去经验的重演。[13]

2. 虚构故事的合理性

教育叙事研究中,我们无法重现过去的那时那刻那事,记忆总有偏差。虚构有些是因为遗忘,有些是因为回忆模糊,还有另外一些是因为掩饰,或许还有更多的原因,叙事者通过虚构实现记忆表达的完整性。然而仅因它们是虚构的,就要舍弃吗?对此,有学者曾给出一个答案:即"教育叙事研究既可能叙述真实的教育事件或教育现象,也可能叙述想象中的虚构的教育事件或教育现象。"[7]显然卢梭的《爱弥儿》是一个虚构的故事,然而却并不影响它产生的教育价值和教育影响。关键在于虚构作品的本源来自真实的生活,具有其张力,它们不是空想。教育叙事中的虚构常常是片段回忆的整合,在其中,回忆可以不确切,虚构同样可接纳。这要求叙事研究工作者要尊重人们如何回忆事实以及如何陈述它们的本真过程。叙事的模糊和虚构,都应被准确记录,因为那些不确定和虚构的故事有其存在的理由和价值。

3. 真实与虚构的并行不悖

回忆的不确切性和有限性,有时候需要研究者的虚构进行确认和补充,在虚构中寻求线索,弥补不足。对七旬乡村民办女教师及其亲人的叙事访谈中,对一个关键事件——母亲去世的画面回忆,兄弟姐妹分别给出了不同的图景,年龄最小的妹妹提供的信息是:妈妈在去世时,嘱咐姐姐不要打自己;弟弟的回忆是:自己要努力娶上媳妇,让家族血脉得到传承。而在女教师的回忆里,父亲已逝,她和病弱的母亲一起撑起这个家,而母亲的离世必将是人生的再次转折点,母亲在弥留之际说:"你爹来接我了,我得走了。你要照顾好这些孩子,要给弟弟娶上媳妇;对最小的妹妹要教育她,不要打她。"父母已经团聚、教育妹妹、照顾弟弟长大成人,她把这三件事情深深地印在脑海中。这幅画面和前两者有所不同,然而谁又能说哪一种回忆有失真实呢?故而说,同样的场景,同样的故事,在不同的脑海里形成了别样的画面。这是历史的不确定性的魅力,同样也是教育叙事研究中多层次画面的魅力。

真实与虚构并行不悖,虽然多元声音可交互验证,但有时也难以鉴别真伪。故而,在尽量确认教育叙事中真实的场景时,也不排斥合理的虚构。在故事成文中,它们都应以恰当的方式得以呈现。

四、教育叙事中的故事与诠释

1. 故事的承载性

教育叙事研究之所以存在,其根基就在于故事的存在。叙述的是故事,撰写的也是故事,故事承载着人物、现象、文化,没有故事也就无从谈及叙事研究。"故事模拟了生活,并展现出一个因应外部世界的内部现实;同时它们也塑造和建构着叙述者的个性和生活现状",因此叙事研究也被称为"故事研究"。[2]历史学家花数十年时间聆听人们的回忆,收集他们的故事,"我的目的也不是追问其'事实'的真实性,而是询问——用我最形象的话来讲——这类事实的'充分性'。"[8]其目的是从民间故事中寻找那些遗留的痕迹和声音,这些收集到的故事有些合乎常理,另外一些超出想象。"教育叙事研究既可以叙述故事,不对故事做评论或解释,也可以对自己讲述的或他人讲述的故事进行再评论和解释",即教育叙事研究并不排斥纯粹的故事。[7]同样,故事是教育叙事研究的基础,教育叙事研究始自故事的收集,终于故事的呈现。以客观真实为主调的故事的展开,承载着教育叙事研究的内涵,在这一过程中,有些故事会出乎意料。

2. 诠释的目的性

诠释即对故事的理解、解释,比故事本身对人们的影响更为直接。叙事本身是呈现经验的有效方式,然而对经验的表述却涉及诠释的专业性。有学者提出通过对日常教育实践者的个体或群体故事的搜集,一方面能够"把握教育实践中的弹性和细节,使日常教育经验获得重新的理解";另一方面可以培养教师一种"不断反思自身教育生活与实践的专业精神"。[5]此种经验的重组和理解,能够让人们去领会和把握经验的内在意义,而实现此种新理解的方法就是诠释。

著名理性情绪疗法心理学家阿尔伯特·艾利斯(Albert Ellis)曾创立"A-B-C-D-E-F"理论③,该理论认为对事件的信念、思考、认知的 B(Belief)比事件本身 A(Activating Event)对个体的情绪结果和行为反应 C(Emotional and Behavioral Consequence)的影响更大。[14]故而对过去结果的诠释比事件本身的结果对现在影响更大。重要的并非真实或回忆的方式与内容,而是诠释的结果。当布塔利亚·乌瓦什带着她的背景和知识思索"'那个'历史还令人满意吗?"的时候,卡罗琳·斯蒂德曼将这些工作"描述为一种诠释'事实'的过程——是'对已经发生的事情给出时事意义的'一种加工。她说重要的'不在那儿,不在过去,不在它们发生的往昔;唯一重要的就在于诠释'"。[8]诠释意味着过去对现在的影响和启发,此时此刻,过去发生了什么已隐循幕后,而彰显在前台的是这个故事留下了什么以及我们如何重新看待这个故事。

3. 故事与诠释意义共生

对七旬女教师的教育叙事研究访谈中,她作为家中的长女,引领了同代五个家庭教育故事的发展方向。研究者将其归结为女教师自身的远见卓识、高尚的品行和修养的感召,而教育叙事研究解读小组则认为对家族的责任感、对弟妹的爱护心,更使七旬女教师成为家族核心人物的根本。诠释的差异带来了理解的不同,同样对早逝父亲形象的诠释,也因个体的不同产生了差异。父亲是当年的村支书,然而他并没有利用职务便利而让妻子和子女达到温饱,相反他对他们提出了更严格的要求。有人嘲笑父亲,然而女教师一直感怀父亲,认为正是因为父亲的光明磊落,积聚了充足的善德,才换得后代的余庆,后人都平安健康。而同时,女教师在重述父亲故事时,无形中将父亲树立为下一代子女心中道德的榜样——"仰不愧于天,俯不怍于人"。

在教育叙事研究中,诠释的力量有时候超越故事本身。诠释的主体可以是研究者,也可以是阅读者。部分有效策略可供借鉴,如艾米娅·利布里奇(Lieblich, A.)等提出的叙事阅读的四种策略:整体-形式、整体-内容、类别-形式和类别-内容[2],巴赫金(M. M. Bakhtin)的文本分析方法[15],邓金(Denzin, Norman K.)提出的包含结构、把握、化约、建构和深化几个步骤的深度诠释[1],萨拉·库克(COOK S.)论述关注每个故事的背景、任务、行动、结果的"S-T-A-R"技术。[16]通过如上策略,可以深入挖掘单一事件,进行意义诠释,能得到丰富信息,从而获取故事中蕴含的教育意义。

多元和声组成的故事呈现了教育历程中个体的独特性,它能够帮助阅读者接纳当下的教育生活,理解教育发展的意义,抑或从中寻求教育问题的解决策略。为了忘却,人们有选择地忽略往事。而教育叙事研究的初衷和目的则是:为了教育,我们有选择地回忆并讲述故事。

注释:

①沟通法则 O-R-I-D,O 代表 Objective,客观性问题,也即从数据、事实、现状等展开交流;R 代表 Reflective,反思性问题,引起对方的反馈,个人回应如情感、感受类问题,或者与事实有关的问题。I 代表 Interpretive,诠释性问题,引出意义、价值、重要性、含义等思考类的问题。D 代表 Decisional,决策性问题,将谈话引向结束,讨论解决措施,或者做出有关于未来的决定。

②阿奇利和巴鲁什(Atchley & Barusch)提出的生命历程视角即每个人一生的旅程可以被看成一张地图,这张地图提供许多导致不同命运的道路。随着年龄的增长,各种不断累积的决定以及伴随这些决定而来的结果,使得个体的生命之路不断向前延伸。这个模式允许我们在记住个体适应新的环境和新的社会、认同这一社会背景的时候,去探究与年龄相关联的角色以及角色之间的转换如何在整个生命中从头到尾进行到底。按照生命历程视角的原则,我们不能脱离前因后果去理解个体生命的一个单独阶段。为了真正理解个体生命中的某一个特殊的点,我们必须去关照这个点之前和之后的时间所发生的事件。

③其中 ABCDEF 分别代表:A-Activating event-促动、触发事件或经验;B-Belief-信念、想法或看法;C-Emotional and behavioral consequence-情绪反应、情绪结果或行为效果;D-Disputing-驳斥、检查、处理、辨别或改变;E-Effect-效果;F-New Feeling-新的情感。

这理论表示促动事件或个人的生活经验,或人生中的事件 A,透过思考历程、个人信念作用于 B,才导致情绪或行为反应。情绪困扰与情绪障碍,关键在于 B 点的运作,所以 A 与 C 并非直接关联,B 才是一个中介的力量,更由于人有理性与非理性思考的可能,B 是常常导致 C 的主要原因。因此要减轻 C 的不良情绪结果,必须对 B 加以驳斥 D,作出改变,导致 B 发挥辅导与治疗之效果 E,有了效果即表示当事人有新的情绪或感受 F。

参考文献:

[1] 诺曼·K·邓金. 解释性交往行动主义:个人经历的叙事、

倾听与理解[M].周勇,译.重庆:重庆大学出版社, 2004:64,77-86.

[2] 艾米娅·利布里奇, 里弗卡·图沃-玛沙奇, 塔玛·奇尔波. 叙事研究:阅读、分析和诠释[M].王红艳,主译,重庆:重庆大学出版社, 2008:2,序 XIV,11-12.

[3] Hardy B. Towards a Poetics of Fiction: An Approach through Narrative[A]//Novel: A Forum on Fiction[C]. Duke University Press, 1968, 2(1): 5-14.

[4] D.简·克兰迪宁, F.迈克尔·康纳利. 叙事探究:质的研究中的经验和故事[M].张园,译.北京:北京大学出版社, 2008:22.

[5] 丁钢. 声音与经验:教育叙事探究[M]. 北京:教育科学出版社, 2008:10,55,80.

[6] 李政涛. 教育研究的叙事伦理[J]. 教育研究, 2006,(10):18-21.

[7] 刘良华. 教育叙事研究:是什么与怎么做[J]. 教育研究, 2007,(7):84-88.

[8] 布塔利亚·乌瓦什. 沉默的另一面[M].马爱农,译.北京:人民文学出版社, 2001:序 1,序 1,16,37,96,270,271-272,96,68,69.

[9] Adams T E. A Review of Narrative Ethics[J]. Qualitative Inquiry, 2008,(2):175-194.

[10] Clandinin D J. Narrative Inquiry: A Methodology for Studying Lived Experience[J]. Research Studies in Music Education, 2006,(1): 44-54.

[11] 斯丹纳·苛费尔,斯文·布林克曼. 质性研究访谈[M].范丽恒,译.北京:世界图书出版公司, 2013:229-230.

[12] Stanfield R B. The Art of Focused Conversation[M]. Gabriola Island, BC: New Society Publishers, 2000:17-29.

[13] 柯林武德. 历史的观念[M]. 何兆武, 张文杰,译. 北京:商务印书馆, 1997:389.

[14] 维基百科编者. 阿尔伯特·艾利斯[EB/OL].https://zh.wikipedia.org/wiki/%E9%98%BF%E5%B0%94%E4%BC%AF%E7%89%B9%C2%B7%E8%89%BE%E5%88%A9%E6%96%AF,2018-11-2.

[15] 凌建侯. 巴赫金哲学思想与文本分析法[M]. 北京:北京大学出版社, 2007.

[16] Cook S. Coaching for High Performance: How to Develop Exceptional Results through Coaching[M]. IT Governance Ltd, 2009:37-38.

Story and Education: Multiple Dimensions of Educational Narrative Research

LIU Xiuxia

(Department of Education, East China Normal University, Shanghai, 200062)

Abstract: The object of educational narrative research is educational phenomenon and experience, through the narration of educational experience and daily education practice, people can increase the understanding of education and its meaning.In recent years, there has been a great development in educational narrative research both in theoretical and practical fields and it has formed its own unique theoretical system and research method system. This paper has discussed the multiple dimensions in educational narrative research, and has found that in the educational narrative research, the past and the present are integrated, the sound and the silence are in harmony, the truth and fiction are parallel, and the story and interpretation are symbiotic.

Key words: educational narrative research, story and education, multiple dimensions

以课程选择为突破口的高中阶段学校学术高度提升

冯志刚

(上海市上海中学,上海 200231)

摘　要: 学术高度不是高校的专有名词,普通高中也应有切合自身特色的追求。没有学术追求的学校难以成为名校。大力推进学校课程选择,构建切合学校个性发展与学生特点的课程体系,是高中阶段学校学术高度提升的重要突破口。以增加课程选择为突破口的高中阶段学校学术高度提升,需要关注学生的兴趣并富有挑战性,重视学术方向引领,提升教师整体的学术水平,注重营造与学生课程选择学习相匹配的导师制运行机制,努力建构研究型、创新型学校。

关键词: 课程选择;高中阶段;学术高度

"学术"一词,《辞海》中解释为"较为专门、有系统的学问"。[1]高中阶段学校是承接基础教育与高等教育的桥梁,高中阶段学生的世界观、荣誉观、价值观、人生观基本形成,初步有了自身发展的志趣、爱好与潜能。高中阶段的学校应根据国家课程标准与学校发展追求,大力推进所增加课程的选择性,并且以增加课程选择为突破口,努力促进高中阶段学校的学术高度提升。学术高度不是高校的专有名词,普通高中也要有追求。放眼世界,没有学术追求的学校都不是名校。150 多年来,上海市上海中学坚守"储人才、备国家之用"的办学目标而乐育菁英。进入 21 世纪以来,学校站在培育中国特色社会主义新时代"德智体美劳"全面发展人才的视角,从我国基础教育走强的需求出发,立足于推进具有国际视野、本土情怀的拔尖人才早期培育,以增强课程的选择性来促进学校的学术高度提升,建立了学校课程体系,努力推进学校朝着创建"面向未来、国际一流"的研究型、创新型学校的方向进发。为何要以增加课程选择为突破口,推进高中阶段学校学术高度的提升?如何促进学校提升基于课程选择的学术高度?这是高中阶段学校需要认真思考的课题。

一、以课程选择为突破口来提升学校学术高度的价值皈依

高中阶段学校以推进课程选择为突破口,其内涵是不断推进点面结合的学校课程开发,形成师生基于学校课程共同开发与实施的学术共同体,构建学校课程体系。促进学生在课程选择中增强学习动力,在某些点上获得学术上的发展,既能够逐步聚焦学生的发展志趣,又有利于满足所在学校集聚学生的成长需要,推进学校办学特色的形成与学术高度的凸显。这就需要高中阶段学校努力营造研究型、创新型

基金项目:本文系上海市哲学社会科学教育学一般课题"构建研究型、创新型高中的实践研究"(课题批准号:A1604)的终期研究成果。

作者简介:冯志刚,上海市上海中学校长,正高级教师,特级教师,特约国家督学,主要从事数学资优生教育与学校教育管理研究。

学校发展环境,敢于应对未来时代的变革,以增加课程选择为突破口,提升学校学术高度。

1. 体现学术高度的学校课程选择更加注重满足学生的成长需要

为抢占未来人才竞争的制高点,美国、韩国、日本等国都加强了对基础教育阶段英才的早期培育,如美国在15个州设立的数理英才高中,韩国创设的科技高中以及日本成立的超级高中等,这些学校无一例外都有独特的、具有学术高度、体现课程选择的学校课程体系,为学生的全面发展提供了有力支持。

高中阶段学校追求学术高度,重在"以研促教"与"以研促学",建立比较系统的、具有较好选择性的、符合所在学校学生成长需求的学校课程体系是重要载体。学校管理者作为学校教育教学的设计师,需要明确的首要前提是建立体现学术高度的学校课程体系,应始终关注学生的成长需要来推进学校课程选择,将之作为一门专门的、系统的学问来探讨,并且根据时代发展的需要、学校发展的追求以及学校学生的特点,进行课程选择科目、内容的持续更新,这样才能体现学校的学术高度。

体现学术高度、具有良好课程选择的学校课程体系始终是以所在学校的学生成长需求为中心的,"设计师的首要工作是提醒教育工作者关注教育的核心目标——促成学生的学习与进步。教与学应该关注的是满足孩子们的成长需要,而不是满足社会其他成员的心愿。"[2]在以成长需求为中心的学校课程体系建立过程中增加课程选择,就需要根据时代、科技发展的变化来研究哪些是学生需要夯实的核心素养,不断提升学校基于课程开发与教学实践的学术水平。

2. 课程选择体现学术高度才能激活学生兴趣且使学习更具挑战性

高中阶段学校的学术高度,不是只看升学成绩或竞赛成绩,而是要看学校提供学生的课程选择是否能够将社会发展的需求、学校特色的追求融入学校课程体系,激活学生的学习兴趣与学术兴趣,给予学生在现有发展基础上足够多的挑战。这也是创新人才培育的基础与前提,"培养创新人才,首先要培养学生的兴趣爱好。强调要发挥学生的主体性,主体性表现在哪里?就表现在他对学习的兴趣上,有了兴趣才能在学习上发挥他的主体性。"[3]

高中阶段的学校应注重引导学生在课程的选择学习中不断激活兴趣、凝炼志向、开发潜能,促进学生朝着自己喜欢且有潜能的方向去追求、拓展、延伸,使学生发展的志向、兴趣、潜能得到更好的匹配,这是实验性示范性高中的责任与使命。可以说,让学校课程选择追求学术高度是激活学生兴趣发展的源点;促使课程选择学习富有挑战性,学生才会对学习更感兴趣。

3. 促进学术引领的课程选择深化研究型、创新型学校构建

增加课程选择,提升学术高度,是一个根据时代发展、社会发展需求持续探索的过程,也是促进学校成为面向未来的研究型、创新型学校不可或缺的载体。什么是面向未来的研究型、创新型学校?立足于创新型国家的建设,我们将"研究型、创新型学校"理解为:以推进具有国际视野、本土情怀的拔尖人才早期培育为基础,倡导独立思考、敢于质疑的精神,构建师生感兴趣的良好研究领域,鼓励创新,包容失败;以学校独具特色的、可选择的课程体系建设为载体,集聚起大量高层次教学与科研能力的创新型师资,同时利用社会资源,做好高校、科研院所等与基础教育阶段的学校在研究与创新方面的有机衔接,不断释放师生的研究激情与创新活力。

学校努力创设适合高中生志趣能发展的、具有选择性和一定学术导向的选择课程,不仅能提升教师追求学术高度的能力,而且能不断推进学校根据时代与科技的发展,努力形成可供学生选学的现代化创新实验平台,为学生提供更为宽广的探究空间。其中,把握现代科技发展的趋势,建构整合数字技术的现代创新实验室的水平也体现了学校学术的高度。学校应大力推进学生开展基于数字平台的项目研究,凸显课程的综合性与学生探究的学术性。

总而言之,以增加课程选择为突破口的高中阶段学校学术高度提升,能最终促进研究型、创新型高中的建构。研究型、创新型高中的建构,应注重研究氛围的营造,推进学生与教师一起组成学术共同体;应注重创新型平台的建构,推进教学创新、课题创新、项目创新。"研究型"强调氛围营造与机制支撑,重在土壤培育;"创新型"强调目标驱动与平台建设,重在学问之道。[4][7]研究型、创新型高中的建构,高

选择性的学校课程体系是基本内核。由上分析,大力推进学校课程的系统开发,促进学生立足自身感兴趣领域的课程选择学习,与师生对于课程开发、课程实施的学术理解,成为面向未来的研究型、创新型高中建设的重要载体。

二、以课程选择为突破口来提升学校学术高度的实践探索

以课程选择为切入口提高学术高度,有利于激发学生的兴趣和潜能,满足学生的成长需要,推进研究型、创新型学校的构建。那么如何通过增加课程选择来提升学校的学术高度,这是一个在学校实践中需要着力解决的问题,现结合上海市上海中学的实践加以阐述。

1. 高中阶段学校增加课程的选择性要重视学术方向引导

高中阶段学校增加课程的选择性,应考虑到高中阶段学生发展与未来专业或职业选择,具有一定学术方向的引导。既要注重学校课程体系化建立的完整形态,更要注重学校课程的学术内涵持续提升。结合时代发展的特点与学生未来成长的需要,在增加课程选择性时,应激活学生兴趣并指向一定学术领域;既有跨学科问题解决性质的,也有与现实生活的问题解决密切相关的,要兼具系统性、开放性、专门性、综合性等特征。上海市上海中学在增加课程选择性过程中重视学术方向引导,体现在以下几个方面:

首先,学校将科技班可选择的五个专门方向(物理、化学、医学、计算机科学、生命科学)与工程班的五个专门方向(工程、通讯、环境、能源、海洋)打通,新增了"脑科学和人工智能"这一交叉学科领域,并对专门课程的学习内容进行更新,既注重专门性,又注重综合交叉。无论是科技班学生还是工程班学生,都可以先进行 11 个方向的概览式学习,每个方向学习 3 个课时,每个领域都注重前沿发展与领域学科结构介绍,吸引学生去选学。学生在了解 10 多个领域的发展概况基础上,选择一个专门领域进行 1 学期的学习。然后引导学生在专门课程选择基础上进行课题研究 1 年,并通过研究性学习平台跟踪记录,同时借助 Blackboard 平台互动评价,不断激活学生的学术志趣,开发学生的学术潜能(参见图 1)。

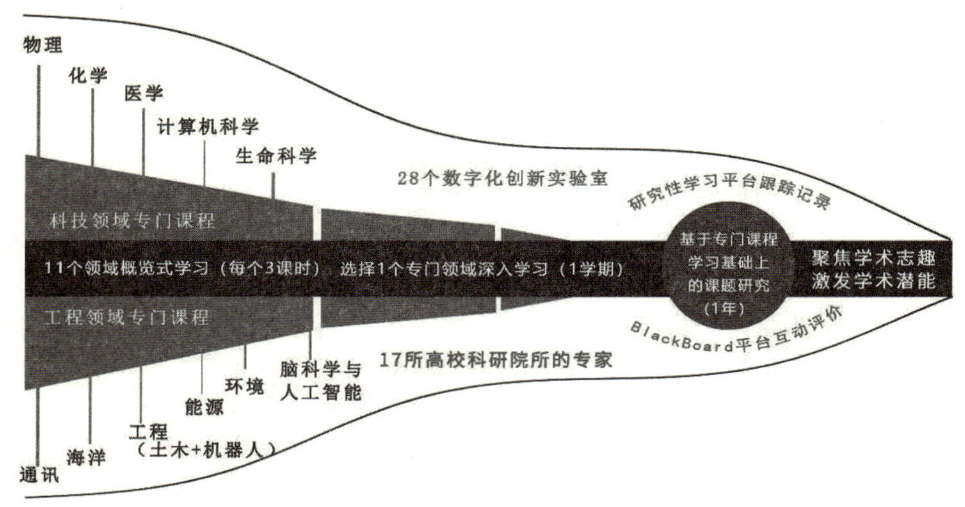

图 1　学生在专门课程选择学习基础上的学术志趣聚焦

学校科技班、工程班强调学生在夯实基础课程的同时,引导学生学习自己感兴趣领域的专门课程以及开展基于专门课程学习的课题研究,不断给予学生挑战的平台与空间,让学生在兴趣的激活中不断开发自己的学术潜能,去探究新的学术高度。学校 2017 届科技班学生魏洵婧以"一缕烟的背后——恒温

热源上方气流的形态和烟颗粒疏密条纹成因的研究”课题研究成果,在第 67 届英特尔国际科学和工程大赛(ISEF)上,夺得物理与天文组全球仅有的两个一等奖之一,浩瀚太空里的一颗小行星以她的名字命名。这位女生在科技班学习时,对物理十分感兴趣,她研究的课题在上海市科技创新大赛上没有获得好成绩,但她凭着自己的兴趣,坚持不懈地继续探究自己对这缕升腾的“烟雾”的认知。还有两名学生参与导师的课题探究,与导师合作发表论文在 SCI、EI 刊物上,在论文中贡献了自己的闪光点。

第二,在推进科技班、工程班学生“点”上专门课程走向多视角选择与深入学习的同时,不断推进面向全体学生选学的创新实验组专门课程走向多样化。学校在金融、汽车、人体医学、法学、微电影、主持与演讲等实验组基础上,于 2013 年增设了软件工程实验组(作为与同济大学合作推进苗圃计划的一部分),2015 年增设了飞机发动机实验组(与中航商发集团合作),2017 年增设了无人机实验组(与交通大学航空学院合作),2018 年增设了脑科学与人工智能实验组(与中科院合作)、税务实验组(与市税务局合作)、地理信息系统实验组(与华东师范大学合作),拓展了学生选择学习的空间(参见图 2),让学生在一定领域的实验组课程学习中发展志趣、开拓视野、提升素养。

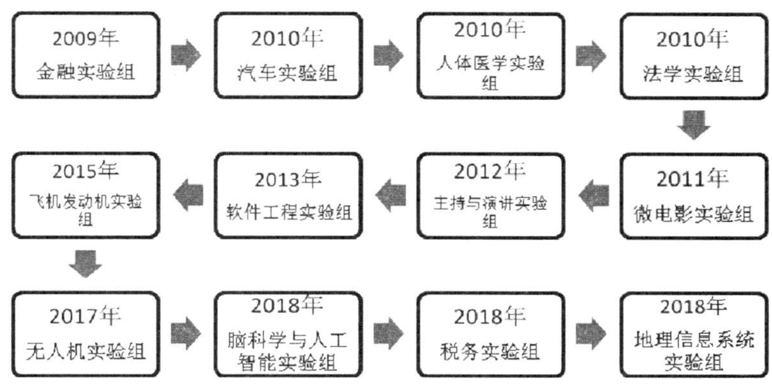

图 2　学校实验组不断增设

第三,持续推进“复旦大学——上海中学学生学术兴趣与导师制计划”。该计划从 2013 年开始至今已有 6 年,面向全体学生,双向选择。复旦大学导师团队通过开设微课程(文理相通,面向高一、高二学生共开设了 16 门微课程)、个别化学习指导以及周二、周四与导师开放式研讨、开设大师讲坛等多样的方式,从高一到高三分阶段持续培育学生的学术兴趣,极大地促进了学生的学术之志趣激活与逐步聚焦。

第四,将 STEM 课程开发与设计思维教学融合在一起进行探索。学校除了在科技班、工程班融合大 STEM 概念外,还将劳动技术课设为机械设计与制造基础、电子技术、开源硬件及传感器基础、基于 AutoCAD 的二维建模与制图、三维建模与 3D 打印、视频与音频剪辑、网页设计与动画制作、乐高机器人基础、化学光谱分析法入门、生命科学基础探究实验、基于 MATLAB 的数值计算、汽车原理与驾驶技术等 12 个模块开发出来,供高一、高二全体学生选学(参见表 1)。由 Science、Technolgy、Engineering、Maths 学科合作开设,共同指导,进一步拓宽学生学术探究的底蕴。

表 1　学校 STEM 课程开设模块

类别	模块	名称(已开设课程)
高一(上):必修性基础课程	机械工程	机械设计与制造基础
高一(下)和高二(上):选修性基础课程	电工基础	电子技术
	硬件技术	开源硬件及传感器基础
	机械工程	基于 AutoCAD 的二维建模与制图
		三维建模与 3D 打印
	软件技术	视频与音频剪辑
		网页设计与动画制作

(续表)

类别	模块	名称(已开设课程)
高二(下):课题研究类课程	硬件技术	乐高机器人基础
	科学仪器	化学光谱分析法入门 生命科学基础探究实验
	数学模块	基于 matlab 的数值计算
	生活技术	汽车原理与驾驶技术
	机械工程	建筑结构设计 无人机 简易飞行器
	软件技术	VR 虚拟现实
	硬件技术	开源硬件与机器人设计
	科学仪器	化学、生命科学类课题探究
	电工技术	电机控制
	数学模块	数学类课题探究
	生活技术	EP 节能汽车的制作

除了这些努力之外,学校还自主开发了数学、物理、化学等领域的大学先修课程,近五年来有上千人次选学。经过这些年"点面结合"的课程建设探索,学校课程的开放性、专门性、综合性、系统性更加鲜明,学生在课程"海洋"里遨游的同时,学术兴趣得到持续开发,他们进行课程选择学习,本身就更多地展现出学术探究的意味,能更有效地根据志趣能匹配领域进行项目学习。在这样的课程选择学习中,学生变得学习更为主动,更有自己的主见,并能够逐步清晰自身未来生涯发展的大致方向。

2. 提升学校课程选择推进过程的学术高度应注重教师整体的学术水平

学校的学术高度,包括学校课程开发的学术水平,是由教师整体的学术水平决定的。作为学校管理者,要努力营造教师基于教育教学实践的共同探究,使他们敢于从实践中寻求改进教育质量的证据,并推进学校课程选择与课程开发的水平。学校应提供教师研修的机会,并给予教师作为学术共同体研讨的氛围,"只提供时间让教师聚集在一起并不能自动产生更好的教学实践,除非他们共同探究学习的证据和证据对实践的影响。中小学包括大学在内的实证文化开发是比较花费时间的,但是它能有效地改善学习情况。教师需要一些机会去掌握共同分析学习证据及对学生产生重要影响所必需的知识、技能和品性。"[5]学校在推进教师进行课程教学中,还要引导教师视教学为学术,把传播知识的学术变成教学学术。这一认识"超越了传统的令人厌倦的教学与研究的争论框架,对教师的工作有一全新、全面的认识,为突破和解决教学与研究之间的关系难题提供了一个全新的视角"。[6]

上海中学从"点"(科技班、工程班、数学班)到"面"(多样选择的发展型课程、创新实验组课程等)、以"面"推进"点"的课程开发,需要教师整体而非个体融入其中,努力承担课程开发者、实施者、探究者的角色。像上海中学这一类学校,集聚的学生是"牛"的,但如果没有"牛"的教师,学生也就不可能得到更"牛"的发展。学校招聘的教师以一流的综合性大学毕业生居多,他们年轻(学校教师平均年龄 33 岁)有活力,学科功底强,且大多具有硕士、博士学历。笔者对教师经常说的一句话就是:"我们的教师不能只会教高考或等第考科目,这样我们的教师原来是博士生、硕士生,教了几年书就变成了只会做题目的高中生了。这样不行,要鼓励教师参与到课程开发中来,在与外界的交流、学习中,不断提升自己的课程开发能力与课程实施方面的学术水平。"上海中学努力推进课程的选择性来提升学校的学术高度,离不开教师整体的学术水平,所以学校努力推进校内高素质的教师持续参与到学校的课程体系开发中,努力发展他们的课程开发能力、教材编写能力、志趣引领能力、比较研究能力与现代技术运用能力。

学校搭设了多样的平台来促进他们整体学术水平的提升。一是促进教师开展基于实践的研究,立项了70多个课题,促进他们对于教育教学实践问题的探索,形成了一批具有创新意义的成果,包括学校的学校课程图谱;资优生必修课系列、高中国际课程的实践研究系列丛书等。二是促进教师在课程开发与实施中不断提升学术高度,我们鼓励教师不断教学发展课程以及开发新的课程,其与工作量考核挂钩。三是积极引入高校、科研院所乃至企业的专家来校给学生进行专门课程授课、实验室开发、课题研究指导(每学期来校授课的外聘专家近200人),与此同时,让我们教师作为外聘教师的助教,跟着学生一起上课,不断提升自己的业务水平与指导学生进行探究的能力。

3. 注重营造学生与课程选择学习相匹配的导师制运行机制

学校创设广泛的空间鼓励教师与大学教授、科研院所、企业等方面的专家一起开发适合学生的专门课程。我们认为高中阶段的专门课程具有五个方面的特点:有一定的学术性指向,可以在某一或某些点上深入,关注学生的学术兴趣激活与探究能力的开发,注重引领学生识别自己的志趣能,形成对某一领域的感觉、悟性与潜能。教师在这个过程中,自身的学术水平也不断得到历练。教师在引导学生进行选择性学习的过程中,既要承担课程开发的角色,更要成为学生课程学习的引导者乃至研究者,师生共同成长,营造学校良好的学术共同体。

首先,学校与大学、科研院所的合作主要考虑借助其强势专业的优势,通过开设专门课程、共建实验室、邀请专家指导学生课题的形式展开。其主要目的是让学生尽早接触到感兴趣领域的专业知识及研究方法。学生经过这样的历练之后,能将良好的学习习惯、开放的创新意识、适合于自己的兴趣方向、不屈的坚持精神带入高一层学习阶段,为终身学习打下坚实的基础。第二,学校与企业的合作重点关注生涯规划指导、实验室共建。在企业的选择上,偏向于选择不同行业的顶级企业,这些企业在社会责任、企业精神等方面对学生产生积极影响,来自这些企业的"导师"对学生未来的生涯规划选择提供了有利指导。

推进了中学与大学、科研院所、企业的实质性合作,中学改革驱动了大学教育直接与中学的对接,而不只是在招生上予以对接。在拔尖创新人才早期培育链构建方面,学校采取了多种合作方式。如与上海交通大学的合作方式为实验室建设、专门课程授课及课题指导相结合;与复旦大学合作推进的"学术兴趣与导师制计划"采取的是大讲座、微课程、面对面讨论相结合;与中航工业商发合作采用实验室建设、专门课程授课、生涯规划指导相结合。学校在借助外力推进多样的课程选择,以提升学校课程学术水平的同时,也建立了与课程选择匹配的多样形态的导师制运行机制(如图3)。

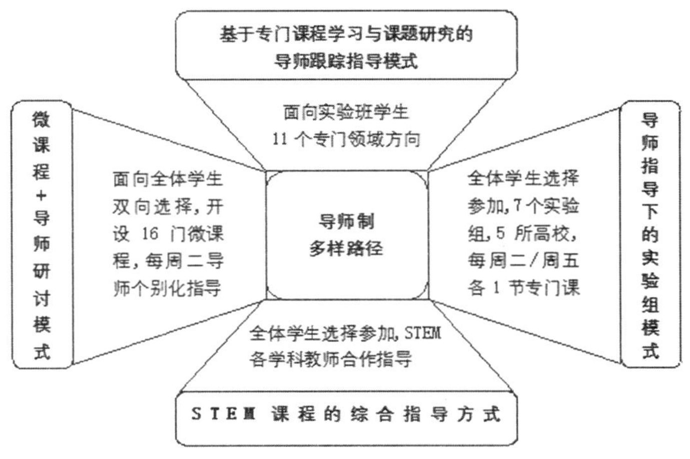

图3 促进课程选择的多样导师制运行路径

综上所述,体现学术高度的学校课程体系应注重学生的成长需要,充分考虑当前世界各国关注学生核心素养与关键能力培养的发展趋势,以及学校传统、办学特色、已有基础以及未来发展,对此进行整体的设计。这也是脑科学对于人的知识体系建立所启迪的,“当我们通过给学生提供更宽广的视野或者‘整体图’来指导学习时,我们会更有效地帮助学生理解以前的知识和新知识之间的联系,并且能更好地说明学习目标之间的关系。”[3][7]高中阶段以增加课程选择为切入点,推进学校学术水平的提升,是一个根据理论发展、实践探索而持续更新的课题,需要根据学生可持续发展的需求不断走向深化。

参考文献:

[1] 夏征农,陈至立.辞海(第六版彩图本)[M].上海:上海辞书出版社,2009:2604.

[2] R.布鲁斯·威廉姆斯.学校变革,我们一起来[M].北京:教育科学出版社,2018:4.

[3] 顾明远.新时期教育家的成长之路[A]//孙孔懿.众论教育家[C].南京:江苏凤凰教育出版社,2018:202-203.

[4] 冯志刚.研究型、创新型学校之于高中科创教育的作用探析[J].现代基础教育研究,2017,(28):10-13.

[5] 玛丽莲·科克伦-史密斯,等.教师教育研究手册——变革世界中的永恒问题(第三版)[M].范国睿,等,译.上海:华东师范大学出版社,2017:157.

[6] 何晓雷.教学学术:21 世纪教师专业发展的一个重要议题[A]//宋崔,袁丽.21 世纪的教师教育改革——本土话语与全球视野[C].北京:北京师范大学出版集团,北京师范大学出版社,2017:310.

[7] 玛丽亚·哈迪曼.脑科学与课堂——以脑为导向的教学模式[M].上海:华东师范大学出版社,2018.

Academic Advancements in High Schools by Increasing the Selection of Courses

FENG Zhigang

(Shanghai High School, Shanghai, 200231)

Abstract: “Academic Height” should not only be a special phrase used in colleges as high schools should also have their own academic pursuits fit for their own characteristics. High schools without academic requirements cannot easily become prestigious schools. An important breakthrough in elevating the academic height of high schools can be made with the promotion of a wide selection of school courses and the construction of a school curriculum suitable for the school's development as well as its students' characteristics. Elevating the academic height of high schools by increasing the selection of courses requires a focus on students' interests and challenging areas, academic research guidance, improvements of the overall academic level of teachers, and the construction of a tutor system that matches students and course selections. These are the measures for the construction of a research-oriented and innovation-based school.

Key words: course selection, high schools, academic height

未来学校视域下的初中教育改革:挑战及方向

李　英

(上海市民办华育中学,上海 200231)

摘　要: 未来学校发展的各国行动以及发展趋势,对初中阶段的教育改革提出了新的挑战。面对未来学校发展的挑战,初中教育改革需要把握几个方向,如将"立德树人"的核心导向与引导学生自主及个性化学习结合起来;将学校教育内容革新与创意性教育教学方式突破结合起来;将现代数字技术融入与学校教育信息生态环境建设结合起来;将学生学习空间拓展与校外教育资源开发结合起来;将研究型教师培育与营造学校创新发展机制结合起来。

关键词: 未来学校;初中教育;改革方向

所谓"未来学校"是指着眼于未来的人才培养规划和教育发展战略,整合或融入现代教育技术、数字技术乃至智能技术进行育人实践的学校教育形态。为抢占面向未来时代的人才竞争制高点,全球教育变革正在如火如荼地进行,学校教育将迈入一个面向未来的全新时代。在未来信息与智能时代,现在的许多工作会被智能技术替代,但人的创造力与情感的理解力是无法取代的,世界各国都围绕如何"培养21世纪人才技能、提升21世纪核心素养"进行改革行动。许多学者以及对学校教育怀揣梦想的人士对未来学校进行了理论探索、实践勾勒以及学校改革行动。从事基础教育学段的教育者,应当认识未来学校的发展趋势以及对各个学段的教育挑战,进行相应的教育改革思考。笔者站在初中教育实践者的视角,试图了解未来学校发展趋势对初中教育的挑战,并在此基础上结合所在学校——上海市民办华育中学(以下简称"华育中学")的改革与探索,提出初中教育改革的主要方向。

一、未来学校发展对初中教育的挑战

有关"未来学校"的探讨,自美国2003年创建第一所以"未来学校"命名的学校以来,在欧洲、亚洲等国受到了广泛的关注,并进行了诸多学校改革的实践,从中可以认识未来学校发展的趋势以及对初中教育带来的挑战。

1. 未来学校的基本发展认识

美国教育分权制影响下的多元化教育运行系统、鼓励学校教育多样化发展的容错机制以及支持学校教育个性化发展的社会文化氛围,促使美国在"未来学校"的探索上出现了诸多创新行动。在面向未来学校发展的创新行动上,可以看到所谓的"现代意义上的传统学校发展基础上的创新"。如进一步拓展STEM(Science科学、Technology技术、Engineering工程、Mathematics数学)的内涵,走向STEAM(添加了艺术"Arts")、STREAM(添加了阅读"Reading")乃至"STEM+"的变化,并将之与学生的创业教育、创

作者简介: 李　英,上海市民办华育中学校长,上海市基础教育国际课程比较研究所副所长,中学高级教师,主要从事德育与教育管理研究。

业项目、创业指导联系起来;将大学中的“Design Thinking”课迁移运用到中小学,让儿童从小认识到设计思维的重要;将数据思维与计算机技术平台融入各学科教育中,基于技术平台的分组混合学习广泛运用;在学校各学科教学中普遍采用谷歌教室(Google Classroom)以及微软、苹果等公司教育软件平台,将信息化软环境建设成为学校教育的发展生态等。美国在面向未来学校发展的创新行动上,冲击了我们对学校教育观念认识的“未来学校”创新形态,如引导学生在通用平台上进行可定制学习的 AltSchool;像小工厂一样、东敲西打式的学校 Brightworks School 等。[1]

除美国以外,诸多国家也在推进未来学校改革或实践项目。俄罗斯推进了学校的“未来项目”,立足现实的学校环境和现有的师资条件,通过改变教育环境,更新教育内容、教学组织形式及管理形式,保证每个学生具有个性化的学习路径。新加坡的“智慧国项目”,鼓励学校充分利用高科技信息通讯技术手段,扩大学校教学和学习的内涵和外延,为学生提供优质高效的学习体验,提升学习的成效,不断提高学生的技能。欧盟的“未来教室实验室”,通过教育技术的引入,支持教与学方式的变革,拓展学生的学习空间。芬兰“FINNABLE2020 项目”,正式废除小学和中学阶段的课程式教育,转而采取实际场景主题教学,旨在促进建立能够打破传统时间、地点和人员限制的创新性学习生态系统,在国内及国际范围内推动更具合作性的,加强 21 世纪学校新学习环境的研究和创设工作。[2] 中国教育科学研究院于 2016 年发布了《中国未来学校白皮书》,勾勒了我国未来学校的发展。此外,联合国教科文组织发布的《教育 2030 行动框架》以及我国制定的《中国教育现代化 2035》,也将对我国未来学校的改革提出发展方略。

未来学校发展的各国行动以及发展趋势,对初中阶段的教育改革提出了新的挑战。初中阶段教育既是衔接小学教育与高中教育的桥梁,也是学生从儿童走向青少年的转型期。这个时期的学生可塑性强,对面向未来的新事物、新技术充满好奇。如果学校教育能够在初中阶段开始注入面向未来发展的教育元素与技术元素,学生就更容易接受新的知识,锻造新的能力去不断挑战自己。对于初中阶段的学校来说,就应当认识未来学校发展的基本趋势,并且积极应对这些趋势对初中教育发展的挑战。

2. 未来学校发展趋势对初中教育的挑战

从时代发展需求与国家教育战略出发,未来初中教育的改革与发展,需要关注未来学校的以下发展趋势:关注学生的核心素养、关键能力的培育,引导学生适应未来时代变革的挑战;关注对人的大脑研究成果的运用,包括大脑的神经可塑性,通过新的体验而改变大脑结构(包括聚焦训练,忽略外来干扰,提供可预测性),引导学生相信他们的才能和能力可以改变,而不是相信智力是一个固定的值;关注学生基于问题或项目的学习(包括自定进度和个性化学习、在线学习),将学习应用于现实生活中的问题解决,让学生与学科领域建立联系,以社区为基础,重点关注当地问题;注重开放办学以及学生在课堂之外进行实习和服务学习等多种方式的学习;关注运用新的技术手段来推进教育教学改革,并立足于重新思考如何、何时、何地以及以何种速度学习;关注学校为学生未来生涯发展做准备,关注学生的全人教育,注重学生开展探究学习与课题、项目研究的学术严谨性、与他人合作与交往的情感学习和与获得成功关系的改善策略。

初中教育应对未来学校发展的趋势,把握初中阶段的学校任务与学生的特点进行改革与突破,需要认识到对学校教育管理者与学校教师带来的诸多挑战。首先,未来发展趋势对学校教育管理者带来挑战。学校管理者对学校的发展要立足于国家高水平人才培养体系与未来社会发展的需求,进行教育改革的前瞻性思考,不能仅仅拘泥于学生是否升入好的高中,应立足于学生的未来生涯发展进行教育内容的整合,认识以学科教学为核心的课程体系正面临挑战、如何让学生学会借用外脑是教育的又一挑战,要突破学校围墙的界限重新定义校园的内涵。[3] 学校管理者应把握初中教育改革的特点与未来时代对人才发展的需求,变革育人方式,包括引导学生学会选择学习与跨学科学习,根据未来的生涯发展目标、兴趣、优势来确定学习计划,从任务完成复杂性视角推进学生之间的高度协作与相互信任;注重学生的批判性思维培育等。

其次,未来学校发展趋势对学校教师带来挑战。教师仍然至关重要,但教师的角色可能会发生变化,从知识的传授者变成与学生一起建构知识,与学生形成师生学术或探究的共同体;教师作为研究者、指导者、辅导员的功能将变得更为凸显;经常与小组学生和个别学生见面;关注学生成长数据与实证资料的积累等;教师的信息素养将变得越来越重要。未来的教师要重视数据科学,对数据的理解和分析,应成为未来教师和管理者的基本素质。

二、基于未来学校挑战的初中教育改革方向

把握我国教育体制改革"融通中外"的教育走强要求,需要明确我国未来学校视野下初中教育改革的方向。华育中学创办于1999年,抓住上海市徐汇区教育转型发展的契机,经过20多年的发展成为上海乃至全国初中教育改革的领先者,促进学生全面而有个性的可持续发展。这5年里,学生升入上海市实验性示范性高中的比例超过95%,数理化、信息科技和创新能力等方面的培养在上海市起引领作用。更为重要的是,华育中学敢于立足于未来人才的需求与未来学校的挑战,持续推进教育改革,为孕育未来学校形态提供了良好的发展思路。

1. 将"立德树人"的核心导向与引导学生自主及个性化学习结合起来

未来学校视野下初中教育改革的"立德树人",既需要按照国家教育改革的要求培养学生的关键能力,将社会主义核心价值观教育与学生关键能力培育融为一体,也需要注重未来学校发展对学生核心素养培育的要求,立足于我国发展需要的高水平人才培育体系进行初中阶段教育改革的探索。无论未来学校的发展趋向如何,这一"立德树人"的核心导向是初中教育改革的引领方向,也是中国教育的文化基础,应以此为根基关注人才培养的超前性,"不能只看到社会在现阶段对人才的需求和规格要求,更要看到社会的未来发展阶段对人才的要求,还要看到人的潜在能力和他在未来的发展。"[4]初中教育改革立足于学校教育"立德树人"的核心导向以及致力于培育人才的超前性,就需要创设良好的发展舞台,引导学生自主及个性化学习,将立德树人的核心导向与引导学生自主及个性化学习结合起来。

针对学生核心素养的培育,学校需要充分考虑到每位学生的巨大潜能与发展追求的差异性,大力推进学生的自主与个性化学习,让学生的优势潜能与发展兴趣得到最大限度的发展。同时,注重思考新时代背景下初中资优学生德育的内涵、方式与路径,推进德育课题研究的深化与德育课程的体系化建设,将立德树人与学生创新素养培育紧密结合,推进学生的自主与个性化学习。比如,为更好地发挥本学校的资源优势,华育中学设置了数学班、科技班(单独编班学习)以及科技二班(集聚科技领域感兴趣学生利用阶段时间集中学习),开设60多个选修课与100多个"第二课堂",将学生的项目学习、问题学习融入其中。在推进课程的选择学习中,学生得到全面而有个性的发展,增强合作学习的意识、相互帮助的情怀,从而获得综合素养的全面提升、获得个性潜质的良好开发。针对本校初中学生资质相对优异的特点,华育中学还提出了"6+3"学生核心素养发展要求:"6"是指"良好的人文底蕴,高尚的科学精神,持续的学习能力,富有情趣的健康生活,强烈的责任担当,优秀的实践创新";"3"是指"宽广的国际视野,高远的生涯规划能力,优秀的信息媒体运用能力"。"6+3"在发展要求的指引下,更多地激发学生的潜能。

2. 将学校教育内容革新与创意性教育教学方式突破结合起来

立足于未来的学校教育内容革新,应着眼于初中阶段学生特点以及初中学生的资质特点,重新设计教学内容与方式。学校教育内部革新从人的发展需求出发,"教育在许多时候就是一种唤醒,一种体验,一种影响","人的回归才是教育改革的真正条件。"[5]学校教育内容的革新与创意性教育教学方式的变革要结合起来,才能将育人的内容载体转化为学生的内在素养。

在教学内容的革新上,初中学校可以根据国家与本地区的课程标准,结合学校自身的特色和学生发展的实际,形成校本基础课程的教学纲要,完成科技创新类课程的教学内容、学生作品、创新实验室内容的汇编,开发本校资源。教学方式上,更注重问题导向,注重团队合作,重视实践参与,以项目学习提升

学生问题解决综合能力，把社会责任、交流合作能力和批判性思维、创造力融合。“数学教育见长、文理基础厚实、科技教育凸显、艺体素养奠基”是华育中学的育人特色，学校立足于此，深化推进各个学科从预初到初三的阶梯式课程建设，在修改完善阶梯式核心课程的同时，对选修课、第二课堂的教育教学质量进行引导，评选各学科领域的优秀、精品选修课程，从学生喜欢程度、开设的教材编写匹配、持续开设时间等多个方面进行衡量。学校发动各教研组与备课组、学科教师一起思考课程教学与信息化的配套技术、资源开发，建立教育教学的资源库与共享机制，推进教师创意性教学与学生有价值的学习方式的变革。

3. 将现代数字技术融入与学校教育信息生态环境建设结合起来

面向未来的学校教育发展以及学生适应未来的发展，如何运用技术、驾驭技术，为人的能力增强服务品质，变得越来越重要。无论是学校、教师、学生，都要进一步思考教育技术的多样化运用，在提升学生基于信息技术、数字技术的学习、探究与创新能力方面做出实质性的探索。未来初中教育改革应注重现代数字技术的融入，并努力将数字技术的整合与学校走向现代化的教育信息生态环境建设结合。这种环境建设需要推进开放式学习，重新设计学习空间，即变革学习方式要首先从变革学习空间开始。

在今后的发展中，初中学校应关注通过创建数字化现代创新实验室来推进学生基于数字平台的学习与创新。华育中学已创建温室植物培养实验室、机器人实验室、VR 虚拟体验实验室、3D 打印实验室、无人机实验室、OM 全新实验室等 14 个现代创新实验室。2019 年还将完成人工智能 AI 语音实验室和图像识别实验室的创建，推进学生运用虚拟现实与增强现实推进创新的可能性。与此同时，学校努力改善教育信息生态环境，学校于 2018 年已将原先的 60M 带宽用于校园网的访问，同时又新增加了 200M 专线，大幅度提升了网速和网络环境，便于教师推进数字技术与信息技术的教育教学运用，并将信息技术环境的创设与学校专门课程建设、专业辅导团队、专技运用训练等进行结合，促进学生运用数字信息媒介能力的持续提升。

4. 将学生学习空间拓展与校外教育资源开发结合起来

面向未来的学生学习空间，已经不局限于课堂、学校，社区、社会都是可以拓展与运用的学习环境。未来的初中教育改革，要将学生的学习空间拓展与校外教育资源的开发结合起来，“教育所处的空间，就是社会整体的系统与生活相关联的系统的一个复合体。它所处的空间性质，既是封闭的，又是开放的，它自身的特殊性不断地与外部的社会、生活元素进行着物质和能量的交换，在传递的过程中完成自身的转换与更新。”[6]在学生学习空间拓展与校外教育资源开发上，无论是社会研究机构还是企业单位，无论是大学还是社区，都可以用来参与支持学校教育的发展与创新。

学校可以鼓励学生走出学校，到社区进行项目服务式学习；加快图书馆学习空间的改造，将图书馆变成学生的研讨空间、信息检阅空间、创客学习空间；进一步深化创新实验室的内涵建设，除了选科教学外，还可以鼓励有潜质的学生在实验室里开展一些项目研究等。在拓展学生学习空间方面，各个学校可以积极利用自身的资源。华育中学会定期组织学生去商飞集团、华为科技等企业、大学或科研院所，了解某些领域的前沿信息，进行职业生涯体验活动。与此同时，还会将大学、企业、科研院所的专家请进来，与学生座谈、交流以及指导学生进行项目探究等。学校聘请了 10 多位涉及化工能源、智能机器人、计算机、经济、金融、法学等多个领域的专家作为学生发展指导专家，为有相关志趣、潜能的学生创设更为宽广的发展平台。

5. 将研究型教师培育与营造学校创新发展机制结合起来

初中要努力营造教师基于教育教学实践开展研究的环境，推进学校创新发展机制的突破，注重培育研究型教师，将研究型教师培育与营造学校创新发展机制结合起来。“教师研究者倾向于更好地理解自身专业实践对学生学习的影响，与此同时，他们的研究也对更好地理解教育学以及教学实践质量提供了新的、有创造性的方式。”[7]走向未来的初中教育改革，在培育研究型教师的过程中，一定要与学校创新机制建立结合起来，与学生发展的实践需求结合起来，建立教师开展教育教学探索与学生开展课题项目研究的容错机制,鼓励教师敢于探索。教师教育属于社会场域之中,也属于学校场域之中,需要了解教师教育在社会场域、学校场域中共享哪些信念、价值观和知识。发展中的教师教育场域,需要理解挑战可能会有助于改进教师培养。[8]学校创新发展机制能够让教师在学校场域中找到自身的价值。

学校可以注重引导教师开展教育教学实践研究,将这种实践研究与研究型教师培育紧密结合。与此同时,努力营造创新发展的机制,注重法理情的结合,注重对学校规章制度的修订、执行,注重对教职工发展的激励与关怀,构建高效能的学习型与管理型组织体系。华育中学在 2018 年引导教师设立了 30 多个教育教学研究课题,聘请专家指导他们开展基于实践的研究,促使教师关注对教育教学的实践研究。这种基于实践的研究,并不是发动教师去写空洞的论文,而是希望教师从不同类型、不同年级、不同阶段的学生特点与发展差异中思考针对性的有效教学安排与组织形式,关注实践问题的解决,促进学校整合现代科技前沿进行教育教学的研究,并开展"最佳教师、最受学生欢迎教师" 等评选活动,不断完善学校制度,鼓励教师科创,全面关怀教师的发展。

当然,面对未来学校的挑战,初中教育改革还需要把握的方向有许多,包括构建学生多样发展的评价体系,注重学生个性发展的校园文化营造,建构数字化教学软件的运用平台等。作为学校的管理者与教育者,需要根据时代的发展,思考教育的变革。在思考中变革,需要有情怀和格局。情怀决定了格局,格局也支撑着情怀。因此,在探索面向未来的初中教育改革过程中,需要我们有高远的格局与深化的教育情怀不断努力。

参考文献:

[1] 张治.换个坐标看教育[J].上海教育(环球教育时讯),2018,(11B):68-71.

[2] 中国教育学科研究院,未来学校实验室.中国未来学校白皮书[EB/OL].(2016-11)[2019-01-29]. https://max.book118.com/html/2017/0504/104207230.shtm.

[3] 唐盛昌.未来学校教育面临的三大挑战[EB/OL].教师博雅·海派新思录,2016-05-30.

[4] 顾明远.中国教育的文化基础[M].太原:山西教育出版社,2018:308.

[5] 凌宗伟.教育的积极力量[M].上海:上海教育出版社,2018:127.

[6] 张子石.未来教育空间站的设计与应用研究[M].武汉:华中科技大学出版社,2016:30.

[7] 约翰·洛克伦.专家型教师做什么[J].李琼,等,译.上海:华东师范大学出版社,2018:195.

[8] 玛丽莲·科克伦-史密斯,等.教师教育研究手册[M].范国睿,等,译.上海:华东师范大学出版社,2017:919-921.

Challenges and Directions of Educational Reform in Middle Schools under the Vision for Future Schools

LI Ying

(Shanghai Huayu Private Middle School, Shanghai, 200231)

Abstract: Actions from different countries to develop future schools have presented new challenges to the reform direction of middle school education. Facing these challenges, middle school education reforms need to adjust their direction by combining the core values of moral education with student-centered learning, combining the innovative content of school education with a breakthrough in teaching methods of creative education, combining modern digital technology with the construction of an information environment, combining the expansion of students' learning space with the development of out-of-school educational resources, and combining the cultivation of research teachers with the creation of innovative mechanisms for schools.

Key words: future schools, middle school education, reform orientation

教师实践智慧:迷失与重塑

高东辉,于洪波

(山东师范大学 教育学部,山东 济南 250014)

摘　要: 教师实践智慧是价值理性、理论理性与实践理性的复合体,具有个体性与社会性相统一、内隐性与实践性相统一、动态性与稳定性相统一的特征。然而,在工具理性、技术官僚和功利主义的三重压迫之下,当下教师实践智慧却陷入了“熟知而非真知”的经验惯习、“精英话语霸权”下的教师失语和“集体无意识”的模仿积弊等困境。鉴于此,教师应培育独立人格,树立教育信仰;摆脱经验思维,加强实践反思;摒弃形式束缚,坚持批判创新,重塑独具特色的个体实践智慧。

关键词: 教师;实践智慧;迷失;重塑

20 世纪 60 年代以降,教师专业化运动对世界各国的教师教育改革与发展产生了广泛影响,培养教师专业实践能力已成为教师教育改革的重要路向。20 世纪 90 年代伊始,我国教育学术界在该领域的研究焦点亦由“师范教育”和“教师教育”,逐渐转变为与“教师专业化”相关的诸多议题,且至今仍处于研究的深化期。所谓的“教师专业化”,总体涵盖两种意蕴:其一,教师“职业知识”的专业化,即教师工作由传统培训即可胜任的“职业”,提升为只有经过高深专门教育方能胜任的“专业”;其二,教师“教学能力”的专业化,即教师的教学职能由传统上重在“学科知识”的传递,转变为现当下重在“实践智慧”的生成。晚近几年,教育界对教师专业化论域中的“教师实践智慧”问题广泛探讨,但是尚存在诸多亟需深入思考的问题。诸如,如何界定“教师实践智慧”的内涵及其特征?“教师实践智慧”的误区及其原因何在?如何澄清误区并重塑合理有效的“教师实践智慧”?下文拟对上述问题进行初步探析。

一、“教师实践智慧”的内涵及其特征

对教师实践智慧这一问题的探讨,首要并亟待解决的问题就是,究竟有没有所谓的“教师实践智慧”?我们又应从何种意义上来界定“教师实践智慧”?

1. 教师实践智慧的内涵

在概念来源上,教师实践智慧源自“知行合一”的认识论以及实践智慧在教育领域的演绎。早在轴心时代,东西方的先贤们就对该问题有所涉猎。诸如,《论语》开篇即曰:“学而时习之,不亦说乎?”《老子》曾谓:“上士闻道,勤而行之”。孔子此处所谓的“学”和“习”与老子所谓的“道”和“行”,大凡皆强调“学”“道”与“习”“行”之须臾不可分离。抑或说,二者都强调“知行合一”式的实践智慧。在西方,亚里士多德是历史上首次提出实践智慧并对其进行深入阐述的哲学家。亚氏认为,伦理学的最终目的并

作者简介:高东辉,山东师范大学教育学部博士研究生,主要从事教师教育研究。
于洪波,山东师范大学教育学部教授,博士生导师,博士,主要从事教育基本理论研究。

不是建立可遵循的道德规范，而在于如何指导具体的社会实践，即生成“实践智慧”。

考虑到教育活动的情境性与多变性，结合“实践智慧”的哲学诠释，我们将“教师实践智慧”定义为：教师以一定的伦理价值为导向，在对具体教育经验的关注、体悟、反思和探究的基础上，表现出的对教育教学工作的规律性把握、创造性驾驭和深刻洞悉的一种综合素养。它是价值理性、理论理性与实践理性的复合体。具体而言，首先，教师实践智慧是一种价值理性，是以实现学生的全面发展和完满生活为旨趣的智慧，它指引着教师向真、向善、向美。教师实践智慧是对善的诉求，它拒绝功利主义和技术理性的统治，始终鞭策着教师思考个体是否忠于自己的教育理想；其次，教师实践智慧是一种理论理性，它的形成基于经验与理论的双向互动。教师在形成理论思维时往往会将自己原有的知识、体验、个人感悟等因素融入其中，并依据亲身经历的教学情境对教育知识进行选择性的接受和批判性的理解；再次，教师实践智慧是一种实践理性，主要由教师实践知识、实践伦理和实践思维三要素构成。因此，它不仅包含教学中的方法论问题，而且指向背后深层次的价值追问。

2. 教师实践智慧的特征

（1）个体性与社会性的统一

作为观念层面的教师智慧从一开始就深嵌着“个人的烙印”。它体现了教师的理智、情感和人格，是教师在教育过程中生成的、运用自如的、内在化的智慧。没有对具体的个人价值的体认，就不能生成个人的实践智慧。教师实践智慧同时兼有社会性，它不仅反映了教师本人对教育事件的应对与选择，也是适应社会文化与教师个体建构共同作用的结果。教师最初对教育的认识，通常源于其日常的社会文化对教育“习俗性认识”的熏陶，而这也为个体教育智慧的生成提供了丰富的质料。实践智慧的本质是公开的。[1]不仅如此，教师建构实践智慧的目的不只是“自给自足”，更是为了创造理想的社会。

（2）内隐性与实践性的统一

教师实践智慧是教师在教学实践中通过学习、体悟、反思与批判而形成的素养。在教育实践中，各种认识的形成很大程度上依赖于建基教师个人的直觉与顿悟而形成的“默会理论”和“缄默知识”。与外显性的学科知识有别，它内在于教师的心灵深处，其功能在于为教师的教育实践提供潜在的解释性框架。教师实践智慧具有实践性，而实践具有极强的不可预见性。教师的实践是与特定的时间、地点、人物相统一的情境性活动，无法对需要采取的策略进行完整预设，这也正是教学之为艺术的魅力所在。因此，教师的实践智慧既是在实践中建构的，又是关于实践和指向实践的。

（3）动态性与稳定性的统一

教育过程的“不确定性”内在地要求教师必须具备与一定情境相匹配的“实践智慧”，或是舍恩所说的“行动中的智慧”。[2]这种实践智慧乃教师在对其自身经验的积累和批判性反思基础上形成的，是“临场”智慧的体现。教师的实践智慧伴随着教育的发展以及新问题的出现，其内容会不断地深化拓展，其形式也会不断地趋于完善。然而，作为一种综合素养，教师实践智慧也具有相对的稳定性。其稳定性主要表现在：教师会将自己的实践智慧作为自己职业生涯的“行动指南”，教师的一切教育实践活动都会遵循它的要求，符合它的愿望，履行“观念的自我实现预言”。

二、当下教师实践智慧的困境

将实践智慧运用到教学场域，使教师的教育活动成为一种包含智慧的艺术活动，乃是目前教育界的大势所趋。然而，当下的教师实践智慧却陷入了“熟知而非真知”的经验惯习、“精英话语霸权”下的教师失语和“集体无意识”的模仿积弊三重困境。

1. “熟知而非真知”的经验惯习

“经验”的原义是指“由实践得来的知识或技能”。[3]在学校教育场域中，教学经验是教师教学实践长期发展的产物，产生于教师“日常生活”有限的传统、常识、惯例之中，是其专业成长的先决条件。但经验也是一把双刃剑,从文化哲学层面来看,教师在教育实践中积累和运用经验原本无可厚非,但若一味地依赖于经验,丧失了审思和批判的能力,则往往会有碍于实践智慧的形成。

有学者曾对 528 名国培教师进行问卷调查与深度访谈,调查发现:认为“对教育理念的反思比对实际教学反思更有价值”的被试达 166 人,占总数的 31.4%。在 860 份反思作业中,优质的仅有 31 篇,仅占总数的 3.6%。[4]这表明:中小学教师对自身教学经验的反思,尚处在自发、被动、低水平的不完善状态。当教师把自身的感性教学经验作为指导全部行为的法则,把教学行为建立在对既有的教育教学操作的简单模仿和重复上,即使教师空有一身教学技能,也无法形成实践中的教育智慧。在教学实践中,部分教师重视课堂施教,忽略课后反思,放弃了对教学经验去粗取精、反思重构的过程,无法实现对自身教学实践的批判与改造,导致教师甘为“工匠”而不为“人师”,使教师实践智慧陷入“平庸化”的困境。

2.“精英话语霸权”下的教师失语

在教育场域,教师在形成个人实践智慧的过程中往往面临着这样一种误区:将教材作为“金科玉律”,将教育专家的观点视为放之四海皆准的行动指南。正如有学者指出,“专业人士的脑力劳动关注的是提供服务,而不是推进思想。”[5]中小学教师一旦被剥夺或失去独立思考与批判精神,就会逐渐演绎出令人担忧的现代性教育景观:在行政官员与学科专家的话语霸权中,他们艰难地适应着,难以生成个人的独立思考与审慎判断以及基于自身教学生活的话语体系。

小学语文特级教师孙双金曾发出这样的感慨:“繁华而喧嚣的社会使我们心浮气躁,快节奏的生活让我们频于应付。碎片化的信息越来越多,众多的声音左右着我们的思考,教师的大脑几乎成了他人思想的跑马场。”[6]诚然,部分教师在教学中拥有丰富的教学经验,但教育不止于经验。由于“我思”的缺失,不以“我”的角度追问“为什么”“怎么办”,也就遮蔽了“真实”的自己。一味地服从与妥协,而缺少独立的思考和体悟,使得教育教学失去了原初的意涵,教师也就自然遗失了实践智慧生成的资源。

3.“集体无意识”的模仿积弊

在这个“不改革就没有未来”的时代,教育领域中新的教育口号和模式层出不穷,处于课改一线的教师自然不能置身事外。晚近几年,“把课堂还给学生”“先学后教、当堂训练”等教育理念层出不穷,许多教师在接触一种新的教育观念时,由于缺乏必要的哲学思维,忽视了必要的学情分析而追求形式上的“新潮”,致使在实践中出现了一系列问题。如新课改提倡的合作学习、小组学习等课堂教学形式,由于教师尚未掌握自主学习、合作学习的精髓与实质,导致将教学转变为一味地“袖手旁观”或是“变相灌输”,无法体现新教育观念深层次的价值与意蕴。

另外,新型教育模式的运用,使部分教师将实践智慧等同于教学中的“小聪明”与智谋,抑或教学技能的粗浅运用。中学语文特级教师程红兵在面对当下语文教学形式化的危机时感叹道:“当下学校追逐时尚,校长、教师的话语内容、话语方式表现出明显的趋同性。教师频繁地‘投身’于一场场的新潮中,新潮来了,也意味着思想的缺席。事实上,我们在追求流行时尚中丧失了应有的个性。”[7]流于形式的教学实践恰恰造成了教师“集体无意识”的模仿积弊,教师的明智思考和审慎判断被拒斥于课堂之外,导致教学“流于形式”,教师实践智慧也面临着前所未有的“形式化危机”。

三、教师实践智慧迷失之原因探析

1. 工具理性侵袭下的“单向度教师”

当代美国著名哲学家、法兰克福学派的代表人物赫伯特·马尔库塞认为,“单向度”的人源于发达的工业社会,经济机制与技术对人们经验的不自觉协调作用,造成了社会对人的奴役。[8]生活于“单向度”的社会、政治、文化、思想领域中,就无可避免地成为“单向度的人”。现代社会飞跃发展的科学技术似乎并没有对人的尊严和个性的发展进行保障与维护;恰恰相反,它造成了物对人的支配,掩盖或抹杀了人之主体性的存在,人就会成为物的附庸,被当作对象,逐渐被“异化”。

在工具理性的侵袭下,伴随着技术主义在教育领域的渗透,人们将教育视为一项技术性的事业。评价一个好教师的标准,也往往是知识复现的准确程度和教学的程式化水平的高低。由于技术理性和传统体制的双重宰制,一些教师无奈地将自己的职业定位于"专业人"和"技术人",即教学的具体操作者,而不是具有主体人格和批判性思维的教育者。教师在课堂中不自觉地表现出浓重的"传递主义"和"技术主义"倾向,陷入"常人自我"与"教育惯习"的藩篱无法自拔。师生尽管处于看似动态的教学活动之中,却没有"我与你"之间真切的交流与共鸣。长此以往,教学活动的教育性日渐式微,也造成了教师实践智慧不自觉的迷失。

2. 技术官僚控制下的"制度傀儡"

自由意志与自主精神的沦丧,乃是导致教师实践智慧陷入迷失困境的根源之一。一方面,教育领域中"知识精英"所构建的"学术统领"长期统治着教师的精神生活。在传统视域下,他者的知识(主要是专家学者的知识)一直是教师专业建构的理论基础。这往往会制造一种假象,即每当教师对"何以为教"及"以何为教"等理论和方法存在困惑时,他们往往求教于具有学术权威的专家。尽管近年来教师实践性知识的价值受到推崇,但在教师的潜意识里,仍以学科专家的话语体系为基准。当教师精神的自由与独立性逐渐枯萎,教师实践智慧就成了无源之水、无本之木;另一方面,教育管理体制亦是造成教师实践智慧迷失的主要原因之一。杜威曾为专制管理压迫下的教育发声:"在教育行政上,整齐划一看似已成为一种趋势,这种趋势反把教师的才能埋没了!"[9]在访谈中,有教师向笔者吐露:他们在教学中面临巨大压力,在面对突如其来而又应接不暇的行政命令时,往往无所适从。大多时候,他们频于应付各种大大小小的检查,无法潜心钻研课标与教材。因此,出于自我保全,部分教师不得不作为"政策的执行者",导致在困境中难以突围。

3. 功利主义浸染下的"知识兜售者"

在一个"追求最大多数人的最大幸福"的功利主义社会里,教育难免受到功利主义的侵袭。然而,在功利主义教育的价值导向下,教育退化为零星知识的传授,知识是可以包装并出售的产品,教师只是某类知识的"兜售者"。教学行为以"应试教育"为导向,内容紧扣"考试范围",形式以"重复讲练"为主,实施效果以"升学率"为标准。长此以往,这种缺失了人文精神、酷似大规模生产线的教学行为,会极大地扼杀学生的批判精神、创新精神和超越精神。缺乏教育信仰的教师缺少教学激情,甚少去主动钻研、反思和改进自己的教学过程。

"任何的学校教育,只要在其历程的终点把一个职位或一种谋生方式作为前景,就绝不是真正的教育,而只是一份指导人们进行生存斗争的'说明书'。"[10]对教师而言,教育活动所关注的核心应是人的潜力如何最大限度地发挥与实现,而非理智知识和认识的堆积。教师的职责除了将文化遗产教给年轻一代,更要使他们拥有自由的思想。因为人生命的过程是追求自由的过程,也是"人以自己为目的"之价值实现的过程。倘若教师仅将自己的职业视为利益驱动的功利活动,就很容易为了一己私利而缺失应有的道德敏感性与教学责任感,使教育只知"制器"而不识"育人"。

四、教师实践智慧的重塑之道

教师实践智慧是平凡但不平庸,理性却又感性的。它生成于人性与天道、理论与实践的双向互动中,是每一位教师都能塑造的。那么,该如何走出困境,重塑教师实践智慧呢?

1. 培育独立人格,树立教育信仰

有实践智慧的教师,首先是一个具有独立人格的个体。当他们真正成为思想独立个体时,方能实现自己的价值。换言之,教师只有"发现自己",才能"重塑自己",才能在变动的教育情境中把握自己,形塑自己独特的实践智慧。教师实践智慧来源于教师对"我"的思考,并非对"他者教育智慧"和官方教育口号的机械移植与运用。任何教育思想与教育观念并非都是价值中立的,它代表着其提出者最基本的价值旨趣和利益诉求。而教师实践智慧的产生乃基于对各种教育思想与观念的原点性反思,目的是为实践活动厘清思想,使自己的教育生活和实践不至于跟风弄潮、流于形式。因此,教师要在变动不居的教育环境中坚守自我,树立坚定且明确的教育信仰,并在实践中亲躬力行个人的教育理想信念,过有尊严的教育生活。

笔者在对思想品德特级教师张学军进行访谈时,她认为:"当下的年轻人过于急功近利,过分追求物质丰富,却带来了思想的贫瘠与信仰的缺失。教师作为学生思想的引路人,他自身必须是一个有思想的人。青年教师正处于创造力发展的顶峰,应该不断学习、丰富自己的精神生活使生活变得更好。苏格拉底说'未经审查的生活是不值得一过的'。教师要加强反思,追求有智慧、有意境的生活。"

"教师专业成长的价值就在于教师自我意识的不断觉醒与解放。"[11]这不仅需要教师自我发现,还需在教学中彰显"人"的意义,为教学注入自由的动能。信仰是意志力的集中展现,这种意志力的发挥可以抗拒技术官僚的压迫。教师只有树立了独立的人格,坚定教育信仰,才能将教育工作和自己的生命融合,自觉发展实践智慧,而不是将教师职业仅仅视作谋生的手段。

2. 摆脱经验思维,加强实践反思

一般来说,思维可以分为两类,一种是经验思维,一种是理性思维。经验思维生成于教师的实践活动及自身"生于斯,长于斯"的生活世界;理性思维形塑于教师对日常教育经验的反思与再造。(见表 1)

表 1　经验思维与理性思维的区别

思维类型	意向来源	意向重点	意向列举
经验思维	自然界、人类社会	教育事实本身(教育过程本身这一事实及作为背景的事物)	学生的课堂表现、教师的教学行为
理性思维	对经验对象的反思、批判与再造	教育观念本身前景(思维和一般情况下人们意识的重点)	教师对学生课堂表现的认识,对自身教育行为的反思

理性思维不是一种天赋的能力,需在后天加以培养和发展。对于中小学教师而言,对理论思维素质的养成具有直接意义的两门学科是哲学和教育哲学。哲学和教育哲学名著中的思想具有独特性、系统性和继承性,它不仅是对前人和他人观点的罗列和总结,而且是在前人研究的基础上推陈出新的结果。因此,哲学著作可视为教师实践智慧形成的必要起点和宝贵资源。教师可以通过学习哲学家的思想习得哲理与启示,从而训练自己的理性思维。

然而,对于一个拥有实践智慧的教师而言,他的教学行为不是循规蹈矩地照搬理论或模仿他人。个人生活史分析是教师反思与自主发展的重要手段。教师进行生活史分析是"将自我搬上手术台,以笔作解剖刀,把自传作为认识自我、探索人性的手段"。[12]由于个人生活史囊括个体成长、学习、职业以及家庭生活中的所见、所想、所为等,故而,教师的生活史也将自身的教学活动作为反思和检讨的对象。全国优秀教师杨瑞清在日常教学之余坚持写教育日记,把所做、所读、所思、所得都记下来。20 年如一日,他总共写下了 120 多本日记。[13]教师可以积极投身于行动研究、叙事研究,也可以利用反思型日记、教学案例、成长自传等形式,让自己的教学经验在研究和交流中升华,形成自己的实践智慧。

3. 摒弃形式束缚,坚持批判创新

苏霍姆林斯基认为,"如果你想让教师的劳动能够给他自己带来乐趣,那你就应当引导每一位教师走上从事研究这条幸福的道路上来。"[14]一位教龄长达 30 年的物理教师曾感叹:"在我教学生涯的头个十年,我认为自己是在教物理。中间的十年,我认识到自己不是在教物理,而是在教探索,教学生如何在物理世界中探索。最后的十年,我顿悟到我不是在教学生'如何探索',而是在与学生的互动之中创造,感受物理带来的震撼,是'在创造中享受'。"[15]教育是一项充满创造性的活动,因为它面对的是一个个灵动的生命。秉持批判创新理念的教师不会依靠自己朴素的直接经验进行教学,更不会以静态的、机械的、非此即彼的态度对待学生。他会以研究者的眼光审视自己的教育生活,教师若以研究者的心态置身于教育情景,会对教学中出现的各种新问题更敏感,更有创见,不断丰富自己的实践智慧。教师理应成为实践中的创造者,摒弃官僚主义的羁绊与功利主义的束缚,以自身为尺度,让自我的潜质与能量在课堂教学及师生关系中实现最大释放。

另外还应注意的是,在教师自我重构个人实践智慧的同时,应该重视教师实践智慧生成的外部环境。受制于教育领域中"官僚主义"的压迫,许多教师的教学自由得不到很好的保障。因此,我们呼吁学校和教育管理部门重视教学与学术自由在教师生活中的价值,给教师充分的、能够自由驰骋的活动空间。

参考文献:

[1] 杨文登,谈心. 教师实践智慧的五种常见误解及其澄清——基于循证教育学的视角[J]. 教师教育研究,2016,(7):1-7.

[2] Schon D A , Desanctis V. The Reflective Practitioner: How Professionals Think in Action[J]. Proceedings of the IEEE, 2005, 73(4):845-846.

[3] 中国社会科学院语言研究所词典编辑室. 现代汉语词典第六版[M]. 北京:商务印书馆,2012:683.

[4] 胡重庆. 教师反思的现状及对策研究[J]. 集美大学学报,2012,(10):6-10.

[5] 弗兰克·富里迪. 知识分子都到哪里去了[M].戴从容,译.南京:江苏人民出版社,2005:36.

[6] 邓友超. 教师实践智慧及其养成[M].北京:教育科学出版社,2007:8.

[7] 程红兵. 教育家的话语方式:自说自话[J]. 中国教育学刊,2016,(8):7-13.

[8] 赫伯特·马尔库塞. 单向度的人——发达工业社会意识形态研究[M]. 张峰,吕世平,译. 重庆:重庆出版社,1988:3.

[9] 约翰·杜威. 杜威在华教育讲演[C]. 北京:教育科学出版社,2007:168.

[10] 弗里德里希·尼采. 论我们教育机构的未来[M]. 周国平,译. 北京:译林出版社,2012:713.

[11] Freire,P. Education for Critical Consciousness[M]. New York:Continuum,1973:107.

[12] 勒热讷·菲力浦. 自传契约[M]. 杨国政,译. 北京:生活·读书·新知三联书店,2001:译者序.

[13] 朱小蔓,等. 教育职场:教师的道德成长[M]. 北京:教育科学出版社,2004:202.

[14] B.A. 苏霍姆林斯基. 给教师的建议(全一册)[M]. 杜殿坤,译. 北京:教育科学出版社,1984:494.

[15] 高爱玲,白宝彦. 教师反思能力的培养与训练[M]. 长春:东北师范大学出版社,2004:34.

Teachers' Practical Wisdom: Lost and Reshaped

GAO Donghui,YU Hongbo

(Faculty of Education,Shandong Normal University,Jinan Shandong,250014)

Abstract: Teachers' practical wisdom is a complex of value rationality, theoretical rationality and practical rationality, which is characterized by the unity of individuality and sociality, the unity of implicitness and practicality, and the unity of dynamics and stability. However, under the triple oppression of instrumental rationality, technocrats and utilitarianism, the current teachers' practical wisdom has fallen into such a dilemma as the experience habits of being "learned but not known", teachers' aphasia under "elite discourse hegemony" and the imitating disadvantage of "collective unconsciousness". In view of this, teachers should cultivate independent personality, establish educational beliefs, get rid of experiential thinking and strengthen practice reflection; abandon the constraint of form, adhere to critical innovation and reshape individual practical wisdom with unique characteristics.

Key words: teachers, practical wisdom, lost, reshaped

未来卓越教师的创新实践能力提升
——以全日制小学教育硕士生培养为例

刘兰英

(上海师范大学 研究生院,上海 200234)

摘　要： 面向小学卓越教师培养需要的教育教学创新实践能力薄弱,是当前全日制教育硕士生培养中的突出问题。创新实践能力内涵界定不明确、实践与课程二元分离状态明显、优质教育实践基地缺乏、基地优秀教师指导缺位、实践过程监管机制不健全,是全日制小学教育硕士生创新实践能力弱的主要成因。厘清创新实践能力内涵、创建海内外高端实践基地、开展名师带教与导师组协同指导、聚焦"三模块"开展立体式实践、建立健全过程性质量保障机制,是提升全日制教育硕士生创新实践能力的有效举措。

关键词： 未来卓越教师;全日制小学教育硕士生;创新实践能力

全日制教育硕士生培养旨在为基础教育培育掌握现代教育理论、具有较强教育教学实践和研究能力的高素质中小学教师。[1]2018 年教育部实施卓越教师培养计划,旨在造就一批教育情怀深厚、专业基础扎实、勇于创新教学、善于综合育人和具有终身学习发展能力的高素质专业化创新型中小学教师。[2]然而面向卓越教师培养需要的创新实践能力薄弱,是当前全日制教育硕士生培养的突出问题。当前教育硕士生创新实践能力薄弱的原因何在？如何有效提升教育硕士生的创新实践能力？本文以全日制小学教育硕士生为例,从卓越小学教师培养需要的角度出发,剖析教育硕士创新实践能力薄弱的表现及成因,并提出创新实践能力提升的有效举措。

一、当前全日制小学教育硕士创新实践能力弱的现实表现

什么是卓越教师？教育硕士创新实践能力的内涵是什么？有学者提出,卓越教师就是指能够创新而卓著地开展教育活动的优秀教师,具有为人师表的人格风范、健全的民主法制观念、强烈的创新意识、良好的研究能力、深厚的文化底蕴和完备的知识结构等基本素养。[3]笔者认为,卓越教师其实是对高水平优秀教师的一种预期,善于将教书、育人和科研有机结合的教师才是具有创新实践能力的卓越教师。小学卓越教师意指具有高尚的师德师风、扎实的学科知识、娴熟的教学能力、科学的管理能力和灵动的创新能力素养的优秀小学教师。

对于全日制小学教育硕士生来说,创新实践能力是小学卓越教师素养的核心体现。笔者团队曾开展过一项基于用人需求的全日制小学教育硕士满意度调查。结果显示,43.48%的小学校长认为教学实

基金项目：本文系上海市哲学社会科学规划教育学一般项目"人文社科类一级学科博士生课程体系构建的实证研究"(项目编号：A1908)的研究成果。

作者简介：刘兰英,上海师范大学研究生院副院长,副教授,博士,主要从事课程与教学论、教育评价和研究生教育研究。

践能力是最受关注的教师素养之一；69.57%的小学校长认为教学技能训练类课程的重要性在硕士生系统学习课程中占据首要地位；近三成的小学校长认为教育硕士生的创新实践能力表现欠佳。

表 1　用人单位对所聘教育硕士的满意度情况

调查问题	一般(%)	满意(%)	很满意(%)
对本校所聘教育硕士的总体满意度	17.39	69.57	13.04
对本校所聘教育硕士职业道德与工作态度的满意度	4.35	86.96	8.70
对本校所聘教育硕士岗位所需专业知识的满意度	21.74	69.57	8.70
对本校所聘教育硕士工作能力的满意度	26.09	69.57	4.35

由表 1 可见，小学校长对本校所聘教育硕士的总体满意度较高，无人选择“很不满意”和“不满意”，但有 17%的小学校长对所聘教育硕士持一般满意的态度，分别有 22%和 26%的小学校长对所聘教育硕士具备的岗位专业知识和工作能力持一般满意的态度。还有校长认为，一些师范院校不能紧密关注基础教育的改革动态，教育理论课程不能很好地联系教育实践，基础教育一线的师资队伍薄弱，导致所培养的教育硕士与中小学教师的实际需求存在一定落差，部分小学教育硕士生的实践能力欠佳，课程学习内容与专业岗位知识需求的匹配度不高，培养未来卓越教师的适应性和针对性不够强。

二、全日制小学教育硕士生创新实践能力弱的原因剖析

导致全日制小学教育硕士生创新实践能力薄弱的原因何在？许多学者对其进行了研究，认为培养过程存在“教师对实践教学重要性的认识不够全面，实践教学比较薄弱，缺乏完善的评价制度和科学评价指标体系，学生满意度比较低”等问题。[4]结合笔者多年关于教育硕士研究生培养和管理实践，笔者认为全日制小学教育硕士生创新实践能力薄弱的原因主要体现在四方面：

1. 创新实践能力内涵界定不明确

全国专业学位研究生教育指导委员会指出，获得本学位应具有较强的自主获得知识能力、突出的教育实践能力和扎实的教育实践研究能力三种基本能力，其中教育实践能力包括教学实践能力和管理实践能力。教育硕士生应具有较强的口头表达和书写能力；能够熟练掌握教学知识技巧和信息技术；能够胜任基础教育教学工作；能够具备较强的协调能力和组织管理能力；胜任学生管理或学校管理。[5]推敲此文本可发现，其对全日制教育硕士生实践能力具体要求的表述较为笼统，对教学实践能力究竟包含哪些具体能力，并未做出明确的规定。

由于种种原因，上述“专业学位基本要求”中所指的“获得知识、教育实践和教育实践研究”这三种基本能力，常常不能准确及时地传达到相关负责人和导师，致使导师对实践能力的认识缺位。实践能力内涵界定不明确的这种状况，必然影响现实情境中全日制教育硕士生实践能力的培养，体现不出实践教学应有的要求，也就无法让硕士生获得相应的专业实践能力训练。

2. 实践与课程的二元分离状态明显

全国专业学位研究生教育指导委员会还指出，全日制教育硕士生从事实践教学时间应不少于半年，可以采用集中实习和分段实习等形式，通过顶岗教学、试讲、说课、助教、教学观摩、参与教学管理和教学科研活动等方式开展实践教学活动。而新修订的《全日制教育硕士专业学位研究生指导性培养方案》则提出，实践教学时间原则上不少于 1 学年，其中校外集中实践不少于 1 学期，校内实训包括教学技能训练、微格教学和课例分析等，校外实践包括教育见习、实习和研习。[6]从这两个指导性文件上看，实践教学的时间周期和形式要求并非完全一致，这就会使不同高校在实际培养环节中难免存在偏差。事实上，大多高校难以保证“实践教学时间不少于半年或 1 学年”，课程设置上存在实践类课程导向不明显、实践类课程与理论类课程二元分离等现象。调查发现，57.14%的小学教育硕士生认为现有修习的课程中实践课程偏少，宜削减理论必修课程，适当增加专业实践类课程。

由于教育硕士生导师绝大多数专注学术研究且并不太熟悉基础教育情况,致使教学案例分析类课程的教学质量得不到保证,使教育理论与实践应用相脱节现象严重。加上微格教室建设与使用成本较高,师范高校还会严格控制功能教室的使用频率,致使微格教学难以真正落实。实践与课程二元分离、实践教学时间少、实践性不充分的这种现实状况,严重制约了教育硕士生实践能力的培养。

3. 教育实践基地匮乏且优秀教师指导缺位

实践能力应从实践中锻炼而来。推动教育实践基地建设,发挥基地教师优质带教作用,对提升全日制小学教育硕士生实践能力尤为关键。然而现实中普遍存在优质实践基地匮乏和优秀教师指导缺位的现象。

由于多重现实窘境,师范高校很难找到能够接受研究生实习一学期的优秀学校作为实践基地,建立稳定且密切合作关系的实践基地则更少。对于接受研究生实践的学校,多数地处偏远,教育质量一般或教师临时短缺,研究生顶岗实习仅仅为弥补教师短缺或劳动力不足等问题,并得不到优秀教师的有效指导。一些获得学校实践机会的硕士研究生,由于实践任务和指导教师责权不明确,其教学实践质量得不到保证。对于一些名校基地,由于教学进度紧等原因,带教导师不太愿意将更多的课堂教学时间让给实习硕士生,致使硕士生在实习期间忙于批改作业或管理班级事务性工作,而真正听课上课的锻炼机会少,得到教学实践指导力度不足。实践基地匮乏或不稳定,基地教师实践指导缺位,研究生实习形式单一这种状况,必然导致硕士生教学实践收效低的局面。

4. 教育实践过程性的质量管理机制不健全

优质高效的教学实践需要一定的人力、物力和财力投入,更需要健全的管理体制机制做保障。然而现实中全日制小学教育硕士生的教学实践受重视程度不够,实践经费得不到充分保障,实践过程得不到有效监控,管理体制不健全,这样就从源头上影响了教学实践成效。

多数高校的教育硕士研究生的基本学制为两年,通常会安排在第三学期让硕士生进入小学集中实践。然而这学期正好同步要撰写学位论文、参加入职应聘和入编考试等,这导致研究生无心投入实践,实践能力难以得到很好的提升。调查数据表明,73.91%的小学教育硕士生认为“教育实习集中在第三学期与写论文时间冲突”,43.88%的被调查者希望“教育实习时间能分散安排在整个研究生阶段”。

开展教育实践期间,有的高校为工作方便,将教育硕士生的实习等同于本科生教学实习安排,有的根本就没有实践带队教师,有的带队教师将学生带进基地后便不再干预指导,对研究生教学实践情况缺乏关注,过程性的信息反馈渠道不畅。缺乏明确的实践考核指标,鉴定表粗略笼统,研究生自我鉴定、指导教师意见和实习单位意见,事后也没人看,使教育实践成了形式化的东西。类似这种缺乏管理疏于指导的状况,势必导致教育实践实习成效不尽如人意。

三、提升全日制小学教育硕士生创新实践能力的举措

全日制小学教育硕士生实践能力薄弱的成因,主要在于高校教育硕士教学管理不够完善或者高校与小学及其基地导师的协同度不够等。要提升全日制小学教育硕士生的创新实践能力,需要创新性地建立高校和小学的协同机制。针对上述问题成因,提升全日制小学教育硕士生的创新实践能力举措可概括为五个方面:

1. 厘清创新实践能力的内涵

针对“教学实践能力内涵界定不明确”这个问题,急需厘清面向小学卓越教师培养需求的研究生“创新实践能力”这个核心概念的具体内涵,并以能力为导向提升全日制小学教育硕士生的创新实践能力。

为顺应基础教育卓越教师培养的需求,全日制小学教育硕士生的创新实践能力主要表现为六种基本能力,即学科教学能力、课程教材研究能力、案例分析能力、班级管理能力、国际教育实践能力和再创造学习能力。其中国际教育实践能力是体验世界多元文化和参与跨文化交流的能力,包括国际教育教

学理念、国际课程研究能力、双语教学能力和国际教学比较能力。再创造学习能力是指批判意识与质疑能力、创造性教学与改造能力,它是促使教师自身和学生共同成长的发展性能力。

高校应以上述六种能力为导向,积极创设各种平台与条件,提升全日制小学教育硕士生的教育教学创新实践能力。对研究生本人来说,应对自身的个性特征、职业定位、基本素质及能力水平进行自我诊断,明确优势与不足,有意识做好能力提升的自我规划。只有清晰的自我认知与合理规划,才有助于研究生更好地对接教学实践需要,在有限的教学实践期间更具针对性地提升创新实践能力。

2. 量身定制创建海内外高端教育实践基地

针对"优质教学实践基地匮乏"这个问题,亟需高校量身定制创建海内外高端教育实践基地,为研究生开展实践能力训练提供平台,让其在较长一段时间内影子式地体验如何做一名小学卓越教师。

以S高校为例,立足上海,放眼全球,先后在中国的上海和台湾,美国加州三个地区,"量身定制"创建了7个海内外高端实践基地共13所知名中学。每年在全校范围内高标准遴选出一批有志于当中学教师的优秀研究生,分期分批进入海内外高端实践基地,进行连续三个月的全天候浸润式实践,至今已有千余名研究生从中受益。同时,还可在各实践基地建立"导师工作站",开展与教育教学实践相关的专题讲座和研讨活动,促进各基地导师间的互动、不同基地间的联动和海内外基地间的互访。事实证明,这些举措能够有效提升教育硕士生成为未来卓越教师所需的学科教学能力和国际教育理解能力。

3. 基地名师"一对一"带教与导师组协同指导

针对"优秀实践教师指导缺位"这个问题,让小学教育硕士生跟随实践基地名师(特级或高级教师)进行"一对一"影子式的学习,同步接受导师组的协同指导,是让教育硕士高起点参与实践和提升教学实践能力的有力举措。

以S高校为例,研究生院在高端教育实践基地择优聘请特级教师和高级教师担任学科带教导师,对参加实践的每位硕士实习生进行"一对一"的学科带教指导,同时还为每位实习生搭配班级实务导师,"一对一"地指导,提升其班级管理能力。

除选聘名校名师作为学科带教导师和班级实务导师以外,高校还特聘课程与教学论专业的博导或硕导组成实践带队教师团队,每人分别负责一所基地,协调管理教育实践过程。这样,在学科带教导师、班级实务导师、高校带队教师和原有学术导师的协同指导下,特别是在基地学科名师"一对一"的熏陶下,教育硕士生的综合实践能力能够获得快速提升。

4. 围绕"三模块"开展立体式教育实践

针对"实践与课程二元分离""实践成效不大"这个问题,一方面,高校要尽快修订培养方案,将教学实践穿插安排在三个学期中,增设实践类课程,优化课程结构,吸引小学卓越教师参与实践类课程开发,强化教学录像课观摩和教学课例分析等,使课程学习和教学实践交叉并进;另一方面,创新与中小学的协同培养机制,聚焦学科教学、班级管理和教学科研"三模块"开展教育实践,让硕士生在浸润式的教育情境中体验教师角色和教学真谛,以提升学科教学能力、班级管理能力和教育科研能力。

就学科教学实践而言,通过参与备课上课、听课评课、教研活动、批改作业、命题监考、开设拓展课程等教育教学活动,通过跟导师、跟课、跟班或跨导师、跨班级、跨年级等方式听课互动,每位实习生全方位经历教师真实的生活方式和日常工作状态。由于多数学科导师身兼多职,如特级教师工作室主持人或市级名师等,实习生有很多机会分享导师的教育教学资源。在特级或高级教师"一对一"指导下,硕士生能够增强课堂教学能力和教学科研能力。

就班级管理实践而言,实习生在班级实务导师指导下,通过现场观摩、辅助参与发展为独立管理班级事务。通过开展晨会和教室布置、组织班会和家长会等系列活动,切切实实地在各类实践活动中提升班级管理技能和管理艺术,从中也有利于更好地认识自我和认识新时代下的师生关系。

就教育科研实践而言,可鼓励每位硕士生从自身学科出发,结合实践基地学校的特色活动和实践教学过程,开展多种形式的教育教学研究。如参与基地导师的课题研究,或开展专题教育调查研究,或基于基地特色开展个案研究,或基于基础教育热点问题进行学术专题研究等。

5. 建立健全过程性的教育实践质量保障机制

针对“实践过程性质量管理的体制机制不健全”问题,亟需健全人、财、物和组织制度等方面的质量保障机制,切实推进教育实践基地建设和教育实践活动开展。保障实践基地建设经费,健全实践管理制度,优化教育实践内容,建立集过程性和总结性于一体的实践质量保障机制。

在组织架构上,高校可由研究生院分管副院长和专业负责人等成员组成教育实践领导小组,由培养办人员负责操作实施;实践基地可由校长或副校长直接领导,教务或人事部门负责实施。在管理制度上,编制《全日制教育硕士生教育实践手册》,规定教育硕士实习生、基地带教导师、高校带队教师的责权关系,明确实践内容和实践考评标准,建立学科对接、行前培训、联席会议、定期跟踪、每周例会以及实践总结分享等制度。在后勤保障上,需筹集经费,用于基地建设和导师带教等。教育硕士生管理部门还可对硕士生的就业去向进行动态跟踪,以反馈其教育实践实习成效,洞察其教师职业发展轨迹。

综上所述,五措并举将会推动教育硕士生提升面向小学卓越教师培养需要的创新实践能力,有助于促进高校与优质小学基地互联,促进学科课堂教学、特色育人活动和教育教学科研互融,构筑起多方共赢的教育实践共同体,共同致力于小学卓越教师的培养。

参考文献:

[1] 中国研究生招生信息网.全日制教育硕士专业学位研究生指导性培养方案[EB/OL].[2009-05-20]. http://yz.chsi.com.cn/kyzx/zyss/200905/20090520/94572569.html

[2] 中华人民共和国教育部.关于实施卓越教师培养计划 2.0 的意见[教师(2018)13 号][EB/OL].[2018-09-17]. http://www.moe.gov.cn/srcsite/A10/s7011/201810/t20181010_350998.html

[3] 祁占勇.卓越教师专业能力成长的合理性建构[J].当代教师教育,2014,(9):42-47.

[4] 郭永峰,毕波,于海雯.全日制教育硕士专业学位研究生实践教学的现状研究[J].学位与研究生教育,2016,(6):14-19.

[5] 全国专业学位研究生教育指导委员会编.专业学位类别(领域)博士、硕士学位基本要求[M].北京:高等教育出版社,2015:54.

[6] 全国教育专业学位研究生教育指导委员会.关于公布《全日制教育硕士专业学位研究生指导性培养方案(修订)》的通知[教指委发(2017)04 号][EB/OL]. http://edm.eduwest.com/viewnews.jsp? id=1114.

Promotion of Innovative Practical Ability for Excellent Teachers in the Future

—Taking Full-time Master of Education in Primary School Education as an Example

LIU Lanying

(Graduate School, Shanghai Normal University, Shanghai, 200234)

Abstract: The students' weak innovative practical ability is a prominent problem in training full-time students from education master program for the excellent teachers in primary schools. Their weak ability mainly result from unclear target orientation, obvious separation between practice and curriculum, lack of high-quality practice bases, absence of excellent teacher guidance and imperfect supervision mechanism in teaching practice. Considering these causes for the problems, several effective measures can be taken to enhance the innovative practical ability of full-time students from education master program: clarifying the connotation of innovative practical ability, establishing high-end practice bases at home and abroad, carrying out "one-to-one" teaching with famous teachers and collaborative guidance from tutors' groups, focusing on "three modules" to carry out three-dimensional practice, and establishing and perfecting the process quality guarantee mechanism.

Key words: excellent primary school teachers, full-time students from primary education master program, innovative practical ability

上海市中小学校园足球特色学校建设：困境及路径

蔡　皓

(上海师范大学 体育学院,上海 200234)

摘　要： 新时代背景下,有效建设中小学校园足球特色学校是促进学生个性发展、学校体育改革创新的迫切要求。文章在剖析当前上海市中小学校园足球特色学校建设现状的基础上,对其建设的现实困境进行反思,认为中小学校园足球特色学校建设理念脱离学校校情、建设标准偏离特色发展、建设内容忽视学生足球运动需求、建设过程弱化校内外衔接。据此,指出当前上海市中小学校园足球特色学校建设的路径在于:以学校校情为依据,塑造自下而上的建设理念;以特色发展为主线,制定特色育人的建设标准;以学生需求为指导,构筑全面发展的建设内容;以校内外衔接为参照,形成融合联动的建设过程。

关键词： 中小学;校园足球;特色学校;现实困境;路径

特色建设作为促进学校改革与发展的基本策略,既是世界范围内学校变革的基本经验和趋势,也是我国基础教育改革与发展的重要战略选择。2014 年校园足球活动迎来了历史拐点。习近平总书记、李克强总理分别对加快普及与发展青少年足球做出指示。随后,2017 年 9 月 4 日的全国足球工作专题会议,正式明确教育部门履行校园足球主管责任。同年 12 月 26 日教育部印发了《教育部办公厅关于做好 2015 年全国青少年校园足球特色学校及试点县(区)遴选工作的通知》(教体艺厅函〔2014〕46 号)(以下简称《教育部通知》)。为贯彻落实《教育部通知》要求,2015 年 1 月 20 日上海市教育委员会下发了《关于开展全国青少年校园足球特色学校及试点县(区)申报及遴选工作的通知》(沪教委体〔2015〕3 号)(以下简称《教委通知》),上海市首批全国校园足球特色学校遴选建设工作顺利启动。如今上海市中小学校园足球特色学校建设已被当作中小学体育改革创新的适切途径与突破口,以及提高校园足球发展水平不可或缺的手段。然而,在自发状态或预谋的状态下,学校变革均会发生,但学校变革的发展不只存在一种可能、一个方向,而是具有多种可能、多种方向。[1] 随着学校体育新诉求的出现以及中小学校园足球特色学校建设的推进,上海市中小学校园足球特色学校建设亦迎来了新的发展难题。如何破解这些新难题并寻找适切的提升路径,便成了新时代背景下上海市中小学校园足球特色学校建设实现新突破的关键。基于此,本文在剖析当前上海市中小学校园足球特色学校建设现状的基础上,反思其校园足球特色学校建设的现实困境,并指出当前上海市中小学校园足球特色学校建设的路径,以期为中小学校园足球特色学校建设提供有益参考。

基金项目: 本文系 2016 年度上海市学校体育科研重点项目“上海市中小学校园足球普及的现状、环境及推进策略研究”(项目编号:HJTY-2016-C06)的研究成果。

作者简介: 蔡　皓,上海师范大学体育学院院长,教授,主要从事学校体育研究。

一、上海市中小学校园足球特色学校建设的现状

1. 上海市中小学校园足球特色学校建设概况

一直活跃于校园的足球运动,在 2009 年之前甚少被称为校园足球。直至 2009 年 4 月 14 日,国家体育总局与教育部联合下发了《关于开展全国青少年校园足球活动的通知》(体群字〔2009〕54 号)。2015 年上海市教育委员会下发了《教委通知》,要求凡符合《全国校园足球特色学校基本标准(试行)》(以下简称《标准》)条件的全日制普通中小学(含中等职业学校)均可申报,各区须按照分级管理的原则组织开展校园足球特色学校的遴选推荐工作。其中,校园足球特色学校推荐比例按各区中小学总数的 6%至 8%进行遴选推荐,并要求分三个年度完成,而 2015 年则按各区中小学总数的 3%进行遴选推荐,部分校园足球基础好的区可适当增加推荐比例。[2]

此后,为进一步推动上海市中小学校园足球普及与发展,形成一批教育教学工作引领示范的典型以及中小学搭配合理的校园足球特色学校格局,2016 至 2018 年上海市中小学校园足球特色学校均按区域内全日制普通中小学(含中等职业学校)进行总量控制,16 个区小学、初中和高中按区域内学校总数的 6 : 3 : 1 布局匹配,并适度倾向于寄宿制学校以及九年和十二年一贯制学校。[3]

为保证中小学校园足球特色学校申报及遴选工作的科学化与规范化,上海市教委严格依据《标准》,积极展开相关校园足球特色学校申报及遴选工作。实行网上申报及遴选,并由学校和区教育局自主申报、上海市教委逐级审核推荐、教育部综合认定三个阶段组成。[3] 而后经教育部面向社会公示后,认定校园足球特色学校入选名单,并予以公布。最终 2015 年、2016 年、2017 年和 2018 年上海市 16 个区分别有 90 所、50 所、112 所和 70 所中小学入围校园足球特色学校。

2. 上海市中小学校园足球特色学校分布情况

表 1　上海市中小学校园足球特色学校类型分布一览表

年份 \ 学校类型	十二年一贯制学校	九年一贯制学校	完全中学	高中	初中	小学	中职
2015 年	1	8	5	17	20	36	3
2016 年	0	2	5	6	12	23	2
2017 年	1	19	4	12	21	53	2
2018 年	1	11	4	5	19	29	1
合计	3	40	18	40	72	141	8

为确保上海市中小学校园足球的优秀学生顺利升入下一学段开展校园足球的学校,达成跨学段对接的上海市中小学校园足球特色学校区域发展格局,2015 年至 2018 年上海市共遴选与推荐 322 所学校入选特色学校(见表 1)。其中,2017 年与 2018 年上海市 16 个区基本按小学、初中和高中 6 : 3 : 1 的比例进行总量控制,并适度向一贯制学校倾斜,遴选与推荐九年一贯制学校与十二年一贯制学校入选特色学校的数量明显增多。这表明上海市中小学校园足球特色学校的遴选与推荐注重衔接,并充分考虑上海市中小学片区、升学等因素。由于跨学段升学的过程中随着升学压力以及学业负担的加重,学生往往会将更多的精力与时间用于学习文化课,而一贯制学校则在一定程度上减轻了学生升学压力与学业负担,保证了学生参与足球学习、训练与竞赛的长期性与连续性。而小学学段入选的特色学校数量较多,凸显了国家及上海市注重从小普及足球人才培养的重心,符合体育运动学习与开展的基本规律。

值得注意的是,由于上海市 16 区的社会、经济、文化发展程度及其地域面积及人口之间存在一定差异,同时每个区遴选和推荐的校园足球特色学校在足球教学、训练和竞赛、师资培训、选送学生培训等方面亦存在着差异,结合 2015 年、2016 年、2017 年和 2018 年的校园足球特色学校入选数量可知,排在第一位的是浦东新区(56 所学校),其次是普陀区(27 所),再次是杨浦区(26 所)。实地考察上述区发现,排在前三位的分别在区域面积及人口或是足球文化传统方面均具有明显的优势。但并非单一层面的因素导致一些区的校园足球特色学校入选数量较少,这与上海市组织开展的校园足球特色学校遴选工作的目标与原则以及所在区的良好足球历史积淀有关。为引导、鼓励上海市各个区的中小学校积极参与

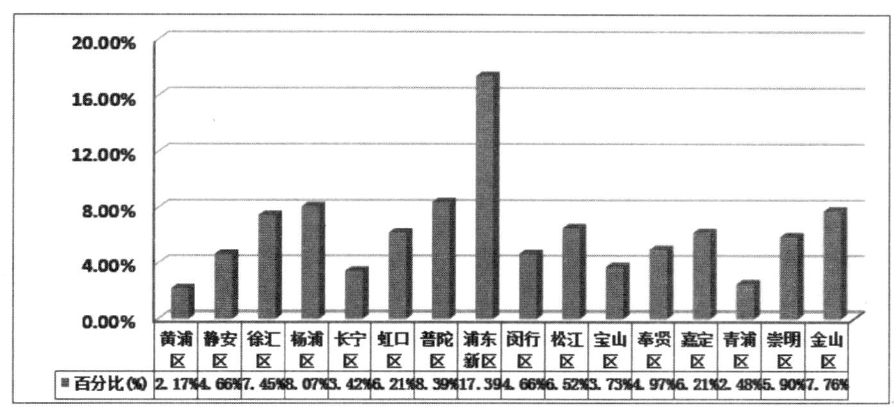

图1　上海市中小学校园足球特色学校区分布统计图

校园足球活动，发挥各区自身的优势，实现校园足球资源配置的高效率使用，故在校园足球特色学校遴选的过程中，上海市秉承了普及与提高相结合，既注重全面性，也考虑重点发展的原则。这使得上海市中小学校园足球特色学校地域分布相对均衡，并已初步形成了科学的校园足球开展地域构架。

二、上海市中小学校园足球特色学校建设的现实困境

1. 校园足球特色学校建设理念脱离学校校情

特色学校建设理念是特色学校建设指导思想的具体化，是特色学校形成或保持自身独有个性与特色的需要，对特色学校建设具有战略性指导意义。中小学校园足球特色学校建设同样需要先进的建设理念为指导，并对学校建设起着规范、约束和自我评估的作用，有利于提高中小学校园足球特色学校建设过程中的自我监控和反思能力，及时纠正建设实践中的偏差。

校园足球特色是在学校长期建设过程中积淀形成的、本校特有的、优于其他学校的校园足球优质风貌，其对深化学校体育改革、坚持健康第一、把足球作为立德树人的载体、积极推进素质教育、促进学生全面发展、健康成长起到重要作用。笔者在走访上海市部分中小学校园足球特色学校，收集学校建设资料的过程中，重点就学校建设理念进行了比较与分析。结果发现，部分中小学校园足球特色学校的建设理念更多的是基于国家及上海市层面相关政策的解读，而后将其融入自身的校园足球特色建设之中。但受限于对相关政策的差异性理解，上海市中小学校园足球特色学校建设在不同的学校往往会呈现为不同的建设思路，进而在校园足球特色方面展现出不同的建设效果。这也直接或间接地映射出上海市中小学校园足球特色学校建设理念的差异。基于对上海市中小学校园足球特色学校的建设理念的分析，存在的最大问题是建设理念脱离学校校情，其具体体现在三个方面：首先，上海市多数学校仅仅是对《标准》等相关文件政策进行直接迁移或较简单、较牵强的变通，未能基于政策与校情之间进行相通性或异质性的判断，且未能对相关的建设理念做适当的取舍或提炼、实质性的解释或变更；其次，上海市部分学校虽然能主动将政策内容转化为可有效融合于学校现有建设理念的资源，但未淡化政策所释放的权威性与强制性信息，往往会出现“水土不服”的窘境；再次，上海市部分学校在确定其建设的目标、模式及社会责任中，将建设理念异化成“为了特色而特色”，刻意通过“区别”而彰显校园足球特色，且倾向于追求高大上的建设理念。

2. 校园足球特色学校建设标准偏离特色发展

学校作为校园足球特色建设的主要依托，其建设标准必然处于中小学校园足球特色学校的关键位置。在充分发挥发展校园足球骨干、示范和带动作用的前提下[4]，校园特色学校建设的标准应成为青少年身心健康促进、青少年竞技体育回归国民教育体系、始终强调面向全体学生、校园体育文化内核、上下互动与齐抓共管机制、足球专业管理与教学队伍建设的突破口，并藉此保障校园足球健康可持续

发展。[5]

学校整体校园足球特色化是中小学校园足球特色学校建设内涵的关键,围绕自身校园足球特色,中小学校园足球特色学校建设的标准不应将特色局限于单一层面,而应基于中小学校园足球特色学校的实时发展、最优发展和全面发展,寻找与学校整体发展深度融合的特色模式与途径。笔者在比较与分析上海市中小学校园足球特色学校建设标准时发现,其建设标准多侧重于相关的管理机制、师资队伍、场地设施、体育经费、教育教学、训练与竞赛等内容,并未立足于坚持足球教育的意义深远性、教育性、改革性、基础性和全体性[5]等基本要义,致使上海市中小学校园足球特色建设与学校整体校园足球特色化建设分离开来,出现偏离特色发展的中小学校园足球特色学校建设标准。基于上海市中小学校园足球特色学校的建设标准看,偏离特色发展较多地体现在两个方面:首先,多数建设标准共性明显、个性欠缺,由此极易造成《标准》旨求的校园足球特色本真缺失,出现"千校一面"的状况;其次,建设标准多停留在校园足球特色的形式宣传,未把先进的足球教育教学理念内化为校园足球特色,且未能将足球课程建设的独到之处建设为校园足球特色,致使校园足球特色形式化。

3. *校园足球特色学校建设内容忽视学生足球运动需求*

特色学校作为学生潜在优势、兴趣、爱好发展的新的教育构成形态[6],其出发点与归宿均在于学生的需求发展。中小学校园足球特色学校的建设内容应始终彰显学生个体的中心地位,并着重考虑学生的足球运动需求,而不是学校本身的建设抑或其他。中小学校园足球特色学校建设内容以学生发展为最终目的,而相伴的学生足球运动需求则能够时刻更新和检测学校建设理念与标准的时代性与有效性。

每一所学校、每一个学生均是有差异的,因此,学生对校园足球特色学校建设内容的需求差异是绝对的,将学生的足球运动需求提炼出来便是特色的精髓。如果将中小学校园足球特色学校的建设内容局限于体育师资队伍建设、体育教师待遇提高、场地设施建设、体育经费投入、教育教学发展、训练与竞赛开展以及后备人才培养等方面,对于其他内在性特色选择性遗忘,则易造成中小学校园足球特色学校建设内容的教条化。笔者在比较与分析上海市中小学校园足球特色学校建设内容时发现,其建设内容出现了教条化的倾向,且忽视了学生的足球运动需求,这使得部分学校丢失了校园足球特色。基于上海市中小学校园足球特色学校的建设内容看,建设内容的教条化倾向较多地体现在两个方面:首先,多数足球特色学校未能基于强化学生的足球学习而提出建设内容,且部分学校也未能反思在满足学生足球运动需求、促进学生足球运动潜能方面所存在的优势点和薄弱点;其次,部分足球特色学校的建设内容在确保每个学生均能实现足球特色充分发展的过程中,较难兼顾足球基础性全面发展与较高水平特长发展,使得学生沦为校园足球特色学校建设命令下的配角,处于一种盲从的境地。

4. *校园足球特色学校建设过程弱化校内外衔接*

校园足球的校内外衔接既是一种育人观念,又是一种育人方式。校园足球特色学校建设过程的校内外衔接强调的是校内与校外的目标一致,重视的是学校教育和校外教育由相互补充走向衔接发展。当足球教育教学及训练与竞赛难以满足多元化、个性化的学生足球运动需求时,中小学校园足球特色学校资源与校外足球活动的结合成为必然的选择。在遵循"国家需要是前提,社会需要是导向,学校实际是基础,突出特色是关键"的原则下,强化校外足球教育教学及训练与竞赛供给多元化,校内外足球教育教学及训练与竞赛资源衔接系统化也将成为必然趋势。

教育领域中对校内外教育衔接的关注源于对教育是主"知"与主"行"关系的思考。[7]中小学校园足球特色学校建设过程中校内外衔接的基础在于二者在推动校园足球普及、满足学生足球运动需求中所扮演的不同角色,而其根本目的在于校内外足球教育教学及训练与竞赛的异质互补。如校内足球教育教学及训练与竞赛体现了主"知"主义,那么校外足球教育教学及训练与竞赛则反映了主"行"主义的追求。笔者发现,在实际操作中,其建设过程弱化甚至消解了校内外足球教育教学及训练与竞赛的衔接功能,这使得部分学校在面临学校条件保障、教育教学、训练与竞赛以及后备人才培养等方面难以有效解决的问题时,很难为足球特色学校的全面发展提供多元的发展资源。弱化校内外衔接较多地体现在两个方面:首先,弱化了校外足球教育教学及训练与竞赛的补弊价值,在重重"管束"之下,中小学校园足球特色学校的建设过程多循规蹈矩，造成学校建设的被动之弊；其次，弱化了校外足球教育与训练对学生主体性足球实践体验的引导与引领作用，使得学生很难摆脱校内校园足球教学、训练、竞赛的“被动应答”而进入“主动适应”与“自觉创造”的足球学习状况。

三、上海市中小学校园足球特色学校建设的路径选择

1. *以学校校情为依据，塑造自下而上的建设理念*

学校校情并非学校现状的自然形态，而是学校以及全体师生员工在教书育人、服务育人、管理育人中所体现出来的精神品质。它是一个集合性的概念，包含了历史沿革、办学理念、相关制度、前景展望等各个方面，是多方位资源要素整合的反映。从特色学校建设的角度看，学校校情的核心要素就是学校自身优秀的传统教育文化和引领当代社会发展的先进教育文化融合的结晶。

学校建设理念作为足球特色学校顶层设计的关键，通常需要在自下而上的民主参与以及对学校自身历史与现状深刻把握的基础上，梳理出学校建设理念，而后通过螺旋上升的反思性实践，予以不断修正完善使之逐步清晰化。在反思性实践过程的起始，首先要立足于学校自身传统教育文化，从学校的办学历史传统以及现实经验中探寻“亮点”，从中提炼和概括出既有传统品味又有时代精神的校园足球特色建设理念。其次，可借鉴引领校园足球发展的先进教育理论、模式、方法，或他校成功的实践经验，或他校全局性、普遍性的问题解决案例，结合学校校情实际予以消化，并基于校园足球教学、训练、竞赛要求，科学提炼形成创新的特色建设理念。在此基础上形成的建设理念，具有鲜明的首因效应，即对特色建设理念的第一印象作用最强、持续时间最长，且能经得起理性、历史以及实践的检验。

2. *以特色发展为主线，制定特色育人的建设标准*

特色发展是学校在适应内部条件与外部环境实然变化的基础上，通过某种路径和策略对学校所在区域、所具资源进行挖掘或重组利用，使学校形成某种独特的风格或优势。从本质上讲，特色发展是学校改进的一种重要策略，目的是创造出独特化与差异化的特色育人服务，促进学生个性及潜能的充分发展。[8]由此，以特色发展为主线的校园足球特色学校建设标准应包括校园足球教育教学、训练与竞赛过程和结果的双重特色化。

中小学校园足球特色学校建设标准的制定过程，实际也是逐步明晰、确定校园足球特色建设方向与目标的过程，这也是中小学校园足球特色学校建设的关键环节。从特色发展的主线出发，建设标准应侧重于足球特色育人，并以学校质量改进为根本目的，将校园足球的课程体系、训练体系和竞赛体系作为建设的切入点，发现、发挥和发展校长、教师和学生的优势。同时融入在传承中重构的符合本校特色的相关校园足球文化。由此，在特色育人的上海市中小学校园足球特色学校建设标准下，校园足球特色也才能全面、系统、深入地发展。

3. *以学生需求为指导，构筑全面发展的建设内容*

教育具有长期性的特点，学生的培养需要一个较长的周期。作为成长主体的学生是特色学校中必须考虑的核心要素。从学生需求的视域看，特色学校不仅要赋予学生所需要的知识、技术、技能和能力，还应培养学生具备终身学习的能力。由于全面发展特指人的体力与智力获得充分自由的发展，因此，以学生需求为导向所构筑的校园足球特色学校建设内容应重视学生的全面发展需求。

为了促进校园足球特色学校有效发展，特色学校建设内容应始终以学生需求为指导，既要满足学生现阶段足球教育教学、训练与竞赛的需求，也要对学生终身足球学习起作用。由此，以学生需求为指导的上海市中小学校园足球特色学校建设内容，应合理选择整合利于学生足球学习表现、学习需要和学习变化的相关足球知识、技术、技能和能力。同时，尊重学生的足球学习发展水平的差异，以最大限度地挖掘每位学生的足球运动潜能。此外，上海市中小学校园足球特色学校的建设内容还要根据学校自身的条件与特点，基于学校的足球物质资源、人力资源与环境资源，以及学校的足球办学特色，设置相关适用、通用和常用的教育教学、训练与竞赛的内容与评价体系，培养学生的足球知识、技术、技能和能力，最终切实提高学生健康水平，满足学生终身足球学习的需求。

4. 以校内外衔接为参照,形成融合联动的建设过程

校内外教育衔接作为学校教学计划之外、利用课余时间将校内教育同校外、校后教育并举的教育协作形式,能最大限度地发挥校内与校外的教育价值。而特色学校建设是一个长期的过程,须面对的问题多种多样,如仅仅依靠校内教育很难建设好一所优质的特色学校。在特色学校的建设过程中,应明晰校内外教育的独特内涵与功能边界,确保校内外教育在目的一致前提下的异质互补,为学生的健康、全面、个性化发展提供融合联动的多元优质资源。

以校内外衔接为参照,形成融合联动的上海市中小学校园足球特色学校建设过程,首先,需要在时间、资源、活动方式、功能等层面进行对接,打破校内外足球教育教学、训练与竞赛之间的界限,为学校提供特色校园足球服务,创设学生足球兴趣与特长发展的空间。其次,需要建立统一的校内外校园足球管理体制,促使校内外足球教育教学、训练与竞赛衔接工作有章可循,同时,要明确校内外足球教育教学、训练与竞赛的衔接模式,改变校内外的隔离状态,保障校内外的协调发展。再次,要健全校内外足球教育教学、训练与竞赛的督导评估制度,将学生参与校外足球教育教学、训练与竞赛的评价结果纳入学生足球综合素质评价体系,有效开拓校内外融合联动的足球育人新境界。

参考文献:

[1] 杨小微,刘良华.学校转型性变革的方法论[M].北京:教育科学出版社,2011.

[2] 上海市教育委员会.关于开展全国青少年校园足球特色学校及试点县(区)申报及遴选工作的通知[EB/OL].http://www.shmec.gov.cn/web/xxgk/rows_content_view.html? article_code=415082015001,2015-01-28.

[3] 上海市教育委员会.关于做好 2017 年全国青少年校园足球特色学校与试点县(区)遴选工作的通知[EB/OL].http://www.shmec.gov.cn/web/xxgk/rows_content_view.html? article_code=415082017009,2017-05-18.

[4] 中华人民共和国教育部,等.关于加快发展青少年校园足球的实施意见:教体艺[2015]6 号[S].2015.

[5] 毛振明.新校园足球的成果审视与发展建言[J].上海体育学院学报,2018,(4):7-11.

[6] 傅维利.论当代基础教育的特色化建设[J].教育研究,2014,(10):12-17.

[7] 张春玲.义务教育新常态下校内外教育衔接研究[J].教学与管理,2018,(15):28-31.

[8] 范涌峰,宋乃庆.学校特色发展:内涵、价值及观测要点[J].教育研究与实验,2017,(2):44-48.

Construction of Campus Football Characteristic Schools in Primary and Secondary Schools in Shanghai: Dilemma and Path Choice

CAI Hao

(Physical Education College, Shanghai Normal University, Shanghai, 200234)

Abstract: Under the background of the new era, it has become an urgent requirement to effectively construct campus football characteristic schools in primary and secondary schools, which can promote not only the development of students' personality but also the reform and innovation of school sports. Based on the analysis of the current situation of the construction of campus football characteristic schools in primary and secondary schools in Shanghai, the paper reflects on the actual dilemma of their construction, thinking that the construction concept is separated from the school's condition, the construction standards deviate from the characteristic development, the construction content ignores students' demands for football and the construction process weakens the connection between those in and out of the schools. Based on this, this paper points out that the current path of campus football characteristic school construction in primary and secondary schools in Shanghai lies in the following aspects: these schools need to establish the bottom-up construction concept based on their conditions; they need to formulate the construction standards for characteristic education, with the characteristic development as the main line; the demands of students need to be their guidance for constructing content of comprehensive development; and they need to take the connection between those in and out of the school as a reference and form the construction of integration and linkage.

Key words: primary and secondary schools, campus football, characteristic school, actual dilemma, path

《现代基础教育研究》
第34卷，2019年6月 (Research on Modern Basic Education) Vol.34, Jun. 2019

基于有效教学的教师信念测评工具的开发研究
——以美国TBEST新型测评工具为例

周丐晓[1]，刘恩山[2]

(1. 温州大学 生命与环境科学学院，温州 325035；2. 北京师范大学 生命科学学院，北京 100875)

摘　要： 教师信念对教师行为起重要的指导作用，是教师专业发展的核心要素，而当前高质量教师信念测评工具相对匮乏，极大阻碍相关研究的深入开展。美国有效科学教学教师信念量表(Teacher Beliefs about Effective Science Teaching Questionnaire，TBEST)汲取学习科学、科学本质及科学探究相关理论，通过严谨科学的理论论证和测量学检验，研发出高质量教师信念测评工具。历经澄清测量目标、开发题目、认知访谈、效信度检验、工具的优化等环节，确保其具有良好信效度，从而科学评估关于有效科学教学的教师信念发展水平。该工具的理论构建、设计思路及开发过程等，对我国教师信念相关工具的开发和设计具有良好的借鉴和启示意义。

关键词： 教师信念；有效教学；科学教育；测评工具

教师信念是教师对有关教与学现象的理论、观点和见解的判断。[1]教师对教与学的认识和信念影响教学策略和课程实施，对教学行为有较强塑造作用。[2]在改进和提升课堂教学质量的目标驱动下，近年来教师信念的研究已成为研究热点议题。研究进一步发现：教师"认为"的信念与"实践"所表现出的信念并不一致甚至常相互矛盾[3][4]，这敦促研究者透过教师信念的多棱镜重新审视教学实践，深入探究二者之间的交互作用，为教学改进和决策的制定提供更为可靠的实证依据。

教师信念作为一个内涵较为广泛的概念，其量表开发包括"分科式"和"非分科式"两类，当前"分科式"量表因其更具专业性和针对性而更受推崇。科学领域有关教师信念量表的测评研究主要关注以下几个焦点议题：教师自我效能感的测量[5]、教师对科学的态度[6]、对科学本质的认识[7]、关于科学教与学的信念[8]，以及关于科学教学环境的信念。[9]已有评估工具因其缺乏先进教育学理论和测量学技术的支持，极大阻碍了相关研究的深入开展，由此，AIM将测量属性界定为"关于有效教学的教师信念"，将测量对象微缩至科学学科，在学习科学理论及现代测量技术基础上开发出有效科学教学教师信念量表(Teacher Beliefs about Effective Science Teaching Questionnaire，TBEST)，以衡量教师对有效科学教学相关信念的发展水平，这对我国教师信念相关工具的开发具有良好的借鉴意义。

一、TBEST的研发背景和组成结构

评价数学和科学合作计划的影响研究(Assessing the Impact of the Math and Science Partnership

作者简介：周丐晓，温州大学生命与环境科学学院讲师，博士，主要从事科学教育和教育评价研究。
刘恩山，北京师范大学生命科学学院教授，博士生导师，主要从事科学教育和生物学教育研究。

(MSP) Program: K - 8 Science, AIM)是由美国教育部等众多组织共同参与完成的评测研究项目。该项目通过科学开发新型工具来探索教师信念对有效教学和学生学习的影响,以便进一步研究科学教师专业发展的潜在规律和影响因素。由此,AIM 精心研制出 TBEST 量表来调查有关有效科学教学的教师信念。

TBEST 旨在评估有效科学教学的教师信念,学习科学和科学教育研究为其提供理论基础。TBEST 由 21 个项目构成,分为三个维度:(1)如何学习科学;(2)课程设计和实施;(3)科学本质和科学探究。每个分量表由若干项目构成,教师使用李克特式六点量表回答对题目的认同程度。表 1 呈现了 AIM 中教师问卷的整体框架和内容,TBEST 属于其中一部分,这种设计蕴含了探究教师信念和教学实践之间动态关系的精心考量,研究者希望能够将教师信念的测评信息与教学实践、教师信息等不同变量之间进行交互影响分析,而非仅仅获得教师信念的"静态"信息,因为探索其中潜藏的"动态"关系才能获取更具参考价值的教学改进信息。因 TBEST 的设计建立在严密的理论建构和实证检验基础之上,更具借鉴和参考价值,故本文以 TBEST 为研究对象,对其设计理念、核心要素和开发过程等进行详细诠释和深入剖析。

表 1　教师问卷的整体框架设计和内容

维度	主要变量
1. 教师背景信息	教龄;教授科学课程的时间
2. 课堂信息	学生个人信息;学习障碍学生信息
3. 科学教育的推动/抑制	教师合作;校长支持;其他资源支持
4. 对教学准备的认识	对备课的认识;自我效能感
5. 教师对有效科学教学的看法	如何学习科学;课程设计和实施;科学本质和科学探究
6. 学生态度	对学校;对科学课程
7. 教学	教学时长;教学广度;教学深度;教学材料;教学实践

二、TBEST 设计开发的理论基础

TBEST 的开发具有坚实的理论基础,基于对当前教育教学理论进行细致梳理和分析,并结合科学教育特征及相关研究,开发小组以前沿的学习科学、赋有学科特征的科学本质和科学探究相关研究作为工具开发的参照和理论基础,设计出兼具广泛借鉴性和学科独特性的测评工具。

1. 学习科学"人是如何学习的"相关研究

首先,学习科学关于"人是如何学习的"相关研究为 TBEST 提供了诸多关于学习机制的新知识。对学习的研究表明,有效教学中教师应更多地让学生在智能上参与重要内容的学习,帮助其将先前经验和新知识建立联结,鼓励学生使用证据支持观点,便于更好地理解新知识。[10] 具体来说,这些研究对于科学教学和教师专业发展具有三点重要启示:一是重视学习者的先前经验,教学需考虑到学生已有知识经验,以促进其完成概念转变的学习过程;其次,尽可能让学生接触有关科学现象的证据,这些证据可帮助他们发展关于"世界如何运作"的新想法;最后,学生需要充分的学习机会来理解新知识,如在课堂活动和学习内容之间建立关联,学生需通过教师创设的学习机会参与思考并理解他们所学的知识。[11]

2. 深入理解科学本质和证据的作用是有效科学教学的核心特征

科学本质泛指自然科学的本质属性和特征,旨在回应"科学是什么"这一问题。科学作为一个充满

活力的知识体，一直在不断发展。然而，教师常把科学作为一种静态的知识体系进行讲授，将重点放在偏僻术语的记忆上，很少让学生理解科学的属性，特别是科学知识是如何产生、丰富和改变的。[12] 研究表明，学生对科学本质的理解存在严重偏差，教师对科学本质教育的地位和价值认识不足。[7] 由此，研究小组认为，深入理解科学本质和证据的作用是有效科学教学最为关键的突出特征，科学本质（Nature of Science，NOS）是科学教与学活动中极为重要的学习目标。

在课堂教学中理解科学本质包括诸多方面，最为重要的是理解科学作为一种认识方式所具有的循证属性及证据的重要作用。证据的使用在科学教学中有两个重要目的：首先，科学素养的提高要求学习者深入理解科学思想观念，教学应鼓励学生将科学看作是构建知识的过程，而不是对事实的记忆，让学生利用证据进行论证是促进其深入理解科学观点和特征的有效途径。[13] 其次，证据的收集和论证过程有助于将新知识与学生原有知识相联系，学生对某论点的证据越多，能够建立的知识联系就越多，越有利于不同情境下知识的迁移和应用。[14]

3. 科学探究是科学教与学的重要策略，亦是核心内容

美国《国家科学教育标准》明确提出“作为探究的科学”（Teaching/Learning Science as Inquiry），将探究作为科学课程改革的首要关键词，倡导以类似科学家的工作范式完成科学学习，对世界范围内的科学课程改革产生了深远影响。科学探究指学生在课堂中获取知识，领悟科学思想观念，体验科学家研究自然界所用方法而进行的各种活动。[13] 在科学教学中使用探究策略是实现有效科学教学的重要途径。科学探究使学生通过自己的努力来解决问题或寻求答案，学生在“以科学家的工作范式解决现实问题”这一高水平认知活动中，可进一步学习科学探究的知识、过程和本质，加深对科学本质的领悟和深入理解。因此，研发小组认为科学探究是科学教与学的重要策略和核心内容，是有效科学教学不可或缺的关键要素，因此 TBEST 的开发也广泛参考了科学探究的相关研究。[15]

三、工具的设计与开发

在上述研究基础之上，研究小组通过澄清评估目标、试题设计和开发、信效度检验以及工具的优化等步骤，最终开发出 TBEST 教师信念评估问卷。

1. 定义测量目标，澄清内容领域

“在有限测试时间内，如何选择测评指标”是测评工具设计的核心议题，回答这一问题的关键在于定义测量目标。清晰的测量目标可为后续所有的测评工作提供方向性指导，保证工具的内部一致性，也为后续测评框架和指标的细化提供依据和线索。[16] TBEST 确定将“有效科学教学的教师信念”作为测量目标。

围绕科学本质，TBEST 提出有效科学教学的五大核心要素：学习动机（Motivation）；引出学习者的先前知识（Eliciting students’ prior knowledge）；学习者在智能上参与科学现象的学习（Intellectual engagement with relevant phenomena）；使用证据质疑论点（Use of evidence to critique claims）和理解目标概念（Sense-making）。下一步围绕“有效科学教学的教师信念”的测量目标，需澄清测评的具体内容，将每个要素细化为具体的评估要点，才可为下一步试题开发提供引导。

2. 开发试题

澄清评估要点之后，工具开发的下一步是根据上述评估要点编写问卷题目。试题开发中需特别注意题目的实用性和适宜性。例如，在试题开发中，研究人员反复斟酌的一个议题是“有效科学教学的题目是否要结合某一具体学科内容？”最终认为若将某一主题的学习内容与有效教学要素进行整合，教师

作答时可能会受到干扰,难以反映其对有效科学教学的真实看法。此外,从测量学的角度来看,如此编写的题目含有两个测量目标(即有效科学教学和学科内容),在一定程度上会影响评估结果的效度,因此调查问卷未结合具体学科内容,仅侧重于教师对有效科学教学的看法。

3. 开展认知访谈,评估题目的清晰度和可读性

在试题初稿基础之上,为确保教师能够清楚理解试题内涵,需要专家独立审查每个题目,研究人员收集专家的反馈意见用于修改题目,直到所有题目没有异议,都达到足够的清晰度和可读性。

除了专家审查外,还需进行教师的认知访谈,访谈的目的是确保教师能够按照研究小组的设计意图理解这些题目。根据访谈提纲对教师进行多轮认知访谈,通过认知访谈收集反馈意见用于修改题目。访谈能够揭示教师是否按照预期理解题目,确定试题是否还需要修改。

此外,针对试题初稿,研究小组还请教师提供每题的认同度和重要性。每题配有两个问题:第一个是对认同度的调查,针对陈述问题询问教师同意的程度;第二个问题是对重要性的评估,教师根据重要性选择应对选项。

4. 信效度检验

信效度检验是工具开发中极为重要的环节,TBEST 的信度分析采用的是科隆巴赫系数(Cronbach's Alpha)分析,结果显示系数为 0.85,可认为工具的信度良好。[17] 在效度检验方面,主要考虑从内容效度和结构效度两方面检验工具效度。具体来说 TBEST 提供三种证据支持效度检验:首先,对教师的认知访谈表明,教师对试题的理解和解释与预期一样;其次,内容专家对题目进行了多轮审查,以确保题目的有效性;第三,使用验证性因子分析对结构效度进行检验,有约 250 名中学科学教师参与测试,应用 Mplus 5.2 版软件分析后发现,相比上述“学习动机”等五个维度的划分,该工具分为三个维度更为合适。根据各维度的题目分布,研究人员分析后将问卷分为三个维度:(1)如何学习科学;(2)课程设计和实施;(3)科学本质和科学探究。对三个维度间相关性进行分析后发现,这些维度彼此之间不存在高度相关,表明属于三个不同维度,进一步确保了工具的结构效度良好。

5. 工具的进一步优化

由此,通过理论梳理和测量学检验初步确保工具具有良好信效度。下一步还需进行实证检验,开展预测试,为工具的优化提供更多可供参考的建议,从而使工具更具操作性和适用性。对工具的优化主要围绕三个焦点议题:关于量表的类型,六点量表和四点量表,哪种更为适宜? 纸质版与网络版问卷,哪种更为适宜? 工具是否适用于不同年级教师的作答?

TBEST 研究小组通过精巧的研究设计,加之技术支持回答了上述问题,其思路和方法可供相关研究参考和借鉴。首先,在量表的结构设计上,通过统计预测试中每题的选项分布,发现四点量表未能充分反映教师的作答差异,选项较为集中,区分度不高,不利于后续的深入分析,因此决定改用六点量表,以提高作答的区分度。其次,对纸质版与网络版两版工具适用性进行分析,调查被试的作答结果。统计结果显示两版作答没有统计学上的显著性差异,表明纸质版还是网络版调查对结果并无影响,大规模测试中均可使用。最后研究小组希望将 TBEST 用于小学至高中不同年级科学教师的研究,还需对工具在不同年级测试中的适用性进行分析,通过验证性因素分析,最终确定 TBEST 可应用于不同年级教师的测试。

综上所述,最终确定的问卷共包含 21 个题目,教师采用六点量表的形式作答,工具分为三个维度:(1)如何学习科学;(2)课程设计和实施;(3)科学本质和科学探究。统计结果支持不同版本测试和多年级教师关于有效科学教学信念的调查。表 2 呈现有效科学教学的教师信念量表(TBEST)的具体内容。

表2　有效科学教学的教师信念量表(TBEST)[18]

维度	项目
1. 如何学习科学 (11题)	Q3:学生应通过课堂活动、实验室活动收集的证据形成将要学习的科学概念 Q6:教师应为学生提供机会，将课堂学到的科学知识与课外经验相联系 Q7:教师应要求学生使用证据支持对科学概念的学习 Q9:在开始学习科学概念时，学生应有机会暴露他们已知的概念 Q11:教师应为学生提供在新的或不同情境中应用所学概念的机会 Q12:学生应使用证据来评估他人论点。 Q14:在课程开始时，教师应用故事、视频、演示或其他活动引发学生的注意 Q15:学生对科学概念的理解应在课程或单元学习之前展现出来，以便让学生意识到自己的初始想法 Q17:学生应有机会将他们正在学习的概念与其他概念相联系 Q18:学生应有机会思考与他们正在学习的科学概念相关的证据 Q21:即使他们没有进行与概念相关的动手或实验室活动，学生也应有机会主动探寻促进概念理解的相关证据
2. 课程设计和实施 (7题)	Q1:在开始学习科学概念时，应为学生提供将要使用的新术语 Q2:实际操作活动应强化学生已学过的概念 Q5:在让学生考虑与该概念有关的证据之前，教师应向学生解释此概念 Q10:学生在学习相关科学概念后，应参与相关的实践活动 Q16:教师应提前告知学生实践操作过程，以便学生分辨自己的操作步骤是否正确 Q19:当学生开展实践活动采集的数据不正确时，教师应指出可能存在的问题 Q20:学生在进行实验之前应知道实验的正确结果是什么
3. 科学本质和科学探究 (3题)	Q4:教师应让学生参与实践活动，即使他们收集的数据与正在学习的概念没有密切联系 Q8:即使学生没有机会反思他们所学的知识，也应进行动手或实验活动 Q13:教师应让学生开展实践活动，即使这些活动与所学概念没有密切联系

四、启示与建议

AIM在学习科学、科学本质及科学探究相关理论和现代测量技术基础之上开发出TBEST量表，通过严谨科学的理论审视和测量学检验，始于定义测量目标，经过开发题目、认知访谈、效信度检验、优化完善等环节，确保工具具有良好信效度，整个工具的设计和开发环环相扣、缜密科学，从而设计出高质量的测评工具，对我国教师信念相关工具的开发和设计具有良好的借鉴和启示意义。

1. 关注“静态”教师信念与“动态”教学实践之间的交互作用

已有研究表明教师信念具有若干特征：通常较为稳定且难以改变，教师信念影响教师的教学策略和课程实施，反映出该教师教学的本质特征。[19]由此，教师信念影响了教学实践的方方面面，反过来教师的行为和经历也塑造了他们的信念。衡量和理解教师信念，无论是职前还是职后，都是教师教育改革进程中的关键议题，教育研究者需更加关注“教师信念”的相关研究，尝试从教师信念的角度诠释教师的课堂教学行为。

此外，当前国际上教师信念的研究主要集中在两方面：一是如何转变教师信念，二是教师信念与教学实践之间的关系。而我国开展的“教师信念”相关研究多聚焦在“静态”的描述层面，与“动态”教学实践的交互作用的有关研究相对匮乏，难以探查教师信念的变化轨迹及其对教学行为的具体影响，不易为实践教学和教师教育提供切实有效的改进建议，由此进一步限制了教师信念的转变和课堂教学质量的提高。TBEST教师信念测评工具的设计优势在于通过“教师信念”与“教师实践”的关联，将“教师信念”悬置于教师专业发展的宏观视野下，寻找“静态”教师信念和“动态”课堂实践之间的交互影响，从而为微观的课堂教学提供更具参考价值的问题解决路径。加强教师信念的研究并重点关注“静态”教师信念与“动态”教学实践之间的交互影响,可为教学实践改革和教师教育改革提供更多建设性意见和实证依据。

2. 工具研发应重视理论构建和顶层设计,为后续大数据的深入挖掘奠定基础

当前,通过教育大数据的挖掘和分析,为教育决策和教学实践的调整提供佐证是实现教学改进的有效途径。而制约这一目标实现的主要阻力已不是大数据的采集,而是工具本身的设计存在瑕疵,工具研发缺乏理论构建和顶层设计,难以为后续大数据的深入挖掘提供方向指导和理论诠释。良好的理论框架和顶层设计可为后续数据挖掘提供明确的分析路径和方法,数据分析的逻辑和方法只有具有扎实的理论依据,数据的分析挖掘才不会流于表面、逻辑混乱。将理论框架与数据诠释紧密联结起来,才有可能真正挖掘出数据背后潜在的内部规律和影响作用。

TBEST 在设计时参考了大量学习科学、科学本质及科学探究相关理论,其工具的研发和结果的诠释也围绕这三方面展开,既为工具效度验证提供理论支持,也为后续数据深入挖掘提供指引方向,其结果还可为科学本质和科学探究的实践教学提供改进建议,具有良好的示范效应。研究者可借鉴 TBEST 有益经验,在工具开发时更加重视理论构建和顶层设计,为后续深入挖掘数据和结果诠释提供更多的指导。

3. 工具研发需科学的质量检验和不断优化改进,使其具有更好的可操作性和适用性

当前工具开发较为重视信效度检验,但对工具的优化改进关注较少。TBEST 的开发不但经过严谨科学的质量检验,研发小组还高度关注后续工具的优化改进,从而使其更具可操作性和适用性。研究小组对 TBEST 进行信效度分析之后,在工具的优化上别出心裁,优化过程通过实证数据的统计分析实现,而非研究者的主观臆断。其思路和方法可供相关研究参考和借鉴,最终的统计结果显示:四点量表未能充分反映教师的作答差异,六点量表更具区分度;TBEST 可支持不同版本测试和不同年级教师关于有效科学教学信念的调查。这种基于实证的工具优化理念和思路为高质量工具的开发提供了更好的助力和支持,研究者可参考 TBEST 的思路方法,使工具具有更强的操作性和适用性。

综上所述,教师信念之于教师的教和学生的学有重要影响,对教师信念的测评和转变是教师专业发展中至关重要的一部分。教师信念因其具有隐性特征,采用个案研究、课堂观察等传统研究方法往往耗时耗力,难以获得大样本数据,由此,结果的可推广性也备受争议,相关研究难以持续深入开展。

而高质量教师信念测评问卷的开发可适当改善上述困境,当前我国在教师信念探查工具的设计和开发方面依然处于摸索阶段,如何做好工具研发的顶层设计?如何利用学习科学、科学教育等领域的前沿成果为工具开发提供更为坚实的理论基础?如何设计工具以便探析教师信念与学生学习、教学行为等变量间复杂的交互作用等问题,仍是教师信念工具研发中需反复斟酌的重要议题,这些难题的攻克将对未来教师信念相关研究的深入开展以及教育教学质量的提升产生重要影响。总而言之,TBEST 的研发充分重视前期理论框架的构建和诠释,关注“静态”的教师信念与“动态”的教学实践之间的交互影响,采用严谨科学的质量检验和对工具的不断优化改进,最终研发出一套高质量的教师信念工具,可为我国教师信念测评工具的开发和设计提供一定借鉴和启示。

参考文献:

[1] 俞国良. 教师信念及其对教师培养的意义[J]. 教育研究,2000,(5):16.

[2] Cronin-Jones L L.Science Teacher Beliefs and Their Influence on Curriculum Implementation:Two Case Studies[J]. Journal of Research in Science Teaching,2010,28(3):235-250.

[3] Francis D I C. Dispelling the Notion of Inconsistencies in Teachers' Mathematics Beliefs and Practices:A 3-year Case Study[J]. Journal of Mathematics Teacher Education,2015,18(2):173-201.

[4] Mansour N. Consistencies and Inconsistencies Between Science Teachers' Beliefs and Practices[J]. International Journal of Science Education,2013,35(7):1230-1275.

[5] Riggs I M & Enochs L G. Toward the Development of An Elementary Teacher's Science Teaching Efficacy Belief Instrument[J]. Science

Education,1990,74(6):625-637.

[6] Cobern W W & Loving C C. Investigation of Preservice Elementary Teachers' Thinking About Science[J]. Journal of Research in Science Teaching,2002,39(10) :1016-1031.

[7] Lederman N G,Abd-El-Khalick F,Bell R L,& Schwartz R S. Views of Nature of Science Questionnaire:Toward Valid and Meaningful Assessment of Learners' Conceptions of Nature of Science[J]. Journal of Research in Science Teaching,2002,39(6):497-521.

[8] Luft J A,& Roehrig G H. Capturing Science Teachers' Epistemological Beliefs: the Development of the Teacher Beliefs Interview[J]. Electronic Journal of Science Education,2007,11(2):38-63.

[9] Lumpe A T,Haney J J,& Czerniak C M. Assessing Teachers' Beliefs About Their Science Teaching Context[J]. Journal of Research in Science Teaching,2000,37(3):275-292.

[10] National Research Council. How Students Learn:History, Mathematics, and Science in the Classroom[M]. Washington, DC:National Academies Press,2005:7-68.

[11] Bransford J D,Brown A L,Cocking R R.How People Learn:Brain,Mind,Experience,and School[M].Washington, DC:National Academy Press,1999:8-21.

[12] Weiss I R,Pasley J D, Smith P S, Banilower E R, & Heck D J. Looking Inside the Classroom:A Study of K-12 Mathematics and Science Education in the United States[R]. Chapel Hill, NC: Horizon Research, Inc,2003:1-156.

[13] National Research Council. National Science Education Standards[M]. Washington, DC:National Academies Press,1996:22-145.

[14] National Research Council. How People Learn: Brain, Mind, Experience, and School: Expanded Edition[M]. Washington, DC:National Academies Press,2000:5-128.

[15] Banilower E,Cohen K,Pasley J & Weiss I.Effective Science Instruction:What Does Research Tell Us (2nd ed) [R].Portsmouth, NH:RMC Research Corporation, Center on Instruction,2010:1-48.

[16] Borg W R,Gall M D.Educational Research:An Introduction (7th ed.)[M].White Plains, NY: Longman,2003:222-285.

[17] Jack R Fraenkel,Norman E Wallen,Helen H Hyun.How to Design and Evaluate Research in Education[M].New York:McGraw-Hill,2012: 154-159.

[18] Czerniak C M,Evans R,Luft J (Eds.).The Role of Science Teachers' Beliefs in International Classrooms:From Teacher Actions to Student Learning[M].Rotterdam, The Netherlands: Sense Publishers,2014:81-102.

[19] Kagan D.Implications of Research on Teacher Belief[J].Educational Psychologist,1992,27(1):65-90.

Development of Teacher Belief Assessment Tools Based on Effective Teaching

—A Case Study of American New Assessment Tool TBEST

ZHOU Gaixiao[1], LIU Enshan[2]

(1.College of Life and Environmental Science, Wenzhou University, Wenzhou Zhejiang, 325035;

2.College of Life Science, Beijing Normal University, Beijing, 100875)

Abstract: Teachers' beliefs play an important guiding role in teacher behavior, and they are the core elements of teacher professional development. However, the lack of high-quality teachers' belief assessment tools has greatly hindered the development of related research. Teacher Beliefs about Effective Science Teaching Questionnaire(TBEST)is based on the latest theories of learning science, nature of science and science inquiry, and it designs high-quality teacher belief assessment tools through rigorous and scientific theoretical demonstration and measurement test. The tool development begins with the definition of measurement goals, development items, cognitive interviews, and validation of reliability and validity. Ultimately through the further optimization of tools, it ensures that the tools have good reliability and validity with rigorous scientific development and design closed linked, so that teachers' beliefs about effective science teaching can be measured scientifically and effectively. This paper focuses on theoretical foundation, designing ideas and development progress of the tools. These ideas are worthy of reference and attention for the design of teachers' belief assessment tools.

Key words: teacher beliefs, effective teaching, science education, assessment tools

基础教育阶段学校质量评估的审视及启示
——以美国纽约市为例

朱忠明

(北京师范大学 数学科学学院，北京 100875)

摘　要： 对学校质量进行评估是教育评价的重要组成部分。美国纽约市教育部构建的"质量评估标准"以及相应的"校长指南"，从教学核心、学校文化和改进体系三个维度较为详细地给出了学校质量评估的一、二级指标，以及各指标的水平特征，并清晰地阐述了质量评估各环节的具体工作等内容，对我国基础教育学校质量评估体系的构建以及监测工作的开展具有重要的借鉴意义。

关键词： 学校质量；质量评估；评估指标体系

学校质量是教育标准的重要方面，对其进行评估是教育评价的重要组成部分。已有一些研究表明，多数国家的学校评估重在对学校管理工作的状态、结果以及运作过程进行量的判断。[1]而评估本身会受个人价值判断的影响，因此，建立一套相对科学、合理且具有普适性的质量评估标准，以帮助利益相关者评估并改进学校质量就显得尤为必要。目前我国关于学校教育质量评价方面的研究还主要停留在理论层面，具体评价指标仍处于开发阶段。[2]美国纽约市教育部制定的包含质量评估指标体系在内的质量评估标准(Quality Review Rubric)以及质量评估校长指南(Principal's Guide to the Quality Review)，或可为我国基础教育学校质量评价指标体系的构建及质量监测工作的开展提供一些启示。

一、评估标准：纽约市学校质量评估指标体系

学校质量评估是一个评估学校如何组织以支持学生的学和教师的教的过程。美国启动得较早，且曾从经济学、社会学、心理学等不同视角建构了学校质量评估指标体系的多维度的概念框架。[3]在此基础上，纽约市教育部开发了用于指导本市学校质量评估的评估标准。该标准中给出的评估指标体系最初涉及"5个维度20个指标"[4]，2012—2013学年起开始压缩，变为"3个维度10个一级指标"，且每个一级指标对应着3个二级表现指标，还分别对应着"待发展、发展中、熟练、发展良好"4级水平。[4]

1. 学校质量的评估指标

近来"3维度10指标"的学校质量评估指标体系已基本稳定，整体无明显改变，"教学核心""学校文化"及"改进体系"3个维度的具体评估指标，如表1—3[5][6]所示。

作者简介：朱忠明，北京师范大学数学科学学院博士后，主要从事教育评价、数学课程与教学研究。

表 1 “教学核心”维度的评估指标

一级指标	一级表现指标	二级表现指标
课程	与共同核心学习标准(CCLS)相一致的严谨、引人入胜、连贯的课程	a.与 CCLS、内容标准及整合嵌入在 CCLS 中的内容相对应的课程;b.所有学生的严谨习惯和高阶技能;c.确保所有学生接触课程和认知参与的规划以及修订
教学	基于研究的、可促使学生高质量产出的有效教学	a. Danielson 框架提供的、与课程和教学相一致的共同信念;b.提供多个切入点以让所有人参与的教学策略;c.能获得有意义产出的高水平的学生思考及参与
评价	与课程相一致的,能指导教学的评估实践	a.提供可操作反馈的与课程一致的评估实践及评级政策;b.推动课程与教学调整的共同的评估分析;c.检查理解及可促使有效课堂调整的学生自我评估

表 2 “学校文化”维度的评估指标

一级指标	一级表现指标	二级表现指标
积极的学习环境	积极的学习环境,包容性的文化及学生成功所构成的格局	a.安全包容的学校文化;b.学校协调社会情感学习、出勤和青年发展以取得学业成功;c.协调职业发展,并支持采用有效的学术行为和个人行为
高期望	交流和支持高期望的学习文化	a.向员工传达高期望,包括培训和问责制度;b.沟通并支持家庭对大学和职业准备的高期望的理解;c.员工沟通并支持对学生的高期望

表 3 “改进体系”维度的评估指标

一级指标	一级表现指标	二级表现指标
利用资源	用于支持满足学生需求的教学目标的统一资源	a.使用与教学目标相配套的资源;b.利用时间改善教学和学生的挑战;c.学生课程与教师专业知识保持一致,并支持能实现为大学和职业做准备的学习机会
目标和行动规划	与学校社区共同的学校层面的行动理论与目标	a.跟踪学校层面的目标和行动理论以促进学生的学习;b.为学校层面的目标、行动计划和专业发展提供信息的、由数据确定的需求评估;c.社区参与制订学校层面的目标和行动计划
教师支持和监督	通过 Danielson 框架对教师进行支持和评估,并对学习成果进行分析	a.由有效的反馈以及后续的观察与数据所支持的教师成长;b.支持发展、使用 Danielson 框架提供趋势和后续步骤的教师反馈;c.专业发展和教师或管理人员的绩效决策方面的数据
教师团队和领导力发展	教师团队使用探究方法参与协作实践以改善课堂实践	a.用以支持目标并增强教师能力的教师团队参与协作调查;b.改进课程、教学和学习的团队内的学生工作和数据分析;c.影响关键决策的嵌入式分布式领导结构
监控和修订体系	聚焦于 CCLS 的学校层面的定期评估	a.根据学生需求评估和调整课程与教学实践;b.评估学校的文化和期望以做出调整;c.评估并调整资源利用、教师团队效能及专业发展

其中,“教学核心”“学校文化”和“改进体系”这 3 个维度之间相互关联,且各维度下的各指标之间也是相互关联的。如“教学核心”这一维度,反映的是学生、教师与内容的联系,且它下属的 3 个一级指标“课程”“教学”“评价”是以行动理论为基础的:当学生、教师和教学内容三者的关系改进时,也即教学核心改进时,学生的学习将得到改进。此外,一个学校如果要改进教学核心,使得课堂教学有一个高的标准,那么它必须增强并维持“学校文化”与“改进体系”这两个维度的内容。相互关系如图 1 所示。

图 1　学校质量指标关系图

2. 学校质量评估指标的四级水平划分

评估标准中除了给出质量评估指标外,还给出各指标对应的各级水平的描述性特征,以“课程”这一指标为例,它的 3 个二级表现指标的 4 水平描述如表 4 [5] 所示:

表 4　“课程”各二级表现指标对应的 4 个水平

指标	水平			
课程	待发展	发展中	熟练	发展良好
a.	学校领导和教师未将课程与 CCLS 及内容标准相对应,也未整合嵌入在 CCLS 中的内容	学校领导和教师正处于将课程与 CCLS 及内容标准相对应,并整合嵌入在 CCLS 中的内容的过程中	学校领导和教师能确保将课程与 CCLS 及内容标准相对应,并整合嵌入在 CCLS 中的内容,做出合理的决定以建立一致性,且为促进所有学生的大学和职业做准备	学校领导和教师能确保将课程与 CCLS 及内容标准相对应,有策略地整合嵌入在 CCLS 中的内容,保持跨年级和跨学科的一致,且为促进所有学生的大学和职业做准备
b.	课程和学术任务通常不强调严谨的习惯或高阶技能	课程和学术任务并不一致强调跨同年级、学科,以及英语学习者和学困生的严谨的习惯和高阶技能	课程和学术任务始终强调跨年级、跨学科,以及英语学习者和学困生的严谨的习惯或高阶技能	严谨的习惯和高阶技能都在课程和学术任务中被强调,且以连贯的方式嵌入在跨年级、跨学科中,以使所有学习者必须呈现他们的思维
c.	课程和学术任务未能反映出给学生提供使用课程和任务及学习者认知参与多样性规划的机会	课程和学术任务能反映出给学生提供使用课程和任务以及学习者认知参与多样性规划的机会	课程和学术任务通过利用学生工作和数据得到规划和加强,以致不同的学习者能有使用课程和任务及认知参与的机会	课程和学术任务通过利用学生工作和数据规划和加强,以致学生个体和学习小组能有使用课程和任务及认知参与的机会

对于课程之外的其他 9 个指标,评估标准中也采用类似方式进行了阐述。在学校质量评估过程中,将会基于评估标准中所列出的 10 个一级指标,且这 10 个指标都会被评估到,根据需要有所侧重,且还会根据评估标准及收集到的信息确定被评估学校的各指标水平。一言以蔽之,学校质量评估指标及水平划分可为评估者做评估决定提供重要参考。

二、校长指南:纽约市学校质量评估环节

有了一套学校质量评估体系后,对学校开展质量评估大概有5个环节:评估前的准备工作、参观学校、生成质量评估报告、验证报告、上诉过程。[7]这5个环节不会受制于学校的类型和规模,适用于所有学校。

1. 评估前的准备工作

在评估者对学校质量开展评估前,学校的校长会首先收到官方的邮件通知。收到邮件到正式评估期间,校长需给评估者提供一个完整的学校自我评估文档、组织表、上课时间表及校长时间表或项目卡,以便评估者和校长共同制作一个专门的学校质量评估时间表。评估前的准备流程大致如表5所示。当然,参观学校的时间表不是一成不变的,实际的一系列事宜将由评估者和校长在评估前的电话会议中商量,时间分配上也可根据学校安排进行协商。

表5 学校质量评估前的准备流程

步骤	校长行动步骤
项目相关人通知校长评估时间,评估者姓名及简介	开始准备评估所需提交的文件
校长邮件联系评估者和项目相关人	提交学校文件(包括学校自我评估形式、组织表、上课时间表及校长时间表或项目卡)
评估者通过邮件向校长概述质量评估事件,指导开发一个规划时间表,请求评估前的电话	向评估者确认评估前电话和邮件中所提及的时间表
评估者通过电话联系校长,讨论将要进行的评估	提出任何需要澄清的问题
评估者和校长开发参观学校的规划	和评估者合作开发学校专门的质量评估时间表

2. 参观学校

参观学校期间,评估者会通过参观教室,以及和学校领导、教师、学生、学生家长见面等方式收集证据,并通过证据来决定10个质量指标的水平,再完成记录书及学校报告,报告会在学校质量评估后寄给学校。具体地说,学校参观期间,课程方面的评估,侧重于对学校课程的有目的的决策,满足学生需求规划的有效性,以及所有学生获得具有挑战性和严格的学习经验的程度。当然,评估者可能会要单元规划/任务执行日期,也会将参观的时间及在每个学校进行的工作都考虑进去。而对其他方面的评估,主要通过和学校领导见面交流、班级参观和汇报、和学生小组见面交流、和教师团队见面交流、和学生家长见面交流等方式开展。此外,校长有选择是否向评估者展示学校教学实践的其他证据的机会,如果放弃,那么评估者会将该时间用作补充反思。在整个参观结束前,还有一个反馈会议,尽管该会议是在评估者和校长间进行,但在校长自行决定下被邀请的其他参与者也可贡献证据。同时,评估者也会提供口头反馈、已印刷出的初步评级形式。

3. 验证报告

一旦报告草案通过质量核实过程,项目相关人将在最终报告出版前通过电子邮件形式将报告草案发给校长以求验证。校长收到报告草案后,需认真阅读报告,检查是否有不准确的事实或条目,以确保报告的事实准确性。如果学校质量办公室在规定时间内没有收到核实表格,那么质量评估报告将会在纽约市教育部网站上公布。校长也可通过提供与量度相符的证据及影响的证据上诉具体指标的评级,这是一个独立的过程,具体将在文章“上诉过程”中阐述。

4. 生成质量评估报告

参观结束后,评估者会给出一个书面报告。报告的内容包括对应评估标准中的10个一级指标的各

指标水平,以及对选择用于侧重关注的 6 个高效率指标的叙述性反馈。其中这 6 个指标中的一个被确定为“表扬区域”(Area of Celebration,简称“AoC”),另一个为“聚焦区域”(Area of Focus,简称“AoF”),其余 4 个为“其他发现”。

质量评估报告为每个被评估学校量身定制,给学校社区提供了以证据为基础的有关学校专业发展的信息,并且还作为一种反馈资源服务于学校的领导者,用于改进规划和支持学生的学习。评估者通过从评估标准中筛选指标来制定叙述性的反馈,为了给每个学校提供一个综合性的评价,在认真分析所有证据后,从指标水平最高的指标中选择“AoC”,从指标水平最低的指标中选择“AoF”,从剩下的主要指标中选择“其他发现”。质量评估报告依次呈现“AoC”“AoF”和“其他发现”。例如,表 6 中给出了以“积极的学习环境”为“AoC”,以“监控和修订体系”为“AoF”,以“课程,教学,评估及教师团队和领导力发展”为“其他发现”,共 6 个高效率指标的叙述性反馈。

表 6 质量评估报告中各指标的叙述性反馈

教学核心	区域	指标水平
课程	其他发现	熟练
教学	其他发现	熟练
评价	其他发现	熟练
学校文化	区域	指标水平
积极的学习环境	AoC	发展好
高期望		熟练
改进体系	区域	指标水平
利用资源		熟练
目标和行动规划		熟练
教师支持和监督		熟练
教师团队和领导力发展	其他发现	熟练
监控和修订体系	AoF	发展中

其中 6 个高效率指标中的每一个叙述性反馈都包含发现(findings)、影响(impact)和支持性证据(supporting evidence)(简称“FISE”),而 FISE 与给定的质量评估指标的评级相一致,且至少对评估标准中所列出的 3 个二级指标的两个加以说明。FISE 反映出了参观学校的实际经验,并且具有密切的联系,使得发现和影响包含并得到支持性证据的验证,从而创建一个叙述。表 7 中给出了以“课程,表扬区域,熟练”为例的一个叙述性反馈表。

表 7 “课程,表扬区域,熟练”叙述性反馈表

叙述性反馈细目	具体内容
发现	学校领导和教师确保课程与 CCLS 相对应,并通过广泛关注学校范围内的研究写作整合教学转变。规划文件一贯展示强调所有学生的高阶思维能力的严谨的学术任务
影响	教学计划和课程通过聚焦研究和整合需要所有学生的高阶思维的任务,以连贯地促进他们的职业和大学准备
支持性证据	科学、社会研究、英语语言艺术及数学的课程计划都展示了特定的任务,这些任务要求学生用聚焦于研究写作的方式分析信息文本。学生用仔细阅读策略来发展批判性思维技能。在八年级的科学单元中,一个课程要求学生结合运用阅读技能加以仔细阅读

质量评估报告中的所有报告都会经过严格的质量把关过程,这一过程旨在确保报告内容与评估标准以及评级相一致,同时确保报告中的信息准确无误,这个过程还确保报告给学校社区提供具体到每个学校的有充分证据支持的反馈。

5. 上诉过程

如果校长对质量评估报告有异议,希望上诉,那么他必须在收到报告草案后的规定时间内,通过电子邮件向项目相关人提交完整的上诉表格,且上诉的要求只能来自校长。上诉一旦启动,学校质量办公室会细致而深入地思考每一个上诉要求。学校质量办公室的评估者将会在收到上诉后的规定时间内和校长接触,并确认收到了上诉及其他相关文件。此外,学校质量办公室还将联系主审人员并评估所有相关文件以审查上诉。如果上诉中要求评估者参观学校以便观察其他数据和事实,那么学校质量办公室将会和校长联系以安排时间。在审查完成后,书面答复及最终质量审查报告将会在规定时间内发给校长。

三、审视与启示

美国纽约市教育部制定的评估标准及相应的校长指南,以全面而又具体的指标体系,详细而又易操作的指导,促使它具备持续发展的条件,加之它以不断更新完善的理念推动着学校教育质量评估工作,对其进行审视可以获得一些启示。

1. 对纽约市学校质量评估的审视

纽约市开展的学校质量评估,尤其是经历一系列评估历程后形成的评估报告,能清晰地反映学校在发展中的优势及待完善之处,这对改进学校质量有重要指导价值。此外,没有达标或表现不是很好的学校,抑或是正在复兴的学校等,都会成为质量评估选择的对象。学校质量评估会见证并记录学校的成长和发展历程,同时也监督学校质量不断改进直至达标甚至超越标准。如纽约市的布朗克斯作家和艺术家工作室初高中学校(Bronx Studio School for Writers and Artists Middle - High School)曾在2006—2008年、2011年、2014年和2015年先后6次成为评估对象,从最初许多评估指标处于“待发展水平”到后来的“发展好、熟练”或“正在发展水平”。其中,在2015年的质量评估报告中,所测指标均处于“熟练或发展中水平”。[8]当然,由于评估标准有一定的更新和调整,学校也处于不断发展中,学校在前一次评估中处于较好指标水平却在下一次评估中处于相对较低水平也属正常现象,只要整体上呈现出上升发展的趋势即是一种好的态势。一言以蔽之,对评估标准及校长指南的分析可看出,学校质量评估在评估的目的、评估主体、评估过程、评估的形式等方面都有能持续发展的特点。

(1)服务化导向的评价目的

对学校质量评估旨在改进学校质量进而提升学生的学业成就,可见评估的目的是服务于学生。事实上,学校最重要的目标是满足社会,特别是家长、学生及相关利益者的需求,基于此,教育服务满足于相关利益者需求的程度是衡量学校质量的关键所在。[9]从校长指南可以看出,学校质量评估非常重视学生、家长及其利益相关者的意见,这在学校参观这一阶段体现得相当明显。此外,在评估前的准备阶段,校长需给评估者提供一份学校的自我评估体系作为参考,侧面反映出评估者进行的外部评估是服务于学校的内部评估的。

(2)专业化导向的评估主体

学校质量评估的整个过程在没有政府和教育部门的干预下完成。评估者是接受过专门培训的经验丰富的教育工作者,在参与学校质量评估前会开展专业化的学习,还会受相应的评估者行为准则的约束,以此为指导开展评估工作,并将这一评估工作视为其职业工作的有效组成部分。评估主体的职业化、专业化,对于我国教育质量评估工作的开展具有重要的借鉴价值。

(3)公开化导向的评价过程

评估的整个过程始终有多方力量参与,评估者非常重视基于事实和数据的证据收集和应用,多方位收集信息来对学校进行质量评估。在评估报告最终确定前会一再核实,而且还给对评估报告有异议的校长上诉的机会,可见整个评估过程是公开透明的,这也为评估的公平性提供了一定保障。

(4)细致化导向的评价指南

评估标准中设计的评估维度较为全面且各指标水平相对明确,具有易操作性。从评估维度看,学校质量评估是对一所学校的教育教学、学校文化、改进体系等整体面貌和综合质量的考察与鉴定,而不仅仅是学校的升学率、学生的考试成绩等单相度的结果性的考察标准。这对于我国制定学校质量评价标准、校长指南等具有重要的参考价值。

2. 对我国学校质量评估的启示

我国目前的中小学质量评估主要是基于各级政府的教育督导评估,依据国家颁布的《普通中小学校督导评估工作指导纲要》(修订稿)和教育部相关规定所制定的各省的重点校、示范校评估及专项督导评估标准,并没有制定国家层面的统一的评估标准。[9]简言之,依然是政府主导为主,行政部门对学校质量评估的掌控权仍然把持不放,第三方组织参与的评估相对薄弱,一定程度上导致学校质量评估目的的导向发生了异化。而且,我国中小学教育质量评价中存在的评价标准单一、注重学校系统质量评价而忽视学校进步程度评价等问题,使得评价结果缺乏科学性和公正性。[10]审视并借鉴美国纽约市的学校质量评估标准及校长指南,我国在学校质量评估方面甚至是整个基础教育的评估方面,可以从"构建质量评估制度以保证学校质量评估的连续性和严肃性,制定具有广泛实用性的质量评估标准,建立第三方评估组织以促进质量评估的专业性与民主性,加强对评估报告数据的利用以帮助学校改进"等方面着力。

(1)建构制度以保障学校质量评估的连续性与严肃性

建构教育质量评估制度的目的是对学校质量加以确证,并使学校处于持续的质量改进过程中。制度存在对我国学校质量评估在规范性方面的掌控是有益的,目前的学校质量评估需要制度的约束和规范。建立区域学校质量评估制度是推动学校质量评估稳定有序进行的首要且重要之事。

(2)制定广泛实用的质量评估标准以提升质量评估的科学性

学校质量评估工作有序进行,除了需要制度的保障外,还要有一个相对科学合理且具有广泛实用性的评估标准作为参照。评估指标的设立及水平的划分,应充分考虑学生、家长及其利益相关者的需求,采取"自下而上"的设计理念,绝不能一味地从国家的教育需求、学校的优劣等级评比等出发去建构。此外,国家层面的学校质量评估标准因考虑的是普适性,所以并不能完全地适合于每个地方。地方必须基于国家层面的学校质量评估标准,制定适宜自己的评估标准,以服务于改进下属学校的教学。在指标体系上,要合理简便,便于评估者、学校等操作。

(3)建立质量评估共同体以促进质量评估的专业性与民主性

为确保学校质量评估的公信力、说服力,政府相关部门的专业团体最好不直接参与学校质量评估,可采取政府与民间第三方组织合作的模式,政府部门可以对第三方的中介评估机构采取宏观调控。这样既给予第三方组织充分的自由发展空间,又能实现自身对其的间接管理。此外,让学校校长、管理人员、教师、学生家长等也在学校质量评估中担任不同的角色,形成一个学校质量评估共同体。通过相互协作、相互支持,共同高质量开展学校质量评估,并生成一系列能获得各相关方认可的报告,与评估前的期望进行比对,找出差距,制定相应的改进策略,体现开展学校质量评估的益处,以满足不同利益相关者的价值诉求。简言之,由"专业团体"到"共同体"为评价主体所主导的学校质量评估能弥补外控式督导评价的不足[11],让我国基础教育学校质量评估工作良好地开展下去。

(4)加强对评估报告数据的利用以帮助学校改进

学校质量评估的目的不在于对学校进行等级划分,而是为了改进学校质量,提升学生学业成就。我国正处于教育质量评估初始阶段,对评估数据的利用还有待提升。学校质量评估的数据报告可为基础教育决策提供依据,可提升基础教育决策和管理的科学化、专业化。教育管理部门要积极利用评估结果分析学校课程设置、课堂教学、学校文化、教师发展等方面的状况和问题,对薄弱环节采取有针对性的改进措施。

毋庸置疑的是,中小学校质量评估仍将会是新时代素质教育关注的重点议题。而美国纽约市教育部构建的质量评估指标体系及评估各环节的具体事宜,乃至背后折射出的一些理念等,无疑值得相关领域研究者、决策者及实践者的探讨与借鉴。

参考文献:

[1] 曾琳. OECD 国家教育评价发展的关键主题检视[J]. 比较教育研究,2017,(4):39-45.

[2] 刘晓玫,刘瑶,宋庆莉. 区域内学校教育质量评价指标体系构建[J]. 教育理论与实践,2016,(17):10-12.

[3] 曾家延. 学校教育质量评价指标体系的历史演进与建构——基于美国、新西兰和苏格兰的考察与启示[J]. 国家教育行政学院学报,2014,(1):83-88.

[4] 2012-2013 Quality Review Rubric[EB/OL]. [2017-07-16]. http://docplayer.net/43935676-Quality-review-rubric.html.

[5] NYC Department of Education. 2018-2019 Quality Review Rubric [EB/OL]. [2018-10-30]. https://infohub.nyced.org/docs/default-source/default-document-library/quality-review-rubric_18-19.pdf.

[6] NYC Department of Education. Quality Review 2017-2018: Big Ideas by Indicator and Sub-indicator[EB/OL]. [2018-10-30]. https://infohub.nyced.org/docs/default-source/default-document-library/quality-review-big-ideas-18-19.pdf.

[7] Carmen Fariña, Phil Weinberg, Ashley Michele. Principal's Guide to the Quality Review 2018-2019 [EB/OL]. [2018-10-30]. https://infohub.nyced.org/docs/default-source/default-document-library/quality-review-principals-guide_18-19.pdf.

[8] NYC Department of Education. All Quality Review Ratings from 2015-2016[EB/OL]. [2017-07-16]. http://schools.nyc.gov/Accountability/tools/review/default.htm.

[9] 乐毅. 学校评估研究——以美国国家质量奖《绩效优异教育标准》为比较例证[D]. 华东师范大学博士学位论文,2005:139.

[10] 张亮,赵承福. 中小学教育质量评价的问题及其消解[J]. 中国教育学刊,2010,(5):27-29.

[11] 苏启敏. 谁来评价学校:由专业团体到共同体[J]. 中国教育学刊,2011,(12):58-61.

The Examination and Enlightenment of School Quality Review in Basic Education Stage: Take New York City of the United States as an Example

ZHU Zhongming

(School of Mathematical Sciences, Beijing Normal University, Beijing, 100875)

Abstract: School quality review is an important part of educational evaluation. The "Quality Review Rubric" and the corresponding "Principal's Guide to the Quality Review", constructed by New York City Department of Education, present the indicators and sub-indicators of school quality from three dimensions of instructional core, school culture and systems for improvement in details, as well as the level-characteristics of the corresponding indicators. They also clearly demonstrate the specific work in the various links of the quality review. Such review has referential significance for China's basic education to construct the school quality review system and carry out monitoring work.

Key words: school quality, quality review, review indicators system

美国新问责时代州教育行政机构“能力建设”运动的启示

——以田纳西州与肯塔基州为例

毛 丹

(上海师范大学 教育学院，上海 200234)

摘 要： 文章以田纳西州和肯塔基州为案例，分析了在新问责制的背景下，州教育行政机构近年来开展的“能力建设”运动。研究发现，在问责制和标准化考试的压力下，州教育行政机构会改变以往的资源获取模式，同时调整自身的组织文化与组织架构，突出问责、评估与学校支持等功能，建立跨部门的工作小组，加强与地方学区的平等合作关系，使整个机构从一种执行取向的文化向更为灵活、开放、高效的绩效取向的文化转变。

关键词： 美国；州教育行政机构；教育领导力；“能力建设”运动

近年来，美国基础教育的问责体系发生了重要变化，政府与学校之间的关系正变得日益复杂。有研究指出，奥巴马政府时期《每个学生都成功法案》的出台，标志着“州问责制”开始取代“适当年度进步”的“联邦问责制”。[1]“州主导的多元指标问责体系”发展起来，州和学区开始在教育政策制定、学校成果监测、教师质量评估等方面拥有更多的控制权和话语权。[2]在这样的背景下，州教育行政机构开始进行一场“能力建设”运动。本文试以田纳西州和肯塔基州为例，分析在联邦政府强化地方教育问责的情况下，地方教育行政部门所进行的变革。

一、美国州教育行政机构在K12教育中的角色：历史的演进

州教育行政机构(State Education Agency，简称SEA)是美国州一级的基础教育管理单位。各州对其称呼有所不同，如州教育局(State Education Department)、州教育委员会(State Board of Education)等。该类机构作为一个制度化的组织已经存在超过150年。起初，它的职权范围比较窄，主要任务是收集和公布统计数据。1958年，联邦政府颁布《国防教育法》，开启了联邦政府参与教育发展的新时代。作为联邦政府财政拨款下发的通道，州教育行政机构开始受到更多重视。1965年，美国约翰逊政府颁布了《初等与中等教育法案》，明确提出了州教育行政机构的目标及加强具体的领导力建设要求，并专门拨出了一笔经费用于提升组织能力。在《初等与中等教育法案》的影响下，各州教育行政机构纷纷扩大规模并进行改革。在政策实施的前十年，很多州教育行政机构的工作人员数量增长了两倍甚至三倍，并开始担负起制定教育规划、评估、监管和技术支持等多种职责，州教育行政机构在K12教育中的影响力显

作者简介：毛 丹，上海师范大学教育学院讲师，上海师范大学国际与比较教育研究院兼职研究人员，博士，主要从事教育管理学与比较教育研究。

著增加。这个时期,新的学校政策不再以“地方-州”为运行的轴心,而变成了“州-联邦”为主要实施行政机构。[3]但值得注意的是,这一时期州教育行政机构扮演的主要角色仍是联邦政府的地方代理人,不管从经费上还是政策取向上都对联邦政府有较强的依赖性。

1981 年,里根政府颁布了《教育巩固与改善法案》(Education Consolidation and Improvement Act,简称 ECIA),提出改变联邦-州-地方三者在 K-12 中的地位和关系,“将对教育政策的控制权从联邦政府转交给州和地方当局。”[4]20 世纪八九十年代,随着联邦政府开始逐渐减少在 K-12 教育中的参与度,州教育行政机构开始在教育监管中承担更大的责任,其工作的重心也从配合联邦政府进行教育拨款、关注教育公平转向关心问责与学校教育质量。

2002 年,时任总统的小布什正式签署了《不让一个孩子掉队法案》,根据该法案,州和学区被赋予对学生的学习结果进行监控的职责。[5]在该法案的影响下,州教育行政部门的工作内容相比以往,变得更为庞杂。正如美国研究学会和兰德公司提交给美国教育部的一份调查报告提到的:“州扮演的角色格外重要,它们要为管辖范围内的所有学校和学区制定标准,实施评估,定义适当年度进步(Adequate Yearly Progress,简称 AYP)并决定问责目标。”[6]此外,州开始将注意力从高绩效的学校转向低绩效的学校。这一时期,虽然州的工作范围有所扩展,但其自主权仍受到不少限制。州的教育是否达到 AYP 的目标,终审权仍然归属联邦教育部。[1]

2015 年,奥巴马政府通过了《每个学生都成功法案》,其核心思想就是削弱联邦政府在 K-12 中的作用,恢复地方的控制权。根据《每个学生都成功法案》,州和学区拥有比以往更大的自主权,各州可以根据本州发展的实际情况来制订学校教育质量提升计划,而不必再采用统一的“共同核心标准”。[7]有评论认为,“随着联邦政府指导和监督的减少,对州未来教育进行定义和执行的责任将几乎完全落在州教育领导的身上。”[8]《每个学生都成功法案》的签署标志着美国中小学教育问责体系的转变,重启了州主导教育问责运动的“全新尝试”。[2]

二、制度环境的变化与州教育行政部门的应对策略

1. 制度环境的变化与州教育行政部门的困境

可以看到,进入 21 世纪以来,州教育行政部门所面对的制度环境发生了很大变化。在新自由主义的影响下,“问责”“标准”和“效率”等观念开始盛行,并对美国基础教育的制度环境产生了重要影响。无论是联邦层面制定的“共同核心标准”还是各州自行制定的学业标准都试图以定量化的手段来对学校的绩效和产出进行控制,“分数”和“排名”等量化指标正成为美国教育改革的重要对象。马塞尔(Massell D.)等人在对美国 9 个州的教育改革进行研究之后发现,基于标准化的改革已成为美国教育改革的普遍趋势。[9]

制度环境的转变对州教育行政部门提出了新的挑战。原有的组织结构、文化和行动模式已经无法满足新形势的要求,正如教育领导力协会(Institute for Educational Leadership)的一项研究指出的:“经费不足、人员质量不均、税收体系过时、非理性的政治期望,以及一些过时的执行系统都使得州教育行政机构受到重重束缚。”[10]

首先是资源获取模式。传统依靠联邦政府拨款的模式已经无法满足州教育行政机构的日常运行。州教育政策中心(Center on Education Policy,简称 CEP)的一项调查显示,有 81%的州认为联邦经费的不足在某种程度上影响了他们的政策执行能力,56%的州认为州经费的不足也有同样的影响。[11]正如美国前教育部部长 Arne Duncan 所说,美国教育进入了一个“新常态”(New Normal),要“用更少的钱做更多的事”,在财政短缺的情况下提高学校产出和学生成绩。[12]

其次是传统的机构角色与定位需要调整。以往,州教育行政部门的工作主要集中在管理联邦政府资助,提供课程指导和确保各种法案责任的落实等不引人注目的工作。而现在,新的角色要求州教育行

政部门采取评估标准、进行评估、强化问责并积极进行改革,这使得州教育行政部门开始站到聚光灯下。[10]如何协调各项任务目标,合理分配资源成为摆在州教育行政机构面前的重要挑战。

再次,原有的组织结构与人员分配已经无法满足环境的需要。以往的组织结构和组织文化更适应于常规性工作,科层制特色明显,而新的环境要求州教育行政机构的运行更加透明,信息更加公开。此外,随着机构规模的扩张,人才不足成为州教育行政机构的重要问题。据州教育政策中心的调查显示,50 个州中有 36 个州报告说它们缺乏足够的工作人员来执行 NCLB 的要求,熟悉研究、评估与量化分析的高层次人才尤为缺乏。[11]而州对政府人员薪资和雇佣流程的限制使得州教育行政机构在争取高层次人才方面缺乏竞争力。

最后,新的环境还对州与学区的关系提出了新挑战。以往,州教育行政机构主要通过联邦拨款来对学区和学校进行监管,而今后,他们将通过标准化测试、问责体系更深入地参与到学校监管之中。这使得州教育行政机构与学区及地方教育行政机构在教育权的掌控中产生了矛盾。[13]

2."能力建设"运动的兴起

正如迈耶和罗恩认为的,那些把社会上合法的理性要素整合进其正式结构的组织,能够最大化地保障其合法性,并增强其资源获得和生存能力。[14]新问责时代制度环境的巨变不可避免地会影响到州教育行政机构的组织结构与行动策略。近年来,在美国教育部和州能力和生产力建设中心(Building State Capacity and Productivity Center,简称 BSCP)的推动下,一场"能力建设"(Capacity Building)运动席卷全美,越来越多的州教育行政机构开始进行从"执行取向"向"绩效取向"的转变。[15]

公共教育重建中心(Center on Reinventing Public Education)的一份研究指出,近年来州的"能力建设"运动主要体现为三种形式:(1)内部渐进式演化:不对组织结构进行大的变革,在现有结构的基础上增加学校提升的职责;(2)增加新的部门,专门负责学区与学校绩效的提升;(3)大幅度重组:对组织结构进行大规模的改造以适应新的角色需要。[16](见表 1)可以看出,"能力建设"的主要目标是增强州教育行政部门在学校绩效评估、政策制定等方面的职责。

表 1 新问责时期州教育行政机构组织结构的变化

州	组织结构变化类型	学校改进/支持活动管理部门	问责与学生评估管理部门
科罗拉多	增加新的部门	独立的学区与学校绩效部门	独立的问责与数据分析部门
康涅迪克特	大幅度重组	将"学校改进办公室"整合进新的部门	由新的"学校绩效主管"负责现有活动
佛罗里达	内部渐进式演化	扩大现有的"学校改进办公室"和"区域支持系统"	现有的"问责、研究和测量办公室"
肯塔基	大幅度重组	新建"下一代学校和学区办公室"	重组了新的"问责与评估办公室"
马里兰	增加新的部门	"学校转变突破中心"	现有的"课程、评估和问责中心"
密歇根	内部渐进式演化	现有的"教育改进和创新办公室"	现有的"教育评估和问责办公室"
内华达	内部渐进式演化	在联邦项目中增加了一个"学校改进办公室"	现有的"项目问责办公室"
新泽西	大幅度重组	在"学校改进主管"下建立新部门	由"绩效主管"来监测学生成绩
南卡罗来纳	内部渐进式演化	在"学校效能部"下建立了"学校转化办公室"	"问责部"下现有的"评估办公室"
华盛顿	内部渐进式演化	现有的"学生和学校成功办公室"	现有的"评估和学生信息办公室"

资料来源:Jochim A. & Murphy P. The Capacity Challenge: What it Takes for State Education Agencies to Support School Improvement[EB/OL]. [2018-07-25] https://www.crpe.org/sites/default/files/pub_capacity%20challenge_dec13_0.pdf

三、州教育行政部门的"能力建设"运动:田纳西州与肯塔基州案例分析

本文将以田纳西州与肯塔基州为例,分析州教育行政部门在"能力建设"运动中的具体行动策略。

田纳西州教育行政机构名为田纳西教育局(Tennessee Department of Education,简称 TDOE),管辖全州 141 个学区和 1791 所学校。近年来,田纳西教育局在标准化评估和教师评价方面成为各州的标杆之一,也成为学者研究的一个典型案例。肯塔基州教育行政机构名为肯塔基教育局(Kentucky Department of Education,简称 KDE),管辖全州 173 个学区和 1233 所学校。近年来,肯塔基州教育局在组织结构、组织文化、与地方学区关系方面也进行了诸多变革。下面,本文将从资源获取模式、组织目标与结构、外包服务及与地方学区的关系四个方面对这两个州的“能力建设”运动进行介绍。

1. 转变资源获取模式

在教育问责不断强化的情况下,单纯依靠联邦政府和州政府的拨款已无法满足州教育行政机构的运营。因此,转变资源获取模式,积极争取各种外部资源成为州教育行政机构的重要任务。2009 年,奥巴马政府发起了“力争上游”(Race to the Top)项目,田纳西州通过激烈竞争最终获得了超过 5 亿美元的资助。在这些资金的帮助下,田纳西州有效提升了州教育行政机构的领导力。2011 年,肯塔基州也在“力争上游”项目中获得了 170 万美元的资助。此外,2011 年 2 月,肯塔基州还从比尔 & 梅琳达盖茨基金会获得了 100 万美元的资助,用于建立州共同核心课程标准、进行课堂教学以及改革学校评估与问责体系。[17]

此外,州教育行政部门还积极通过立法的形式获取各种政治资源和州层面的经费支持。如田纳西州在 2010 年通过了《领先登顶法案》(First to the Top Act)。根据该法案,田纳西教育局将获得更多的财政支持,该法案还赋予了田纳西教育局直接干预低成就学校、解除数据信息使用的限制、解除地方教育机构工资限制等权限。[18]而肯塔基州 2017 年通过的 1 号法案(Kentucky Senate Bill 1 2017)也再次强调了肯塔基教育局在学校问责中扮演的监管作用。[19]这些政策资源为变革的开展提供了合法性支持。

2. 进行组织战略和结构的调整

为了应对挑战,田纳西州和肯塔基州都对州教育行政部门进行了重新改造。以往,这两个州的教育行政机构都有着官僚主义、碎片化、缺乏统一目标的缺点,而现在,它们要被改造成一个更为灵活、高效、以提高学生成绩为主要目标的机构.[10]

田纳西州和肯塔基州的变革主要有如下 4 个方面:

(1)调整部门组织战略,突出问责与评估的地位。近年来,田纳西州教育局逐渐将教育目标集中在四个方面:大学毕业率、学生阅读熟练度、ACT 分数和国家教育进步评估排名。肯塔基州则将工作领域和重点聚焦到下一代领导(Next generation leaders)、评估与问责、支持系统及下一代专业人才(Next generation professionals)四大领域。

(2)对组织结构和人员进行调整。为了应对问责和标准化评估的要求,田纳西教育局将学校绩效与改进部门放到了更为重要的位置,这个部门的人数达到了 115 人,占全部职员数的 24%(见图 1)。[20]田纳西教育局在一份报告中指出,2013 年以来的组织结构变革,打破了以往那种以执行联邦政府拨款政策为目标的、经费驱动的、规制性的架构,转变为以学区改进与提升为主要目标的、任务驱动式的架构,部门间割裂的状况也在向跨部门合作转变。[21]

过去几年,肯塔基州教育局也对机构进行了重组和精简,同时,为了将目标集中到提升学校绩效和学生成绩上,肯塔基州教育局新建了两个办公室:下一代学校和学区办公室、下一代专业人才办公室。下一代学校与学区办公室直接与各学校学区联络,使得州教育行政机构与学校的联系更紧密。而下一代专业人才办公室则主要负责教师和校长的专业发展。从 2018 年的组织架构图来看,肯塔基州教育局又进行了调整,将部门缩减为 5 个,问责和评估在整个组织架构中占据了非常重要的位置(见图 2)。

(3)在教育行政机构内部建立专门的研究团队,加强部门的研究能力和政策制定水平。2012 年,田纳西州教育局成立了一个新的部门——研究与政策办公室,将原本零散分布在各部门的研究工作集中起来,并以政策设计、政策执行评估和政策影响分析为工作重点。办公室的每一位职员对口田纳西州教育局一个实职部门,以“技术支持”的角色参与到该部门的政策决策中去。近几年,该部门完成了数学

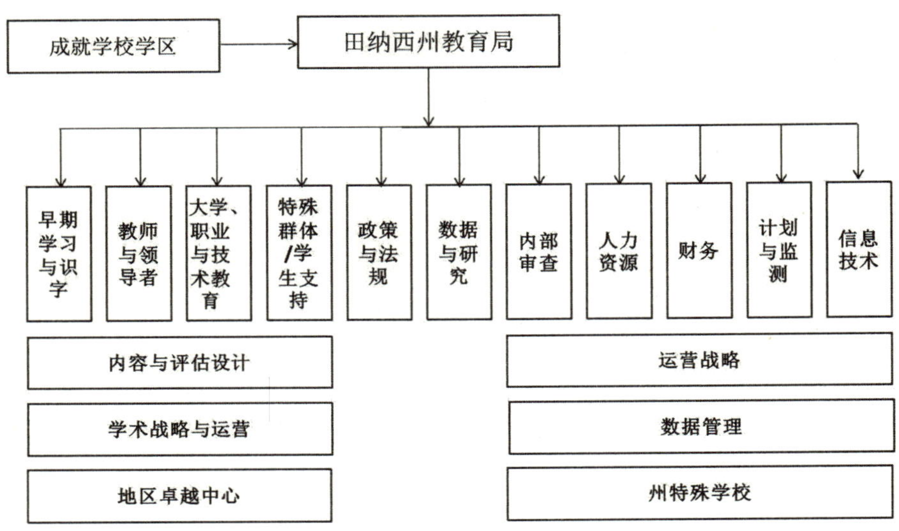

图1 田纳西教育局组织结构图

资料来源:Tennessee Department of Education. Every Student Succeeds Act: Building on Success in Tennessee. [EB/OL]. [2018-07-25] https://ed.gov/admins/lead/account/stateplan17/tncsa2017.pdf

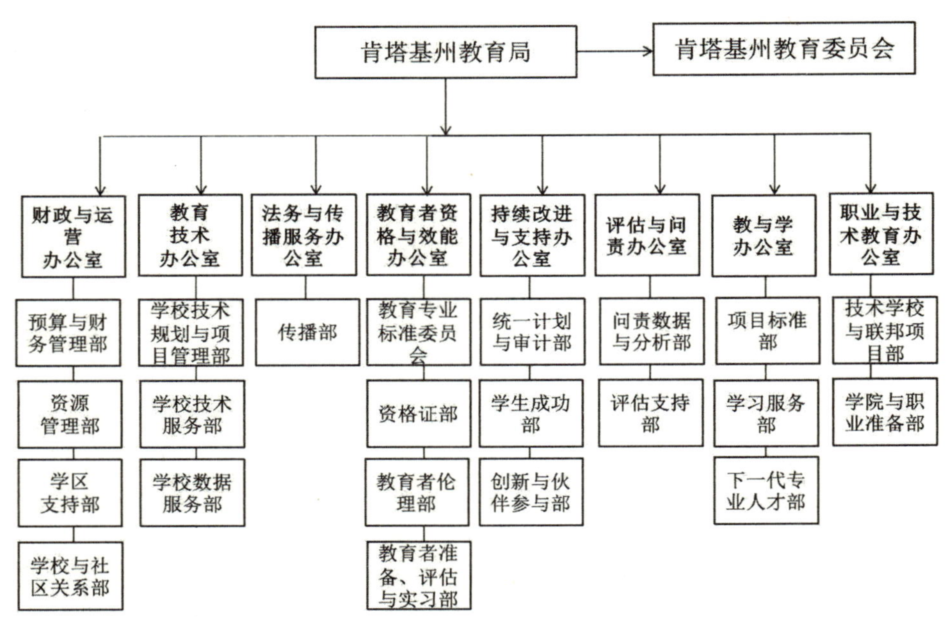

图2 肯塔基教育局组织结构图

资料来源:Kenturky Department of Education. Organizational Chart [EB/OL]. [2018-07-25] https://education. ky. gov/comm/about/SiteAssets/Pages/default/KDE% 20CURRENT% 20ORGANIZATIONAL% 20CHART%20110118%20LEADERSHIP.pdf

课程研究、领导力培训评估、同侪教练式教师培训评估等课题,大大提高了政策制定的科学性。[22]

(4)打破部门内部的条块分割,建立灵活的临时工作小组。以往,各州教育行政机构分为负责联邦拨款的“联邦部门”(Federal unit)和负责州内其他教育事务的部门两个部分。前者的薪酬由联邦政府支付,而后者由州支付。这两个部门长期隔绝,冲突比较明显。为了应对形势的变化,肯塔基州建立了若干临时性的工作小组,从各个部门抽调相关人员组成。这种跨部门的工作小组促进了机构内部的沟通,有利于资源的整合和有效使用。

3. 服务外包——发展外部智囊

在新问责时代,评估和数据分析受到更多重视。在专业人才缺乏的情况下,服务外包就成为州教育行政机构提升政策制定、执行能力的重要途径。这些外部智力资源主要包括两种,一是独立的研究机构、第三方评估机构及其聘用的教育专家;二是与教育相关的各类专家和行业代表。外部智力资源一方面减轻了州教育行政机构人员短缺的压力,另一方面可以使研究尤其是政策评估类项目的结果免受内部政治因素的干扰,更具有客观性。

4. 重构与地方学区关系

近年来,州教育行政机构与学区的关系也在不断发生变化,近年来,田纳西州教育局和肯塔基州教育局在处理与地方学区的关系方面主要做了以下 3 个方面的调整:

(1)加强与地方学区的沟通和合作,并为地方学区提供更多的培训与支持。近年来,田纳西州教育局成立了 8 个“地区卓越中心”(Centers of Regional Excellence),用来加强州对学区,尤其是薄弱学区的支持。此外,田纳西州还通过提供培训、建立学区沟通平台、提供数据服务、更新技术平台与工具等措施加强对地方学区的支持。而肯塔基州也开始努力与地方学区及 LEA 建构一种“合作伙伴模式”(Partnership model)。以往,学区将州教育行政机构看作一个规制性的、自上而下的、僵化的机构,而现在学区更多将州教育行政机构看作帮助他们清除障碍的伙伴。

(2)扩大地方学区的自主权。如田纳西州教育局会给学区提供机会,让它们自己制订战略计划,以提高资源利用的有效性。而肯塔基州改变了原来直接对教师进行管理和服务的做法,变为制定有关教师专业发展、教师评估和学校问责的标准,将教师管理和服务的功能下放到学区。

(3)对于表现欠佳的学校,建立新的州直辖学区(State Run School Districts)进行集中管理。2011年,田纳西州成立了“成就学校学区”(Achievement School District,简称 ASD)。所有的“失败学校”——成绩最低的 5%的学校或者毕业率低于 60%的高中从原有学区分割出来组成新的学区,受田纳西教育局的直接管辖。田纳西州教育局直接任命该学区的领导人,并对该学区的学校有完全的决策权。州将直接负责学区内所有学校的校长和教师的招募、选拔、培训及师生评估等事务。

四、结论与建议

近年来,美国联邦政府颁布了一系列有关 K-12 教育的法令,旨在提高学校绩效和基础教育的质量。随着问责制的强化,学校要更多地回应国家、地方和市场的要求,而这不可避免地会引起“联邦-州-学区-学校”四者关系的新变化。在这个过程中,州在 K-12 教育中的作用开始凸显,州教育行政机构由一个执行性的常规机构转变为具有教育改革职能的领导机构。通过对田纳西州和肯塔基州的案例进行分析,可以发现,州教育行政机构应对环境变革的“能力建设”运动主要体现在如下 5 个方面:

(1)调整原有的资源获取模式,努力拓展外部经费资源,并通过立法等方式保证自己的合法性基础和资源获得;(2)调整职能分工和组织结构,强化问责、绩效管理、评估部门的核心地位,增强机构的研究能力,打破原来的条块分割,建立灵活的临时工作小组以应对复杂的环境要求;(3)服务外包:州教育行政部门积极与第三方机构和相关专家学者合作,将评估和研究类的服务外包,保证了评估过程的科学性和客观性,也使机构本身的任务更为聚焦;(4)对组织文化进行调整,扩大部门的开放性与透明度,倡导更为灵活、高效、平等、沟通的组织文化;(5)调整与地方学区的关系:一方面加强对薄弱学校的直接监控,另一方面改变原有的自上而下的规制性的关系,增强与地方学区的关系,以一种更为平等的方式支持地方学区和学校的变革。

在国际竞争更加激烈的时代,对学校加强问责是一个不可避免的趋势,政府与学校的关系也会因此呈现出不同的特点。在这个过程中,地方教育部门如何进行组织变革,以提高自身的领导力和灵活应变能力,是关系中国未来教育改革成败的重要因素。而对美国州教育行政机构近年来的组织变革进行分析可能会带给我国一些启发:

首先,新的时代和新的改革诉求对地方教育管理部门的领导力提出了新要求,地方教育管理部门在未来将兼具政策执行者和改革推动者的双重角色,这要求他们要不断探索更为开放、透明、高效的决策方式,使机构的角色、组织架构和组织文化与新的改革战略相协调;要打破固化的条块分割状况,通过灵活的组织机制来加强各部门之间的沟通协作;要加强高素质专业人才的招募,提高教育研究能力和数据分析能力,实现以研究为基础的科学决策。

其次,探索新的服务外包模式,积极与第三方教育服务机构和教育智库合作,将一些研究类、评估类工作外包给专业机构专业人员去完成,以减轻政府负担,优化政府人员配置,提高公共服务供给的质量。教育部门的服务外包,如何界定政府与服务供给方的权利和责任,如何对第三方机构进行监管,避免可能出现的负面效应,是未来值得继续研究的重要问题。

第三,建立服务型政府,与学校建立更为平等合作的战略关系。改变自上而下的、规制式的关系,要为学校进行组织变革提供更多支持性的服务,比如为学校领导者之间创造更多的沟通交流平台,加强对校长教师的培训,为学校提供更多信息化技术服务和数据服务等。

参考文献:

[1] 成赛.由《不让一个孩子掉队法案》到《让每一个孩子成功法案》——美国教育管理权从联邦政府到地方的下移[J].当代教育科学.2016,(10):53-56.

[2] 杨秀治.从《不让一个孩子掉队法案》到《每个学生都成功法案》:美国中小学教育问责体系的演变[J].外国教育研究.2017,(5):18-25.

[3] 生兆欣.《初等与中等教育法》与美国联邦政府教育角色的变迁[J].比较教育研究,2009,(3):25-29.

[4] Devins N.& Stedman J. B. New Federalism in Education: The Meaning of the Chicago School Desegregation Cases[EB/OL].[2018-06-02]. https://scholarship. law. wm. edu/cgi/viewcontent. cgi? referer = https://cn. bing. com/&httpsredir = 1&article = 1450&context = facpubs.

[5] U.S. Department of Education. A Guide to Education and No Child Left Behind[EB/OL].[2018-05-20]. https://www2.ed.gov/nclb/overview/intro/guide/guide.pdf.

[6] Elledge A., Le Floch K.C, , et al. State and Local Implementation of the No Child Left Behind Act. Volume V- Implementation of the 1 Percent Rule and 2 Percent Interim Policy Options[EB/OL].[2018-05-20]. https://www2.ed.gov/rschstat/eval/disadv/nclb-disab/nclb-disab.pdf.

[7] U.S. Congress .Every Student Success Act[EB/OL].[2018-08-24]. https://www.ed.gov/essa? src=rn.

[8] Weiss J. & McGuinn P. The Evolving Role of the State Education Agency in the Era of ESSA and Trump: Past, Present, and Uncertain Future[R].[2018-03-03]. http://repository.upenn.edu/cpre_workingpapers/14.

[9] Massell D., Kirst, M.W., Hoppe M.. Persistence and Change: Standards-Based Reform in Nine States[EB/OL].[2018-06-24]. http://repository.upenn.edu/cpre_policybriefs/76.

[10] Brown C. G., Hess F.M., Lautzenheiser D.K, et al. State Education Agencies as Agents of Change[EB/OL].[2018-07-24]. https://www.edweek.org/media/sea-1-12collab-states.h31.pdf.

[11] Minnici A. & Bartley A. P. State Implementation of Supplemental Educational Services under the No Child Left Behind Act. From the Capital to the Classroom: Year 5 of the No Child Left Behind Act Series[EB/OL].[2018-06-24]. https://files. eric. ed. gov/fulltext/ED503792.pdf.

[12] Duncan A. The New Normal: Doing More with Less——Secretary Arne Duncan's Remarks at the American Enterprise Institute[EB/OL].[2018-05-25]. https://www. ed. gov/news/speeches/new-normal-doing-more-less-secretary-arne-duncans-remarks-american-enterprise-institut.

[13] Center on Education Policy. Educational Architects: Do State Education Agencies Have the Tools Necessary to Implement NCLB[EB/OL].

[2018-06-20]. https://www.cep-dc.org/cfcontent_file.cfm? Attachment = MinniciHill%5FFullReport%5FEduArchitects%5F050907%2E.pdf.

[14] 约翰. W. 迈耶, 布利安. 罗恩. 制度化的组织:作为神话与仪式的正式结构[A]//沃尔特. W. 鲍威尔,保罗. J. 迪马吉奥,主编. 姚伟,译. 组织分析的新制度主义(第1版)[C]. 上海:上海人民出版社,2008:57.

[15] The Building State Capacity and Productivity Center. About US[EB/OL]. [2018-07-25]. http://www.bscpcenter.org/aboutus/.

[16] Jochim A. & Murphy P. The Capacity Challenge: What it Takes for State Education Agencies to Support School Improvement[EB/OL]. [2018-07-25]. https://www.crpe.org/sites/default/files/pub_capacity%20challenge_dec13_0.pdf.

[17] Day R.. First in Reform: The Adoption of Common Core State Standards in Kentucky[J]. Kentucky Journal of Excellence in College Teaching and Learning, 2013,11(1): 5.

[18] U.S. Department of Education. Tennessee Report Year 1: School Year 2010-2011[EB/OL]. [2018-07-25]. https://www2.ed.gov/programs/racetothetop/performance/tennessee-year-1.pdf.

[19] Pruitt S.L. Commonwealth of Kentucky Revised Consolidated State Plan Under the Every Student Succeeds Act[EB/OL]. [2018-07-28]. https://education.ky.gov/comm/Documents/Kentucky%20ESEA%20plan%20for%20website041118.pdf.

[20] Murphy P. & Ouijdani M.. State Capacity for School Improvement: A First Look at Agency Resources[EB/OL]. [2018-06-20]. https://www.crpe.org/sites/default/files/pub_states_statecap_Aug11_0.pdf.

[21] Tennessee Department of Education. Every Student Succeeds Act: Building on Success in Tennessee[EB/OL]. [2018-07-25]. https://ed.gov/admins/lead/account/stateplan17/tncsa2017.pdf.

[22] Conaway C. et.al. Building Agency Capacity for Evidence-Based Policymaking[EB/OL]. [2018-06-20]. http://www.bscpcenter.org/resources/publications/SEAF_5_11.2015_final.pdf.

The Capacity Building Movement of State Education Agencies in the U.S. in New Accountability Age

—Case Studies of Tennessee and Kentucky

MAO Dan

(College of Education, Shanghai Normal University, Shanghai, 200234)

Abstract: This paper has analyzed "the Capacity Building Movement" of state education agencies under the background of new accountability by case studies of Tennessee and Kentucky. The research has found that, under the pressure of accountability and standardized testing, the state education agencies changed the way they accessed resources. Meanwhile, they changed their organizational structure and culture, and highlighted the function of the department of accountability, evaluation and school support. They also built some trans-department work groups and strengthened the equal partnership with districts and schools. These efforts have made the agencies transform from an execution-oriented culture to a flexible, open, equal and effective performance-oriented culture.

Key words: State Education Agency, educational leadership, capacity building movement

普通中小学的国际学生教育：问题与路径

宁 波

（上海师范大学 国际与比较教育研究院，上海 200234）

摘 要： 随着我国社会国际化程度和综合国力的不断提高，以外籍人员子女学校为主体的国际学生教育，已经无法适应中国的教育对外开放战略。在基础教育阶段，给予国际学生以国民待遇，将国际学生融入国民教育序列的学校随班就读，逐渐成为一个国际惯例。为了实现国际学生的随班就读，地方教育行政部门应该从学校认定、学生待遇、名额分配、学业评价、语言支持、教师准备、校长配备、家长辅导等方面，建立与之相适应的学校改进政策。

关键词： 基础教育；国际学生；随班就读；外籍人员子女学校

2016 年 4 月 29 日，中共中央办公厅、国务院办公厅印发《关于做好新时期教育对外开放工作的若干意见》（以下简称《意见》）。同年，教育部将制定《学校招收和培养国际学生管理办法》确定为年度工作要点，以便完善国家的教育对外开放战略。以《意见》精神和教育部年度工作要点为指导，我们对上海市外籍人员子女学校（15 所，包括国际学校 10 所和普通中小学的国际部 5 个）和接受国际学生随班就读的普通中小学（30 所）进行实地调查，涉及办学理念、规章制度、社会融入、师资队伍、学生构成和问题挑战等六个方面。通过将上海的国际学生教育现状与部分发达国家进行比较研究，笔者认为上海中小学在接受国际学生就读方面的相关政策和实践，存在一些亟待改进的地方。

一、中国普通中小学的国际学生教育：现状及问题

2017 年 3 月 20 日，教育部、外交部、公安部以命令形式联合发布《学校招收和培养国际学生管理办法》（以下简称《管理办法》）。新命令自 2017 年 7 月 1 日起实施，成为中国政府关于基础教育阶段适龄国际学生管理最为权威的行政文件。与 1999 年的《中小学接受外国学生管理暂行办法》（以下简称《暂行办法》）相比，2017 年的《管理办法》在行政管理体制上的最大改变是管理权限的下移。《暂行办法》对中小学校接受国际学生的资格实行审批-备案制度，由省、自治区、直辖市教育行政部门会同外事、公安部门审批，报教育部备案。《管理办法》将国际学生的招生、培养和管理交由省、自治区、直辖市自行规定，教育部的主要职责在于建立健全国际学生培养质

基金项目： 本文系全国教育科学规划国家青年课题“中小学校长生存状态的实证研究”（项目编号：CHA180269）的阶段性成果之一。

作者简介： 宁 波，上海师范大学国际与比较教育研究院副研究员，博士，主要从事教育绩效与评价的国际比较研究。

量监督制度和信息管理制度。笔者认为,新的《管理办法》中对于行政管理权限的调整,旨在鼓励和支持各地政府根据当地的教育国际化程度和发展需要,制定更加具有针对性和实效性的管理办法。

在《暂行办法》颁布实施后的近20年中,各省市的中小学校在招收国际学生方面遵循共同的管理制度和运行方式。其主要内容包括:(1)接受国际学生的中小学校,应具有较好的教学条件及较高的教学水平和管理水平;(2)中小学校对国际学生的有关收费项目和标准,由省、自治区、直辖市教育行政部门会同物价管理部门制定;(3)中小学校应按学籍管理规定管理国际学生,教育他们遵守中国的法律和学校的校规、校纪;(4)除安排必要的汉语补习外,一般不为国际学生单独编班;(5)学校可按课程方案的要求组织其参加公益劳动等社会实践活动,国际学生免修思想品德课和思想政治课;(6)国际学生完成各科学业,考试合格,由接受学校发给毕业证书;未按计划完成全部学业者,学校可发给写实性学习证明。

在《暂行办法》的管理制度框架下,目前为国际学生提供基础教育的主体仍然是外籍人员子女学校。以上海为例,按照开设主体可以将外籍人员子女学校分为两类:(1)由在中国境内合法设立的外国机构、外资企业、国际组织驻华机构和合法居留的外国人开办的学校,包括国际学校和补习中心;(2)为接受外籍子女就读而专门建立国际部的普通中小学和幼儿园。[1] 2016年,上海市共有外籍人员子女学校39所,共招收在读学生28989名,涵盖幼儿园(约4300名)、小学(约11600名)、初中(约6900名)和高中(约6200名)等四个学段,主要集中在浦东、闵行、长宁、徐汇、青浦五区。[2]另外,上海市具有接受国际学生随班就读资格的普通中小学学校和幼儿园共150所,在读学生数量没有公开统计数据。根据多口径数据的初步估算,应在2000—3000人之间,远远低于外籍人员子女学校的招生数。

国际学生在各类学校就读的收费标准存在较大差异。对于国际学校、补习中心的学费标准,上海市政府并没有统一规定,普遍在每学年20000到40000美元之间。2007年,上海市教育委员会、上海市物价局、上海市财政局以通知形式,对本市公立学校接受国际学生(幼儿)的收费标准做出规定。其中,普通公立中小学国际部的学费标准为:小学每生每学期不得超过34000元,中学(含中等职业学校)每生每学期不得超过38000元,幼儿管理费每生每月不得超过6500元;普通公立中小学校随班就读的学费标准为小学3000元每学期,中学6000元每学期。[3]华侨子女、持有《上海居住证》B证的外籍人员子女,在上海接受义务教育收费标准等同于本市户籍学生。[4]

在过去相当长一段时间,外籍人员子女学校体现了国外驻华使馆、机构和个人对于精英教育和精品教育的需求。在外籍人员子女学校开办以后,中国政府为保障办学质量,采取国际通行的"质量认证制度"。对于就读外籍人员子女学校的学生而言,吸引他们进入普通中小学校"随班就读"面临诸多挑战。(1)许多外籍人员对普通中小学"随班就读"的认可度不高。一方面认为课程太难,孩子无法跟上;另一方面认为教学方法与原所在国不同。(2)许多外籍学生在中国完成一定年限的学习之后,仍然要回国继续接受教育。这部分学生需要按原所在国的要求学习他们的课程。(3)有些外籍学生及其家长存在政治考量,希望向学生传递原所在国的意识形态和主流价值观。

随着中国社会国际化程度和综合国力的不断提高,外籍人员子女对于在普通公立中小学随班就读的潜在需求不断增加。在过去十几年中,长期居住在中国的外籍人员在数量和结构方面发生了较大变化,越来越多的普通技术人员、小型商贸从业者在中国定居。这些人的共同特点是:认同中国的发展模式和生活方式,愿意长期居住在中国;具有一定的技术和商贸知识,能够自食其力,但是收入水平不足以支付外籍人员子女学校的收费标准;愿意让子女融入当地社会生活当中,接受与中国学生相同的教育。这部分国际学生是普通中小学开展"随班就读"工作的主要学生群体。此外,为数众多的外籍华裔儿童也是普通中小学开展"随班就读"工作的重要学生群体。

在接收国际学生"随班就读"问题方面,上海的普通公立中小学存在积极接收、被动接收和拒绝接收三种截然不同的态度。[5]积极接收的理由基本一致,主要是考虑国际学生有利于学校在全体学生之间开展跨文化交流。被动或拒绝接收国际学生的理由存在诸多差异,主要体现在以下几个方面:(1)学校学额紧张,需要优先满足学区内户籍儿童的入学需要;(2)学校资源有限,无法为国际学生提供额外的辅读教师;(3)国际学生存在管理认同问题,在诸如升国旗、佩戴红领巾、遵守学校行为规范等方面存在较大难度;(4)国际学生与本国学生之间存在文化冲突,彼此之间容易产生对峙、漠视情绪;(5)国际学生在知识基础、汉语水平方面较薄弱,无法跟上教学节奏。

基于上述分析,笔者认为,既有的政策环境和普通中小学的办学能力是制约国际学生随班就读的两个重要原因。吸收和借鉴主要发达国家和地区的国际学生教育经验,有助于改善中国普通中小学开展随班就读工作的政策环境和办学能力。

二、主要发达国家和地区的国际学生教育:现状及问题

在基础教育阶段,大多数发达国家和地区的公立学校在招生政策方面并不区分学生的国籍状况,无差别地改善国际学生的就读条件和学业水平是各国政府普遍关注的焦点问题。[6] PISA-2003 与 PISA-2012 的对比分析显示, OECD 国家的国际学生和本国学生之间的学业成绩差距呈现缩小趋势。[6]按照 PISA 的学业素养标准,这种缩小的成绩差距大约相当于学生一个学期的学业进步水平。在德国,过去 10 年间二代移民学生与本国学生之间的成绩差距缩小的幅度最大,大约相对于学生在一个学年中取得的学业进步水平。在葡萄牙,一代移民学生的学业改善程度显著大于非移民学生。[7]影响国际学生学业进步的学校和体制因素包括如下几个方面:

1. 国际学生在就读国家部分薄弱学校的聚集,是导致他们学业不良的重要原因

对于实施公立学校择校自由的国家,国际学生在特定学校的聚集,有可能导致本国学生的离开。[8]在加拿大、希腊和意大利,国际学生更有可能聚集在贫民窟学校。[8]在丹麦,当一所学校中的国际学生比例超过 35%以后,本国学生会大量离开。相似的情况还出现在瑞士和美国。[8]为了改变这种状况,各国纷纷制定有针对性的教育补偿措施。在瑞士,多种族融合学校质量保障项目(Quality in Multiethnic Schools Programme)为国际学生数量超过 40%的学校提供额外的资源和专业支持,以确保这些学校具有较好的学业表现。[9]这一项目的核心目标是吸引中产阶级家庭的子女就读于此类学校。在美国,磁石学校(magnet schools)通过提供高质量的数学、科学和艺术课程,来吸引不同社会-经济水平、种族的学生在融合的学习氛围中学习。[10]

2. 语言障碍是导致国际学生学业成绩不良的重要因素

许多 OECD 国家的教育体制无法为国际学生的学校融入提供必要的语言课程。[11]国际学生及其家长保持本民族语言和文化传统,同样影响了国际学生的学校融入。由于语言、学科知识、社会融入等多方面的压力,年龄较大的学生在学校融入方面面临的挑战更大。[12]就国际学生的语言教育问题,很多国家以立法形式予以支持。其中,美国在《每个学生都成功》法案中,明确提出给予母语为非英语的学生提供相应的政策性帮助。在 OECD 国家,平均 18%的国际学生每周至少参加 2 个小时的语言教育项目。其中,新加坡的比例最高,为 57%。在拉脱维亚、加拿大和斯洛伐克,这一比例在 25%到 30%之间。[7]

3. 早期教育有助于国际学生的融入

在所有 OECD 国家,进入当地幼儿教育机构的国际学生的学业表现,均显著优于那些没有进入当地幼儿教育机构的国际学生。遗憾的是,在大多数国家,具有移民身份的学生接受学前教育的比例要远远小于本国学生。[7]在大多数 OECD 国家,政府都在不遗余力地推动免费的幼儿教育,使之能够覆盖全部移民儿童。例如,在《促进融入国家行动计划》(National Action Plan on Integration)中,德国政府确立了为国际学生提供早期学习、保育和教育机会的国家战略。[13]在美国的很多州,为国际学生提供进入早教机构的机会,是提高处境不利儿童学业成绩和改善落后社区早期教育水平的重要构成部分。在挪威,国家和地方政府采取了一些专门措施来确保学前教育参与的公平性。这些措施包括:减免学费;为 3—5 岁学前儿童每天提供不超过 4 个小时的专门辅导。[7]

4. 校长和教师对于应对种族多样性的专业准备不足

在应对具有种族多样性的班级时，世界各国的大多数教师在第二语言习得、确认和帮助国际学生克服文化适应等方面的教育知识存在严重不足。[7]同时，各国校长对于种族多样性对学生学习结果影响的评价不同。TALIS-2013 的调查结果显示，在大多数 OECD 国家，仅有少数学校的校长（低于 2%）将种族多样性作为影响学生学习的严重障碍。在马来西亚、希腊、印度尼西亚、卡塔尔、卢森堡，这一比例最高，在 10%—20% 之间。在上海，这一比例为 3.5%，处于较低水平。在比利时、法国、冰岛和卡塔尔，认为种族多样性影响学生学习成绩的校长主要来自于薄弱学校。

三、实现国际学生“随班就读”的政策改进路径

《管理办法》是我国政府进一步完善教育对外开放战略的重要举措。[14]由于《管理办法》仅仅在宏观层面规定了普通中小学和幼儿园招收和培养国际学生的基本要求，各省市需要根据当地教育发展现状和规划制定有针对性的实施细则。笔者认为，国际学生的教育和管理政策，应该同时兼顾以下三个层级：（1）确保国际学生的学业成功；（2）为国际学生创造新的学习环境，使他们愿意并且能够融入多元文化环境、欣赏不同的观点、立场和价值，并开展广泛而富有成效的合作；（3）使学校成为能让国际学生产生归属感的地方。概言之，使国际学生获得学业、社会性和情感三个方面的成功。与 1999 年的《暂行办法》相比，各省市在制定《管理办法》实施细则时需要关注的内容包括以下几个方面：

1. 扩大接收国际学生的学校范围，将专门的行政审批制度转变成常态备案制度，指导国际学生就近入学、随班就读

在学额充足的情况下，允许国际学生随时入学、跨校转学。学校可以根据国际学生的年龄、学力和汉语水平，编入适当的年级和班级，尽量避免国际学生聚集在特定学校和班级。随着中国社会国际化进程的不断推进，培养全体学生的国际视野和国际交往能力，成为学校教育的一项重要内容。国际学生的存在，不仅意味着受教育对象的多元化，而且表现为独特的国际教育资源。

2. 给予国际学生在入学资格方面的国民待遇，鼓励有条件的省市将入学范围拓展到学前教育阶段和高中阶段，参照当地非户籍人员的入学规定

给予处于基础教育阶段的国际学生以国民待遇，逐渐成为大多数发达国家所共同遵守的国际惯例。中国政府应该参照国际惯例，对于给予中国公民基础教育国民待遇的国家同等待遇。为外籍人员子女提供随班就读的学前教育机会，有助于提高他们在中小学教育阶段的学业水平。为外籍人员子女提供随班就读的高中教育机会，有助于吸引他们进入中国普通高校继续深造。

3. 将国际学生均衡分布在不同学校的不同班级中

大量事实证据显示，将国际学生均衡分布在不同学校的不同班级中，更有可能帮助这些学生取得成功。当大量国际学生在较短时间内同时或者相继进入一个地区的时候，将他们较为均匀地分布在不同的班级，也有利于缓解教师的工作压力。在丹麦，哥本哈根市政府启动了一个旨在避免学校种族隔离的哥本哈根融合模式（Copenhagen Model for Integration）。[15]为了帮助当地学生聚集的学校吸引国际学生，市政府为它们提供经过专门培训的教师，并确保一位融入专家或者少数族群成功融入的典型人士，能够在这所学校工作。为了帮助国际学生聚集的学校吸引当地学生，市政府会帮助学校组织各种招生宣传和幼小衔接活动，以便争取当地学生及其父母选择他们的学校。

4. 建立具有国际可比性的学业评价制度

鼓励各地教育行政部门对于学年评价、结业（毕业）评价的内容、难度、成绩分布等情况进行报告，使每位学生的学业评价报告具有国际可比性。基于特定知识标准的学业评价制度对于中国学生在各省市之间的流动和境外学习，以及国际学生的跨国流动，具有重要意义。据不完全统计，中国高中生参加 SAT 等国外高校入学资格考试的人数，已经达到每年 30 万人次。具有严格可比性的学业评价报告，在经过中国教育评价机构认定以后，能够在一定程度上获得国外教育机构的认可。这些评价项目在确保学生正常的国际流动

的同时,可以在一定程度上抵制或者消除国外教育评价机构在学业内容、意识形态等方面对中国学生的消极影响。

5. 在普通的教学环境中,提供具有可持续性的语言支持

帮助国际学生达到本地学生学业水平的最有效办法,是尽量将语言学习和知识内容学习结合起来。与此同时,在知识内容教学中给予适当的语言支持而不是专门的语言教学,有利于他们的社会-情感融入。融合语言教学与知识教学的途径有两个:一是开发适合非母语者学习的课程;二是让语言教师和班级教师通力合作。[16]在国际学生教育成功的国家,如加拿大、澳大利亚和瑞典等,第二种途径被广泛使用。为国际学生提供的语言支持项目应具有如下特点:贯穿各个年级、具有可持续性;统一开发的课程内容;专门接受第二语言习得教育的教师;对学生个体需要和进步的评价;早期语言干预和父母在语言学习激励方面的努力;专注于学术语言,将语言与知识学习结合起来;对于不同母语的理解和尊重。[17]

6. 鼓励包括特教教师在内的所有教师为多样化课堂做准备

国际学生的成功融入,在很大程度上取决于教师团队。这些教师能够在教学手段上满足学生群体的多样性需要,从而帮助所有学生达到中国政府所规定的教育目标。为此,地方教育行政部门可以在以下几个方面改善学校的教师配备:支持教师领导力的发展;为有需要的学校提供额外的专门师资力量;提高全体教师应对多样化课堂的教学素养;吸收具有国外学习和生活背景、经过培训的教师进入学校工作。

7. 支持校长的专业发展和献身精神

为普通学校和薄弱学校提供领导和支持条件,是开展国际学生随班就读工作的难点。一项基于 TALIS-2013 的相关研究显示,上海市初中校长存在课程和教学素养普遍较强、领导和管理能力差异较大、社会交往能力相对薄弱的特点。[18]后两个方面均有可能成为制约上海市初中校长开展国际学生随班就读工作。为了增加普通中小学校长和教师的国际学生管理经验,上海市教委在 2016 年启动了“上海市中学校长、教师赴外籍人员子女学校伙伴研修”项目,组织普通中学校长和教师到外籍人员子女学校开展交流。[19]对于具有较强领导力的校长而言,具有良好的工作环境和系统的专业支持是吸引和维系他们在薄弱学校工作的重要因素。在英国,为了吸引和奖励具有较强领导力的校长扎根于薄弱学校,教育行政部门制定了一项专门政策,即给予这些校长岗位额外的津贴和工资待遇。在韩国,在薄弱学校任职的校长享受较高的荣誉,会被认为是整个群体中的佼佼者。[7]

8. 帮助国际学生的家长了解中国的教育体制

如果学生的父母理解学校教育的重要性,知晓学校体系的运作方式,知晓如何帮助学生通过学校教育不断取得进步,那么学生更有可能获得成功。[7]此外,为家长创造参与学校教育和幼儿教育的机会不仅有利于儿童的发展,而且有利于帮助家长学习当地语言并融入当地社区。美国前国务卿希拉里·克林顿主导的融入教育项目“为学前儿童的家长提供家庭辅导(Home Instruction for Parents of Pre-school Youngsters)”已经成功地帮助许多受教育程度不高的移民家长找到工作,并切实提高了这些学生的学业成绩。[20]另一个帮助移民家庭融入的成功案例是丹麦的“本地妈妈(District Mothers)”项目。[7]通过这个项目,移民家庭可以访问当地家庭,并向他们寻求关于教育和就业方面的建议。

四、结语

在普通中小学招收适龄国际学生随班就读,是社会发展向教育对外开放提出的新要求。21世纪以来,在华外国人的数量和结构发生了巨大变化,以“外籍人员子女学校”为主体的教育供给,已经无法满足外籍人员子女的教育需要。为外籍人员解决子女入学问题,提供与本国公民同等的基础教育入学机会,是提高中国社会容纳能力、完善引智工程的重要保障。国际学生的随班就读,有利于培养他们对于中国社会现状、发展模式、价值观念的理解和认同感。同时,也有利于培养中国学生的国际视野和国际交往能力。为了引导和规范国际学生的随班就读,各省市应该尽快出台新的“学校招收和培养国际学生办法实施细

则”。同时,各地教育行政部门应该制定有针对性的扶持政策,确保在国际学生随班就读环境中,所有学生都能够取得学业、社会性和情感三个方面的成长。

参考文献:

[1] 上海市教育委员会. 在沪外籍人员子女学校名录[EB/OL]. http://www.shmec.gov.cn/web/wsbs/webwork_article.php? article_id=38275, 2015-10-26/2016-12-19.

[2] 中国国际教育网.10 年增长 33% 上海外籍人员子女学校在校生疯长[EB/OL]. http://shanghai.ieduchina.com/mid-school/201707/26286.html,2017-7-27/2018-1-23.

[3] 上海市教育委员会、上海市物价局、上海市财政局. 关于规范本市公办中小学幼托园所接受外国学生(幼儿)收费管理的通知[EB/OL]. http://xinxi.zb1.org/web/Article/ShowArticle.asp? ArticleID=555, 2007-3-31/2017-3-1.

[4] 上海市人民政府. 关于进一步深化人才发展体制机制改革加快推进具有全球影响力的科技创新中心建设的实施意见[EB/OL]. http://www.shanghai.gov.cn/nw2/nw2314/nw2315/nw4411/u21aw1163613.html, 2016-9-26/2016-11-30.

[5] 赵萱. 中小学外籍学生随班就读的现状与分析[J]. 上海教育科研, 2011,(3):28-30.

[6] OECD. Immigrant Students At School: Easing The Journey Towards Integration[R]. Paris: OECD Publishing, 2015:98.

[7] OECD. Helping Immigrant Students To Succeed At School-And Beyond[R]. Paris: OECD Publishing, 2015:110.

[8] OECD. Overcoming Social Background: Equity In Learning Opportunities And Outcomes [R]. PISA: OECD Publishing, 2010:21.

[9] Picot, G., Hou, F. Immigrant Status And Secondary School Performance As Determinants of Post-secondary Participation: A Comparison of Canada And Switzerland[R]. Paris: OECD Publishing, 2012:45.

[10] Chen, G.. What is a Magnet School? [EB/OL]. https://www.publicschoolreview.com/blog/what-is-a-magnet-school, 2015-5-28/2016-9-26.

[11] OECD. Untapped Skills: Realizing the Potential of Immigrant Students[R]. Paris: OECD Publishing, 2012: 32.

[12] Heath, A., Kilpi-Jakonen, E.. Immigrant Children's Age At Arrival And Assessment Results [R]. Paris: OECD Publishing,2012:31.

[13] Germany Federal Ministry of the Interior. Migration And Integration. Residence Law And Policy On Migration And Integration In Germany [EB/OL]. http://www.doc88.com/p-9733796744691.html, 2011-10-11/2016-9-24.

[14] 中华人民共和国教育部.教育部 2016 年工作要点[EB/OL]. http://www.moe.edu.cn/jyb_xwfb/moe_164/201602/t20160205_229511.html,2016-2-5/2018-2-12.

[15] Helqvist, I.. The Public Primary School As An Integrating Factor? A Study Of The Policy Process Behind The Copenhagen Model [EB/OL]. https://core.ac.uk/display/12514806, 2005-3-7/2017-2-10.

[16] OECD. Can The Performance Gap Between Immigrant And Non-immigrant Students Be Closed[R]. PISA in Focus, 2015, (53):1-4.

[17] OECD. Excellence Through Equity: Giving Every Student The Chance To Succeed[R]. Paris: OECD Publishing, 2013.

[18] 宁波.校长的日常工作时间分配:国际差异、个体倾向性及对策建议[J]. 中国教育学刊, 2017,(9):16-20.

[19] 上海市教育委员会. 2016 年上海市教育工作年报[EB/OL]. http://www.shmec.gov.cn/html/xxgk/201704/9042017001.php, 2017-4-6/2018-2-13.

[20] Baker, A.J.L., Piotrkowski, C.S., & Brooks-Gunn, J.B. The Home Instruction Program For Preschool Youngsters[J]. The Future of Children, 1999,(1):116-133.

International Students in Basic Education: Challenges and Ways

NING Bo

(Research Institute for International and Comparative Education, Shanghai Normal University, Shanghai, 200234)

Abstract: International student schooling with exclusive international schools as the main body cannot be suitable for the Strategy of Opening Education to the Outside World, due to the increase in internationalization of our society and comprehensive national power. In basic education stage, it will gradually become an international criterion to give international students a national treatment and allow them to be integrated in regular schools with local students. To achieve this goal, local educational authorities should establish school improvement policies concerning school confirmation, student treatment, quota allocation, academic evaluation, language support, teacher preparation, principal enrolment, and parent training.

Key words: basic education, international student, class-based integration, international school

指向高阶思维培养的科学课堂
——以色列 TSC 项目的启示

李晶晶[1,2],潘苏东[3]

(1.华东师范大学 物理与材料科学学院, 上海 200241;2.海南师范大学 物理与电子工程学院,海南 海口 571158;
3.华东师范大学 教师教育学院, 上海 200062)

摘 要: 以色列 TSC 项目是一项融合了生物技术、环境、工程等内容,以科学、技术、社会(STS)为导向,旨在培养中学生高阶思维能力的中学科学教学改革项目。TSC 项目的主要特点有:注入式的高阶思维教学方式;明确而系统的高阶思维训练途径;丰富的科学语境;以问题解决为主的课堂教学方式。TSC 项目给我国的科学教育带来如下启示:高阶思维和科学知识并重,利用元认知助推高阶思维培养,跨学科的主题式教学和适合的评价机制。

关键词: 以色列;科学教育;TSC 项目;高阶思维

在全球信息化的今天,不少学者主张把高阶思维整合到学校课程教学中去。高阶思维的教学并非直接告诉学生思维技巧就可以达到目标,而是需要教育者结合学校课程,对学校教学内容进行统整,精心设计教学方法,并考虑合适的评价方法。以色列的 TSC 项目是一个对传统科学教育进行改革的项目,旨在提高学生高阶思维能力,已经实施了 20 年之久,取得了很好的教学效果。了解 TSC 项目的做法对我国进行学校教学改革、提升学生高阶思维能力将有积极的意义。

一、TSC 项目开发背景

在以色列,12 年级末的学生只需要参加由 7 门必修课组成的国家考试,包括语言(希伯来语/阿拉伯语)、英语(第二语言)、数学、历史、圣经、文学和公民学。由于科学课程(包括生物、物理、化学、通信、计算机等)并非高中必修课程,导致近 20 年来以色列高中学生选修科学课程的人数大幅下降。这一现象引起了当局的重视,促使以色列教育部呼吁进行科学教学改革。为此,哈拉里国家委员会(Harari National Committee)于 1998 年在一份名为《明天—98》(Tomorrow-98)的报告中指出,要让科学成为所有公民所受教育中不可或缺的一部分,明确学校教育的目的之一是培养学生更高层次的思维和解决问题的技能,“在当今世界许多地方的教育都旨在提高个人的创造性思维、批判性思维、逻辑思维等,……这个问题值得我们思考,我们要在学校教育中进行探索。”[1]

2007 年,以色列教育部又出台了《教育的地平线——为了思维的教育》(Pedagogical Horizon - Education for Thinking),该文件指出:“教育体

基金项目: 本文系 2017 年度全国教育科学规划教育部重点课题“高考新政下提升高中生科学素养的策略研究”(项目编号 DHA170352)的阶段性成果。

作者简介: 李晶晶,华东师范大学物理与材料科学学院博士研究生,海南师范大学物理与电子工程学院副教授,主要从事科学教育研究。
潘苏东,华东师范大学教师教育学院教授,博士生导师,主要从事科学教育与教师教育研究。

系的主要目标之一仍然是在各种学术领域拥有广泛的知识，然而，未来的毕业生将无法依赖于他们在学校获得的一套预先定义好的知识体系；相反，他们需要更高阶的思维能力、做出判断的能力以及创造性和批判性思维的技能，所有这些都将使他们在一生中获得新的知识。民主国家的公民需要有能力做出正确的、合乎道德的判断，进行批判性地思考，并为自己的立场辩护。"[2]这份文件进一步强调高阶思维的培养在科学教育中的重要地位，并把批判性思维和创造性思维作为高阶思维的重要内容。

以上两份文件出台后，以色列对中学科学课程进行了大规模的改革，改革的形式主要有两种：一是增加新的科学课程，为不选修科学课程的高中生提供一种新的综合课程——"科学和技术"；二是对传统的科学课程进行教学改革，"科学教室中的思维"（Thinking in the Science Classroom，简称 TSC）项目就是其中的一项，目的是在初高中进行科学教学改革，以满足中学生高阶思维能力发展的需要。[3]

二、TSC 项目的框架

1. 改革目标

TSC 项目是由耶路撒冷希伯来大学科学教育研究院的 Anat Zonar 博士发起、多位科学教育专家和一线教师共同参与的科学课堂教学改革项目，改革的目标是将思维技能的指导与构成正规学校课程的主题相结合，学生在特定的学校主题下进行问题的解决、探究和论证，在提升学业成就的同时，提升他们的高阶思维能力。TSC 项目融合生物技术、环境、工程等内容，以科学、技术、社会（STS）为导向，设计一套专门用于培养探究、高阶思维和科学论证的学习活动，这些活动与中学科学课程的主题相匹配，但其并非一套固定的课程体系[4]，参与项目的学校和教师可以根据学生情况对学习活动进行改编或创造新的学习活动方式。从 1995 年开始，TSC 项目已经实施了 20 余年，项目得到了以色列教育部的大力支持，从而鼓励更多的教育研究者和中学教师能参与这个项目中来。

2. 教学内容

TSC 项目始终强调科学内容和高阶思维并重的理念，认为高阶思维并不是一个与领域知识无关的实体。在 TSC 项目设计的活动中，学生研究的内容是科学知识，而不是一系列思维技能清单。[4]学校完全不需要改变或增加科学课程的内容，只需要换一种方法来进行教授，改变传统的授课方式，把课堂教学设计成一系列形式多样的学习活动，把学科内容设计成能够让学生在特定的科学主题内思考的任务。

TSC 项目的一个基本假设是：高阶思维的教学必须是系统的、持续的，仅仅通过解决问题的方法让学生每年练习一到两次，可能会给学生一个特别有趣的经历，但对培养他们的高阶思维能力并不是很有用。[5]基于这个假设，TSC 项目使用的方法是在不同的科学语境中重复同样的技能，并将其应用于各种类型的问题。为此，项目组开发了多种不同类型的学习活动，如实验室实验、开放式科学探究、批判性地评估报刊文章、调查微观世界等，项目组还鼓励各个合作学校和教师依据本校的实际情况自行开发设计其他的学习活动类型。

3. 评价方式

TSC 项目同时强调学业和高阶思维两个方面，为了了解项目的实施效果，项目组设计了不同于传统评价的评价系统。评价的目的主要有三个：第一，考查学生的思维能力是否发生了变化，通过多项选择题、开放性问题和课堂讨论等方式，重点考查学生在科学论证、批判性思维、变量控制、科学评估等方面的变化；第二，考查学生的思维迁移能力，通过开放性问题、前后测等方法评价学生是否能够将在特定科学主题语境中所学到的思维能力转移到其他科学话题或日常生活领域的语境中；第三，考查这种教学改革方式对哪种层次的学生有效，是对所有学生都有效还是只对高学术成就或低学术成就的学生有效。项目组主要通过深度访谈、前后测等一系列手段进行数据收集，来评价每种具体学习行为对不同学业成就学生产生的影响。

三、TSC 项目的特点

1. 混合式的教学方式

根据恩尼斯的分类方法，以培养思维能力为主的教学可以分为四种类型：在教学中把思维作为一个单独的课题(“一般”方法);把思维作为一个明确的教学主题(“注入”方法);把思维作为一个隐含的目标(“沉浸”方法);将思维作为与教学平行的单独的教学目标(“混合”方法)。[6] TSC 项目选择了混合式教学,项目开发者认为虽然学习过程是嵌在丰富的概念框架中的,但思维技巧或策略是明确的,可以成为独立的课堂教学目标。

在 TSC 项目中,高阶思维的教学方法可以分为两类:(1)归纳。学生首先要解决几个不同的问题,在解决问题的过程中需要使用特定的高阶思维策略。当他们获得使用该策略的实践经验后,教师通过提问引导的方式使该策略的一般特征明朗化。最终学生在教师的引导下总结出这种思维策略的特点。例如,在进行探究实验设计时,几乎每次都需要用到控制变量法,学生经历一段时间的学习后,已经对控制变量法有了深刻的具身体验,此时,教师再帮助学生归纳出控制变量法使用的一般策略。(2)演绎。教师首先呈现一种高阶思维策略的一般特征,然后让学生在学习活动中不断地使用该策略。例如,在关于人类遗传学的这一章,教学内容被分为 10 个关于现代技术在遗传学方面的道德两难困境。课前,教师先讲解科学论证的概念,并对科学论证的各个环节进行解释,引导学生讨论区分论据的优劣标准。在接下来的学习中,学生有充分的机会参与论证和评估其他人的论点,通过反复科学论证,最终达到灵活运用的目的。

2. *明确而系统的训练途径*

将高阶思维视为科学教育的一个重要目标并不是 TSC 项目的最重要的特点,TSC 项目的特点在于以一种明确而系统的方式进行高阶思维训练。项目组组织科学领域专家和中学一线的科学教育工作者共同合作,对可以在中学科学教育中培养的多项高阶思维技能进行分析统整,同时对中学科学教学内容进行细致的分析和梳理,明确每项高阶思维技能在科学内容中的生长点,精心设计学生学习活动,保证每项高阶思维技能在课例中出现 6~9 次。以生物学主题为例,这个主题明确规定学生需要学习的七种思维技巧:明确的和默认的假设、避免重复、隔离变量、测试假设、识别相关信息、识别逻辑谬论、区分实验结果和结论。这些技能通过 TSC 学习活动被整合到相关的生物学主题中,每一项技能都在整个课例中重复多次,以保证学生能够掌握并运用这些技能。[4]

3. *丰富的科学语境*

将高阶思维技能蕴含在丰富的科学语境中是 TSC 项目的一大特色。项目组成员认为,假设一个人不能对一个问题进行深入的思考,就很难产生高阶思维。试图解决一个未知领域的问题,使用一般的、非特定的思维方法(弱方法)必然会产生有限的结果。

TSC 项目要求把所有的高阶思维技能置于科学内容中进行教学,学生只有在了解一定的科学内容之后才有可能提升高阶思维技能。以科学论证技能的培养为例,科学论证技能被置于 10 个和遗传学有关的两难困境中。学生要对这 10 个两难困境进行论证,必然需要一定的生物学知识,如何把掌握生物学知识的目标和学会科学论证的目标齐头并举,项目组采取了融合的策略。在知识目标的达成上分成两步:第一步,每一个问题开始前,给学生提供一个简短的书面介绍,展示遗传学的相关概念;第二步,学生在思考所面临的两难困境时,必须利用他们的遗传学知识。论证技巧的提升也采取同样的方法:首先,教师直接给出科学论证的一般策略,并解释它的结构,区分论据好坏标准;其次,在每一个两难困境中,都有关于论证技巧的应用,在具体的语境中,学生被要求反复应用这些技巧。[4]

4. *注重元认知陈述性知识*

TSC 项目课程和常规科学课程的区别在于:在常规的科学课程中,科学概念被作为知识进行传递,而在 TSC 项目课程中,教学总是以问题解决的方式进行,一般都以具体的科学问题或科学现象导入,学生在解决问题的过程中进行科学知识和高阶思维技能的学习。根据不同的科学内容,安排不同的活动,例如学生可能会被要求讨论人类遗传学中的生物伦理困境,或者写一篇关于人类活动造成臭氧层减少的论文,或者对维生素的使用情况进行调查等。在完成这些任务后,学生需要对整个活动过程进行反思,即进行元认知活动,活动主要以教师引导下的讨论为主要形式,最后学生需要完成一张活动表。在这张活动表中,学生要反思他们在进行活动的过程中学到的高阶思维技能,并对这些思维技能的使用规则做出概括,详细地描述该在何时、如何以及为什么可以使用这种特定的思维技能。[4]项目组将其称为元认知陈述性知识（MDK），通过强化学生的元认知陈述性知识，项目组希望学生不仅仅了解高阶思维能力在特定科学语境中的应用，更重要的是学会在不同语境中使用高阶思维的能力——迁移能力。

四、对我国科学教育的启示

以色列的TSC项目在不改变传统课堂教学内容的基础上对教学方法进行改革，有效地促进了学生高阶思维能力的发展，对我国的科学教育有借鉴意义。

1. 高阶思维与科学知识并重

布卢姆在教育目标分类学中将知识和认知过程的结合分成了两种方式：一种是“认知过程+知识”，在这种结合方式中，知识是认知过程作用的直接对象，一般对应记忆、理解、运用三种低阶思维；另一种是“知识+认知过程+对象”，在这种结合方式中，知识不再是认知过程作用的唯一对象，而是认知过程得以执行的基础，认知过程另有作用的对象，通常是一些观点、假设、产品等。这类结合方式主要对应分析、评价、创造这三种高阶思维方式。[7]也就是说，一旦把高阶思维作为教学的主要目标，知识和认知过程的结合方式就发生了变化，学科内容知识更多地是为高阶思维的发生提供场域。

我国的科学课堂教学目标目前还是以“认知过程+知识”的结合方式为主，真正把高阶思维作为核心目标就需要改变认知和认知过程的结合方式。TSC项目提供了一个很好的示例，把高阶思维技能以一种明确的方式与教学内容进行结合，挑选能够孕育高阶思维发生的科学知识，整合成系统的教学内容，课堂教学（认知过程）以问题解决的方式为主，科学知识主要的目的是为高阶思维的发生提供支持，教学目标可以表述为“根据……评价……”教育研究者已经得出结论：以思维为主要教学目标的课堂不会丢掉对知识的学习，因为学生深层次加工后的知识更容易被理解和迁移。

2. 利用元认知助推高阶思维迁移

元认知的核心是个体对自己的认知过程的自我觉察、自我评价、自我调节。[8]元认知训练有助于开发学生智力，调动其主动性、自觉性，提高解决问题的能力，即有助于提升学生的高阶思维能力。

如前所述，TSC项目关注学生的元认知陈述性知识，借此培养学生的思维迁移能力。学生在不同的问题解决情境中重复使用相同的高阶思维技巧后，被鼓励（通常通过课堂讨论）参与到这个技能的元认知活动中。一般来说，这种元认知活动有五个步骤：反思有哪些思维参与解决问题的过程；寻找在原来的学习活动中采取相同思维策略的具体案例；分析使用这种思维策略的好处和使用不当的缺陷，从而理解这种思维策略的适用情境；对这些思维策略进行归纳，总结应用它们的规则；对思维策略进行命名。这种元认知训练的方法完全可以移植到国内课堂教学中，通过在科学教学中教会学生元认知陈述性知识，达到促进学生高阶思维能力迁移的目的。

3. 跨学科的主题式教学

发展学生高阶思维能力，需要以高阶学习活动为基础，杜威认为高阶思维就是一种反省性思维，是伴随着问题解决的需要所发生的一种事件的序列链，高阶学习活动也应该以问题解决为中心。TSC项目按照学生高阶思维发展的需要对教学内容进行了重新编排和整合，设计了基于主题的学习活动方式，将不同科学学科的相关内容进行整合，要求学生围绕实际生活问题的解决展开学习活动，在不同的科学主题中进行分析和评价。这样的安排不仅可以帮助学生更深入全面地学习科学知识，还能使其在运用高阶思维的过程中掌握高阶思维技巧。

我国高中阶段目前的科学教育以分科为主，这种编排方式虽然有助于学生更加系统地掌握各门学科的基本知识，但也对学生高阶思维发展造成了一定的阻碍。高阶思维发展的最终目的是能够运用各种思维技巧解决现实中遇到的各种问题，需要学生调用多学科知识，跨学科的主题式教学正是解决这一矛盾的途径。当今，知识的整合已经成为世界科技发展的主导趋势，通过不同学科的融合解决复杂问题已成为教育的必然。跨学科的主题式教学以解决实际问题为目标，把相关知识从各个学科中抽离出来，围绕一个个主题明确地联系起来，为高阶思维活动创造了平台。

4. 合适的评价机制

发展学生高阶思维能力需要评价机制的配合。TSC 项目通过开放性问题、课堂讨论等方式考查学生的反思、批判、创新等思维活动,强调评价的过程性和反馈性,目的在于让学生在真实的问题解决过程中不断地提升高阶思维能力。这与我国新一轮课改中的评价改革的目标相似,最新颁布的高中各科课程标准建议采取主体多元、方法多样的评价方式,把评价作为促进学生学习和发展的重要手段。对学生高阶思维发展水平进行评价的目的不在于给学生定级或打分,而是希望学生了解自己对思维技能的掌握以及是否将这些技能迁移到实际生活问题中,并有计划地进行改进和完善。

传统的评价侧重考查学生知识的获得情况,虽然高阶思维能力可能与学业成就有一定的相关,但学业成就无法取代学生高阶思维能力的发展水平。尽管有些研究者认为可以用多项选择题考查诸如批判性思维等高阶思维能力,但大多数研究者认为评估更高层次的思维需要开放性的评价手段。除了纸笔测试经常使用的开放性问题外,课堂观察、学生的反思单和实验设计单等都是对学生高阶思维能力进行过程性评价的良好资源,教师可以根据需要在教学过程中有目的地收集这些资料并进行评价和反馈。

参考文献:

[1] Anat Zohar, Yehudit J. Dori. Higher Order Thinking Skills and Low-Achieving Students: Are They Mutually Exclusive? [J]. The Journal of the Learning Sciences, 2003,(2):145-181.

[2] Anat Zohar, Adar Cohen. Large Scale Implementation of Higher Order Thinking (HOT) Incivic Education: The Interplay of Policy, Politics, Pedagogical Leadership and Detailed Pedagogical Planning[J]. Thinking Skills and Creativity, 2016,(21):85-97.

[3] Anat Zohar, Bracha Peled. The Effects of Explicit Teaching of Metastrategic Knowledge on Low- and High-achieving Students [J].Learning and Instruction,2008,(18): 337-353.

[4] Anat Zohar. Higher Order Thinking in Science Classrooms: Students' Learning and Teachers' Professional Development [M]. Kluwer Academic Publishers, 2004: 23,19,37,108,78.

[5] Anat Zohar. Teachers' Metacognitive Knowledge and the Instruction of Higher Order Thinking[J]. Teachingand Teacher Education. 1999,(15):413-429.

[6] Robert H. Ennis, "Critical Thinking Across the Curriculum: The Wisdom CTAC Program", Inquiry: Critical Thinking across the Disciplines, 2013,(28):34-42.

[7] 王小明. 布卢姆认知目标分类学(修订版)的教学观[J]. 全球教育展望,2016,(6):29-39.

[8] 李晶晶,潘苏东. 高一学生物理问题解决过程中元认知监控行为的调查研究[J]. 基础教育,2018,(1):82-89.

The Science Class for Higher-order Thinking
—Inspiration from the Israeli TSC Project

LI Jingjing[1,2], PAN Sudong[3]

(1. School of Physics and Material Science, East China Normal University, Shanghai, 200241;
2.College of Physics & Electronic Engineering, Hainan Normal University, Haikou, Hainan, 571158;
3.College of Teacher Education, East China Normal University, Shanghai, 200062)

Abstract: TSC project is a science teaching reform project in Israel, which blend biotechnology, environment, engineering etc, and is guided by science, technology and society (STS). Its purpose is to cultivate students' high-order thinking ability. There are four main features of TSC project: the injection mode for high-order thinking; a clear and systematic approach to high-order thinking training; the rich scientific context; adoption of problem-solving as the main method used in classroom teaching. TSC project brings several inspirations to China's scientific education: paying equal attention to the higher-order thinking and scientific knowledge and using meta-cognition to boost higher-order thinking training, interdisciplinary thematic teaching and appropriate evaluation mechanism.

Key words: Israel, science education, TSC project, higher-order thinking

我国学前儿童发展状况评价：问题与建议
——基于英国 EYFS 的经验和启示

孔令帅，方 蓉
(上海师范大学 国际与比较教育研究院，上海 200234)

摘 要： 完善我国学前儿童发展状况评价，对提高学前教育质量、促进儿童的早期发展以及幼小衔接等方面都有着深刻的影响。但是，当前我国学前儿童发展状况评价还存在着一些亟待解决的问题：评价过程中缺乏一定的专业评价框架，教师实施评价的专业性不够，家长和社会的参与度不高，评价后没有充分利用评价结果。英国 EYFS 作为评价英国所有幼儿园的国家级课程标准，在幼儿评价框架的建立、评价实施的专业性、家长和社会的参与度以及评价结果的运用方面做得较好。英国 EYFS 经验可以为我国学前儿童发展状况评价提出以下建议：建立清晰明确的专业评价框架，提高教师评价的专业性，提高家长和社会在评价过程中的参与度，明确评价结果的运用。

关键词： 英国；EYFS；儿童发展状况评价；学前教育

教育评价与教育活动是相伴而生的，目前，如何完善学前儿童发展状况的评价在我国教育界引起很大关注。与此同时，我国政府也一直在积极对学前教育评价进行改革：树立正确的评价观念，更加注重评价的过程而不是结果；实现评价方法和评价主体的多元化以及不断优化评价的内容和标准。但笔者发现我国对学前儿童发展状况的评价，在制定和实施过程前后仍存在一定的问题。英国 EYFS(Early Years Foundation Stage)是由英国教育与就业部于 2007 年 3 月完成的，并于 2008 年 9 月在英格兰实施的教育方案。它作为评价英国所有幼儿园的国家级课程标准，在幼儿评价方面做得较为完备，能够给我国学前儿童发展状况评价提供一些启示。

因此，基于我国学前儿童发展状况评价存在的问题以及英国 EYFS 的经验，笔者希望利用英国比较教育学家贝雷迪的“比较四步法”，通过研究英国经验，为制定相关的教育政策提出一些建议，从而改善本国教育实践。贝雷迪将比较教育研究划分为四个部分：第一，“描述”，描述所要比较的任务在不同区域的基本情况，收集广泛的材料；第二，“解释”，对所了解的基本情况进行原因分析；第三，“并列”，将要比较的任务按照一定的规律格局排列起来，设立一定的比较标准，进一步解析资料；第四，“比较”，对并列的材料进行结论性的总结。[1] 在研究过程中，针对我国学前儿童发展状况评价存在的问题，笔者搜集了英国 EYFS

基金项目： 本文系国家社会科学基金(教育学)一般项目“国际组织教育政策价值取向研究”(项目编号：BDA160021)的阶段性研究成果。

作者简介： 孔令帅，上海师范大学国际与比较教育研究院教授，博士生导师，上海市教育督导研究中心研究员，主要从事比较教育研究。
方 蓉，上海师范大学国际与比较教育研究院硕士研究生，主要从事比较教育研究。

于 2018 年新发布的工作手册、相关报告以及相关网站上的资料,对英国学前儿童发展状况评价的基本情况进行了描述,分析提炼出英国在学前儿童发展状况评价方面做得较好的经验,并为完善当前我国学前儿童发展状况评价提供一些可操作的建议。

一、当前我国学前儿童发展状况评价存在的问题

学前教育是基础教育的重要环节,同时也关乎儿童能否更好地适应小学教育。学前儿童发展状况评价作为判断学前教育优劣的重要教育活动之一,极为重要。近年来我国一直在不断改革和完善学前教育评价的各个方面,但当前我国学前儿童发展状况评价仍存在一些不容忽视的问题。

1. 缺乏一定的专业评价框架

为了更好地指导学前教育实践,提高学前教育质量,教育部从 2001 年 9 月起试行《幼儿园教育指导纲要(试行)》(以下简称《纲要》)。《纲要》作为指导我国学前教育的主要文件,由四个部分构成:第一部分为总则;第二部分为教育内容和要求;第三部分为组织与实施;最后部分为教育评价。其中第二部分主要从健康、语言、社会、科学、艺术五个领域对幼儿教育提出要求,每个领域都从目标、内容与要求、指导要点三个方面进行阐述。[2]也就是说,《纲要》主要从五个领域对学前儿童发展提出要求,并且给出了学前儿童在这五个领域应达到的目标。判断儿童是否达到这些目标的方法就是对儿童的发展状况进行评价。

但是,《纲要》的第四部分简单交代了评价的方式、重点和注意点等方面,没有涉及评价应该如何操作,也就是说,对于如何判断学生是否达到目标,并没有给出一个专业的便于实施的评价框架。如“科学”这一领域的目标是:对周围的事物、现象感兴趣,有好奇心和求知欲;能运用各种感官,动手动脑,探究问题;能用适当的方式表达、交流探索的过程和结果等。[2]这里给出的目标要求都属于描述性的抽象语句,如果没有一个具体细化的评价框架,那么教师在评价的时候该如何判断儿童达到了这一领域提出的目标呢?这样不仅可能会导致《纲要》设定的目标形同虚设,也会影响教师评价的专业性。因此笔者认为,当前我国学前教育评价的一个问题就是缺乏细化的评价框架。

2. 教师实施评价的专业性不够

《纲要》指出:“评价的过程,是教师运用专业知识审视教育实践,发现、分析、研究、解决问题的过程,也是其自我成长的重要途径。幼儿园教育评价工作主要以教师自评为主。”[2]这说明教师在学前儿童发展状况评价中起着举足轻重的作用,其评价实施的专业与否直接影响着评价的好坏。可喜的是,尽管学前教师在学历、教龄、职称、所处学前性质等方面存在差异,但是总体而言学前教师对教育评价改革的关注程度较高。并且自《纲要》颁布以来,幼儿园也不断通过多种途径给教师提供教育评价改革的相关资源,包括专家讲座、集体调研、视频教学等。

不过,根据调查,仍有 13.2%的教师认为自己对教育评价改革的了解非常有限,还须加强有关评价改革理论的学习。而且,在评价实施的过程中,也存在教师在幼儿园的集体教研中只是对新《纲要》中的评价理念有过简单的了解,并未真正深刻地理解评价的理念。这导致其在对幼儿进行评价时也只是按照要求填写评价表格。例如有教师认为“评价的目的就是了解孩子,再有就是评价完了给家长看,意义在于让家长更好地了解孩子在园的一日生活表现”[3]。教师作为教育评价改革的最终执行者,有责任不断提高自身评价的能力和专业性。但是就目前来看,不论在对评价理念的理解上,还是在评价实施的过程中,学前教师均存在着专业性不足的问题。这与《纲要》中对教师提出的要求是不相符合的。

3. 家长和社会的参与度不高

《纲要》提出:“管理人员、教师、幼儿及其家长均是学前教育评价工作的参与者。评价过程是各方共同参与、相互支持与合作的过程。”[2]但是当前我国对学前儿童发展状况的评价存在一个问题:除了教师以外,其他评价主体在评价过程中的参与度并不高,尤其是家长这一方。大部分家长并不理解评价的理念,而认为对孩子的评价就是“优良中差”之分。家长曲解了评价的真正作用,很容易根据评价的结果给幼儿贴标签,而非根据评价的结果来调整自己的家庭教育策略,以便更好地促进幼儿的身心发展。

需要指出,虽然国家一直提倡学校、家庭、社会“三位一体”的教育合作,但在实际操作中并没有利用好来自家庭和社会的资源。因此,笔者认为目前我们没有真正提供给家庭和社会参与到教育评价的途径和手段,这也就导致他们的实际参与度不够高。

4. 没有充分利用好评价结果

教育评价的一个重要环节就是评价结果的运用。能否有效地运用评价结果直接决定了教育评价能否在教育活动中发挥作用。但是笔者发现,《纲要》中对于教育评价提出的要求主要集中在评价过程中应该注意的事项,并未提到评价结果应该如何使用。[2]这也就导致很多教师无法真正理解评价的理念,甚至将儿童的评价结果标签化,反而更不利于儿童的长远发展。学前教育是教育的奠基石,如果教师不能正确运用评价结果,忽视儿童个体身心发展的阶段性,那么教育评价容易起负作用。

就拿档案袋评价法来说,其根据在真实的情境中收集到的幼儿信息(例如幼儿的照片、录像、作品以及成人对幼儿所做的观察记录等),并附带幼儿自评、教师及家长的评语和同伴间互评的相关资料来制成属于每个孩子的档案袋,并以此来反映幼儿在一段时间内的进步或不足,展现幼儿的成长历程。[4]这种评价方法关注到了幼儿身心发展的差异性,能够让每位儿童都拥有属于自己的档案袋。但实际上,档案袋评价完成之后,学校、教师和家长应该如何分析档案袋中提供的评价信息,并依此调整教育方法、提高教育质量,在《纲要》以及学校的文件中都没有很好的体现。因此笔者认为,利用好对幼儿的评价结果是我们尚待完善的环节。

二、英国 EYFS 的经验

英国 EYFS 从 2013 年起要求学前教育机构必须为所有即将进入小学的 5 岁幼儿建立档案袋,并评价幼儿在学前教育阶段结束时的学习与发展水平,以此作为小学一年级教师制订有效的课程和学习计划的依据。[5]英国 EYFS 在学前教育评价方面能为我国提供一些值得学习和借鉴的经验。

1. 有法定的专业评价框架

英国 EYFS 的主要目的是在 EYFS 结束时为儿童提供可靠、有效和准确的评价。

因此为了使评价更加有效和准确,在评价开始之前,国家请专业人员为评价制定了法定的评价框架,并要求评价从业人员都要熟悉评价框架。EYFS 的评价形式主要有三种,且分别有着不同的目的:第一种是日常形成性评价,主要是为了持续告知教学的情况;第二种是总结性评价,主要是为了了解儿童在教学结束时的表现;第三种是国家法定总结性评价,主要是为了将儿童的表现与国家预期进行比较。

评价的过程首先是评价证据的收集,主要来自四个方面:家长的材料、相关成人的材料(比如教师、校长等)、儿童本身的材料以及收集到的观察材料。[5]

完成材料的收集之后,利用专业知识和法定的 EYFS 框架来判断儿童的学习,并最终完成 EYFS 档案。这个框架就是“早期学习目标”(Early Learning Goal,简称 ELG),其主要分为七大领域,分别是沟通与语言、身体发育、个人、社会和情感发展、读写能力、数学能力;理解世界的能力、艺术和设计的表现力。每个领域又细分为两到三个小目标,总共是 17 个早期学习目标。每个目标都有具体的描述和判断依据。就拿“对世界的理解力”这一领域来说,这一领域细分为了儿童对人和社区的理解、对世界的理解以及对生活中技术的理解三个方面。根据儿童行为或认知的达标程度可分为“仍需努力、达到预期、超过预期”三个等级。EYFS 评价框架中对每个等级都给出了具体的描述,以便从业人员进行判断。例如对“超过预期”这一等级的描述,在“对生活中的技术的理解”这一目标表现为:儿童能发现并使用一系列日常技术。他们会根据具体需求选择相应的技术,例如决定用什么方式来最好地记录他们生活中的特殊事件。评价者应根据在过程中记录的观察证据进行判断,判断必须在规定期限内完成。在评价过程中,从业者应该使用最合适的模型判断儿童是否符合“超过预期”这一水平的描述。

最后是数据的审核和提交。工作手册指出,EYFS 提供者可以使用任何安全系统来收集和提交数据,只要从业者可以在 EYFS 结束时为每位儿童记录完整的档案文件。材料的审核主要分为学校内部审核、学校之间的审核和外部审核。学校内部审核、学校之间的审核主要涉及两名从业人员,例如教师和助教,或者教师和校长,通过访谈和会议,讨论有关儿童发展的证据。外部审核主要来自地方当局,他们必须建立并执行适度的安排,确定评价的准确性和一致性。评价数据经过内外部重重审核,最终由地方当局提交到教育部存档。

从上文可以看出,英国 EYFS 评价框架和过程比较严谨和周密,力求保证评价的有效性和准确性。

2. 教师实施评价的专业性较强

EYFS 的评价主要依靠对与儿童相关的各项材料的分析,主观性较强,因此教师实施评价的专业性直接影响着评价的效度和信度。为了提高教师实施评价的专业性,英国 EFYS 主要从两个方面采取措施:一是提供清晰明确的工作手册和示例材料;二是对教师的评价进行审核,并提供培训活动。

在英国 EFYS 提供清晰明确的工作手册和示例材料方面:首先,英国 EYFS 的工作手册主要目的之一就是支持从业人员在 EYFS 结束时对每位儿童的成绩做出准确的判断,其内容较为详尽。手册主要分为 12 个部分,其中对评价的目的、要求、形式、框架、内容、对象以及档案文件的完成与审核等都有较为详细的说明,并要求教师熟悉手册内容。例如,英国要求每位教师在进行评价的时候都要掌握上文介绍到的评价框架。[6] 详细的可执行的工作手册,可以帮助教师在评价过程中依照条例行事,并规范他们的评价行为。其次,英国还提供了每一个 ELG(早期学习目标)的示例材料来帮助教师提高分析和判断的专业性。例如 ELG 中的"倾听和注意力"这一目标的示例材料,说明了如何使用各种证据和表现形式收集信息以支持 EYFS 概况判断。在文件中主要以"达到预期"这一水平的描述为主,提供了不同儿童在不同情境下的"一次性"观察材料,包括儿童工作样本、照片和父母的贡献等。比如对在小团体中听故事的 Emily 的观察资料;同妈妈一起在沙发上听音乐的 Amber 的家长观察资料;Freddie 在家里与小熊玩具玩耍的照片资料等。这样的示例材料是为了帮助教师为每个 ELG 做出最合适的判断。但是,示例文件也提醒教师在评价过程中不可离开特定的学习背景,教师应该意识到儿童的学习和发展是分不开的,不可以割裂地看待儿童在每个领域的发展。[7] 因此,在评价过程中,教师必须考虑每个 ELG 的整体,全面了解每个水平的描述之后,再来进行判断。

此外,英国 EFYS 也非常注重对教师评价的审核。地方当局必须确保至少每 4 年一次的访问。作为审查访问的一部分,访问结束后必须告知教师 EYFS 概况评价是否符合要求。如果评价不符合示例标准,地方当局可以要求提供评价的一方接受进一步的培训和调节,并重新考虑其评价。并且,地方当局审核访问的目的是检查教师是否正在进行准确的评价并持续应用,而不是简单地查看评价档案,检查每位儿童的成绩。在审核过程中,地方当局需要确保的是:不同教师做出判断的一致性和准确性;判断是有效的并符合国家标准;主持审核的人员对其负责的记录和报告的评价是准确且有效的。[6] 也就是说,不仅实施评价的教师受到严格审核,而且实施审核的人员也是经过层层审核的。这样能够进一步保证教师评价的专业性。

我们可以看出,英国从评价伊始一直到结束都对教师评价专业性严格把关,以便评价结果能够更好地促进儿童的进步和发展。

3. 家长和社会的参与度较高,且提供了参与评价的论坛平台

笔者在 EYFS 的工作手册和相关示例材料中发现,家长在整个评价过程中乃至评价结束后的参与度都是比较高的。一方面是评价过程中有关儿童的观察证据以及照片、视频等资料很大一部分来自家长。手册也要求家长定期参与评价过程,鼓励他们参与孩子的学习和发展。并且在示例材料中,教师和家长的联系是较为紧密、互有裨益的。教师运用专业知识为每位儿童建立一个大致的观察范围,给家长一个提供证据的方向,不必盲目搜集大量无用的证据。同时教师也可以减少收集证据的时间,花更多的时间在教学上。[7] 另一方面,家长也参与到评价结果的审核中。当地方当局将评价报告提交给家长后,若家长对评价

报告的内容有所异议，他们有权反对 ELG 的描述内容以及可以提出重新讨论 EYFS 评价的概况。[6]

另外，为了实现教育的三位一体，提高社会在教育评价中的参与度，英国开设了大众可以参与到评价中的论坛平台。该论坛首先从网络开发人员和参与学前教育的小组评价人员开始。多年来，网站不断有志愿者加入，会员数量急剧增长，已经成为一个充满活力的社区和支持学前教育专业人士参与的网络平台。网站的信念是：学前教育领域非常需要这个在线聚会场所，这里不仅可以找到与专业相关的信息和新闻，而且可以分享经验，表达遇到的挫折和问题。论坛在一种相互尊重和礼貌的氛围中，已经帮助了成千上万的从事学前教育的人员和教师，不管是专业还是非专业的人士在这里都可以提出自己的疑问，并尝试用自己的经验为别人解答疑问。[8]

由此看出，英国非常注重家长和社会在儿童评价过程中的作用，这样不仅有利于对儿童的全面了解，而且能够提高评价的效率。

4. 评价结果的使用比较明确

EYFS 评价和报告安排的第四部分，明确规定了评价结果的报告对象以及评价结果应该如何使用。首先，文件规定在评价结束之后，所有 EYFS 提供者应向家长提供一份书面报告，其中包括：说明儿童 ELG 的达成情况、总结儿童在所有学习领域的成就、评论儿童的总体进展、与家长简要讨论关于儿童的评价结果。并且指出：报告应该特定于儿童、简洁而翔实、能够帮助调整儿童后续的教学安排。其次，文件指出如果儿童在学年期间转到新学校，原来学校必须将他们对 ELG 的发展评价发送给新学校。再次，为了更好地促进幼小衔接，文件指出应该将儿童 EYFS 档案的副本提交给一年级教师，并且就儿童的目标达成情况进行简要评论。最后，评价者需要将 EYFS 档案数据（17 个 ELG）报告给儿童所处的地方当局，但是不需要提交关于儿童如何表现有效学习特征的叙述。[6]

关于如何运用 EYFS 评价结果，文件主要从三个方面进行阐述：首先，一年级教师应该根据评价档案中儿童 ELG 的达成情况以及每位儿童与有效学习的三个关键特征相关的描述，与报告提供者进行简单对话来了解每位儿童的发展阶段和学习需求，以此协助规划第一年的活动。其次，学校可以利用 EYFS 评价数据，了解整个学校儿童的发展水平信息。例如，每个学习领域的学习和发展水平、儿童的班级和年龄组、分析不同群体的儿童的表现差异。最后，从国家层面来说，教育部会发布国家和各地方的数据，以便他们可以比较分析各地区学前儿童的表现情况，调整政府投入政策。政府经过数据分析，针对学前儿童表现欠佳的地区可以通过“增加免费餐饮资格的儿童数量”来提高某地区达到 EYFS 发展良好水平的儿童比例。

由此我们可以发现，英国在评价结果的运用上条厘清晰，从国家层面、学校层面再到儿童个人层面，目的在于能够最大化地利用好评价结果。

三、建议

英国 EYFS 的经验和启示可以为我国学前儿童发展状况评价的完善，提出以下一些建议：

1. 建立清晰明确的专业评价框架

在评价过程中，一个清晰明确、可操作的专业评价框架有着至关重要的作用，它指引着评价的方向。尽管我国各个地区甚至每位学前儿童差异各不相同，评价时不可一概而论，但是我们仍然需要一个统一的评价框架作为评价的规范准则，指引评价的正确方向。目前《纲要》是指导我国学前儿童发展状况评价的主要文件，但其中关于评价的操作性内容不多。因此，我们可以借鉴英国 EYFS 的经验，从建立可操作的专业评价框架开始。在框架中明确评价的主要形式、评价的过程以及评价数据的审核和提交。最重要的是细化儿童应达到的目标，每个目标应对应的等级水平都应该有具体的判断说明，便于评价人员进行判断，分析出儿童的优势和劣势，力求能够促进儿童的全面发展和个性发展相结合。

当然，我们在借鉴英国 EYFS 框架经验的同时，必须考虑到我国国情和儿童发展的差异，牢记评价最终的目的是为了儿童的发展。因此，制定框架的时候，必须从学前儿童身心发展规律出发，做好充分调查和研究，制定出适合我国学前儿童的评价框架。

2. 提高教师评价的专业性

教师是评价的主要实施者,他们的专业与否直接决定了评价能否真正反映儿童的真实情况,促进儿童的后续发展。目前我国的学前教师大多能够积极关注幼儿教育评价改革,但是很多教师对评价理念的理解还不够深刻,导致其对儿童进行评价时的专业性不足。根据英国的经验,我们要提高教师评价的专业性,首先可以从给他们提供充分的材料开始,比如制订出一个指导并规范评价行为的工作手册。另外,教师进行评价判断的主观性较强,为了尽量减少教师的主观臆断,我们可以收集每个目标具有代表性的示例材料,供教师进行参考。

此外,对教师评价工作的审核也是一项必不可少的工作。我们必须对教师的评价工作进行定期的检查,并且设定一定的评价标准,以此判断教师是否达到这一标准。对于没有达到标准的教师,应该组织他们参加培训。这样不仅可以让教师在评价的时候能够依据准绳,而且也能够通过培训的方式逐渐提高教师的专业性。

3. 提高家长和社会在评价过程中的参与度

学校、家庭、社会在学前教育中都扮演着不可或缺的角色。提高家长和社会在评价过程中的参与度,不仅可以提高评价的效率,而且也更加有助于儿童的全面发展。首先,家庭教育在儿童教育中所占地位的重要性不言而喻。因此在评价的文件中可以设置对家长的具体指导。教师可以指导家长搜集有关孩子表现的材料,家长有权监督评价的过程并提出异议。整个评价过程中,家长与教师、学校应该保持紧密联系,可以定期就儿童近期发展状况进行交流。

其次,现在网络的发达也为我们就此讨论交流提供了方便。在每一所幼儿园中,我们可以建立一个供关心学前教育评价问题的人进行讨论的网络平台。在这里每个人都可以提出问题,也可以运用自己的经验和知识来帮助别人解惑。这样可以大大提高家长乃至社会在评价过程中的参与度。

4. 明确评价结果的使用

评价的最终目的是使评价结果最大化地促进儿童的进步和发展。因此我们必须对"评价结果由谁来运用、怎么运用"这两个问题进行思考。笔者认为英国 EYFS 在这一方面的安排是比较有条理的。因此,我们在确定评价结果的运用时,也可以从三个层面出发:一是国家可以利用评价数据调整教育的投入政策;二是学校层面可以分为两个部分:幼儿园和小学。幼儿园可以利用评价数据分析整个学前儿童的学习发展情况,进而调整教育策略。在幼儿即将进入的小学中,一年级教师可以根据每位儿童的评价档案了解儿童的发展特点,安排适合他们的教育活动,以更好地促进幼小衔接。三是家长层面,家长可以就孩子的评价结果与学校进行讨论,了解自己孩子的发展特点,调整自己对孩子的教育方法。

总而言之,我们必须明确评价结果的运用,最大化地利用好儿童的评价档案,而不是仅仅止步于评价档案的完成。

四、结语

随着"终身教育"的提出,人们越来越意识到学前教育的奠基作用。我国一直非常重视学前教育的改革和发展,自 2012 年起相继颁布了《3-6 岁儿童学习与发展指南》《幼儿园教师专业标准》《幼儿园督导暂行办法》《幼儿园教师配备标准》等文件来规范学前教育。上海市人民政府还于 2018 年颁布了《上海市 3 岁以下幼儿托育机构管理暂行办法》。但是在改革过程中,我国在学前儿童发展状况评价方面,遇到了一些阻碍学前儿童教育发展的难题。而与此同时,英国的一些举措能够为我们解决这些难题提供一些启示。尽管我国和英国国情存在很大差异,但是相同的是我国和英国都非常重视学前教育。因而,我们在对学前儿童发展状况评价进行改革时,应该根据本国实际情况借鉴英国经验,既不一味排斥,也不盲目照搬。

参考文献:

[1] 王喜娟.贝雷迪的比较教育思想分析[J].教育评论,2013,(2):150-152.

[2] 中华人民共和国教育部.幼儿园教育指导纲要(试行)[EB/OL]. http://www.moe.gov.cn/srcsite/A26/s7054/200108/t20010801_166067.html.2018-6-15.

[3] 崔龙超,于开莲.幼儿园教师对教育评价改革的关注[J].学前教育研究,2015,(10):32-40.

[4] 姚伟,崔迪.当前幼儿园档案袋评价存在的问题与解决对策[J].学前教育研究,2007,(2):31-33.
[5] GOV.UK.Early Years Foundation Stage Profile 2018 Handbook [EB/OL]. https://assets.publishing.service.gov.uk/government/uploads/system/uploads/attachment_data/file/669079/Early_years_foundation_stage_profile_2018_handbook.pdf.2018-6-15.
[6] GOV.UK.2018 Assessment and Reporting Arrangements (ARA) [EB/OL]. https://assets.publishing.service.gov.uk/government/uploads/system/uploads/attachment_data/file/685241/2018_early_years_foundation_stage_assessment_and_reporting_arrangements.pdf.2018-6-15.
[7] GOV.UK.EYFS Profile Exemplification for the Level of Learning and Development Expected at the end of the EYFS Communication and language[EB/OL].https://assets.publishing.service.gov.uk/government/uploads/system/uploads/attachment_data/file/360518/ELG01_Listening_and_attention.pdf.2018-6-15.
[8] The Foundation Stage Forum.Home of Early Years Foundation Stage[EB/OL].https://eyfs.info/index.html/.2018-6-15.

Evaluation of the Development of Preschool Children in China: Problems and Suggestions

—Based on the Experience and Enlightenment of British EYFS

KONG Lingshuai, FANG Rong

(Research Institute for International and Comparative Education, Shanghai Normal University, Shanghai, 200234)

Abstract: Preschool education plays an important role in the growth and development of children. Improving the evaluation of preschool children's development in China has a profound impact on improving the quality of preschool education, promoting the early development of children, and linking up children with primary schools. However, there still exist some problems to be solved urgently in the evaluation of preschool children's development in China: the lack of a certain professional evaluation framework in the evaluation process, the lack of professionalism in teachers' evaluation, the low participation of parents and society in the evaluation process, and the failure to make full use of the evaluation results after the evaluation. As a national curriculum standard, EYFS has done a good job in the establishment of evaluation framework, the professionalism of implementing evaluation, the participation of parents and society, and the use of evaluation results. Based on the experience of EYFS, we can put forward the following suggestions for the evaluation of the development of preschool children in China: establish a clear and professional evaluation framework, improve the professionalism of teacher evaluation, improve the participation of parents and society in the evaluation process, and clarify the use of evaluation results.

Key words: UK, EYFS, evaluation of children's development, preschool education

德韦恩·休伯纳的现象学课程理论及其启示

李宝庆[1,2]，吕婷婷[3]

(1. 西南大学 西南民族教育与心理研究中心，重庆 400715；2. 西南大学 教育学部，重庆 400715；

3. 成都高新滨河学校 四川 成都 611731)

摘　要： 美国课程专家德韦恩·休伯纳的现象学课程理论是在批判传统课程理论的基础上形成的，它以现象学、存在主义、解释学为理论基础，从新的视角对课程进行重新建构，并在课程目标、课程内容、课程实施和课程评价等方面对现象学课程理论做了深刻的阐释，为传统课程领域注入了新的活力，同时也为我国课程改革提供了诸多启示。

关键词： 德韦恩·休伯纳；现象学；课程理论

美国当代著名课程专家德韦恩·休伯纳(1923—，Dwayne Huebner)是现象学课程理论流派的主要代表人物之一，他以现象学、存在主义、解释学等为理论基础，对传统的课程理论进行重构，将课程引向对人的存在的关心。其独具特色的现象学课程理论为课程研究和课程实践提供了新的思路，并对诸多课程研究者产生了重要影响。本文力图对休伯纳的现象学课程理论进行探讨，并简要分析其对我国改革的启示。

一、德韦恩·休伯纳简介

1. 德韦恩·休伯纳的求学之路

休伯纳 1923 年出生于美国密歇根州大急流城(Grand Rapids)的一户工人阶级家庭，当时正值美国经济萧条时期。1943 年他毕业于大急流城社区学院(Grand Rapids Community College)。毕业后，休伯纳的研究兴趣从核物理领域转向了教育领域。1947 年他进入芝加哥大学攻读硕士学位，从事初等教育研究，并用了两年时间完成硕士学位课程。休伯纳进入芝加哥大学那年，参加了赫里克(Virgil E. Herrick)和泰勒(Ralph W. Tyler)举行的课程理论会议，这次会议对休伯纳的课程研究事业产生了重大影响。在会议中，他认识了在其教育生涯中有着重要作用的两位学者，赫里克与伊伯曼(Paul Eberman)。休伯纳获得芝加哥大学初等教育硕士学位后，在一所小学任教。两年的从教生涯让休伯纳充分认识到“自己对教育的无知”。在伊伯曼的鼓励下，休伯纳离开了密歇根，来到威斯康星大学麦迪逊分校

基金项目： 本文系中央高校基本科研业务费专项资金资助重大培育项目“新高考时代普通高中学生学习力研究”(项目编号：SWU1909227)、教育部 2017 年度人文社会科学研究规划基金项目“高中学生综合素质评价纳入高考招生体系研究”(项目编号：17YJA880017)、中央高校基本科研重大创新团队项目“基础教育课程改革的国际比较与本土理论建构研究”(项目编号：SWU1709117)的研究成果。

作者简介： 李宝庆，西南大学西南民族教育与心理研究中心、西南大学教育学部副教授，博士，主要从事课程与教学论研究。

吕婷婷，成都高新滨河学校教师，硕士，主要从事语文教学论研究。

(University of Wisconsin-Madison)攻读博士学位,师从赫里克。在攻读博士期间,休伯纳参加了不同学科的研讨会,对哲学、心理学及社会学等产生了浓厚兴趣,这些思想渐渐引领休伯纳走上不同于传统课程思想的新道路。

2. 德韦恩·休伯纳的课程研究新视野

1957 年,休伯纳成为哥伦比亚大学师范学院(Columbia's Teachers College)课程与教学系的助理教授,与贝莱克(Arno A. Bellack)一起教授课程理论。在此期间,休伯纳将注意力转向现象学和存在主义学者的著作,其中海德格尔(M.Heidegger)的《存在与时间》对他的影响极大,促使他从现象学中寻找新的课程话语体系。1962 年,休伯纳发表一篇名为"政治学和课程"的文章,探讨了课程领域研究中的政治学的价值,打破了传统课程的根基,这预示着课程研究的政治学领域。后来他将视野转向美学,将课程视为美学文本。1973 年,他参加了在罗彻斯特大学(University of Rochester)举办的标志着美国课程领域正经历着概念重建运动的会议。派纳(William Pinar)在会议上称休伯纳的"课程即对人类暂存性的关怀"(Curriculum as Concern for Man's Temporality)为概念重建运动奠基性的论文。事实上,休伯纳提出的"历史""暂存性""自传""意识"等概念,都成为概念重建主义者研究的领域。这些富有先见的思想使休伯纳当之无愧地成为概念重建运动的先驱。

3. 德韦恩·休伯纳的课程研究影响力

休伯纳在课程领域培养了一批优秀的课程学者。在休伯纳的学生中,除了玻伊(Mary C. Boys)、福克斯(Micheal Fuchs)等神学课程学者深受休伯纳思想的影响外,批判课程理论代表人物阿普尔(Micheal Apple)也继承并发展了休伯纳的政治学课程理论。派纳尽管只选修了一门休伯纳的课程,但从休伯纳的现象学课程理论中汲取了诸多思想,从而形成了影响深远的"存在体验课程理论"。鉴于在课程领域取得的重要成就,休伯纳于 1988 年获得由"美国教育研究协会"的课程研究部门(Curriculum Studies of the American Educational Research Association)颁发的"终身成就奖"(Lifetime Achievement)。休伯纳的课程思想就像一场旅程,正如他自己所描述得那样:"为了回应'理所当然'的课程语言和科学实证主义,我的研究必须经历从经验科学到社会和行为科学,从实证主义到存在主义、现象学、解释学,再到马克思主义的游历过程。"[1]

二、德韦恩·休伯纳现象学课程理论的基本观点

1. 课程目标:提升自我意识,实现个体解放

休伯纳的课程目标观以其人性观为导向,他基于任教期间的观察和对传统课程理论的反思,将人定义为一种存在。休伯纳认为:"人作为存在具有无限变化的能力,人是超越性的动物,即超越其所是,而不断成为他所不是的那样。"[2]休伯纳在坚持"人是一种存在"的同时,也将"超越"和"创新"视为人本身固有的属性。他主张课程目标就是要将学生从现实的学校教育的语言和活动的束缚中解放出来。人要获得自由和解放,必须超越现有的学习观、学生观、教育观,通过引导学生重新理解和诠释过去的经历,在解释性的活动中发现被忽视的可能的存在意义,从而意识到并筹划自己的可能性未来。具体而言,反思是实现解放的重要途径,提升自我潜能意识是解放的最终体现。"提升自我潜能意识"可以被理解为增强"筹划未来可能性"的意识。它要求课程能帮助学生意识到"我们所是和所知"的局限性和"我们可能是或可能知"的潜在性,从而在已有的体验中看到、听到及体验到更多能增强个体参与重构世界和自我活动能力的事物。就存在论的意义而言,"筹划"本身是一种关于存在意义结构的理解方式,它不只是通过科学方法或科学手段获得知识,而指向"行动",更强调借助解释活动产生的洞察"去做某事",如"进行新的探索""更令人满意地表达""更有意义地际遇"。这种指向"行动"的解放目的使休伯纳的思想区别于传统认知层面的课程目标观。提升"筹划未来"的意识需要通过反思来实现,他认为正是学生对待一切书本知识的理所当然的态度阻碍了其创造地探索世界的步伐,也正是教育主体不假思索地接受现有课程语言遮蔽了其他可能性。因此,通过引导学生反思,将学生从理所当然的世界中解放出来,增强学生自主探索世界的意识,是实现学生解放的第一步。教师需要通过询问"你如何知道"或"你

如何解释这个论断”,鼓励学生质疑教材和教师言论的真实性,引导学生提出假设、进行实验证明,从而建构新的表达个体体验的知识。

2. 课程内容:生活经验

休伯纳以“个体与世界的辩证关系”为哲学基础,将课程内容视为“生活经验”(lived experience)。这一方面强调知识源于生活情境,另一方面肯定知识服务于个体生活的价值功能。从有机整体的哲学观出发,休伯纳把个体与他人、物质性客体、思维方式的际遇视为人的暂存性产生的源头。人在塑造世界的同时,也被世界塑造着,世界唤起个体的回应同时,也回应着个体的行动,这是一个辩证的过程。休伯纳认为,关于自我和世界的知识来源真实的课堂生活情境,是个体与他人和世界互动的产物,包括个体生活经验和社会生活经验。“个体—世界”辩证关系赋予生活经验以下几种特点:第一,生活经验能唤起学生的“回答”(response)。“回答”是指当学生被抛入共同体生活后,他们必须以“重复”(repitition)的方式回应已有的生活形式,思考“过去”或传统留下来的“集体财富”(collective wealth)的哪些方面值得用来重复和筹划,哪些方面可以成为当前的视域。“重复”意味着学生自由地、创造性地重新解释“过去”或“集体财富”。第二,生活经验能回应学生的行为。“回应”(reactive)是指有价值的“过去”被带入“现在”而形成新的经验形式,如新的言语模式、对话形式、课程语言、学科结构、集体思潮和文化信仰等,涉及从“形塑互动模式的社会习俗”到“人类制造物”的方方面面,引导学生超越现有的社会模式。第三,生活经验能促成“现在视域”的形成。生活经验能引发学生利用选择出来的“过去”经验筹划多种可能的未来,它能为学生提供意识自我潜在可能性和参与历史创造活动的机会。

在他看来,体现“个体—世界”辩证关系的课程内容本身不是目的,它的价值在于为个体的存在服务,本质上是服务于人类探索自我价值、提升探索世界能力、认识自我潜在可能性的工具和手段。每一种揭示个体存在意义的经验知识都具有内在价值,都应作为课程内容,从而为学生个体的存在提供多种可能性选择。休伯纳指出:“只要教师有足够的技巧,所有的知识都是有内在价值的。语言打开了他人的世界,增强际遇他人的能力;科学是探索的工具;艺术是想象、表达的工具;数学和逻辑是总结、分析的工具。”[2] 在他看来,任何单一的知识都带有偏见,它如同一幅屏障,在揭开一部分未知的同时也遮蔽了一部分事实,甚至“遮蔽的”远多于“揭露的”。要避免这种“偏见”对学生的禁锢,课程内容应是“一切知识和文化财富的总和”,尽可能多地纳入不同维度和视角的经验知识,既包含精确的科学知识,又囊括关注感受和体验的艺术知识,还容纳追问意义的哲学知识。[3] 当儿童认识到每一种知识的价值和运用方式,并以自己的方式解释和表达时,他就能从单一的科学知识中解放出来。

3. 课程实施:对话与创造

现象学认为,人是关系性存在,“人的存在”(being in)就是“人与他人的共在”(being with others),而这种人与人共在的辩证关系被称之为“际遇”(confrontation)。在休伯纳看来,际遇构成了真实生活的本质,际遇方式代表着个体生活经历的全部意义,因此个体的知识建构和意义生成必须根植于社会交往和际遇中,并在此过程中不断丰富其课程生活体验。

具体到课堂教学中,休伯纳认为教学本质上是一种生活,爱是学生与他人及世界际遇的最有价值的方式。在爱的际遇方式中,对话是其核心,它诠释了“爱”关于“自由给予和接受、塑造新的自我”的内涵。课程实施就是在对话中理解自我、他人和世界进而产生意义的过程。休伯纳谈及的对话不是信息的单向传递,而是接受他人信息、重构自我经验、发现新事物,并将对话双方推向一个新高度的过程。正是在对话中,儿童才能以有意义的形式组织自己的经验,并发现他人语词中的组织形式和意义。休伯纳对“对话”这种解释性活动的理解包括以下几点:

其一,“历史”所形成的“成见”是对话的前提。休伯纳认为,课程本身是意义负载的,对它的理解应该建立在反思“历史”的基础上。“历史”包含个体过去的经验和个体在共同体中通过共享而形成的“集体智慧”,它们共同组成了理解的“成见”。一方面,“历史”为对话和反思提供了内容源泉,我们的未来可能性正是在多种多样的“历史”中显现;另一方面,“历史”也是通过对话理解事物的“先有”(fore-having)“前见”(fore-seeing)“前概念”(fore-conception),学生“过去”的经历以及积累的经验,如不同的学科结构形式、语言模式、认知方式、行为模式等都规定了学生对事物的理解方式,限定了我们对未来可能性的选择。因此,师生的对话必须基于学生已有的背景进行,而非磨灭学生“历史”的多样性。

其二,教师与学生应该是“交互主体”的关系。这包括两层意思:一是师生同为课堂的独立主体,双方应该相互承认、相互尊重,在地位上平等,同时接受和肯定他人的价值;二是师生在这种充满了交互联系的际遇中相互影响。对话的本质是“愿意被影响”,它要求个体始终意识到自己总是处于不断“形成”之中的特性,因而愿意接纳他人的发现和语言,从而遇见新的、不可预期的方方面面。就教师在对话中的角色而言,休伯纳认为他们应是“倾听者”的角色。“倾听”是引导学生参与有意义对话的关键所在,教师对学生语言和思维的接纳和期待以及对学生自由表达的鼓励和错误表达的包容,为其以多种语言方式重新组织自己的思维和经验创设了真诚和支持的环境。教师在倾听中的反馈,是帮助学生解释和澄清语言,获得精确反映意图的表达方式的关键。其中以提问的方式鼓励学生以自己可理解的形式将问题和经验转换,从而形成独特的表达模式,是最为行之有效的反馈方式。

4. 课程评价:多维的评价标准

休伯纳认为对课程活动的评价应是多维度的。因此,他建立了技术、科学、政治、美学和伦理五种价值体系,旨在多视角地对特定课程活动进行价值判断。

其一,技术的价值体系。技术的价值体系与泰勒原理相联系,采用“目标—手段”模式,要求尽可能明确地陈述课程目标,所有的活动都是为实现课程目标而设计的。这种评价方式主要通过收集学生信息、分析量化数据来衡量学生在接受教育后的产出是否大于学校人力、物力的投入,它强调课程活动的高效性和控制性。他认为,这种以目标为标准的评价体系有时是必要的,但是过分依赖这种形式会迫使教育者脱离学生生活而以分数论成败。

其二,科学的价值体系。科学的价值体系与科学上采用的定量研究方法相关,它在衡量课程活动时以知识生产量为标准,通过课堂观察、实验控制等科学方法尽可能多地获得关于学生、课堂、课程的新知识。这种评价方式对丰富和发展新的课程理论和教学手段有着重要意义,但是过于注重科学思维的运用容易使师生的思维陷入僵化的困境,丧失对世界的感知能力。

其三,政治的价值体系。这种评价认为,课程活动的价值在于它能给教师带来尊严和权威,教师为了保证在课堂中的控制权,必须通过与学生相互影响的方式赢得尊重和声望。在此活动中,教师的教学成为获得尊重和地位的工具。休伯纳认为,用教师的尊严和权力来评估课程活动在一定程度上能反映教师在课程活动中的影响力,但一旦权力和尊重成为目的而非手段,教师的教学就成了附和校长、家长、教育管理人员的行为,这种评价方式就是不可取的。

其四,美学的价值体系。美学的价值体系包含三个评判标准:一是“精神的距离”。这是指美的事物要与日常生活保持一定距离,只有不以实用为目的的课程活动才具有美感。这种“精神的距离”使教育活动远离生产和消费的经济世界而体现出其艺术事物的本质,从而具有美的特质,创造出更多的生活可能性。二是“完整性和计划性”。休伯纳认为,具体指“完整性、平衡性、计划性、整合性、和谐度和满意度”,唯有整体的课程活动才具有美的意义。三是“象征意义”。这是指通过教育活动蕴含的意义对其进行评价,真正的教育活动应能表征和揭示师生感受到和体验到的意义,它象征着学生在参与创造活动过程中体验到的快乐、兴奋、激动、热情,而机械地灌输知识的课程活动是没有任何意义可言的。[4]

其五,伦理的价值体系。对于休伯纳而言,课堂活动的全部意义就在于教师和学生、学生和学生、学生与周遭世界的际遇,以及在际遇中个体的生命意义得以显现。因此,休伯纳认为评价课堂中的际遇必须从伦理的角度入手,关注人与人之间的互动关系,并用“形而上的”和“宗教的”语言加以描述。就际遇的方式而言,休伯纳将评价的维度划分为学生创造世界的参与程度、师生对话、相互影响、承诺和原谅五个方面,并考察课程活动在多大程度上能引发这五种有意义的际遇方式。

对于休伯纳而言,在五种评价方式中,美学的价值体系及伦理的价值体系最能体现现象学课程的形态,是评价最重要的维度。

休伯纳的五种价值体系体现了课程评价新的特质。其一,提倡评价的多元化。休伯纳反对将课程活动置于统一的标准下衡量,他主张从技术、政治、科学、审美、伦理等多视角评价课程活动。评价的指标包括知识量、学生的参与程度、教师的研究能力、个体的情感体验、课堂环境的设置、校长和家长的支持。其二,趋向整体性评价。休伯纳极力推崇用审美的价值体系来审视课程活动。他援引瓦雷里(Paul Valery)的观点,认为教师创造了一个审美的客体供学生去探究,而学生的探究活动也是教师批判的审美客体。课程评价者就应像艺术欣赏者和艺术批评家一样从整体上理解课程活动,既关注课程活动中教师的教学行为,也关注学生的言行举止;既看到课程活动唤醒学生反思的功能,也看到其激发学生潜能的作用。

三、德韦恩·休伯纳现象学课程理论的启示

1. 坚持以人为本的课程价值取向

休伯纳的研究致力于将以人为本的价值取向注入课程领域。他在大量论文中反对传统课程理论,目的就在于反对以牺牲学生兴趣、体验为代价的工具理性主义价值观;他极力寻求新的课程语言,希冀这种新的课程语言能够表征学生和教师在课堂上的真实体验;他关注学生的暂存性,旨在发现学生发展的可能性;他提倡师生对话,引起对个体与他人关系的关注。我国课程改革一方面宣扬学生的全面发展、全体发展、个性发展,另一方面却又难以真正落实。这就要求课程改革转变应试教育的功利主义价值观,构建以学生发展独特性为核心的素质教育课程体系,加强学生核心素养的培育。"注重培养支持未来人才终身发展、适应时代要求的关键能力"。[5]从根本上消除"教师中心"成长的根基,以改变传统的教师灌输知识的局面,并引导学生参与课程活动中来,进而突出学生在知识创造和信息获取方面的主体性。

2. 关注学生创造能力的培养

休伯纳认为人具有暂存性,无限变化是人的特性,人正是在这种无限变化中不断超越过去,创造自己的未来。学生只有在创造活动中才能由过去走向未来,打开新的可能性,从而不断趋向完整的自己。他呼吁课程应该关注学生的暂存性,实现学生对过去的超越。在我国教育改革过程中,政府也日益强调培养学生创造能力的重要性。2019 年 2 月,中共中央、国务院印发的《中国教育现代化 2035》提出"要创新人才培养方式,推行启发式、探究式、参与式、合作式等教学方式以及走班制、选课制等教学组织模式,培养学生创新精神与实践能力"。当前我国学生创造性不足很大程度上是由于他们受到了太多约束。因此,我们应追问"什么因素阻碍了学生创造能力的发展",并反思我国当前考试招生制度、教学管理制度中的阻碍因素,从而为学生的创造活动提供环境。

3. 注重课堂中的非理性因素

休伯纳认为课程不仅仅和知识、技能技巧相关联,它还包含着"好奇""敬畏""着迷"等非理性因素。在探索世界的过程中,知识既是儿童探索世界强有力的工具,也是禁锢儿童思维的牢笼,而"好奇"却能跳出知识的牢笼,打开一种新的认识世界的可能性。在休伯纳看来,"好奇"伴随着"惊异""惊奇""敬畏"的情感体验,它关注现象本身,帮助人意识到现象是作为主体而存在于人周围的。这种"好奇"的能力根植于学生对生活的体验。一旦这种"好奇"的能力得到发展,无限的创造性就成为可能。当前我国基础教育课程存在过于强调科学理性而忽视非理性因素的现象,知识学习取代了情感体验,整齐划一的标准化测试抹杀了多元解读的想象力,书本教条压抑了对事物的新奇感,师生的教与学的热情在标准和规定中渐渐消逝。为此,我们应该从知识、情感、态度等多个面向解读文本,从科学、美学、哲学等多种认知角度重新审视文本的观点和教学规范,从而让学生对未知的现象世界抱以开放的态度,使课堂成为学生际遇新奇事物的空间,使学生能在生动的生活情境中培养探索世界的兴趣,发现世界的另一面。

4. 构建师生对话机制

休伯纳认为,师生对话是课堂教学中最重要行为。通过对话,教师不仅向学生传递成人文化,同时能帮助学生澄清思想,发现自我,发现世界的意义。目前,"对话教学"已引起我国教育者的重

视。但是对话教学在实施中仍存在不少问题。比如,由于许多教师仍受着师道尊严的影响,在对话教学中面对学生的质疑时,不愿承认自己的错误或无知,要么用权力打压学生的回答,要么忽视学生的回答,最终导致学生不敢说、不会说。休伯纳认为在真正的对话中,教师应善于聆听学生心声,对学生想要表达的观点抱以开放态度,并懂得"谅解",接受并尊重学生的言语及错误。一旦学生感受到教师的真诚和友善,他就敢于表达自我,敢于探索未知领域。同时,教师对学生的回答应给以批判的和同情的回应,从而帮助学生理清思路,形成一套个性化的表达方式。

从课程领域的发展而言,休伯纳可谓始终走在时间的前面,他的课程研究将人们的注意力从传统的课程研究领域转移到新的领地。20 世纪 50 年代,泰勒原理正成为一种"风尚"而席卷整个课程领域时,休伯纳用现象学和政治学的观点分析课程问题,从而表明他与泰勒原理的分野。他基于广阔的学术视野以及教学实践经验,对现象学课程理论进行了深刻而创造性的阐述,并对后世产生了极大影响。

参考文献:

[1] Duanoe Platinga. Dwayne Huebner's Curricular Language Model Revisited[D].The University of Alberta,1985:30.

[2] Dwayne Huebner. The Lure of the Transcendent: Collected Essays by Dwayne Huebner[M]. London:Lawrence Erlbaum Associates,1999:134-135,37.

[3] William B. Kennedy.From Theory To Practice: Curriculum[J]. Religious Education,1982(4):363.

[4] 威廉 F.派纳,威廉 M.雷诺兹.理解课程[M].张华,等,译.北京:教育科学出版社,2003:437.

[5] 孙霄兵.我国新时代高中教育发展的目标和任务[J].中国教育科学(中英文),2019,(2):12-26.

Dwayne Huebner's Phenomenological Curriculum Theory and Its Enlightenment

LI Baoqing[1,2], LV Tingting[3]

(1. Center for Studies of Education and Psychology of Minorities in Southwest China, Southwest University, Chongqing, 400715;2. Faculty of Education, Southwest University, Chongqing, 400715; 3. Hi-tech Binhe School of Chengdu, Chengdu Sichuan, 611731)

Abstract: Dwayne Huebner, a famous American curriculum scholar has formed his phenomenological curriculum theory from the theoretical basis of phenomenology, existentialism, and hermeneutic. He reconstructs the conception of curriculum from new perspectives and makes profound study of curriculum objective, curriculum content, curriculum implementation and curriculum evaluation. His studies revitalize the traditional curriculum field and offer a lot of enlightenment to our curriculum reform.

Key words: Dwayne Huebner, phenomenology,curriculum theory

谁的支持对提升初中生学业成绩更有效

张凤莲,李 桢

(东北师范大学 教育学部,长春 吉林 130024)

摘 要: 探索社会支持对初中生学业成绩的影响具有重要理论与实践意义,文章以对259名初中生调查所获得的数据为数据源,从学业自我效能感和学习投入双重视角,探索父母支持、教师支持、同伴支持对初中生学业成绩的影响及过程。研究发现:(1)在考虑学业自我效能感和学习投入两种变量时,父母支持、教师支持、同伴支持对初中生学业成绩影响的主效应不显著;(2)教师支持对初中生学业成绩的影响完全通过学业自我效能感和学习投入同步和连续的复合多重中介发挥作用,而父母支持、同伴支持既不能通过学业自我效能感、学习投入中的任意一个变量,也不能通过学业自我效能感与学习投入的连续形式作用于初中生学业成绩。

关键词: 社会支持;学业自我效能感;学习投入;学业成绩;初中生

一、问题提出

学生学业成绩是评价学校教育质量的重要依据,也是反映学生学习状态的具体指标。研究学生学业成绩的影响因素,能为提高学生学业成绩提供理论依据。

在众多影响学生学业成绩的因素中,社会支持是一个不可忽视的重要因素。学生的社会支持特指学生在学习过程中接受重要他人的关心、理解、帮助。通常学生社会支持的主要来源有父母、教师、同伴(朋友),因此以往研究也多从某种来源的支持切入展开对影响学生学业成绩因素的分析。例如,高燕通过研究发现,父母教育卷入分别对小学生的语文和数学成绩有直接的预测作用。[1]雷浩等学者通过研究发现,教师的关怀行为对学生的学业成绩有正向影响。[2] Véronneaua 等学者通过研究发现,同伴接纳和友谊支持对个体学业成绩具有积极的促进作用。[3]以上研究尽管证实了父母支持、教师支持、同伴(朋友)支持三种支持能够单独预测学生学业成绩,但很少将这三种支持放在一个框架中探讨它们对学生学业成绩的影响。因此本研究试图将三种支持放到一个动态的框架中,探讨它们对学生学业成绩的影响及影响大小。

此外,随着心理学研究的推进,发展心理学家和临床心理学家指出,仅探讨自变量对因变量的直接作用略显单薄,还应该关注自变量对因变量的内部作用机制,即对中介机制的考量。那么在父母支持、教师支持、同伴(朋友)支持影响学生学业成绩的过程中是否有其他变量起到了中介作用?这是本研究

作者简介:张凤莲,东北师范大学教育学部博士研究生,主要从事物理教学、课程与教学论研究。
李 桢,东北师范大学教育学部教授,博士生导师,主要从事发展心理学、课程与教学论研究。

关注的一个重要问题。

1. 学业自我效能感的中介作用

通过对已有相关文献的梳理与分析,笔者发现学业自我效能感与学习投入可能是父母支持、教师支持、同伴(朋友)支持影响学生学业成绩过程中的两个重要中介变量。学业自我效能感是自我效能感理论在学习活动中的具体化和延伸,指学生对自己是否有能力完成特定学业任务、达到具体学业目标的推测与判断。[4]关于学业自我效能感可能是父母支持、教师支持、同伴(朋友)支持影响学生学业成绩的重要中介变量的假设是基于以下两方面的分析得出的。首先,学生学业自我效能感是提高学业成绩的重要因素。自我效能感理论认为,自我效能感是对自己能力的评价结果,这种评价结果会对人们的选择和具体行为结果起到决定作用。[4]这一观点也得到许多教育实证研究的支持。[5][6]也就是说,在先天基本素质相同的前提下,那些学业自我效能感水平越高的学生,其越容易在学业成绩上获得成功。其次,父母支持、教师支持、同伴(朋友)支持也会对学业自我效能感产生积极影响。Bandura 指出,个人所能感受到的重要他人的尊重、鼓励等可以提高个人的自我效能感,而尊重、鼓励等均是父母支持、教师支持、同伴(朋友)支持的具体表现。[4]此外,另一些相关研究发现,父母支持、教师支持、同伴(朋友)支持均对学业自我效能有正向预测作用。[6][7]

2. 学习投入的中介作用

学习投入指学生在学习过程中一种持续的、充满积极情感的状态,它可以通过活力、奉献、专注三个特征来测量。[8]学习投入可能是父母支持、教师支持、同伴(朋友)支持在影响学生学业成绩过程中的另一个重要的中介变量。首先,父母支持、教师支持、同伴(朋友)支持能够分别影响学习投入。近年来,伴随着积极心理学的发展,社会支持与学习投入的关系逐渐受到研究者的关注,并且他们发现父母支持、教师支持、同伴(朋友)支持对学习投入均有积极影响。例如,Rosenfeld 等研究发现父母通过向孩子强化教育价值,从而使他们在学习上投入更多努力。[9]Ryan 等研究发现,那些关注学生社会性发展和学业需求的教师所教的学生,表现出了更好的学习投入,能够更多地寻求他人的帮助。[10]Fredricks 等研究发现,同伴支持水平与学生学习投入水平具有高度的相关关系。[11]其次,学习投入是预测学生学业成绩的一个重要指标。学习投入是反映学生在学习过程中卷入程度的具体指标,也是衡量学生学习能力的重要尺度,同时多项研究发现学生学习投入与其学业成绩有显著正向相关关系。[12][13]

3. 学业自我效能感与学习投入的关系

学业自我效能感作为一种学习的心理动机,本身就会影响学生的学习投入。一些关于学业自我效能感与学习投入关系的研究也发现,学业自我效能感可以正向预测学生的学习投入,也就是说具有较高学业自我效能感的学生,往往会为自己设置更高的学业目标,为了完成这些目标,他们会投入更多的努力。[14][15][16]

以上研究说明,学业自我效能感、学习投入既可以单独形式,也可以连续形式在三种支持影响学生学业成绩的过程中充当中介作用。本研究通过对 259 名初中生进行问卷调查所获得的数据的分析,探讨父母支持、教师支持、同伴(朋友)支持对初中生学业成绩的影响,并进一步检验学业自我效能感和学习投入在其中的中介作用。此外,值得补充的一点是,初中阶段是学生生理和心理疾风暴雨般发展变化的特殊时期,也是学生成绩出现分化和厌学的高危期[17][18],因此,本研究旨在探索初中阶段学生的父母支持、教师支持、同伴(朋友)支持对其学业成绩的影响及作用机制。

二、测量工具

1. 调查样本

本研究的数据源于 2017 年 7 月笔者对云南省某县两所学校初中学生社会支持情况的抽样调查。研究团队采用系统抽样法确定 297 名被调查的初中生,其中,男生为 93 人,女生为 166 人。发放 297 份问卷,回收 297 份问卷,回收率 100%,剔除 38 份漏答及无效问卷后,得到有效问卷 259 份,问卷有效率达到 87.2%。

2. 测量工具

(1)领悟父母支持量表

参考 Zimet 等编制的社会支持量表中家庭支持分量表的相关题项[19],研究从情感支持和实质支持两个方面编制了父母支持量表。编订后的量表共 3 道 7 级 Likert 题项,要求被调查者按每道题项陈述的情况与其现实符合的程度进行填答,从 1"非常不符合"到 7"非常符合",对所有题项得分加总后求平均分,其分数越高,说明学生得到父母支持越多。为了确保随后分析的可靠性和有效性,本研究对此量表的信度和各题项的因素负荷量进行检验与分析,发现信度检验结果为 0.717,三道题项的因素负荷量从低到高分别为 0.57、0.61、0.89,这些检验指标均达到学者建议的标准[20],说明此量表具有良好的信度和效度。

(2)领悟教师支持量表

教师支持量表参照欧阳丹修订和完善的学生感知的教师支持量表中的部分题项[21],研究从学生在学习过程中获得教师的实质支持和情感支持两方面编制了教师支持量表。该量表共 6 道 7 级 Likert 题项,要求被调查者按每道题项陈述的情况与其现实符合的程度进行填答,从 1"非常不符合"到 7"非常符合",对所有题项得分加总后求平均分,其分数越高,说明学生得到教师支持越多。为了确保随后分析的可靠性和有效性,本研究对该量表进行验证性分析和信度检验。验证性分析结果显示,$\chi^2/df=3.769$,GFI =0.954,AGFI=0.892,CFI=0.964,TLI=0.941,RMSEA=0.104,SRMR=0.037,信度检验结果显示,Cronbach's Alpha 为 0.876。这些检验指标均达到学者建议的标准,[20]说明领悟教师支持量表具有良好的效度和信度。

(3)领悟同伴(朋友)支持量表

同伴(朋友)支持量表从学生在学习过程中获得来自同伴(朋友)的实质支持和情感支持两方面来编制相关题项提取信息,它共 5 道 7 级 Likert 题项,要求被调查者按每道题项陈述的情况与其现实符合的程度进行填答,从 1"非常不符合"到 7"非常符合",对所有题项得分加总后求平均分,其分数越高,说明学生得到的同伴(朋友)支持越多。为了确保随后分析的可靠性和有效性,本研究对该量表进行验证性分析和信度检验。验证性分析结果显示,$\chi^2/df=3.078$,GFI =0.975,AGFI=0.926,CFI=0.980,TLI=0.960,RMSEA=0.090,SRMR=0.029,信度检验结果显示,Cronbach's Alpha 为 0.855。这些检验结果均达到学者建议的标准[20],说明学生领悟同伴(朋友)支持的量表具有良好的效度和信度。

(4)学业自我效能感量表

在以往多数研究中,学生学业自我效能感的测量多采用 Pintrich 等编制的 MSLQ 量表中测量学生学习能力效能感的分量表[22],并且发现它能有效且准确地测量学生学业自我效能感[6][23],为此本研究也借此来提取学生学业自我效能感的相关信息。为了更好地反映我国学生的学业自我效能感,在此对该量表进行修订和完善,修订后的量表共 5 道 7 级 Likert 题项,要求被调查者对每道题项陈述的情况与其现实符合的程度进行填答,从 1"非常不符合"到 7"非常符合",对所有题项得分加总后求平均分,其分数越高,说明学生的学业自我效能感越高。为了确保随后分析的可靠性和有效性,本研究对修订后的学业自我效能感量表进行验证性分析和信度检验。修订后量表的验证性分析结果显示,$\chi^2/df=4.541$,GFI =0.965,AGFI=0.894,CFI=0.970,TLI=0.940,RMSEA=0.117,SRMR=0.034。修订后量表的信度检验结果显示 Cronbach's Alpha 为 0.868,这些检验指标均达到学者建议的标准[20],说明学业自我效能感量表有良好的效度和信度。

(5)学习投入量表

学习投入量表采用由 Schaufeli 等从学生的活力、奉献、专注三个方面开发的量表[8]。为了更符合我国学生的实际情况,在此对该量表进行修订,修订后的量表共14道7级Likert题项,要求被调查者根据每道题项描述的情况与其现实学习情况的符合程度进行7级评分,从1"非常不符合"到7"非常符合",对所有题项的得分加总后求平均分,其分数越高,说明学生对学习的投入越多。在本研究中笔者还对学生学习投入量表进行验证性分析和信度检验,验证性分析结果显示,$\chi^2/df=2.734$,GFI=0.902,AGFI=0.861,CFI=0.927,TLI=0.911,RMSEA=0.082,SRMR=0.047。信度检验结果显示,Cronbach's Alpha为0.923。这些检验结果均达到学者建议的标准[20],说明学习投入量表具有良好的效度和信度。

(6)学业成绩

本研究所使用的语文和数学以及英语成绩指标为学生在最近一次期末考试中语文、数学、英语的考试成绩,并将其按年级进行标准化。学生成绩信息通过对标准化后语文、数学、英语三科成绩求平均分的方式提取。

3. 分析工具

本研究使用SPSS21.0软件对数据进行录入和管理,使用SPSS21.0和AMOS20.0对已获得数据进行处理与分析。

三、研究结果

1. 描述性统计与相关分析

首先,运用描述性统计探索父母支持、教师支持、同伴支持、学业自我效能感、学习投入、学业成绩的离散和集中趋势。结果如表1所示,父母支持得分为5.375±1.103,位于题项答案"比较符合"(5.000)的附近;教师支持得分为4.700±1.071,位于题项答案"一般"(4.000)的附近;同伴支持得分为4.828±1.106,位于题项答案"一般"(4.000)的附近;学业自我效能感的得分为3.927±0.895,位于题项答案"一般"(4.000)的附近;学习投入的得分为4.246±0.918,位于题项答案"一般"(4.000)的附近;初中生标准化后学业成绩的均值与标准差分别为0.015、0.986。

其次,运用*Pearson*相关分别探寻六个变量中两两之间的相关关系。相关关系分析结果如表1所示,父母支持、教师支持、同伴支持与学业自我效能感及学习接入均呈显著的正相关关系;除教师支持外,父母支持、同伴支持与学业成绩均不存在正相关关系;初中生学业自我效能感、学习投入以及学业成绩之间两两正相关。此外,父母支持、教师支持、同伴支持之间也存在正相关关系,且它们之间的r值均低于0.70,因此不存在明显的共线性问题。

表1　变量的基本信息

变量	基本统计量			变量之间的相关					
	均值	标准偏差	N	父母支持	教师支持	同伴支持	学业自我效能感	学习投入	学业成绩
父母支持	5.375	1.103	259	1					
教师支持	4.700	1.071	259	0.511**	1				
同伴支持	4.828	1.106	259	0.498**	0.655**	1			
学业自我效能感	3.927	0.895	259	0.170**	0.339**	0.253**	1		
学习投入	4.246	0.918	259	0.266**	0.586**	0.413**	0.577**	1	
学业成绩	0.015	0.986	259	0.071	0.151*	0.088	0.326**	0.388**	1

注:* $p<0.05$;** $p<0.01$

2. 路径分析结果

本研究以路径分析为数据分析方法,对父母支持、教师支持、同伴(朋友)支持对初中生学业成绩的影响进行显著性检验,并进一步检验学业自我效能感和学习投入的中介作用。按照研究设计,总体模型包括三个次回归模型,如表2所示,具体来看:首先,以学业自我效能感为因变量,以父母支持、教师支持、同伴支持为自变量,建立回归模型。从模型的输出结果看,三种支持共能解释学业自我效能感变异量的11.7%。另外,父母支持不能预测初中生学业自我效能感(β=-0.013,P>0.05);教师支持能够正向预测初中生学业自我效能感(β=0.258,P<0.001);同伴支持不能预测初中生学业自我效能感(β=0.048,P>0.05)。

其次,以学习投入为因变量,以父母支持、教师支持、同伴(朋友)支持以及学业自我效能感为自变量,构建回归模型。从模型的输出结果看,父母支持、教师支持、同伴支持以及学业自我效能感共能解释初中生学习投入变异量的50.7%。此外,父母支持不能预测学习投入(β=-0.044,P>0.05);教师支持能够正向预测初中生学习投入(β=0.377,P<0.001);同伴(朋友)支持不能预测初中生学习投入(β=0.036,P>0.05);初中生的学业自我效能感能够正向预测初中生学习投入(β=0.437,P<0.001)。

最后,以学业成绩为因变量,以父母支持、教师支持、同伴(朋友)支持、学业自我效能感、学习投入为自变量,构建回归模型。从这个模型的输出结果来看,父母支持、教师支持、同伴(朋友)支持、学业自我效能感、学习投入共能解释初中生学业成绩变异量的17.7%。此外,父母支持不能预测初中生学业成绩(β=0.018,P >0.05);教师支持不能预测其学业成绩(β=-0.086,P>0.05);同伴支持不能预测其学业成绩(β=-0.046,P>0.05);初中生学业自我效能感能够正向预测其学业成绩(β=0.170,P<0.05);初中生学习投入能够正向预测其学业成绩(β=0.397,P<0.001)。

以上研究结论表明:第一,父母支持、教师支持、同伴(朋友)支持对初中生学业成绩影响的主效应均不显著;第二,初中生学业自我效能和学习投入既不能以单独形式,也不能以连续的形式在父母支持、同伴支持影响学业成绩的过程中起到中介作用,而教师支持对初中生学业成绩影响的三条间接路径,在教师支持影响初中生学业成绩过程中发挥连续中介作用,其成立的条件得到了初步数据支持。为了进一步验证三条中介效应是否完全成立,笔者参考了以往中介效应估计的相关研究成果[25],采用Bootstrap重复抽样1000次,分别对三条中介效应进行检验。检验结果发现,学业自我效能感特定中介效应的点估计值为0.044,其95% percentile和bias-corrected的置信区间分别为[0.005,0.093]和[0.010,0.099]。学习投入的中介效应的点估计值为0.150,其95% percentile和bias-corrected的置信区间分别为[0.083,0.220]和[0.086,0.227]。学业自我效能感和学习投入连续中介效应的点估计值为0.045,其95% percentile和bias-corrected的置信区间分别为[0.017,0.083]和[0.020,0.091]。由上可知这三条路径95% percentile和bias-corrected的置信区间均不包含0,说明三条路径的中介效应均通过显著性检验,也就是说教师支持对学业成绩的影响完全通过学业自我效能感和学习投入同步和连续的复合多重中介发挥作用,其中学业自我效能感的特定中介效果、学习投入的特定中介效果以及学业自我效能感和学习投入的连续中介效果分别占总效果的18.4%、62.8%、18.8%,具体参见表3。

表2 模型参数估计

因变量	自变量	unstd	S.E.	Z-value	std	P	R^2
学业自我效能感	父母支持	-0.013	0.057	-0.233	-0.016	0.816	0.117
	教师支持	0.258	0.067	3.819	0.308	***	
	同伴支持	0.048	0.065	0.738	0.059	0.461	
学习投入	父母支持	-0.044	0.044	-0.999	-0.052	0.318	0.507
	教师支持	0.377	0.053	7.100	0.440	***	
	同伴支持	0.036	0.050	0.723	0.043	0.470	
Z学业成绩	学业自我效能感	0.437	0.048	9.154	0.426	***	
	父母支持	0.018	0.061	0.289	0.020	0.773	0.177
	教师支持	-0.086	0.081	-1.072	-0.094	0.284	
	同伴支持	-0.046	0.069	-0.674	-0.052	0.500	

（续表）

因变量	自变量	unstd	S.E.	Z-value	std	P	R^2
因变量	自变量	unstd	S.E.	Z-value	std	P	R^2
	学业自我效能感	0.170	0.076	2.231	0.154	0.026	
	学习投入	0.397	0.086	4.600	0.370	* * *	

注:* * * 表示 P 值小于 0.001

表 3　中介效应显著性检验

路径	点估计(unstd)	SE	Z-value	Bootstrap 1000 times CI			
				percentile		bias-corrected	
				Lower	Upper	Lower	Upper
教师支持—学业自我效能感—学业成绩	0.044	0.022	2.000	0.005	0.093	0.010	0.099
教师支持—学习投入—学业成绩	0.150	0.035	4.286	0.083	0.220	0.086	0.227
教师支持—学业自我效能感—学习投入—学业成绩	0.045	0.017	2.647	0.017	0.083	0.020	0.091
总效果	0.239	0.049	4.877	0.143	0.335	0.148	0.339

四、结论与讨论

1. 结论与讨论

本研究检验了父母支持、教师支持、同伴(朋友)支持对初中生学业成绩的影响作用,以及学业自我效能感、学习投入的中介作用,结论如下:

第一,在考虑学业自我效能感和学习投入时,父母支持、教师支持、同伴(朋友)支持对初中生学业成绩影响的主效应不显著,这一结论与高燕[1]、雷浩[2]、Véronneaua[3]等研究者的研究结论并不一致。对此日常中的一些直观经验能给出合理的解释,即个体所接受的积极事件必然要通过影响内部状态和行为,才能对其行为结果产生积极作用。也就是说,初中生接受到的父母支持、教师支持、同伴(朋友)支持均是积极的事件,它们必然要通过影响学生内部状态和行为,才能对其学业成绩产生积极作用。因此父母支持、教师支持、同伴(朋友)支持对初中生学业成绩的影响不存在直接作用。

第二,教师支持对初中生学业成绩的影响完全通过学业自我效能感和学习投入同步和连续的复合多重中介发挥作用,而父母支持、同伴(朋友)支持不能通过学业自我效能感、学习投入的单独或连续形式作用于初中生学业成绩,这与以往的研究成果并不完全一致。对此笔者参照以往的文献做了推断,即学生进入初中后,学科变多,科目难度逐渐增大,课程学习对学生的思维能力要求较高,尽管初中生能够稳定地获得来自父母和同伴的帮助,但父母和同伴受限于自身知识水平,能提供的帮助较为有限且不一定有效。教师则不同,他们不仅熟练地掌握某学科的特定知识,而且了解学生的学习进度和具体知识的掌握情况,在学生的学习过程中能提供实质性的帮助,从而有效地促进学生对知识的理解和掌握,因此相比父母与同伴,教师支持对学生个体内部状态和学习行为的改变影响更大。这肯定了教师支持对促进初中生学业发展发挥着重要作用。教师支持影响初中生学业成绩通过三种途径得以实现:其一,教师对初中生在学习生活中的支持可以通过促使他们形成积极学业自我效能感,间接影响学业成绩;其二,教师对初中生在学习生活中的支持可以通过促进初中生增加学习投入,进而提高其学业成绩;其三,教师支持可以促进初中生形成积极的学业自我效能感,使其增加学习投入,最终影响其学业成绩。

2. 研究启示与展望

教师支持影响学生学业成绩的传递机制说明,提升教师支持水平,是发展初中生学业自我效能感和学习投入的关键之举,也是提高初中生学业成绩的重要外部条件。而如何才能增强教师对初中生的支持?笔者建议从以下两个方面着手:首先,教师作为学生学习生活中的关键人物,应该针对不同学生的特点,采取不同的交流方式,如积极的言语、表情、具体行为,让学生在学习生活中充分感受到教师对他们的关爱、肯定、欣赏等积极情感,从而增强师生之间的亲密感,让学生感受到来自教师的帮助和理解。其次,教师可以通过引导、指点、提供咨询等方式来辅导学生,及时发现学生在学习中遇到的问题及其根源,帮助他们克服这些困难,使他们逐渐积累成功的经验。

当然本研究中尚存部分不足需在后续研究中进行改进,第一,尽管本研究使用了信度、效度较高的量表,但问卷法本身存在的局限如社会赞许效应,难以被完全规避,这会降低研究结论的稳定性,后续研究将采用多种研究方法如观察、访谈等弥补其方法上的不足,提高结论的稳定性。第二,本研究采用横断面设计而非时间序列设计,据此分析得出的各变量之间的关系局限为简单的回归关系,难以进行因果推断,在后续的研究中将增加时间序列设计进行改进。

参考文献:

[1] 高燕.父母教育卷入对中小学生学业成就的影响:家庭社会经济地位的调节作用[J].教育测量与评价,2016,(12):40-46.

[2] 雷浩,徐瑰瑰,邵朝友,桑金琰.教师关怀行为与学生学业成绩的关系:学习效能感的中介作用[J].心理发展与教育,2015,(2):188-197.

[3] Véronneaua, M. H., Vitarob, F., Brendgenc, M., Dishione, T. J., & Tremblayf, R. E. Transactional Analysis of the Reciprocal Links Between Peer Experiences and Academic Achievement from Middle Childhood to Early Adolescence[J]. Developmental Psychology, 2010, (4):773-790.

[4] Bandura, A. Self-efficacy: The Exercise of Control[R]. New York: Freeman, 1997.

[5] 雷浩,徐瑰瑰,邵朝友,桑金琰.教师关怀行为与学生学业成绩的关系:学习效能感的中介作用[J].心理发展与教育,2015,(2):188-197.

[6] 庄鸿娟,刘儒德,刘颖,王佳,甄瑞,徐乐.中学生社会支持对数学学习坚持性的影响:数学自我效能感的中介作用[J].心理发展与教育,2016,(3):317-323.

[7] Solberg, V. S., Gusavac, N., Hamann, T., Felch, J., Johnson, J., Lamborn, S., & Torres, J. The Adaptive Success Identity Plan (ASIP): A Career Intervention for College Students[J]. The Career Development Quarterly, 1998, 47(1):48-95.

[8] Schaufeli, W. B., Martínez, I. M., Pinto, A. M., Salanova, M., &Bakker, A. B. Burnout and Engagement in University Students a Cross-national Study[J]. Journal of Cross-cultural Psychology, 2002, 33(5):464-481.

[9] Rosenfled, L. B, Richman, J. m., &Bowen, G. l.. Social Support Networks and School Outcomes: the Centrality of the Teacher[J]. Child and Adolescent Social Work Journal, 2000, 17(3):205-226.

[10] Ryan, A. M., Gheen, M., & Midgley, C. Why do Some Students Avoid Asking for Help? An Examination of the Interplay Among Students' Academic Efficacy, Teacher's Social-emotional Role and Classroom Goal Structure[J]. Journal of Educational Psychology, 1998, 90:528-535.

[11] Fredricks, J.A., Blumenfeld, P. C, & Paris, A. H. School Engagement: Potential of the Concept, State of the Evidence[J]. Review of Educational Research, 2004, 74(1):59-109.

[12] Furrer, C. J., Skinner, E. A. Sense of Relatedness as a Factor in Children's Academic Engagement and Performance[J]. Journal of Educational Psychology, 2003, 95:148-162.

[13] Skinner, E. A., Belmont, M. J. Motivation in the Class-room: Reciprocal Effects of Teacher Behavior and Student Engagement Across the School Year[J]. Journal of Educational Psychology, 1993, 85(4): 571-581.

[14] Ouweneel, E., Pascale, M., Blanca, L., & Schaufeli, W. B. Flourishing Students: A Longitudinal Study on Positive Emotions, Personal Resources, and Study Engagement[J]. Journal of Positive Psychology, 2011, 6(2):142-153.

[15] 朱飞飞.发展资源、学业自我效能、学习投入的关系:流动和非流动儿童的比较[D].山东师范大学硕士学位论文,2016.

[16] 李维,白颖颖. 初二学生感知的教师支持如何影响学业成绩?——基于学业自我效能感与学习投入的多重中介效应分析[J]. 教育与经济,2018,(6):86-92.

[17] 潘苏东.从分科走向综合——我国初中阶段科学课程设置问题的研究[D].华东师范大学博士学位论文,2004.

[18] 聂金菊.农村初中生厌学行为调查[J].中国教育学刊,2005,(2):33-36.

[19] Zimet,G. D., Dahlem, N. W., Zimet, S. G., & Farley, G. K. The Multidimensional Scale of Perceived Social Support[J].Journal of Personality Assessment,1988,52(1):30-41.

[20] Lacobucci, D. Structural Equations Modeling: Fit Indices, Sample Size, and Advanced Topics[J]. Journal of Consumer Psychology,2010,(20):90-98.

[21] 欧阳丹.教师期望、学业自我概念、学生感知教师支持行为与学业成绩之间的关系研究[D].广西师范大学硕士学位论文,2005.

[22] Pintrich, P. R., & DeGroot, E. V. Motivational and Self-regulated Learning Components of Classroom Academic Performance[J]. Journal of Educational Psychology, 1990,82(1): 33-40.

[23] 王翠荣.高职学生学习倦怠与学业自我效能感及社会支持的关系研究[J].中国健康心理学杂志, 2008,(7):743-744.

[24] MacKinnon, D. P., & Fairchild, A. J. Current Directions in Mediation Analysis[J]. Current Directions in Psychological Science,2009,(18):16-20.

[25] Rosenhan, D. L., Salovey, P., & Hargis, K. The Joys of Helping: Focus of Attention Mediates the Impact of Positive Affect on Altruism[J].Journal of Personality and Social Psychology,1981,40(5):899.

Whose Support is More Effective in Improving Secondary School Students' Academic Achievement?

ZHANG Fenglian, LI Zhen

(Faculty of Education, Northeast Normal University, Changchun Jilin, 130024)

Abstract: It is of great theoretical and practical significance to explore the impact of social support on the academic performance of secondary school students. Based on data obtained from the survey of 259 secondary students, this paper explored the influence and process of parental support, teacher support and peer support on the academic achievement of secondary school students from the perspective of academic self-efficacy and learning engagement. The study found that (1) the main effect of parental support, teacher support and peer support on the academic achievement of secondary school students is not significant when considering the academic self-efficacy and learning engagement of two variables; (2) Academic self-efficacy and learning engagement can not only take the form of synchronization, but also play a mediating role between the teachers' support behaviors perceived by students and academic achievements in a continuous form; and parental support and peer support cannot be achieved through academic self-efficacy and learning engagement, also cannot through the academic self-efficacy and learning engagement continuous form role in secondary school students' academic engagement.

Key words: social support, academic self-efficacy, learning engagement, academic achievement, secondary students

归纳推理能力对初中生频率概率学习的影响

何声清

(上海师范大学 数理学院，上海 200234)

摘 要： 研究以843名七至九年级学生为被试，考察归纳推理能力对其频率概率学习的影响。结果表明：(1)归纳推理能力与学生对"随机性""独立性""规律性"及"用频率估计概率"四个子概念的理解均存在显著正相关；(2)归纳推理能力是学生频率概率学习表现的显著预测源，其中对"规律性"和"用频率估计概率"的预测力较大，这符合理论预期和知识逻辑；(3)归纳推理能力对"规律性"及"用频率估计概率"学习的影响机制是：一方面，归纳推理能力直接积极影响了学生对"规律性"及"用频率估计概率"的学习；另一方面，归纳推理能力通过影响学生对"规律性"的学习间接影响了其对"用频率估计概率"的学习；归纳推理能力对"用频率估计概率"的间接影响效应量远大于直接影响。基于研究发现，文章对频率概率教学渗透归纳思想提出了三点建议：(1)在数学教学中加强归纳推理能力的培养；(2)有意识地强调归纳推理与频率概率的联系；(3)充分尊重并协调学生归纳推理能力和频率概率的学习规律。

关键词： 归纳推理；频率概率；大量重复试验；中介效应

一、问题提出

在生活方式发生巨大变革的近十余年里，统计素养(statistics literacy)日渐成为当今社会公民必备的数学素养。[1][2]值得提及的是，概率素养(probability literacy)在近年来开始引起国际数学教育研究者的关注。[3]

中小学阶段的概率内容主要是古典概率(classic probability)和频率概率(frequentist probability)，两者在学生概率思维的培养上扮演着不同的角色。古典概率是从理论出发的概率——它具有理论先验性，这对于培养学生理性思维具有重要价值；频率概率是从实践出发的概率——它是基于大量重复试验而估计得到的，这对于培养学生数据意识、统计观念等都具有不可替代的价值。相较于古典概率，频率概率因其强调试验、操作等活动过程而通常显得更加直观，并且它也有效沟通了统计和概率两大知识模块。事实上，诸如法国、美国、英国等国际数学教材在设置概率内容时，大都强调借助试验来体验频率和概率的关系。[4]我国2012年颁布的《全日制义务教育数学课程标准(2011年版)》(下文简称《课程标准(2011年版)》)在第三学段的课程目标中也明确提出，学生在该学段应能"通过大量地重复试验，可以用频率来估计概率"。[5]在大量随机试验中，统计素养主要体现在对数据的观察、收集、描述、分析与推断的过程中，而概率素养则体现在上述过程中人们对随机现象规律性的深刻认识——这正是人们运用统计知识的基本前提。

作者简介：何声清，上海师范大学数理学院讲师，博士，主要从事数学教育研究。

频率概率建立在对同等条件下大量重复试验结果的观察和整理之上,其探索过程具有数据驱动和经验性特点。史宁中教授指出:频率概率的计算是一个归纳推理(统计推理)的过程[6],学生的归纳思维在很大程度上影响着其概率思维的发展。就随机现象而言,个别试验的结果常常捉摸不定,但是在大量重复试验条件下,它会表现出统计规律性,即每个结果发生的频率稳定在某个常数附近。[7]事实上,这里的常数即该结果发生概率的近似值,这就是概率的统计定义。这意味着当试验条件相同、试验次数足够多时,我们能够通过试验的前期结果来归纳它的一般规律,并据此估计各结果的概率。这里体现的思维方式就是归纳推理。初步可见,学生对频率概率的认知有赖于其归纳推理能力的发展——这是学生学习频率概率的思维土壤。但问题是:归纳推理对学生频率概率的学习有多大程度的影响?它对频率概率各子概念的学习有哪些不同的影响?它对频率概率学习的影响机制是什么?本研究将着眼于上述问题的探索,以期为学生概率素养的发展及频率概率的教学改进提供参考依据。

二、研究设计

1. 被试

采用分层随机取样,从山东省青岛市办学水平为"优秀""良好"及"一般"的三所学校抽取七至九年级被试共计 843 名,其中七、八、九三个年级被试分别为 322 名、266 名及 255 名,男生、女生分别为 427 名和 413 名(另有 3 名被试性别信息缺失)。

2. 测查材料

(1)频率概率测试

梳理国际数学课程标准发现,中小学频率概率内容主要涉及"理解一次试验结果的随机性""理解随机试验结果的独立性""理解大量重复试验结果的稳定性""基于大量随机试验的数据,观察其相对频率并据此预测其近似概率"等内容。[4]上述内容从知识逻辑链上可以解构为:一次试验结果的随机性(简称"随机性")、数次试验结果间的独立性(简称"独立性")、大量独立重复试验结果的规律性(简称"规律性")、根据大量独立重复试验的结果用频率估计概率(简称"用频率估计概率")等。理论上看,这基本符合学生频率概率内容的学习规律。特别值得提及的是,之所以将独立性置于规律性之前,是因为从知识逻辑的角度而言,前者仅要求学生理解前后两次或几次试验结果之间是相互独立的,学生对此一般具有一定的生活经验,此外通过数次的重复试验也能获得感知;后者则要求学生理解大量重复试验下结果的稳定性及表现出的规律性,需要从杂乱无章的随机序列中发现规律,而这对学生的归纳推理提出了较高要求。换言之,学生对独立性的学习更应该走在对规律性学习的前面。

在中小学的数学教材中,"抛硬币""掷骰子""摸球"等都是频率概率内容中通常采用的游戏模型。本研究针对上述三个模型分别设计了频率概率问题(用"Q"表示),问题 1—3(Q1—Q3)分别是以"抛硬币""掷骰子"及"摸球"为情境载体的问题。每个问题中均涉及四个概率任务(用"T"表示):T1 考查学生对"随机性"的理解;T2 考查学生对"独立性"的理解;T3 考查学生对"规律性"的理解;T4 考查学生对"用频率估计概率"的理解。

(2)归纳推理测试

归纳推理测试采纳了张厚粲等人执笔的《瑞文标准检测在我国的修订》中瑞文标准推理(中国城市版)的 10 道题目,该测试在项目难度设置上遵循了"由易到难"的原则。瑞文标准推理测验(Raven's Standard Progressive Matrices,简称 RSPM)于 1938 年就开始施行并受到国际学界的广泛认可[8],其主要测查目标为归纳推理。我国心理学家张厚粲等人根据我国国情于 1986 年对该标准进行了适当改造,并将其发展成为瑞文推理中国常模版本,即"瑞文标准推理测验中国城市版"。已有研究一再证实,RSPM 具有良好的信度和效度,因而可以作为鉴别推理能力水平的有效量尺。[8][9]该标准测验在近年来也被我国数学教育领域中有关"归纳推理"的研究所采纳。[10]

(3)信度

以 *Cronbach* α 系数为指标,对上述测试的内部一致性进行分析。结果表明,两项测试均具有较高的同质性信度(频率概率测试 *Cronbach* α =0.819;归纳推理测试 *Cronbach* α =0.762)。

3. 研究方法

在数据收集阶段,主要采用调查法先后开展频率概率测试和归纳推理测试,两项测试均由被试所在班级的任教教师监考以确保作答纪律。在数据分析阶段,首先,通过相关分析初步描述关涉变量之间的关系;其次,通过回归分析大体刻画归纳推理对学生频率概率学习的影响程度;最后,通过潜变量结构方程模型厘清归纳推理对频率概率学习的影响机制。

三、结果与分析

1. 关涉变量的描述性统计及相关分析

以归纳推理与频率概率测试总分为变量进行相关分析,结果显示:两者的相关系数为 0.361,且达统计意义的显著性水平($p<0.001$)。以归纳推理及四个概率任务为变量进行多元相关分析,结果显示:归纳推理与随机性、独立性、规律性及用频率估计概率的相关系数分别为 0.230、0.237、0.325 及 0.289,且均达统计意义的显著性水平(所有 $p<0.001$)。除此之外,四个概率任务得分之间的相关系数介于 0.325—0.503 之间,且均达统计意义的显著性水平(所有 $p<0.001$)。以上初步说明:学生对频率概率的理解与其归纳推理能力密切相关,符合理论预期和研究假设。关涉变量的均值、标准差及相关系数详见表 1:

表 1 关涉变量的均值、标准差及相关系数

	1	2	3	4	5
1 归纳推理	1				
2 随机性	0.230***	1			
3 独立性	0.237***	0.438***	1		
4 规律性	0.325***	0.381***	0.427***	1	
5 用频率估计概率	0.289***	0.325***	0.468***	0.503***	1
M	5.38	2.44	1.94	1.78	1.54
SD	2.65	1.02	1.03	1.19	0.96

*** 表示相关系数在 $p<0.001$ 水平达到显著。

2. 归纳推理对初中生频率概率学习表现的回归作用分析

以"归纳推理"为自变量,以"学生频率概率测试总分"为因变量进行回归分析。结果显示:$R^2_{校正后}=0.129$,$F(1,841)=125.904$($p<0.001$)。这表明归纳推理是学生频率概率学习表现的显著预测源,前者能够解释后者 12.9%的变异。以"归纳推理"为自变量,分别以四个概率任务为因变量进行回归分析。结果显示:$F_{随机性}(1,841)=47.033$,$p<0.001$,$R^2_{校正后}=0.052$;$F_{独立性}(1,841)=50.196$,$p<0.001$,$R^2_{校正后}=0.055$;$F_{规律性}(1,841)=99.363$,$p<0.001$,$R^2_{校正后}=0.105$;$F_{用频率估计概率}(1,841)=76.725$,$p<0.001$,$R^2_{校正后}=0.083$。这表明归纳推理是四个概率任务得分的显著预测源,能够分别解释学生随机性、独立性、规律性及用频率估计概率任务得分 5.2%、5.5%、10.5%及 8.3%的变异。

归纳推理对于规律性任务得分的预测力最大,对于用频率估计概率任务得分的预测力次之,对于随机性及独立性任务得分的预测力最小。这符合理论预期:规律性任务和用频率估计概率任务对学生归纳思维的依赖性最强,它们都要求学生在大量重复试验情境下发现和运用规律(大数定律)。更一般地说,这要求学生对归纳推理有较好的理解。史宁中教授认为,统计概率在思维方式上属于归纳推理的范畴[6],而真正运用到归纳推理的环节基本在后两个概率任务上。鉴于上述分析,下文有关归纳推理对学生频率概率学习影响机制的探索,将聚焦于"归纳推理如何影响学生对规律性及用频率估计概率的

学习”这项议题。

3. 归纳推理对初中生频率概率学习的影响机制分析

(1)研究假设及模型建构

前文回归分析显示:归纳推理对于规律性及用频率估计概率的学习表现影响较大且符合知识逻辑。从知识逻辑的角度而言,学生对规律性的学习更应该走在对用频率估计概率的学习之前——只有理解了大量重复试验下结果表现出的规律性,学生才有可能根据上述规律性用频率估计概率。在此过程中,学生的归纳推理可能扮演着不可或缺的角色。鉴于上述分析,将归纳推理作为学生对规律性及用频率估计概率认知的预测变量,并且将其置放于知识逻辑链的最前端。即:

H_1:“归纳推理”直接正向影响对“规律性”的学习;

H_2:“归纳推理”通过影响对“规律性”的学习,来间接影响对“用频率估计概率”的学习。

将“归纳推理”作为影响“用频率估计概率”的直接变量(X),将“规律性”作为影响“用频率估计概率”的中介变量(M)。“归纳推理”对“用频率估计概率”的直接效果($X \to Y$)记为 c';“归纳推理”对中介变量的直接效果($X \to M$)记为 a;中介变量对“用频率估计概率”的直接效果($M \to Y$)记为 b,则:

$M = i_M + aX + e_M$(i_M 为截距,e_M 为残差);

$Y = i_Y + c'X + bM + e_Y$(i_Y 为截距,e_Y 为残差)。

(2)模型的配适度、标准化系数及效应量

模型的配适度指标如下:绝对拟合效果指标 $\chi^2/df = 2.262$,相对拟合效果指标 $NFI = 0.909$,$RFI = 0.892$、$IFI = 0.947$,$TLI = 0.937$,替代性指标 $CFI = 0.947$,$RMSEA = 0.039$,简约性指标 $PNFI = 0.765$,$PCFI = 0.797$。上述指标均在标准范围之内,模型的拟合良好。

标准化系数显示:归纳推理对“规律性”有显著的直接正向影响($a = 0.417, p<0.001$),对“用频率估计概率”也有显著的直接正向影响($c' = 0.222, p<0.001$);“规律性”对“用频率估计概率”有显著的直接正向影响($b = 0.869, p<0.001$)。

基于 Bias-Corrected Bootstrap 方法对中介效应进行检验,通过重复随机抽样在原始样本(N=843)中抽取 5000 个 Bootstrap 样本,用当前模型拟合上述数据并生成 5000 个中介效应的估计值,将上述效应值依次排序并用第 2.5 百分位数和第 97.5 百分位数估计中介效应 95%的置信区间。结果显示:归纳推理对“用频率估计概率”的总体效应 Bootstrap 95% CI 为[0.459,0.708],说明模型的总体效果存在;归纳推理经由“规律性”对“用频率估计概率”的中介效应 Bootstrap 95% CI 为[0.279,0.469],说明模型存在间接效果;归纳推理对“用频率估计概率”的直接效应 Bootstrap 95% CI 为[0.081,0.357],说明该模型属于部分中介模型。

归纳推理对“用频率估计概率”的直接影响($Eff_{直接} = 0.222, p<0.001$,效应量为 38.0%)及间接影响($Eff_{间接} = 0.362, p<0.001$,效应量为 62.0%)均达显著。可见,归纳推理不仅直接影响了学生对规律性及用频率估计概率的学习,还通过影响学生对规律性的学习来间接影响其对用频率估计概率的学习,并且上述间接影响的效应量远大于直接影响。模型的标准化系数、显著性、效应量等指标详见表 2 和图 1。

表 2 模型的标准化系数及效应量

影响路径	直接效应	间接效应	效应量
归纳推理→规律性	0.417***		
归纳推理→用频率估计概率	0.222***		
规律性→用频率估计概率	0.869***		
直接效应:归纳推理→用频率估计概率	0.222***	—	38.0%
间接效应:归纳推理→规律性→用频率估计概率	—	0.362***	62.0%
总效应(归纳推理→用频率估计概率):0.584			

*** 表示路径系数在 $p<0.001$ 水平达到显著。

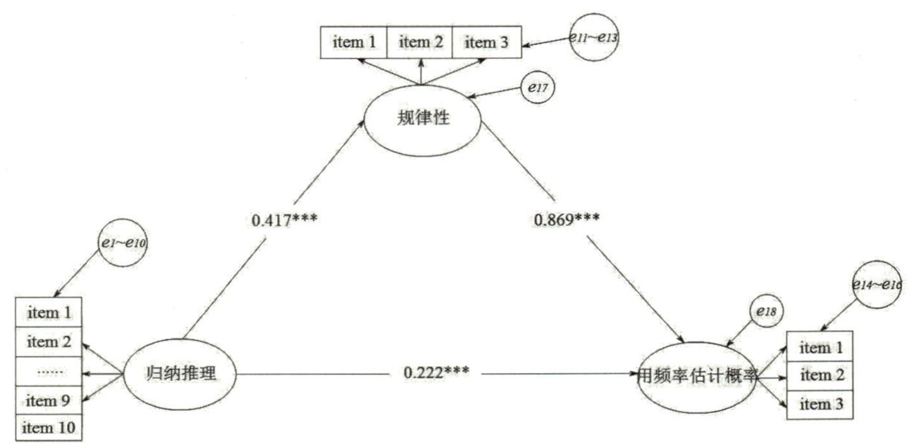

图 1 模型的结构及路径系数

四、讨论与建议

1. 归纳推理是影响学生频率概率内容学习的关键变量

身处信息爆炸与大数据的时代,随机现象和不确定性事件充斥着日常生活,这需要我们从“随机”中探索“规律”,并据此做出相对可靠的决策。法国著名数学家拉普拉斯(Laplace. P. S.)曾说:“生活中的最重要的问题实际上多半是概率问题……归纳和类比这类发现真理的主要方法都是基于概率事件。”[11]史宁中教授指出:“预测结果”和“推测原因”的能力恰恰是创新能力的基础。从本质上说,这两种能力所依赖的思维方法是归纳推理,而不是演绎推理。[12]本研究进一步证实:尽管归纳推理对随机性和独立性这两个子概念学习表现的预测力不强,但其对于规律性及用频率估计概率这两个子概念学习表现的预测力是比较强的。这也恰恰符合理论预期和知识逻辑:它们要求学生在大量重复试验的结果中探索规律,因此对学生归纳推理的依赖性更强。

2. 在学习频率概率过程中渗透归纳思想的三点建议

史宁中教授多次呼吁:我们似乎更加珍惜演绎推理这个相对“难得”的推理模式,但这也往往使教师倾向于相信演绎推理是数学的唯一特征,由此他们在数学教学中尤其重视演绎推理而忽略了归纳推理。但不可否认的是,归纳推理是一种更加“自然”的推理模式,因此我们在数学教学中应投入更多的关注。值得提及的是,当前的数学课程改革已然将归纳推理提到与演绎推理并列的高度,并在课程标准中就各学段的学习内容和认知要求做了明确规定。[13][14]在此背景下,研究者就“学习频率概率过程中渗透归纳思想”提出如下三点建议:

第一,在数学教学中加强归纳推理能力的培养。研究表明:即便归纳推理能力的培养已然成为当前科学、数学教育的重要目标之一,但目前主流的教学模式仍然过于强调严密推导,而忽视了归纳推理能力的培养,从而导致后者难以在教学中得以有效落实。[15]为此,建议数学教师在教学中重视和加强对学生归纳推理能力的培养。

第二,有意识地强调归纳推理与频率概率内容的联系。归纳推理是一种推理模式,它是中小学数学思想方法体系里不可或缺的方面。但是在教学中,教师对于归纳推理和频率概率的教学往往相对割裂,并没有将两者关系的“窗户纸”捅破。换言之,即便频率概率和代数、几何领域的某些其他知识一样依赖于学生归纳思想的发展,但教师并没有像对待其他数学内容一样在知识学习的过程中渗透思想方法。究其原因,数学教师往往更加习惯于传统数学里“公式取向”(formula-driven approach)的推理法则而对“数据取向”(data-driven approach)的推理法则感到不适应,因为前一种法则通常指向唯一的、确定的正确答案——在教师眼里这似乎更加符合数学的“严谨性”。[16]在频率概率教学中,有意识地渗透归纳推理思想对于教师而言无疑是一项挑战,但惟有建立数学思想和频率概率间的和谐关系,学生才真正有可能在知识学习的过程中发展统计素养和概率素养。

第三,充分尊重并协调学生归纳推理能力和频率概率内容的学习规律。关于学生归纳推理能力的发展,认知心理学的研究表明:在教学的影响下,小学中、高年级学生的归纳推理能力能够得以迅速发展。[17]

关于学生频率概率概念的发展,Way 通过对 4—12 岁儿童的研究提出了三个基本阶段:第一个阶段是前概率思维阶段(non-probabilistic thinking stage,4 岁 3 个月—8 岁 2 个月)。该阶段儿童尚未完全发展“随机性”的概念,他们惯于将下一次试验的结果与上一次建立联系,因而对前后试验结果的“独立性”缺乏认知。第二个阶段是早期概率思维阶段(emergent probabilistic thinking stage,6 岁 11 个月—12 岁 2 个月)。该阶段儿童能够辨识“随机性”,但有些时候他们仍然易于被前一次试验的结果所干扰,进而倾向于认为下一次试验还会(或者不会)出现该结果。第三个阶段是概率的定量化阶段(probability quantification stage,9 岁 1 个月—12 岁 7 个月)。该阶段儿童在概率比较时不仅可以用“大小”和“程度”等模糊、笼统的语言进行表述,还能够基于具体的数字来进行精确的解释。[18]概言之,学生在进入初中时已然具备了发展归纳推理能力的认知基础,其对于随机性、独立性等频率概率内容也已然具备较好的认知。鉴于此,《课程标准(2011 年版)》的课程目标设置不仅适应了学生归纳推理的发展规律,也在此基础上充分考量了设置频率概率内容的合适时机:在第二学段要求学生“在观察、实验、猜想、验证等活动中,发展合情推理能力,能进行有条理的思考,能比较清楚地表达自己的思考过程与结果”;在第三学段要求学生“体会通过合情推理探索数学结论,在多种形式的数学活动中,发展合情推理与演绎推理的能力”,此时开始要求学生“了解利用数据可以进行统计推断,发展建立数据分析观念”。[5]

五、研究结论

其一,归纳推理与学生对频率概率的理解存在显著相关性($r=0.361$,$p<0.001$);归纳推理与学生对随机性、独立性、规律性及用频率估计概率四个子概念的理解存在显著相关性($r_1=0.230$,$r_2=0.237$,$r_3=0.325$,$r_4=0.289$;所有 $p<0.001$)。

其二,归纳推理是学生频率概率内容学习的显著预测源,前者能够解释后者 12.9%的变异。具体而言,归纳推理对规律性学习表现的预测力最大(10.5%),对用频率估计概率学习表现的预测力次之(8.3%),对于随机性及独立性学习表现的预测力较小(分别为 5.2%和 5.5%)。

其三,归纳推理对规律性及用频率估计概率学习表现的影响机制是:一方面,归纳推理直接积极影响了学生对规律性($a=0.417$,$p<0.001$)及用频率估计概率($c'=0.222$,$p<0.001$)的学习;另一方面,归纳推理通过影响学生对规律性的学习,间接影响了其对用频率估计概率的学习($Eff_{间接}=0.362$,$p<0.001$)。从效应量来看,归纳推理对用频率估计概率的间接影响(效应量为 62.0%)远大于直接影响(效应量为 38.0%)。

参考文献:

[1] Rumsey D J. Statistical literacy: Implications for Teaching, Research and Practice[J]. International Statistical Review, 2002, (70): 32-36.

[2] Middleton J A, Lesh R, Fennewald T. Modeling Complexity Thinking Utilizing Sustainability Data for Decision-making[A]//In L D Miller, S R Saunders (Eds). U.S. Sino Workshop on Mathematics and Science Education[C]. Tennessee, USA, 2008: 35-41.

[3] Nilsson P, Li J. Teaching and Learning of Probability[A]//In S J Cho (Ed). The Proceedings of the 12th International Congress on Mathematical Education: Intellectual and Attitudinal Challenges[C]. New York: Springer, 2015: 437-442.

[4] 曹一鸣.十三国数学课程标准评价(小学初中卷)[M].北京:北京师范大学出版社,2012: 107-144, 397-423, 446-451.

[5] 中华人民共和国教育部.全日制义务教育数学课程标准(2011 年版)[S].北京:北京师范大学出版社,2012.
[6] 史宁中,陶剑,秦德生,高夯.中学概率与微积分研究[M].北京:高等教育出版社,2010:33.
[7] 邵光华.作为教育任务的数学思想与方法[M].上海:上海教育出版社,2009:205.
[8] 赵广平.瑞文标准推理测验因素结构探析[D].山西大学硕士学位论文,2006:7.
[9] 张厚粲,王晓平.瑞文标准推理测验在我国的修订[J].心理学报,1989,(2):113-120.
[10] 王瑾.小学数学课程中归纳推理的理论与实践研究[D].东北师范大学博士学位论文,2011:105-106.
[11] 美国数学及其应用联合会.数学的原理与实践[M].申大维,等,译.北京:高等教育出版社,施普林格出版社,1988:340.
[12] 史宁中.数学思想概论(第三辑)[M].长春:东北师范大学出版社,2009:8.
[13] 王瑾.小学阶段数学归纳推理课程的实施研究[J].教育科学,2010,(3):38-43.
[14] 王瑾,史宁中,史亮,孔凡哲.中小学数学中的归纳推理:教育价值、教材设计与教学实施[J].课程.教材.教法,2011,(2):58-63.
[15] 魏昕,郭玉英,徐燕.中小学生科学推理能力发展现状研究——以北京市中小学生为样本[J].北京师范大学学报(自然科学版)2011,(5):461-464.
[16] Gattuso L, Pannone M A. Teacher's Training in a Statistics Teaching Experiment[A]//In B Phillips (Ed). Proceedings of the Sixth International Conference on Teaching Statistics[C]. Cape Town, South Africa: International Statistical Institute and International Association for Statistics Education, 2002.
[17] 林崇德.发展心理学[M].北京:人民教育出版社,1998:305-306.
[18] Way J. The Development of Children's Notions of Probability[D]. Doctoral Dissertation of University of Western Sydney, 2003: 144-175.

The Impact of Inductive Reasoning on Junior Middle School Students' Learning of Frequentist Probability

HE Shengqing

(Mathematics & Science College, Shanghai Normal University, Shanghai, 200234)

Abstract: This research selected 843 seventh to ninth graders as the subjects and explored the impact of inductive reasoning on junior middle school students' learning progression of frequentist probability. The results have shown that: (1) students' cognition of randomness, independence, Law of Large Numbers and evaluating probability through frequency all has significant correlation with their ability of inductive reasoning; (2) students' ability of inductive reasoning is a significant predictor of their cognition of frequentist probability, and specifically, it has the highest regression coefficients for their cognition of two sub-concepts, which is consistent with theoretical expectation and knowledge logic; (3) the impact mechanism of inductive reasoning on cognition of frequentist probability for junior school students is, for one thing, students' ability of inductive reasoning directly positively influences their cognition of Law of Large Numbers and evaluating probability through frequency, and for another, students' ability of inductive reasoning influences their cognition of evaluating probability through frequency, which indirectly influences their cognition of Law of Large Numbers; furthermore, the effect size of indirect impact is greater than that of direct impact. This research has made three implications and suggestions for mathematics education: first, teachers should pay more attention to cultivating students' inductive reasoning ability in daily teaching; second, teachers should emphasize the connection between inductive reasoning and frequentist probability; and third, teaching should respect and coordinate students' cognitive development of inductive reasoning and their study rules of frequentist probability learning.

Key words: inductive reasoning, frequentist probability, repeated trials, mediating effect

新高考背景下高中生高考科目选择问题探析
——基于浙江省五所高中的调查研究

周佩灵，王萌萌
（河南大学 教育科学学院，河南 开封 475001）

摘　要： 以浙江省不同地区的五所高中为样本，调查学生对 7 门待选科目的选择意向，可为教师指导学生科学、理性、自主地选择选考科目提供参考性建议。研究发现，学生较多选择技术学科是兴趣等因素向追求成绩的妥协。在选科时，男生偏向于选择理科，女生则偏向于选择文科，文理分科传统下的“大文大理”选择习惯依旧强势。另外，学生的选考科目选择还受不同学习状态以及其父母受教育程度的影响。在新时期，为进一步深化高中选科制度改革，学校应努力尊重并保护高中学生依据自身的学习兴趣、爱好以及特长选科的权利，同时通过增强多样性的课程体系建设、实施鉴赏性的教育评价方式、扎实开展职业生涯规划教育等路径，来提升学生的选择力。

关键词： 新高考改革；高考科目选择；生涯规划教育

一、问题提出

《国务院关于深化考试招生制度改革的实施意见》的颁布，标志着新一轮考试招生制度改革的正式启动。对于浙江省的高中生来说，他们需要在 7 科中选择 3 科参加高考，共有 35 种组合。围绕高考科目选择问题，学者开展了诸多相关研究。

本文基于前期的相关研究，对浙江省五所高中开展了调查研究。笔者以浙江省不同地区的五所高中为样本，调查学生对 7 门待选科目的选择意向，分析学生科目选择的性别、学习状态、父母受教育程度等影响因素，以及对新高考相关政策的态度等。本文以期发现症结与困扰，为高中学校和相关机构提供智力支持，并为教师、家长指导学生选择选考科目提供参考性建议。

二、研究方法

1. 问卷设计

问卷分为两部分，第一部分为学生人口统计学信息，主要了解学生的年级、性别、父母职业以及学历等信息。第二部分为新高考背景下高中生对于选考科目的选择意向与需求，主要了解学生的高考科目

基金项目： 本文系教育部哲学社会科学研究重大课题攻关项目“初高中学业水平考试和综合素质评价改革研究”（项目编号：14JZD042）的阶段性研究成果。

作者简介： 周佩灵，河南大学教育科学学院教师，河南大学教育学博士后流动站博士后，博士，主要从事应用心理学研究。
王萌萌，河南大学教育科学学院硕士研究生，主要从事课程与教学论研究。

选择意向、影响其做出选择的因素以及对新高考政策的态度等。问卷包括事实和等级两种题型,其中等级题采用递增计分,“完全不了解(认同)”计为 1 分,“不太了解(认同)”计为 2 分,“比较了解(认同)”计为 3 分,“非常了解(认同)”计为 4 分。

2. 调查样本

笔者选取浙江省为研究区域,抽取浙江省不同地区的五所高中作为调查样本,共发放问卷 520 份,回收问卷 520 份,回收率 100%;有效问卷 499 份,有效率 95.9%。

(1)性别结构

在本次调研的 499 份有效问卷中,男生有 217 人,占总人数的 43.4%;女生有 282 人,占总人数的 56.6%。本次调研的男女性别比例大致相当。

(2)父母受教育程度结构

受调查者中,父亲受教育程度为小学及以下、初中、高中、大学及以上的比例分别为 9.03%、33.55%、26.54%、31.40%;母亲受教育程度为小学及以下、初中、高中、大学及以上的比例分别为 9.89%、36.34%、25.81%、27.96%。

(3)年级结构

在本次调研的 499 份有效问卷中,高一为 192 人(占总人数的 38.51%),高二为 147 人(占总人数的 29.36%),高三为 160 人(占总人数的 32.13%)。

三、结果统计与分析

1. 高中生高考科目选择的基本意向

(1)学生高考科目选择的分科意向

为了解学生高考科目选择的分科意向,问卷设置了这样一道题目:“你将选择哪几门学科进行高考?”统计分析结果如图 1 所示。学生比较青睐选择地理(占 21.93%)和化学(占 19.41%),而选择技术的学生最少(占 4.9%);在该题的反向题目“你最不想考哪几门学科”中,选择物理和历史的学生人数最多,依次占 19.17% 和 18.24%,而选择地理的学生相对较少(占 9.46%)。

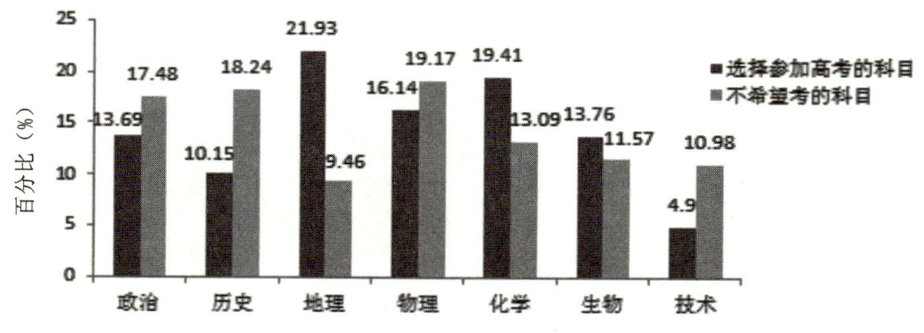

图 1 学生高考科目选择意向的单科人数比例

结果表明,选择技术学科的人数相对其他学科来说偏少,可能是由于新高考政策刚刚出台,高中生对技术学科抱有怀疑态度,转而倾向于选择其他熟悉的学科。然而在实际的选科中,如在张雨强的研究结论中发现,高中生选择技术学科的人数达 10% 以上,与其他学科差距不太明显。[1]这体现出学生存在技术学科相对于其他学科更易得高分的功利心态,是兴趣等因素向追求成绩的妥协。

(2)学生高考科目选择的组合情况

在 499 名学生中,已有 480 人明确了选科意向,所占比例为 96.19%,学生所选 3 科组合情况见图 2。

可以看出，学生的选择覆盖了35种组合中的33种，“政化技”和“史物生”两组合没有人选。其中，学生的选择多集中于“政史地”“物化生”“地物化”组合，人数比例分别为14.80%、14.38%和11.67%。这说明选科中的“大文大理”现象仍旧存在，这与刘宝剑的研究结论基本一致。[2]其他组合的人数相对较少，比例均未超过8%。

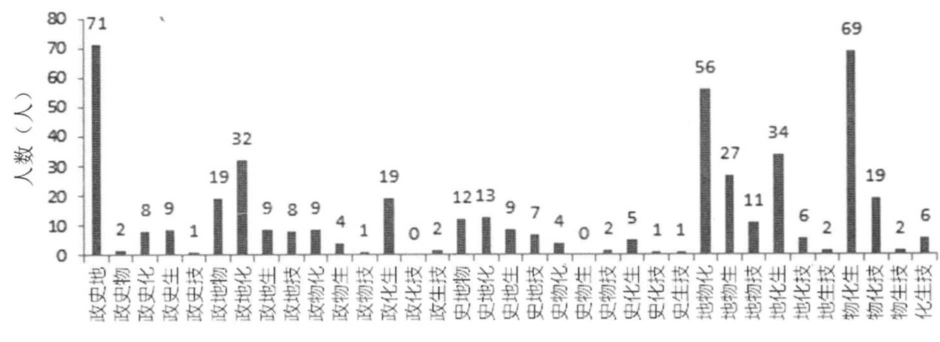

图2　3科组合的人数分布

另外，学生高考科目选择文理技情况如图3所示，可以看出，超过70%的学生选科实现了文理技交叉，这说明在新高考改革背景下，尽管“大文大理”仍是主流，但学生的选择空间得到了进一步的拓展。

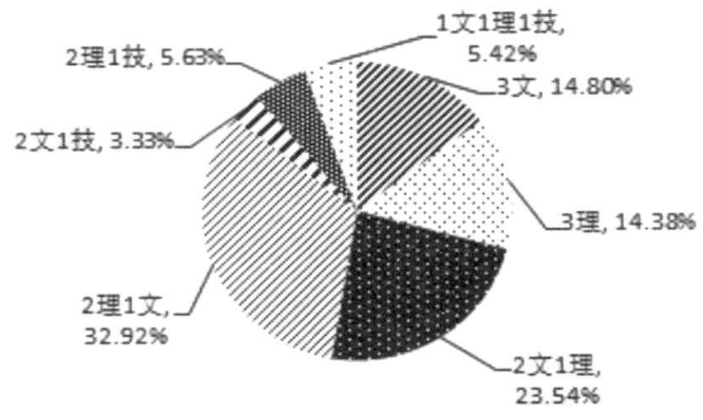

图3　学生高考科目选择的文理技分布情况

2. 高中生高考科目选择的影响因素

（1）高考科目选择的性别差异

卡方检验结果显示，男女生在高考科目选择上存在显著差异（$\chi^2 = 206.501, p < 0.01$），男生选择理科和技术的比例较高，而女生总体上更倾向于选择文科。在选择最不希望考的科目时，男女生也呈现出显著的性别差异（$\chi^2 = 225.366, p < 0.01$），女生不喜欢选择物理进行考试，男生不喜欢选择政治进行考试。简言之，高考科目选择存在的“男生钟爱理科，女生青睐文科，男生不喜欢政治，女生不喜欢物理”的差异。

（2）不同学习状态学生在高考科目选择上的差异

为进一步辨析学生不同学习状态对科目选择的影响，问卷中设计了这样一道题目：“你对目前的学习状态是否有信心？”卡方检验结果显示，不同学习状态的学生在高考科目选择上存在显著差异（$\chi^2 = 349.013, p < 0.01$）。中等学习状态的学生倾向于选择历史、地理、生物作为选考科目；学习状态位于两端的学生（如“好”或“差”），则更倾向于选择物理或技术。

浙江省采取等级赋分制，“某一科目不同次考试之间的考试群体的异质性导致了等级赋分的不等值性问题，而且不同科目不同考生群体之间的异质性也在一定程度上造成等级赋分的不等值性问题”[3]，这也就造成了学生“选考”制度下的“田忌赛马”现象[4]。也就是说，高中生利用错位竞争的手

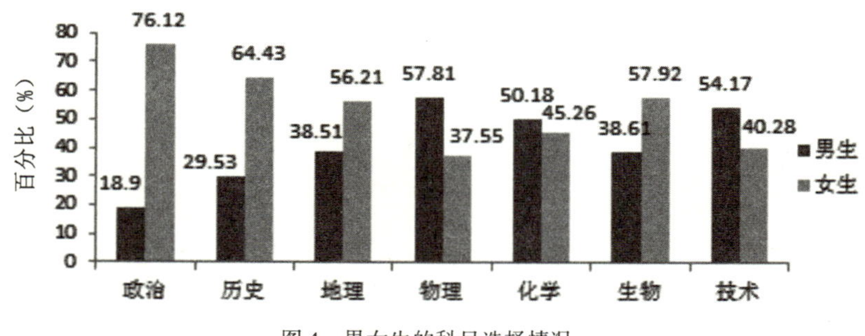

图 4 男女生的科目选择情况

段来避开比自己更优秀的人的选择,转向选考其他学科,从而更容易获得高分。

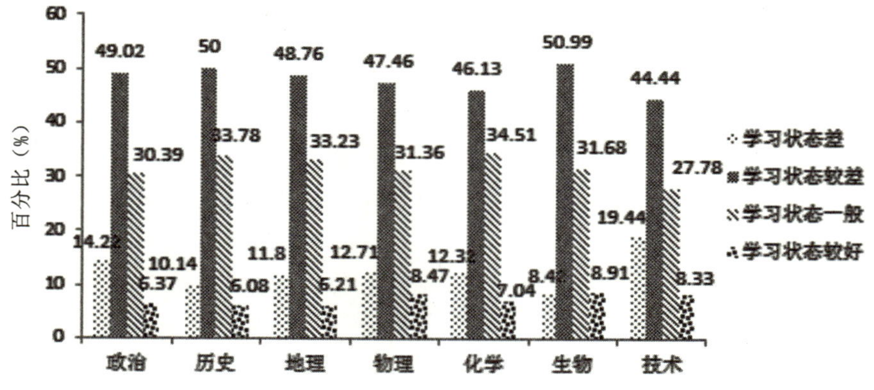

图 5 科目选择中的学习状态差异

(3)父母受教育程度对学生高考科目选择的影响

为了解父母受教育程度是否会对学生选科产生影响,本研究进行了分析。卡方检验结果表明,父母受教育程度对学生高考科目的选择有显著影响($\chi^2=757.034$,$p<0.01$)。从整体上看,父母受教育程度较高的学生群体,更倾向于选择文科。对于"技术"学科而言,父母受教育程度位于两端(小学、大学)的学生更倾向于选择技术学科(见表 1 和表 2)。

受教育程度较低的父母可能囿于"学好数理化,走遍天下都不怕"的思想观念,给了高中生潜移默化的影响或直接建议高中生选择理科,以谋求未来更好的工作机会;而受教育程度较高的父母可能并不在意学生未来的职业选择。[5]而对于技术学科而言,可能是无论受教育程度高低,父母都认为对于技术学科的学习,应是现代人求得生存与发展的"必修课程"。

表 1 父亲不同受教育程度的学生选择各科的比例(%)

父亲受教育程度	政治	历史	地理	物理	化学	生物	技术
小学及以下	10.48	9.68	16.94	19.35	18.55	16.13	8.87
初中	12.69	6.02	19.57	20	21.51	16.13	4.09
高中	14.16	10.48	22.66	14.45	20.68	14.73	2.83
大学及以上	15.55	13.69	23.9	12.76	15.55	11.6	6.96

表 2 母亲不同受教育程度的学生选择各科的比例（%）

母亲受教育程度	政治	历史	地理	物理	化学	生物	技术
小学及以下	18.38	8.82	20.59	16.91	19.85	11.76	3.68
初中	11.67	7.85	18.71	18.51	21.73	16.9	4.63
高中	12.36	9.55	23.31	15.73	20.51	15.45	3.09
大学及以上	16.15	13.28	23.7	13.28	14.58	10.68	8.33

（4）其他因素对学生高考科目选择的影响

在题目“为何选择这几门学科进行高考”中，55.58%的学生选择的是“对这几门学科感兴趣”，19.16%的学生选择的是“为了选择一个好就业的专业”，18.74%的学生选择的是“这几门学科的成绩好”。这和杜芳芳等人得出的“自身学科兴趣和专长、就业前途和学业水平是确定选考科目的重要影响因素”的结论不谋而合。[6]

当提到“在你选择高考科目的时候，最关键的人是谁”时，选择“自己”的占 82.7%，选择“父母”的占 9.05%，选择“教师”的占 5.03%，选择“同伴或朋友”的占 3.22%。这表明，学生自身的主观因素在高考科目选择中起了关键的主导作用。

3. 学生对新高考政策的看法

为调查高中生对新高考政策的看法，本研究设置了三个题目：“你是否了解当前的新高考政策”“你是否认同当前的新高考政策”“你认为新高考政策有利于减轻学习负担吗”，调查结果如表 3 所示：

表 3 学生对新高考政策的了解程度、认同程度以及对减负的认同程度统计表（%）

	完全不了解（认同）	不太了解（认同）	比较了解（认同）	非常了解（认同）
对新高考政策的了解程度	4.84	41.33	45.36	8.47
对新高考政策的认同程度	29.72	41.77	27.11	1.41
对新高考减负的认同程度	58.23	29.52	10.84	1.41

从整体上看，大部分学生对新高考政策基本了解，然而对新高考以及对新高考减负的认同程度较低。根据调研过程的情况，其原因可归结为相关教育行政部门对高中教师和学生所开展的具有较强针对性的培训不够到位。

不同学习状态的学生对新高考政策的了解与认同程度，以及对减负的认同程度有显著性差异，结果如表 4 所示。LSD 结果表明，学习状态越好，对政策的了解程度越高；学习状态差的学生比其他三种状态的学生对新高考政策以及新高考能够减负的认同程度较低。

表 4 不同学习状态学生对新高考政策的了解、认同程度以及对减负的认同程度差异

	1 学习状态差（$n=59$）	2 学习状态较差（$n=242$）	3 学习状态一般（$n=159$）	4 学习状态较好（$n=36$）	F	LSD 多重事后分析
对新高考政策的了解程度	2.14±0.94	2.53±0.64	2.70±0.57	3.11±0.82	19.049	4>3>2>1
对新高考政策的认同程度	1.54±0.77	1.90±0.70	2.29±0.76	2.17±1.00	16.916	3>2>1，4>1
对新高考减负的认同程度	1.20±0.55	1.50±0.68	1.74±0.76	1.72±1.03	9.364	3>2>1，4>1

四、思考与建议

1. 文理分科传统下的选择习惯依旧强势

尽管新高考规定学生可以在 6~7 门科目中依据自身爱好、兴趣自主选择高考科目，但调查结果显

示,学生在选择高考科目时仍旧存在"大文大理"现象,男生偏向于理科,特别是物理、化学学科,女生偏向于文科,尤其是政治和历史学科,这与刘宝剑的"男生总体上偏好理科,女生总体上偏好文科"[2]以及张雨强等人的"整体选择中的偏理与偏文现象"[1]的研究结论基本一致。

事实上,针对"大文大理"现象,如果这是学生基于自身的兴趣爱好、学科特长所选择的结果,那么这本身无可厚非。但在与学生的座谈中发现,之所以延续了这种"文科""理科"的选择思路,这与部分学校难以提供更多的选择机会有关。这是因为,当下学校的师资队伍结构是按照"文理科"配备的,为防止因为选科而导致的教师工作矛盾,仍然采用"一刀切"或按"固定套餐制"形式供学生选择。在此背景下,为有效化解此种症结与困境,建议高中学校应进一步领悟新高考改革的内在精神与根本诉求,努力尊重并保护高中学生依据自身的学习兴趣、爱好以及特长选科的权利,不能以现实的困难为由而扼杀了学生的选择机会。

2. 选择权赋予后的学生自主选择能力有待提升

新高考赋予了学生选择权,为学生提供了更多的选择机会。但是,在实际的选科过程中仍存在一定的盲目性、从众性和功利性。在问到"你是否认为所选学科能体现你的个人素质和能力"时,仍有 7.29%的学生认为"完全不能",24.49%的学生认为"不太能",这无疑违背了新高考选考制度设计的初衷。事实上,许多学生不太了解自己的爱好特长,很难找准自己的定位。并且,由于高中生身心不成熟,他们的选择更容易受到从众心理等因素的干扰。[7]

学生选择权的实现需要扎实、自主的选择能力作为前提与基础。若选择能力不足,那再优良的选考制度设计也难以实现其预期目标。因此,为提升学生的自主选择能力,我们应努力打造、构筑一种具有鲜明时代特色的富有"选择性的教育"。诚如顾明远所说:"为每个学生提供适合的教育就是最好的教育、最公平的教育……给每个学生提供适合的教育,把选择权还给学生,是我国教育摆脱困境的出路。"[8]

3. 学生对新高考能否减负持怀疑态度

新高考改革的核心诉求之一,即是要努力减轻学生过重的课业负担。罗祖兵等人认为新高考在将压力分散在平时、允许学生多次参加考试,并且允许学生失败等方面减轻了学生的课业负担和压力。[9]在本次调研中,当问到"希望学业水平考试考几次"时,多数学生选择的是两次,这说明学生整体上对"多次考试"的制度设计较为认同。但也发现,"多次考试"是否能真正减轻他们的课业负担和精神压力,多数学生则持怀疑态度。

虽然新高考将原来"一次"考试变成"多次"考试,规避了"一考定终身"的风险,但是为在"多次"的考试中取得最好成绩,学生可能会更加功利地面对考试,次次都尽最大的努力备考,无形中学生可能会感到课业负担在一定程度上不降反增。另外,也有学者指出,压力的增加还与高中有关,部分高中存在开设科目过多、抢赶教学进度、延长教学时间等现象,加大了学生负担。[10]因此,为使新高考政策平稳落地、减负愿景得以顺利实现,相关教育部门应向学校、教师、家长以及学生解读改革政策及相关规定,宣传新高考的核心旨趣,督促高中依法依规开展教育教学活动,并帮助学生调整心态,以积极乐观的精神面貌迎接高考。

4. 职业生涯规划教育亟待扎实推进

职业生涯规划教育能够帮助学生认识自我,培养学生自主选择的能力,促进学生形成正确的人生观、职业观、价值观。但通过调查发现,44.58%的学生没有接受过职业生涯规划培训,现状实在不容乐观。此次新高考改革给了学生更多的选择,但另一方面却使得学生陷入更大的迷茫和困惑之中——到底该怎样选择?樊丽芳等人指出,新高考将终身发展定向和决策前置到高一甚至入学之初。[11]也即学生在选择考试科目时就要考虑大学的就读和专业以及将来的就业等问题,再加上学生的选择从文理两种增加到 20 种乃至 35 种,这对刚入高中的学生来说无疑是巨大的困难。

因此,在新时期,为帮助学生认识自我,培养其选择的能力,促进职业观的正确形成,国家应尽快出台并完善相关法律法规，加强生涯规划类教师专业队伍建设，引领职业规划类课程稳步发展；学校应深化推进相关培训课程，帮助学生了解职业，树立职业规划意识，养成职业素养，确立未来就业目标；家庭教育的作用同样不容小觑，家长应帮助学生认识自我，发现兴趣及长处，并在日常生活中阐释各种职业的不同性质及其职能与责任，从而逐步帮助学生找到适合自己的理想职业。

参考文献：

[1] 张雨强，顾慧，张中宁.普通高中生高考选考科目现状及影响因素研究——以浙江省5所高中首批选考学生为例[J].教育学报，2018，(4)：29-38.

[2] 刘宝剑.关于高中生选择高考科目的调查与思考——以浙江省2014级学生为例[J].教育研究，2015，(10)：142-148.

[3] 刘希伟.关于浙江新高考改革的若干思考[J].教育与考试，2016，(3)：29-33.

[4] 柯政."选考"制度下的"田忌赛马"：原因与对策[J].教育发展研究，2016，(18)：32-38.

[5] 石于乔.家庭因素对高中生职业想法的影响研究：依恋类型的调节作用[D].南京师范大学硕士学位论文，2014：51.

[6] 杜芳芳，金哲.新高考改革背景下高中生科目选择意向现状及对策——基于浙江省五所高中的调查分析[J].教育理论与实践，2016，(8)：15-18.

[7] 李娜.新高考改革背景下我国普通高中选课研究[D].沈阳师范大学硕士学位论文，2016：29.

[8] 顾明远.把学习的选择权还给学生[J].河北师范大学学报（教育科学版），2012，(1)：5-7.

[9] 罗祖兵，秦利娟.将学业水平考试纳入高考的困境与对策[J].课程·教材·教法，2015，(8)：99-104.

[10] 熊丙奇.对地方高考改革要有理性评价[J].上海教育评估研究，2016，(6)：19-21+46.

[11] 樊丽芳，乔志宏.新高考改革倒逼高中强化生涯教育[J].中国教育学刊，2017，(3)：67-71+78.

Analysis of the Subject Selection of Senior High School Students under the Background of New College Entrance Examination

—Based on a Survey of Five High Schools in Zhejiang Province

ZHOU Peiling, WANG Mengmeng

(College of Education Science, Henan University, Kaifeng Henan, 475001)

Abstract: To investigate students' intention of their choice from the seven subjects in the exam, this study takes five high schools in different areas of Zhejiang province as research samples, hoping to provide suggestions for teachers and relevant personnel to guide students to choose the subjects for exams scientifically, rationally and independently. The findings show that most students prefer to choose technology subjects as a result of the compromise between academic achievement and interests. Besides, male students prefer sciences, while female students prefer liberal arts, and students are deeply influenced by the traditional classification of liberal arts and sciences. In addition, students' learning status and their parents' educational level also influence the student's choice of subjects. In the new era, in order to promote the reform of subject selection system in college entrance examination, high schools should strive to respect and protect the right of students to choose subjects based on their own learning interests, hobbies, and specialties. At the same time, the students' ability to choose subjects can be enhanced by strengthening the construction of multiple curriculum system, implementing the mode of appreciative education evaluation, and developing career planning education.

Key words: the new college entrance examination reform, subject selection, career planning education

学生学科素养培育路径研究

——基于科学论证活动的话语分析

宋 歌[1,2]

(1.河南师范大学 教育学部,河南 新乡,453007;2.华东师范大学 教育学部,上海,200062)

摘 要: 学科素养的养成需要有效的课堂对话,研究运用话语分析的方法探究 CER 科学论证教学对发展学生科学素养的影响。从运用科学语言、识别并考量对立观点、使用证据三个维度分阶段提供对话支架。结果表明,随着干预进行,师生的话语频率比一直维持在较稳定的水平,学生的话语形式逐渐从累积性话语过渡至探究式话语,对科学现象的解释从经验式判断转向基于证据的理性推理,并在此基础上提出了教学优化建议。

关键词: 科学素养;论辩素养;科学论证;话语分析

受 OECD“关键能力”与美国“21 世纪技能”双重潮流的影响,世界范围内掀起了关于核心素养的教育改革浪潮,2016 年 9 月我国学生核心素养框架已正式公布。核心素养形成于个体与情境的持续互动和不断创生意义的过程中[1],蕴含着课堂教学从“知识传递”转向“素养培育”的设计。其中直面的挑战就是寻求怎样的学科教学才能形成全球化时代期许的学科素养,从而彰显各门学科支撑“核心素养”这一蓝图得以实现的构件功能。[2]因此,素养视域下教学变革的关键课题就是从学科本质出发,探索指向学科素养的学科教学模式,贯通连接核心素养与学科课程的桥梁。

学习经由以语言为媒介的课堂互动展开,学科教学的本质即对话性实践。话语实践具有认知和社会化的双重功能,学生在观点和言语的碰撞中不仅获得知识,还逐步提升对学科的文化适应性,形成根植于学科本身的思维、行为和交际方式。这些要素恰是学科素养作为教育目标的重要组成,因此重建课堂话语方式实现课堂层面的转变与革新,开展有效的课堂对话应该成为当下学科教学的特质。就科学学科而言,论证是一种重要的话语实践,已成为当前国际科学教育的主流教学范式。[3]本研究将论证引入本土科学课堂,从实证的角度探讨以论证为载体的科学教学如何促进学生科学素养的养成。

一、问题提出

1. 从“科学素养”内涵演进看科学教学的发展

对科学素养概念的讨论始于 20 世纪 50 年代末期,其内涵演进大致经历了以下三个历史分期:20 世纪 50—70 年代科学素养具有明显的“功能性素养”特征,科学教学的广义目的是培养未来的职业科学家。第二阶段为 20 世纪 80—90 年代末,这一阶段的素养内涵反映知识中心取向。[4]尽管以探究作为科学教学的主旋律,但程式化的课堂探究简化了对科学家真实探究意义重大的部分,给学生的思维带来

作者简介:宋 歌,河南师范大学教育学部讲师,华东师范大学教育学部博士研究生,主要从事科学素养测量与评估、科学学习与互动机制研究。

了极大的限制与危害。[5]进入21世纪,"科学实践"成为国际新近科学课程标准或文件的关键词[6],教育政策的"实践转向"映射出让学生反思性参与知识建构和评估的教学构想,课堂教学需要给学生提供交流、批评和审视观点的对话活动和空间,这一活动和空间集中地表现为目标驱动和工具取向的科学论证。[7]

2. 论证教学与培育科学素养

核心素养层面的科学素养,应该具备两个特征:一是立足科学本质,二是体现核心素养的共通能力。早在1993年,著名学者库恩(Kuhn)就提出"科学即论证",应该把论辩作为科学思维的内核[8],"唯有权衡所有的备择性观点试图查明不是什么,个体才能确定是什么。"[9]科学家通过论辩认识自然世界,科学知识经过迭代的批判、反思和提炼,从个体产物转化为符合学科规范的共识。上述的认知和思维方式均强调了科学的社会性活动特质,凸显了证伪与证实同等重要的科学观念。从这个意义上讲,论辩素养是撬动科学素养的有力杠杆,除此之外还是核心素养之问题解决、批判性思维和交流沟通与合作的重要侧面。

论辩素养在教学中的发展是一个渐进、多维的过程[10],多维指向从超越认知技能的层面理解论辩素养的复杂组成。具体表现是调用相关知识基于证据进行理性推理,形成自发参与对话的倾向,这一倾向是意识到竞争性观点存在,愿意提供或寻求证据支持、反驳某一想法的价值观念。

3. CER论证教学模式

已有学者提出"发展个体的核心素养,需要让个体参与所处文化日常实践中的真实活动进行学习,与其他共同体成员合作、协商和互动"。[11]因此将论证教学作为科学素养形成和发展的载体,需要引导学生像科学家一样,认识论证解决学科批判生产科学知识的功能性价值,将论证作为参与科学实践的活动工具。[12]从这个角度出发,本研究借鉴当前国外最具代表性的教学模型[13][14],建构了本土化的CER论证教学模式。CER具有两层寓意:一方面表示论证包括主张(Claim)、证据(Evidence)和推理(Reasoning)三个基本的结构要素;另一方面表示课堂对话的发生序列是建构(Construction)、评估(Evaluation)和反思(Reflection)。

CER以探究科学现象的因果机制为问题情境,在观察或实验的基础上,经独立思考或小组讨论建构暂时性的论点,围绕这些观点展开批判性评估,共享的对话空间促使学生重新思考自己持有的观点和推理过程,最终在反思的基础上实现概念重构、能力发展和情意熏陶。当然,从认知冲突到形成共识并不完全按上述的线性预设,会出现反复或循环。

综上,论证教学重塑了当前我国尚处于单一知识传授的科学课堂。[15]本研究将基于CER设计和实施教学干预,依据建构的话语编码框架关注学生话语行为在论辩中的变化特征,从而验证干预的有效性,以期为探究发展学生核心素养的学科教学实践提供直接的经验证据。

二、研究设计

1. 被试与教学干预实施者

本研究以上海市城区处于中等学业水平的某初级中学预科6年级①某班为研究对象,共36名学生(其中男生20名,女生16名)。经过两周预研究,结合课堂观察和异质性小组原则,将学生划分为6个小组(其中1个为焦点小组),以开展小组自主讨论。任课教师由作者本人担任,每堂课结束都回看课堂视频进行教学反思。

2. 教学活动

干预共12周,每周2次,每次40分钟,教学内容为牛津版《科学》(六年级上册),除了根据具体的学科内容预设论证任务外,还有一些任务根据课堂对话的走向即兴生成。已有研究表明学生从论证中受益有一个基本的阈值水平,[16]要有观点的互动,教学活动设计的关键是促进学生参与对话。这就需要考虑论辩中蕴含的三对天然张力:一是学生在已有学习、生活体验中形成的说话方式与像科学家一样思维和表达相冲突;二是中国学生的面子观念、喜欢唯一正确的答案与论证强调的“众声交响与复调”相矛盾;三是学生在评估中的证实性偏误②与基于证据的科学理性相争持。因此干预分三个阶段实施,分别侧重学生日常语言向科学语言转换、权衡自我和他人观点的关系、使用证据进行辩护和反驳。

第一阶段预研究约 3 周,学习内容为“科学入门”,主要在认识科学学科、科学家的探究和科学实验室的课堂活动中培养学生对科学的情感和使用科学语言的意识;第二阶段约 3 周,学习内容为“生物的世界”,教师引导学生倾听同伴的“声音”,引导他们在自我和他人的视域之间来回移动,提出质疑和反驳;第三阶段约 6 周,学习内容为“物质的粒子模型”,教师引导学生使用生活经验、图表和已有科学概念等不同形式的证据阐释自己的观点、评估竞争性观点。需要明确的是,这种做法并非将论辩素养的培养割裂为具有时序性的不同阶段,而是借鉴西方已有实证研究中的经验证据、立足被试特征和学科内容,有针对性地设计学习任务和课程目标。

3. 数据收集与编码框架

本研究数据来自“生物的世界”和“物质的粒子模型”两个教学单元,采用重复测量设计,分 4 个时间节点采集课堂视频,主题活动及论证任务见表 1。整合已有研究提出话语编码框架(见表 2)[14][17][18],渐增式话语是学生通过寻求更多信息、确认和表明观点来获得知识的累积;争论式话语在分歧的基础上展开,表现为提出质疑,反驳对立观点;探究式话语反映了对话者之间的共同协商,包括对自我观点的进一步解释,并行考量多个观点和反思基础上的修正。

首先以独立的论证任务为分析单位,对班级讨论和焦点小组讨论进行转录;然后将与论证任务无关、证据链出现科学性错误的话语标记为非功能性语言,并依据表 2 对转录文本中的功能性语言进行编码;最后统计各个主题活动中不同话语形式的频率,并结合具有代表性的对话片段分析学生话语行为的基本特征,以此反映学生的学习增益,揭示提升学生论辩素养的有效机制。

表 1　主题活动及论证任务

教学进度	主题活动	课堂论证任务
1. 第 5 周	生物间的相互依赖	· 根据草原生态系统中的食物链,判断草的数量对狮子数量的影响
2. 第 7 周	固体、液体和气体的性质	· 根据观察到的实验现象,归纳固体、液体和气体的性质
3. 第 9 周	粒子模型	· 设计实验方案证明气体粒子可以向各个方向运动 · 根据实验现象,解释“50ml 的水和酒精混合,总体积小于 100ml” · 解释为什么气体比固体容易压缩
4. 第 11 周	密度	· 运用物质的粒子模型,解释不同气体的密度不同 · 探究沉浮规律 · 解释孔明灯可以浮在空中

表 2　话语编码表③

话语类型		样例
渐增式话语	信息寻求	你们打算使用透明的玻璃瓶,对吗?
	表示认同	你讲得对
	表明观点	让它(孔明灯)里面有足够多的热空气
争论式话语	质疑	这样做(用扇子扇)借助了人为的外力,是扩散吗?
	提出竞争性观点	我认为狮子的数量反而会略微增加,因为……
	反驳	我来反驳一下,首先……,再说……,所以不太可能……
探究式话语	辩护	我不是否认这两个,而是在它们的基础上再加一点理由……
	比较或评估	我们用的是一个球体,老师用的是上面一个集气瓶,下面一个集气瓶,如果瓶子够细的话,还是只能说明气体粒子只能上下移动
	改变或修正观点	哦,对。你这样说也有道理。……这就证明热空气是浮在冷空气上面的

三、研究结果

经分析,课堂话语行为具有如下三个基本特征:

1. 师生的话语频率比基本持平

围绕有意义的知识建构,教师组织对话,师生的话语频率比一直维持在较稳定的水平(见图1)。

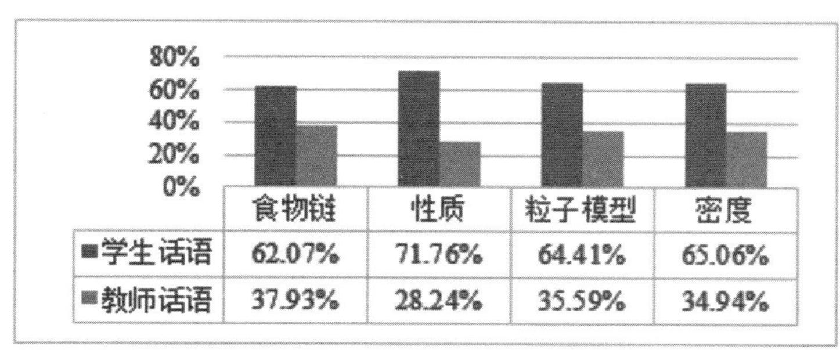

图1　学生和教师话语频率变化

转录片段1:学习完密度概念和沉浮规律后,教师播放孔明灯视频,学生就“孔明灯点燃后为什么可以浮在天上”这一问题进行讨论。小组讨论共形成了两种解释性观点,由此展开下面的争论:

1. 师:刚才小组讨论我们一共形成了两种观点,第一种观点认为孔明灯点燃之后,燃烧产生了氢气,氢气密度比空气密度小;第二种观点说冬天洗澡的时候发现热气都往上跑,张开嘴巴哈气,热气也是往上走,推理得出热空气比冷空气要轻,也就是热空气比冷空气的密度小,所以孔明灯可以浮上天。大家觉得呢?支持每种观点的同学要讲明为什么。

2. 生:老师,我要反驳。先假设他们说的那个会生成氢气是对的,在附近的氧气还没有燃尽的情况下,火、氢气和氧气这三样东西在一起,会爆炸的,你们知道吗?

3. 生:即使燃烧在消耗氧气的时候能产生氢气,但是氧气在还没有耗尽的情况下,就已经有爆炸的可能了。

4. 师:氢气和氧气这两种气体在混合均匀或近似均匀情况下,遇明火会发生爆炸,对吗?(询问生)

上述的对话片段表明,教师需要运用特定的话语策略调控话题的延伸和转移,塑造课堂话语规范,因此教师的话语频率并未出现逐步下降的趋势。首先教师调用学生已有的生活经验和科学内容的关系,“冬天洗澡的时候发现热气儿都往上跑”;建立了两类竞争性观点“燃烧产生了氢气”与“热空气比冷空气密度小”的联系,然后把反馈的权利归还给学生,创造了新的对话机会;“要讲明为什么”促进学生注重因果关系的描述。接着,教师对学生的观点进行了重新组织“氢气和氧气在混合均匀或近似均匀情况下,遇明火会发生爆炸”,既肯定了学生观点,又强调了科学专业术语“气体”,引导学生从对现象的日常认识转向科学认识。

2. 从累积性话语逐步过渡至探究式和争论式话语

随着干预的进行,学生渐增式话语频率由72.22%减少至35.19%(见图2),而争论式和探究式话语频率由13.89%分别增加至42.59%、22.22%。不同话语类型的频率变化表明了学生从知识接受者的单一被动角色转换成学习者、知识的生产者和使用者的复合型角色,主动地参与论辩。

转录片段2:学习过物质的粒子模型,教师向每个小组分发塑料针筒,要求把活塞拉至5mL处,然后用手指一端堵住针头,另一只手慢慢推动活塞至2.5mL处,感受空筒部分的气体变化,并用粒子模型进行表征。学生边探究边小组讨论,讨论结束后推选一名发言人汇报小组观点。以下为小组轮流汇报

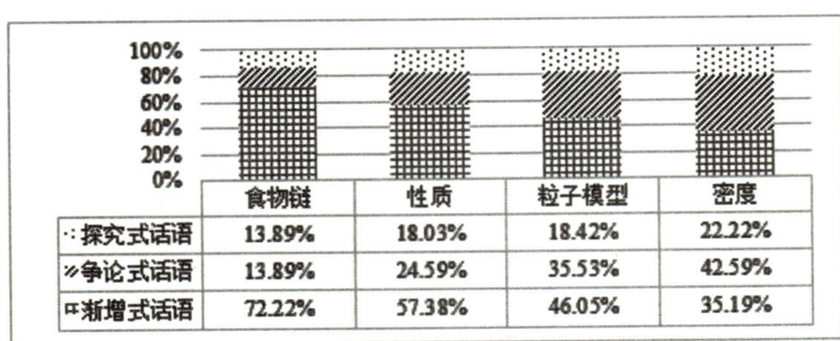

	食物链	性质	粒子模型	密度
探究式话语	13.89%	18.03%	18.42%	22.22%
争论式话语	13.89%	24.59%	35.53%	42.59%
渐增式话语	72.22%	57.38%	46.05%	35.19%

图 2 学生话语类型的频率变化

观点:

学生甲(焦点小组发言人):一开始假设(粒子数量)为 n 个吧,结束的时候我觉得是这样的三角形,它们(气体粒子)之间还有空隙。

学生乙:理论上有各种形状吧?

学生丙:(气体压缩之后)怎么那么多粒子?会裂变吗?

学生甲:我都说了假设为 n 个。三角形是世界上最稳定的一种形状,当它(气体)被压缩的时候,应该是这种形状。

乙和丙两名学生对焦点小组的观点提出了质疑:一方面,气体本身没有固定的形状,粒子在向各个方向不停地进行无规则运动,各种形状都有成立的可能;另一方面,意识到压缩前后粒子数量应保持不变。而学生甲过于关注劝说同伴信服自己的观点,并未在比较自己与同伴观点的基础上进行阐释,也未对他人的质疑进行反思、做出有效回应。此时探究式话语频率增幅并不显著,正是因为上述类似的话语行为。

3. 从经验式判断逐步转向基于证据的推理

论证是基于证据的理性推理,图 3 显示辩护的话语频率从 8.33%上升至 20.37%,反驳的话语频率从 2.78%提高至 11.11%。这意味着学生观点类型由描述型过渡至因果型[19],学生越来越多使用关联词“因为”,建立主张和证据的逻辑联系,既可以基于证据说明和澄清自己的观点,还可以对他人的观点提出反驳。

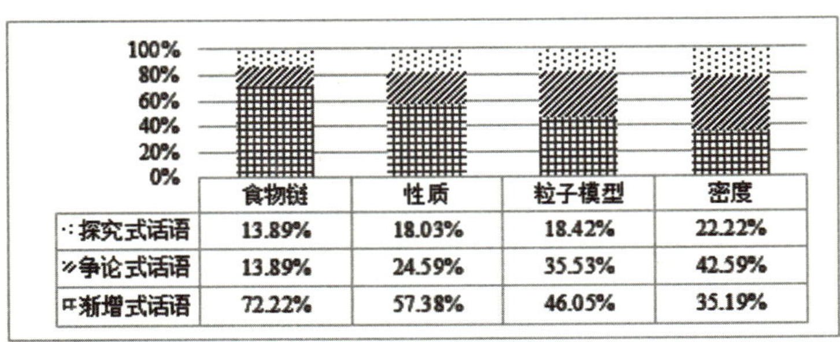

	食物链	性质	粒子模型	密度
探究式话语	13.89%	18.03%	18.42%	22.22%
争论式话语	13.89%	24.59%	35.53%	42.59%
渐增式话语	72.22%	57.38%	46.05%	35.19%

图 3 反驳与辩护的话语频率变化

转录片段 3:焦点小组关于“孔明灯为什么可以浮上天”的讨论。

学生甲:我在想是不是蜡烛燃烧产生了氢气,氢气的密度比空气的密度要低,然后这时候孔明灯就可以浮在天上。

学生乙:为什么燃烧会产生氢气?我认为是因为热空气比冷空气要轻。

学生甲:我现在在想,火在燃烧的时候到底会不会产生氢气?因为我只知道火在燃烧的时候会产生二氧化碳。

学生丙:我觉得孔明灯灭了的时候,它的空气就会变冷,就会掉下来。因为点燃产生的热空气比空气轻,孔明灯就会浮上去。

学生甲:不对,这个原理肯定不对。

学生丙:那你怎么解释它灭了就会掉下来呢?

学生甲:对,这样说也有道理。大家都知道我们在消防演习的时候,都是这样弯着腰低着头,这就证明热空气是在冷空气上面的。

转录片段4:达成共识"点燃后,由于热空气密度小于冷空气,所以孔明灯可以浮在天上",每个小组讨论如何绘制冷热空气的粒子模型,从微观层面进一步解释宏观现象。然而学生并未按照教师预设从"单位体积内粒子数量"的角度进行模型建构,多数小组提到热空气粒子间隙变大,随后有小组发言人分享观点"点燃后灯罩会膨胀"。于是教师沿着学生对话的走向,提出新的论证话题"为什么点燃孔明灯后,等灯罩张开再松手"。

学生甲:因为空气还不够热,这个密度还没有小到孔明灯可以飘上去的情况。

学生乙:你们看(手指向教师播放的幻灯片),他在点火的时候是用手提着,这说明刚刚点完这里面的热空气是不够多的,你这时候放的话它是飞不上去的。要有足够多的热空气,等它胀开。

学生丙:我想的话,就是越往上空气越稀薄,火就容易灭掉。

学生甲:我来反驳,首先这里面装的是蜡烛,它燃烧不了太长时间的,再说它也不可能飞那么高。我去唐古拉山的时候,那里海拔是5000多米,还有人点火,而且火还挺旺的,这表示火在高空还是可以燃烧的,所以不太可能因为高空这个空气稀薄火就灭掉。

证据不单是论证组成的静态结构要素,还是驱动对话向前进行的动态资源。辩论中"为什么燃烧会产生氢气"表明了学生对观点持怀疑的态度,这一话语行为促使学生张某反思自己证据中的异常信息"到底会不会产生氢气,我只知道会产生二氧化碳"。随后,学生黄某支持"热空气比冷空气轻"这一观点,并以同伴共享的生活经历为证据对该观点进行辩护。在这一观点的启发下,张某以日常生活体验消防演习为证据来证实同伴的观点。

重复的、有差异的论辩体验帮助学生建立起对自身和他人观点负责的证据意识。有学生以教师提供的课堂资源为证据"你们看……这说明……",对同伴的观点进行补充解释。还有学生以常识"蜡烛燃烧不了那么长时间""孔明灯飞不了那么高"和经验"海拔5000多米火可以燃烧"为证据对同伴的观点进行反驳。当然学生也尝试使用已有的科学知识进行推理,比如运用沉浮规律——密度小的物质一定浮在密度大的物质上面,形成主张"氢气的密度比空气的密度小,所以浮在空气中"。但是由于学生初步进入系统的科学学习阶段,缺乏相应的实验证据和理论证据,因而会较多使用观测证据。

四、讨论与建议

以论证为载体的课堂对话改变了师生互动的性质,相比于传统的科学教学,学生拥有了参与彼此观点的机会。从表示认同、描述到解释、批判和反驳,话语行为的变化勾勒出学生论辩素养的发展轨迹,表明了学生能够基于证据进行高质量而有意义的争论。结合研究结果可以为基于核心素养的科学教学提供以下借鉴:

1. 加强科学教师的论辩素养,培养学生主动参与对话的倾向

教师在论证教学中扮演着重要角色,需要调控学生的课堂讨论。例如转录片段1中教师并没有直接指出"燃烧产生氢气"这一观点的错误,而是将话轮重新传递给学生,这样不仅与学生共享知识权威,还引导学生说出推理的过程。McNeill等的研究表明优质的论证教学应当具有生成性,教师需要对学生的观点做出有效回应[20],教师的教学实施直接影响着学生如何掌握和内化论证学习结果。[21]这就意味

着以论证为载体的对话教学需要教师具备一定的必备素养。除了在某种程度重新认识科学本质、树立与之相符的教学信念,教师还要合理地分解和渗透论证要素。教师必须意识到培养学生论辩素养的关键不是让学生学会如何去论证一个问题,而是培养他们对"如何知道我所知道的"刨根问底的意识,主动地就"现象如何发生""如何判断我听说的是真的"展开争论、协商,这样学生才能将对话的倾向迁移至更广泛的情境中。

2. 形塑学生对论证目标的理解,在协商交流中建构集体性知识

本研究中探究式话语增幅并不明显,对话仍以竞争性为主。比如转录片段 2 中面对他人的质疑或提出的新异见解,学生极力争辩试图说服他人相信自己的观点。Berland 和 Reiser 在美国 K-6 年级的科学课堂也观察到了类似现象,学生认为劝说别人确信自己的主张就是成功,研究者未观测到通过论辩修正已有观点,研究结果显示并非学生不具备相应的能力,而是他们自发选择了符合所处活动情境的对话类型。[22] 可见,学生对论辩目标的理解影响其话语的复杂水平。教师应使用特定的话语策略引导对话由竞争性逐步转向反思性,诱发学生整合多样化的观点,在比较的基础上进行甄别与评估,比如"你们小组观点与其他小组观点有什么不同呢?""请你/你们给大家详细解释一下"。让学生意识到论辩不是为了获得最准确的观点,而是形成对争论主题更具批判性的理解,这样才能促进未来更多对话的可能性。

3. 提供丰富的信息资源,创造基于证据的批判性论证机会空间

课堂上学生已有的科学知识和课本提供的信息有限,因此援引的证据类型较为单一。比如转录片段 3 和 4 中学生多以自己的日常生活经历作为证据,一方面,对讨论话题没有相关体验的学生可能会被边缘化,形成不平等参与;另一方面,有限的证据可能会导致讨论陷入僵局,话语结构又重回封闭型的独白式。有学者在探究美国 K-6 年级学生社会性科学议题的科学论证中发现,课堂上学生受可使用的证据所限,无法进行有效的论辩,这一问题同样出现在完成书面论证任务中。[23] 因此,足够的证据是开展有效论证的基本保障。教师应尽可能提供丰富的证据库,让学生基于证据链判断对立观点优劣,展开争辩。然而如何从互联网的海量数据中筛选和整合信息,还需要研究者和教师共同探索。已有研究中的经验做法是教师结合学生提出的已有观点,搜索和剪裁信息,以证据卡的形式提供给学生。[24]

本研究以科学学科为例,探究了"以对话教学培育学生学科素养"的教学路径。开展有效的课堂对话必须重构课堂目标与师生关系,深入思考学科背景下的语境特征,这样"课堂对话"才能作为学生核心素养养成的新一轮教育改革方向。

注释:

①上海市从预初六年级正式进入系统的科学学习。

②证实性偏误(confirmation bias)是个体在判断决策时,偏好于有意或无意地寻找支持已有信念、预期或假设的信息和解释,忽视可能与之不一致的信息和解释。

③由于学生初步接触科学话语,将日常语言与科学语言杂糅在一起,为便于读者理解,在括号里对学生语言进行了补充和修复。另因篇幅所限,转录文本中省去了教师关于话语权分配的话语。

参考文献:

[1] 杨向东. 核心素养与我国基础教育课程改革的关系[J]. 人民教育, 2016 ,(19): 19-22.

[2] 钟启泉. 学科教学的发展及其课题: 把握"学科素养"的一个视角[J]. 全球教育展望, 2017,(1): 11-26.

[3] 宋歌. 论证教学对科学概念学习影响的元分析[J]. 天津师范大学学报(基础教育版), 2019 ,(1):50-57.

[4] Brown B A, Reveles J M, Kelly G J. Scientific literacy and Discursive Identity: A Theoretical Framework for Understanding Science Learning[J]. Science Education, 2005, (5): 779-802.

[5] 唐小为, 丁邦平. "科学探究"缘何变身"科学实践"[J]. 教育研究, 2012,(11): 141-146.

[6] Osborne J. Teaching Scientific Practices: Meeting the Challenge of Change[J]. Journal of Science Teacher Education, 2014, (2): 177-196.

[7] 宋歌, 王祖浩. 实践转向的科学论证教学:国际研究新进展[J]. 比较教育研究, 2018 ,(7):61-69.

[8] Kuhn, D. Science as Argument: Implications for Teaching and Learning Scientific Thinking[J]. Science Education, 1993, (3): 319-337.

[9] Kuhn D. Thinking as Argument[J]. Harvard Educational Review, 1992, (2): 155-179.

[10] Kuhn D, Zillmer N, Crowell A, et al. Developing Norms of Argumentation: Metacognitive, Epistemological, and Social Dimensions of Developing Argumentive Competence[J]. Cognition and Instruction, 2013, (4): 456-496.

[11] 杨向东. 基于核心素养的基础教育课程标准研制[J]. 全球教育展望, 2017 ,(10): 34-48.

[12] Forman E A, Ford M J. Authority and Accountability in Light of Disciplinary Practices in Science[J]. International Journal of Educational Research, 2014, (64): 199-210.

[13] Kujawski D J. Present, Critique, Reflect, and Refine: Supporting Evidence-Based Argumentation Through Conceptual Modeling[J]. Science Scope, 2015, (4): 29-34.

[14] Chen Y C, Hand B, Park S. Examining Elementary Students' Development of Oral and Written Argumentation Practices Through Argument-based Inquiry[J]. Science & Education, 2016, (3-4): 277-320.

[15] 吴晗清, 马薇. 基于科学素养视域的我国科学教育反思[J]. 首都师范大学学报(自然科学版), 2017,(6): 68-75.

[16] Chi M T H. Active-Constructive-Interactive: A Conceptual Framework for Differentiating Learning Activities[J]. Topics in Cognitive Science, 2009, (1): 73-105.

[17] Mercer N, Wegerif R, Dawes L. Children's Talk and the Development of Reasoning in the Classroom[J]. British Educational Research Journal, 1999, (1): 95-111.

[18] Larrain A, Freire P, Howe C. Science Teaching and Argumentation: One-sided Versus Dialectical Argumentation in Chilean Middle-school Science Lessons[J]. International Journal of Science Education, 2014, (6): 1017-1036.

[19] Macpherson A C. A Comparison of Scientists' Arguments and School Argumentation tasks[J]. Science Education, 2016, (6): 1062-1091.

[20] McNeill K L, Marco-Bujosa L M, González-Howard M, et al. Curriculum Implementation for Scientific Argumentation: Fidelity to Procedure Versus Fidelity to Goals[A]//Annual Meeting of the National Association for Research in Science Teaching[C]. Baltimore, MD. 2016.

[21] McNeill K L, Gonzalez - Howard M, Katser - Singer R, et al. Moving Beyond Pseudoargumentation: Teachers' Enactments of an Educative Science Curriculum Focused on Argumentation[J]. Science Education, 2017,(101): 426-457.

[22] Berland L K, Reiser B J. Classroom Communities' Adaptations of the Practice of Scientific Argumentation[J]. Science Education, 2011, (2): 191-216.

[23] Xiao S. Children's Use of Inscriptions in Argumentation about Socioscientific Issues[D]. University of California, Los Angeles, 2015.

[24] Kuhn D. Teaching and Learning Science as Argument[J]. Science Education, 2010, (5): 810-824.

A Research into Cultivation Students' Disciplinary Competences

—Based on the Discourse Analysis of Scientific Argumentation Activities

SONG Ge[1,2]

(1. Department of Education, Henan Normal University, Xinxiang Henan, 453007;
2. Department of Education, East China Normal University, Shanghai, 200062)

Abstract: The formation of disciplinary competences requires productive dialogues in class. This research employed discourse analysis to to explore the influence of CER, a form of scientific demonstration teaching, on the development of students' scientific literacy. The dialogic scaffolding has been supplied by stages from three dimensions, including utilizing scientific language, identifying and considering the opposing views, and applying evidence. The result shows that the ratio of teacher's and student's discourse frequency was relatively stable. However, the form of students' discourse changed from cumulative talk to exploratory talk, and from experience-based judgement to evidence-based reasoning. Based on that, this research has proposed some suggestions for the optimization of teaching.

Key words: scientific literacy, argumentative competence, scientific argumentation, discourse analysis

《现代基础教育研究》
第 34 卷，2019 年 6 月 (Research on Modern Basic Education) Vol.34，Jun. 2019

女校女生核心素养培养的实践尝试
——“律政佳人”社会实践案例的分析与思考

李 军

（上海市第三女子中学，上海 200050）

摘 要： 核心素养是当前教育领域最受关注的热词之一。文章以学校拓展型课程“律政佳人”为切入点，在一系列的课程内容中选取“模拟法庭”为范本，从活动背景和动机、活动指导思想、活动案例的选择、活动过程、存在问题及思考建议等方面进行了阐述。文章从指导女生社会实践的视角出发，对培养和提升新时代女生的核心素养进行了探究。

关键词： 女生；核心素养；社会实践；模拟法庭；社会主义核心价值观

一、活动背景和动机

女校是文化多元和教育体制多样化的产物，学校有一系列女生教育课题与课程，这些课题与课程资源在培养女生方面发挥了重要作用。笔者开设的“律政佳人”社会实践课程在“以女生的需要为出发点”的教育理念引导下，关注时代发展的要求，研究女校学生群体发展规律，为激发女生兴趣、培养创造性，搭建一个平台。一方面，从细节入手，学法、知法、守法，使其成为真正的文明人；另一方面，提升女生修养，培养其高雅的气质和高尚的情操，使其成为知性优雅的女性，提升女生自主发展、社会参与、责任担当等核心素养，用实际行动践行社会主义核心价值观。

“核心素养”不是直接由教师教出来的，而是在问题情境中借助解决问题的实践培育起来的。史宁中教授曾谈道：素养的形成不是依赖于单纯的课堂教学，而是依赖于学生参与其中的课堂活动；不是依赖于记忆与理解，而是依赖于感悟与思维。“律政佳人”课程内容选材立足于现实生活中的一些案例或法律问题，以模拟法庭、案例分析、问题解决等形式贯穿整个学习过程，具有丰富的情境性，是培养女生核心素养的有效载体。

“律政佳人”课程突破传统的方式，打造不拘一格的，有高度、有深度、有广度的多样化、多层次的课程形式，将“引进来”与“走出去”相结合。课程的版块包括模拟法庭、案例探讨、“美姿美态”情景体验、佳人讲堂等。通过挖掘女生的自信、修养、风度、见识，培养卓越的演讲和语言表达能力，独到的、理性的、辩证的思维能力，强烈的自我认同感与社会责任感，带学生探寻法律之美，发现生活之美，成就自我之美，科学、系统、有效地将优雅渗进骨子里，将得体融入血液中。

二、活动案例介绍与分析

1. 组织“模拟法庭”活动的指导思想

核心素养是学生的品格与能力的综合体现，是在与环境交互作用中形成的。“律政佳人”课程设置的目标，不仅仅包括女生们解决问题、获得知识性的文本素材如法律条文、案例等，更多的是促使女生们获得体验、提升能力的社会实践活动。其中“模拟法庭”是占据师生大部分时间、精力的社会实践活动。众所周知，“模拟法庭”是在教师的指导下，由学生扮演庭审的各个角色，包括庭审

作者简介：李 军，上海市第三女子中学高级教师，主要从事高中思想政治教学研究。

的法官、书记员、公诉人、辩护人、法定代理人、被告人、证人、法警等,以司法审判中的法庭审判为参照,模拟审判某一案件的活动。通过"模拟法庭"活动,让女生们了解有关法律的诉讼活动,以及相关的诉讼程序问题。并利用女生们身边的违法犯罪案例对其进行法治教育,增强学生法律意识、自我保护意识,同时也锻炼女生们的社会适应能力,提高她们分析判断、辨别是非的能力;让更多的女生在参与和观摩中提高对法律的认识,敬畏法律,关注法律,学法、懂法、守法、用法,做一个真正的公民。同时,"模拟法庭"活动也是一种具有亲和力的教育形式,更容易让参与旁听的女生们接受,起到"以身说法"的作用。

2. "模拟法庭"活动过程

"模拟法庭"活动分为策划准备、案例选定、演员角色确定及培训、各组自行准备、彩排、模拟庭审、活动反思、小结等几个阶段。具体安排如下:第1周完成本次模拟法庭的策划工作,确定案例;第2周进行演员的选拔,确定人物性格,由女生们在审判组、起诉组、辩护组、综合组中自行选择报名,并在此基础上做出微调。这一阶段需要学习我国现行法庭审理的正规模式,明确庭审程序及各自的出场顺序;第3周审判、公诉、辩护三方在彩排前准备好所需要的司法文书,尤其是审判方根据案件实际情况对判决形成初步意见并列出提纲;第4、5周进行彩排,在指导老师的引导下不断完善表演工作,并对前期工作进行检验,对于正式演出可能出现的问题要有所准备,为此可进行两次模拟排演。其中第一次排演主要是让各位演员了解具体出场次序,熟悉台词,同时各位演员也要把握其角色所需的性格特征和要求。第二次排演要求扮演证人、被告、受害人的同学在排演前将自己的台词背诵熟练;各演员对自己出场的先后以及发言内容十分熟悉。排演要达到可以使庭审完整、顺畅地完成的程度。第6周正式在学校演播厅进行模拟法庭庭审,并现场录像。第7周进行"模拟法庭"活动的反思和小结,女生们观看了现场录像,对案件本身、庭审过程进行了交流、沟通,分享了在"模拟法庭"活动中的所思所想、所得所悟。

3. "模拟法庭"活动历经的挑战

在选择"模拟法庭"案例的时候,女生们最初的意见并不一致,因其关注的焦点第一次从她们熟悉的课本、作业跳跃到社会、法庭,远离她们的实际生活圈,她们既兴奋又忐忑,既激动又迷茫。女生们在讨论中慢慢关注到一个社会现象:近年来,马加爵案、药家鑫案、刘海洋硫酸泼熊案等大学生犯罪案件屡见不鲜,很多大学生对自己的行为不计后果。这是法律意识的缺失,映射出了我国教育制度的缺陷,即只注重对学生专业知识的培养,而忽视了对学生道德和法治的教育。这不能不说是社会的一种悲哀!在激烈的课堂讨论后,最终选定了具有典型性、代表性的校园案例——"复旦投毒案"。女生们一致选用这个案例,正是源于对当下学生群体的思考:为什么一些高材生会步入歧途并最终落得死刑的结局?为什么当代社会中会出现像马加爵、林森浩这样漠视生命的残忍现象?为什么会出现这样逃避、推卸责任的无耻行为?为什么这样的人还是我们眼中曾经无限荣耀的大学生?基于以上反思和体会,女生们一致认为"复旦投毒案"对现代社会中的学生的影响极大,有必要认真研究和分析,同时也是对自身道德和法治的教育。

在案例确定后,又面临着分工合作的难题,包括参与人在内,法庭审理通常需要15人共同演绎。相对于30个人的学生群体而言,真正参与角色锻炼的学生比例更低。对参与庭审的学生的要求是语言表达力强、学习主动性高等。而如何最终确定出庭人员,法官、律师、检察官、原告、被告又由谁扮演?一系列的问题有待解决。"律政佳人"社会实践课程是适应当今课程改革的大胆探索,目的是为女生的发展搭建一个平台,在"模拟法庭"活动中创设情境,激发女生对社会现实的关注,丰富女生的实践经验,让每位女生得到提升与发展。根据庭审的要求,30位女生根据自己的特长、兴趣等,自由组合为审判组、起诉组、辩护组和综合组。经过课上课下的数次讨论与调整,决定采用"多方并行"的方式,各自准备相应的资料,最终确定出庭人选。组与组之间时刻保持进度的基本一致,做到环环相扣。同时,司法组也对整个庭审步骤进行了梳理,避免了公诉方与辩护方配合过程中可能产生的麻烦。经过女生们的共同努力,整个前序准备以较高的质量展现雏形。

在经历了不断的交流、沟通与调整后,前期准备工作虽然尽可能充分,但在模拟庭审的过程中又遭遇了新的挑战。作为认知能力和接受能力尚未健全的学生,要设身处地地展现被告、原告的角色以及审判过程中的各个环节对她们来说着实不易。在现实生活中,法官的价值诉求是维持审判公正,而当事人则是追逐自身利益最大化的主体。因此,对于"模拟法庭"的参与者而言,难以从真实审判参与者的立场和价值思考问题,往往流于形式。事实上,在"模拟法庭"的活动过程中,的确存在一个现象:较多地将模拟法庭与情景表演联系起来,重心甚至可能更多地偏向了后者。当追求形式的完整同实体的正义产生矛盾时,学生就不能领略法庭的庄严和当事人为利益博弈的艰辛。担任辩护角色的学生更是遭遇了自身情感上极大的考验与挑战,作为辩护方的女生事后在交流中提到,自身在整个"模拟法庭"过程中始终处于矛盾、纠结之中。

4. *存在的遗憾与缺陷*

相对整个学生群体而言,真正参与角色锻炼的学生比例较低。在实际操作中,由于是自行选择报名,未加筛选,因此参与者态度、能力差异较大。参与角色扮演的女生大部分能认真、主动阅读,研习卷宗,熟悉程序,撰写文书。而一小部分女生则抱着"走过场"的心态,既不阅读材料,也不关注事实认定和法律适用。当然这有可能是学习任务繁重、压力较大、精力有限等原因所致,但是笔者认为教学组织者也难以置身事外——事先的准备工作未真正落实到位,未加强对报名者的筛选。

作为社会实践,相对而言占据课时数比较少,一周一次的频率安排,学生容易忽略,或忘记前后的重点与联系,所达到的效果和作用大打折扣。如何协调文化课学习与社会实践的矛盾有待解决。"模拟法庭"需要大量查阅资料又让本就学业繁重的学生容易产生疲劳,因此造成学生选择最简易的方法:按部就班地把资料直接生硬地套在现场中表演。因此,要教会学生如何筛选、组织材料,辨析现象,这又是一个繁杂而必要的环节。

三、收获与启示

"律政佳人"社会实践课程中的"模拟法庭",不仅仅是模拟一场法庭审判,其教育效果表现在以下几个方面:

1. *确立职业发展规划*

"模拟法庭"活动,为女生们提供了一个模拟法律实践的机会,让她们提前面对法律实际问题的挑战和考验,熟悉和掌握法庭审判程序和诉讼规则,促使女生深刻地体会到课堂理论教学与司法部门实际工作的距离和差异,在角色扮演中更真切地体验法律从业者的职责——这神圣而不可侵犯的职业的与众不同,他们所承担的更多的是一份责任、是原告的尊严、是被告的清白、是社会的公正。女生们从最初的好奇、模糊到现在的清晰、坚定,"模拟法庭"活动带来的不仅仅是一次职业的体验,更展现了"律政佳人"对国家法制进步的推动,对经济社会、民主政治发展的积极意义,使女生们明确了自身未来的职业发展方向与目标,培养了专业忠诚意识。

2. *提升女生法治意识*

"模拟法庭"的实践活动作为一种独特的媒介,让法律走下法庭,也消除了司法与学生的距离感,使女生们感受到了法律审判的公正性、严肃性,同时也体会到了法律的威严与正义、人性的复杂,从不同的角度发掘了人性的内在价值,让学习有了更深层的意义。同时,女生们在模拟庭审当中关注到了家庭教育与学校教育的重要性,认识到德育比智育更为关键。法庭是有情的但更注重理性。法庭的魅力就在于,它是多方面融会贯通的统一体,双方的唇枪舌剑展现为以法律为基础,以理性为刀剑的思维碰撞。女生们成了课堂上的主体,学习上的主人。通过双方激烈的辩护活动,将法治实践与课堂学习结合起来,使法律知识与素养深入学生实际学习与生活,让她们了解法律知识、培养逻辑思维、增强规则意识和法制意识,真正理解法治精神的深刻内涵即人类追求公平与正义的永恒主题。这一实践致力于让她们拥有积极向上的心态,无论何时何地都要平和善良,学会感恩,敬畏生命,形成正确的世界观、人生观、价值观,并坚持正确的行为,做一名遵纪守法的好公民。依法治国是党领导人民治理国家的基本方略,本次社会实践活动牢牢抓住当今学法、知法的社会氛围,努力将法律推广普及,使每一位学生乃至每个人都懂得法律的重要性,自觉提升自身的法治意识,为国家的法治建设添砖加瓦。

3. *融合女校育人目标*

开展"模拟法庭",是学校"IACE"育人目标的最佳体现。独立、能干、关爱、优雅作为学校教育的目标,更是新时代女性应有的品质。"模拟法庭”的活动过程,时时处处折射出女校的育人目标。幕后,女生们是同学、是团队,从寻找案例、查阅资料,到确定角色、商讨剧本,再到最终的彩排试音、摄制剪辑,锻炼了女生们与他人的交往合作,同时培养了她们较强的自主意识、独立思考能力、缜密的思维、务实的态度、扎实的作风;学会辨别是非,学会选择;开发出女生无尽的潜能,散发着专业的自信;关爱他人、集体、国家、社会,有强烈的责任感,并能付诸行动。

4. 培养女生核心素养

“模拟法庭”的尝试,是教育的创新,它脱离了文本的条条框框、文字的繁琐难懂,以最直接的方式审视现实生活,体现了女生们学习的主动性、情境性、协作性;理论与实践相结合,丰富了女生们的知识阅历,拓展她们的思维和视野,提升女生群体的综合素养,培养她们一系列性格特质及关键能力,如毅力、自我控制力、好奇心、勇气以及自信心、社会责任等;学会悦纳自我、乐观向上,学会认识自我、调适自我、发展自我。积极面对困难和挑战,最大限度地发掘自身潜能,锻炼坚定的意志力,锤炼自身的心理品质。这一实践对女生核心素养的培养起到了较大的影响作用。

社会实践活动是培育学生兴趣、发挥学生特长的“沃土”,是促使学生形成坚定信念的“催化剂”,是“知行合一”的中介和关键,是培养与提高学生核心素养的有效形式和重要途径。作为女中一线教师,秉承着“行中学,学中行”,“践行中求真知”的理念,将继续摸索课堂内外相结合的社会实践课程,为新时代女生们提供更多、更好的生活的教育的内容和形式。

参考文献:

[1] 核心素养研究课题组.中国学生发展核心素养[J].中国教育学刊,2016,(10):1-3.

[2] 林崇德.中国学生核心素养研究[J].心理与行为研究,2017,(3):20-24.

[3] 邱小健.学生核心素养问题的研究综述[J].教育与教学研究,2017,(9):21-23.

[4] 褚宏启.我国学生的核心素养及其培育[J].中小学教育,2015,(9):5.

[5] 叶澜.重建课堂教学价值观[J].校长阅刊,2003,(2):4-6.

[6] 史宁中.推进基于学科核心素养的教学改革[J].中小学管理,2016,(2):19-21.

[7] 田爱丽.世界著名中学学生领导力培养研究[J].创新人才教育,2015,(1):68-74.

The Attempt of the Cultivation of the Core Competences of Female Students in Girls' Schools

—Analysis and Reflection Based on the Case of Social Practice Called "Law Lady"

LI Jun

(Shanghai No.3 Girls' High School, Shanghai, 200050)

Abstract: "Core competences" is one of the hottest phrases in the field of education. As a teacher in a girls' school, the author takes the extensive course of "Law Lady" as the starting point and chooses "Moot Court" as the example from the course content, expounds in details the background and motivation of the activity, the guiding ideology of the activity, the selection of the case, the brief introduction of the activity process, the existing problems and the suggestions. What's more, the paper focuses on trying and exploring how to cultivate and promote the core competences of female students in the new era from the perspective of guiding female students' social practice.

Key words: female students, core competences, social practice, moot court, socialist core values

高中学生体质健康状况的对比研究

——以上海市川沙中学体育各专项学生为例

周亚茹

(上海市川沙中学，上海 201299)

摘　要： 为提高学生的体质健康，提高体育教学效率，川沙中学在"混龄教学"模式的基础上实行了体育专项化教学。该研究运用文献资料、数理统计等方法，对川沙中学 2015 届学生在校期间体质状况进行跟踪调查，并探究不同专项练习对其体质健康的影响。研究得出：在身体形态、身体素质和身体机能方面，均值随年级增高而增加；不同专项授课均对体质健康具有促进作用：篮球有助于学生长高，羽毛球能锻炼学生耐力，武术可增强学生的柔韧。

关键词： 高中生；体质健康；专项教学；混龄教学

一、引言

1995 年的中国学生体质调研结果显示：我们国家的学生特别是高中生体质呈下降趋势。[1] 而青年时期的体质健康状况不但对成年后的健康有非常大的影响，而且对我国未来的发展有举足轻重的作用。[2] 随着"二期课改"的推进，根据《国家课程标准》及教学要求，学校以"混龄教学"为抓手开展专项化教学，"混龄教学"即打破年级和班级的限制，以所选科目为依据，进行编班上课。因此本研究以《2010 年全国学生体质健康调研报告》为基准，运用独立样本 T 检验等方法，以上海市川沙中学 2015 届学生为例，分析我国中学生的体质健康状况[3] 及其动态发展规律，探索适合新课改理念的学校体育教学新模式。

二、研究对象与方法

1. 研究对象

本研究选取上海市川沙中学 2015 届共 487 名(男 211 名，女 276 名)高一学生为研究对象，各年级人数分布见表 1。笔者分别于 2015 年 10—11 月、2016 年 10—11 月和 2017 年 10—11 月对高一、高二和高三学生的体质健康状况进行了跟踪测试，测试项目主要是：身体形态(身高、体重)、身体机能(肺活量)和身体素质(800 米跑、1000 米跑、坐位体前屈和 50 米跑)。

表 1　各年级人数分布(人)

年级	男生	女生	总计
高一	211	276	487
高二	200	268	468
高三	193	269	462

作者简介：周亚茹，上海市川沙中学二级教师，主要从事儿童青少年体质健康研究。

2. 研究方法

文献资料法:通过检索查阅文献,收集关于体质健康方面的研究资料,为本研究提供理论依据;

统计分析法:运用 SPSS19.0 统计软件对对回收的学生体质数据进行统计与分析,统计分析采用“均值标准差”和独立样本 T 检验,以 $P<0.05$ 为具有统计学意义。

3. 测试方法

测试方法按照《2010 年全国学生体质健康调研报告》中国学生体质与健康调研检测细则(项目),对学校 2015 届学生在高一刚入学,高二上学期和高三上学期的身体形态(身高、体重)、身体机能(肺活量)、身体素质(800 米跑、1000 米跑、坐位体前屈和 50 米跑)进行测试。身高测量时,被试者站在底板上,两手臂自然下垂,两脚后跟靠拢,两脚脚尖分开 30 度到 40 度,足跟和骶骨以及肩胛都要和立柱接触。读取成绩时测试者眼睛和板的水平位置相平,测试两次取平均值。体重测量采用体重计,测量时受试者赤脚、穿薄衣,保留小数点后一位。

三、研究结果

1. 青少年身高、体重和 BMI 分布

表 2 显示:高一、高二和高三男生身高均值、体重均值和 BMI 均值分别是 176.0cm、177.2cm 和 177.9cm;67.0kg、68.8kg、和 69.1kg;23.1kg · m^{-2}、23.7kg · m^{-2} 和 21.8kg · m^{-2};高二和高三男生相比,身高和 BMI 方面有差异。高一、高二和高三女生身高均值、体重均值和 BMI 均值分别是 164.8cm、165.4cm 和 165.5cm;54.9kg、55.7kg、和 55.6kg;20.2kg · m^{-2}、20.3kg · m^{-2} 和 20.3kg · m^{-2};高一和高二女生相比,体重和 BMI 方面有显著差异。

表 2 高一到高三学生身高、体重和 BMI 分布(M±SD)

年级	男				女			
	人数	身高	体重	BMI	人数	身高	体重	BMI
高一	211	176.0±6.3	67.0±12.7	23.1±3.4	276	164.8±5.4	54.9±7.2△	20.2±2.3△
高二	200	177.2±6.0	68.8±12.8	23.7±3.5	268	165.4±5.3	55.7±7.8	20.3±2.5
高三	193	177.9±6.0 *	69.1±12.8	21.8±3.6 *	269	165.5±5.3	55.6±8.3	20.3±2.5

注:1)“△” $p<0.05$,高一和高二比较;“ * ” $P<0.05$, 高二和高三比较

2)t 检验。

2. 青少年肺活量、1000 米跑、800 米跑、坐位体前屈及 50 米跑比较

表 3 显示:青少年肺活量均值、坐位体前屈均值和 50 米跑均值普遍随年龄增长而增加。高一、高二、高三男生肺活量、1000 米、坐位体前屈和 50 米跑均值均值分别是 4208.3ml、4356.7ml 和 4381.5ml;260.9s、272.3s 和 256.9s;7.5m、7.1m 和 8.8m;7.5s、7.4s 和 7.3s。高二和高三男生相比,在 1000 米方面有明显差异。

表 3 高一到高三学生肺活量、1000 米跑、坐位体前屈和 50 米跑(男)

年级	人数	肺活量	1000 米跑	坐位体前屈	50 米跑
高一	211	4208.3±680.6	260.9±37.8	7.5±6.8	7.5±0.6
高二	200	4356.7±692.4	272.3±217.8	7.1±6.5	7.4±0.6
高三	193	4381.5±606.3	256.9±32.1 *	8.8±6.5	7.3±0.6

注:1)“△” $p<0.05$,高一和高二比较;“ * ” $P<0.05$, 高二和高三比较

2)t 检验。

从表 4 可以看出:高一、高二、高三年级女生肺活量、800 米跑、坐位体前屈和 50 米跑均值均值分别是 2928.8ml、2965.9ml 和 2942.1ml;246.6s、254.0s 和 253.5s;11.3m、11.8m 和 13.5m;9.1s、9.2s 和9.1s。高一和高二女生相比,肺活量方面有显著差异;高二和高三女生相比,坐位体前屈方面有明显差异。

表 4　高一到高三学生肺活量、800 米跑、坐位体前屈和 50 米跑(女)

年级	人数	肺活量	800 米跑	坐位体前屈	50 米跑
高一	276	2928.8±494.9△	246.6±21.1	11.3±6.7	9.1±0.7
高二	268	2965.9±506.8	254.0±26.1	11.8±6.7	9.2±0.9
高三	269	2942.1±510.5	253.5±22.8	13.5±5.9 *	9.1±0.6

注:1)“△”p<0.05,高一和高二比较;“*”P<0.05,高二和高三比较

2)t 检验。

3. 各专项学生身体形态、身体机能及身体素质比较

从表 5、表 6 可以看出:在身体形态方面,男篮、足球、羽毛球和武术班男生从高一到高三,身高分别增长了 2.3cm、1.8cm、0.7cm 和 0.6cm;体重分别增加了 3.4kg、3kg、0.8kg 和 3.7kg;BM 分别增加了 0.8kg·m^{-2}、0.6kg·m^{-2}、0.1kg·m^{-2}和 1.1kg·m^{-2};女篮、健美操、羽毛球和武术班女生从高一到高三,身高分别增长了 0.4cm、0.2cm、0.3cm 和 0.5cm;体重分别增加了 1.1kg、0.2kg、1kg 和 0.4kg;BM 分别增加了 0.3kg·m^{-2}、0.2kg·m^{-2}、-0.2kg·m^{-2}和 0.5kg·m^{-2}。

在身体机能方面:男篮、足球、羽毛球和武术班男生从高一到高三,肺活量分别增加了 96ml、134.2ml、25ml 和 22.8ml;女篮、健美操、羽毛球和武术班女生从高一到高三,肺活量分别增加了 45.5ml、24.6ml、50.5ml 和 133.8ml;1000 米增加了 4s、-7.2s、-9s 和-2.2s;在身体机能方面:男篮、足球、羽毛球和武术班男生从高一到高三,坐位体前屈分别增加了 1.2m、1.4m、1.9m 和 1.7m;50 米分别增加了-0.1s、-0.2s、-0.3s 和-0.4s;女篮、健美操、羽毛球和武术班女生从高一到高三,800 米分别增加了5.3s、6.7s、11.4s 和 5.7s;坐位体前屈分别增加了 2m、2m、3.3m 和 1.7m;50 米分别增加了-0.1s、-0.2s、0.1s 和-0.3s。

篮球、足球、羽毛球及武术班的男生身体形态、身体素质及身体机能进行比较,身高、体重、BMI、肺活量、1000 米跑、坐位体前屈及 50 米跑增加幅度较大的分别是男篮、武术、足球、羽毛球和武术;女篮、健美操、羽毛球和武术班女生身体形态、身体素质及身体机能进行比较,身高、体重、BMI、肺活量、800 米跑、坐位体前屈及 50 米跑增加幅度大的依次是武术、女篮、女篮和羽毛球、武术、羽毛球、女篮和健美操、武术。高三年级各专项班学生进行比较,身高最高的是篮球班,800 米跑成绩较好的是羽毛球班,坐位体前屈较好的是武术班男生,但 50 米跑较慢。

表 5　各年级专项班学生身体素质比较(男)

年级	选项	N	身高	体重	BMI	肺活量	1000 米跑	坐位体前屈	50 米跑
高一	男篮	77	176.3±6.8	67.7±11.7	21.4±3.1	4272.9±666.3	254.5±31.2	7.4±6.6	7.3±0.5
	足球	72	174.7±4.8	62.8±10.8	20.5±3.2	4041.0±634.9	262.6±35.9	6.3±6.3	7.4±0.5
	羽毛球	24	177.2±6.6	68.1±14.2	21.6±4.0	4274.0±818.2	259.8±44.0	8.2±7.2	7.6±0.7
	武术	16	177.4±7.9	73.4±18.5	23.0±4.1	4213.7±552.0	267.0±31.1	9.7±9.6	8.0±0.8
	合计	189	176.6±6.3	66.4±12.7	21.2±3.4	4179.7±670.9	259.3±34.8	7.2±6.8	7.5±0.6
高二	男篮	77	178.8±6.8	69.9±11.8	21.8±3.2	4442.8±730.5	294.0±348.9	6.9±6.5	7.4±0.6
	足球	72	176.3±4.8	65.0±10.4	20.9±3.0	4234.9±624.1	253.6±21.4	7.0±6.5	7.3±0.5
	羽毛球	25	178.4±6.6	68.1±12.9	21.4±3.6	4441.2±785.7	257.1±30.1	7.9±7.5	7.5±0.5
	武术	17	178.2±7.2	75.9±19.5	23.7±4.8	271.5±36.5	271.4±36.5	7.9±7.4	7.7±0.7
	合计	191	177.8±6.1	68.4±12.6	21.6±3.5	271.9±222.5	271.9±222.5	7.2±6.6	7.4±0.6
高三	男篮	74	178.6±6.7	71.1±12.2	22.2±3.5	4368.9±597.4	258.5±36.1	8.6±6.3	7.2±0.5
	足球	73	176.5±4.6	65.8±10.3	21.1±0.1	4175.2±529.0	255.4±28.1	7.7±6.4	7.2±0.5
	羽毛球	25	177.9±6.6	68.9±13.7	21.7±3.9	4299.2±720.9	250.8±30.3	10.1±5.9	7.3±0.5
	武术	17	178.0±7.2	77.1±19.3	24.1±4.9	4236.5±576.5	264.8±32.8	11.4±7.6	7.6±0.7
	合计	189	177.7±6.0	69.3±12.9	21.9±3.6	4272.9±589.8	256.8±22.4	8.7±6.5	7.3±0.6

表6 各年级专项班学生身体素质比较(女)

年级	选项	N	身高	体重	BMI	肺活量	800米跑	坐位体前屈	50米跑
高一	女篮	86	166.0±5.5	56.7±7.1	20.5±2.3	3021.2±498.4	245.9±22.4	11.3±7.9	8.8±0.6
	健美操	90	164.7±4.7	53.4±6.0	19.7±1.9	2844.9±444.1	247.3±19.8	10.8±5.8	9.4±0.6
	羽毛球	44	164.1±5.9	55.5±9.7	20.5±2.6	2997.4±478.6	238.9±17.6	12.9±6.3	8.9±0.7
	武术	44	163.0±5.5	54.1±7.0	20.3±2.5	2997.4±478.6	252.8±22.6	11.3±6.4	9.5±0.7
	合计	264	164.8±5.4	54.9±7.4	20.2±2.3	2850.5±568.2	246.4±21.1	11.4±6.7	9.1±0.7
高二	女篮	85	166.3±5.1	57.6±7.8	20.8±2.6	3157.6±494.0	252.6±29.6	11.8±7.8	8.9±1.4
	健美操	92	166.0±4.9	54.3±6.8	19.7±2.1	2932.5±391.2	255.6±15.8	11.5±6.0	9.3±0.6
	羽毛球	42	164.7±5.7	56.6±9.9	20.8±2.8	2981.8±586.0	244.0±18.8	12.8±6.3	9.0±0.8
	武术	44	163.5±5.3	54.4±7.1	20.4±2.6	2887.4±555.5	257.3±31.3	12.0±5.7	9.5±0.8
	合计	263	165.5±5.3	55.7±7.8	20.3±2.5	2970.6±504.9	253.0±24.5	11.9±6.6	9.2±1.0
高三	女篮	86	166.4±5.2	57.8±8.3	20.8±2.7	3066.7±515.5	251.2±23.8	13.3±6.8	8.9±0.6
	健美操	93	164.9±4.7	53.6±6.5	19.5±2.0	2820.3±392.5	254.0±22.0	12.8±5.4	9.2±0.6
	羽毛球	44	164.4±5.8	56.5±10.9	20.8±3.3	3047.9±674.6	250.3±19.0	16.2±6.2	9.0±0.6
	武术	44	163.5±5.5	54.5±8.2	20.4±2.8	2863.6±477.5	258.5±25.0	13.0±4.6	9.2±0.6
	合计	267	165.4±5.3	55.6±8.4	20.3±2.7	2944.3±511.4	253.2±22.8	13.6±5.9	9.1±0.6

四、分析与讨论

1. 高中生在不同年级段体质健康状况对比分析

高中生正处于生长发育的重要阶段,从表2可以看出,在身体形态方面:除高三女生的体重均值外,高一、高二、高三学生身高、体重和BMI普遍随年龄的增长而增加;这与季成叶、胡佩瑾等的关于上海市学生形态指标增长符合生长发育的一般规律研究相一致。[4]另外,一方面可能由于高三学生面临的高考压力比较大,女生的心理素质相对来说没有男生好,容易食欲下降,脑力耗费的能量得不到及时补充,出现了体重下降的现象;另一方面,可能由于高三女生即将步入成年,对自己的身体形态方面有了新要求,旨在通过运动和控制饮食等达到塑形的效果。

肺活量是判断人体心肺功能的最常用的指标。表3表示:青少年肺活量均值、坐位体前屈均值和50米跑均值随年龄增长而增加,高二和高三男生相比,在1000米跑方面有明显差异。女生肺活量均值和坐位体前屈均值普遍随年龄的增长而增加,800米跑均值随年龄的增长而下降,高二和高三女生相比,坐位体前屈方面有明显差异。而相关研究表明,我国青少年体质健康状况不容乐观,力量、速度、耐力等身体素质全面下滑[5],而本研究结果部分与其不一致,可能由于本校实行了“混龄教学”的体育专项化教学,对学生的身体素质练习增多。此外,专项化的教学,使得学生的专项运动技术得到提升,反过来促进专项练习的兴趣,结果使得学生得到了充分的身体素质锻炼。

2. 各专项学生体质健康状况对比分析

学校立足于学生的全面发展,坚持“健康第一”的原则,从改革体育教学入手,先后推出了“混龄教学”“选项教学”和“学分制评价”等多项举措,旨在提高学生的体质健康状况,增加体育的吸引力。

表5、表6显示,专项班男生的身体形态、身体素质及身体机能从高一到高三进行跟踪比较得出:身高增长幅度最大的体育项目是男篮;体重和BMI增加最多的是武术,肺活量增长最快的是足球,50米跑速度最快的是羽毛球;专项班女生的身体形态、身体素质及身体机能从高一到高三进行跟踪比较,身高和肺活量增长幅度最大的体育项目是武术,体重和BMI增加幅度最大的是女篮,800米跑速度最快的是羽毛球。在教学方式上,强调教师指导和学生自主学习相结合,这种教学方式无形中激发了学生学习体育的兴趣,缩短了学生掌握运动技能的时间,使其身心得到更加健康的发展。

高三年级各专项班学生进行比较,身高最高的是篮球班学生、800米跑和1000米跑成绩较好的是羽毛球班学生,坐位体前屈较好的是武术班男生,但是武术班50米跑速度较慢。篮球运动趣味性强,通过变换各种活动方式,像扣篮、补篮、盖帽等动作,可以活跃身心、健身强体及增加身高。王桂忠研究耐力素质是人长时间保持运动的能力,它是羽毛球比赛中,队员技术、战术水平发挥的身体保证,这与本研究学生耐力素质较好的项目是羽毛球相一致。[6] 武术运动要求有良好的柔韧素质,柔韧素质是正确规范的完成武术技术动作的基础;而坐位体前屈可以较好地反映学生的柔韧性,与本研究武术专项班学生柔韧性较好的结果一致。[7] 相关研究表明:专项化分类分层编班,能够较好地兼顾学生的层次和专项能力;"混龄教学"构建了必修和选修相结合的内容体系,使学生真正变"要我学"为"我要学",可以说在一定程度上培养了学生终身体育的意识。另外,这和体育专项化教学要求教师有过硬的专业技术也有一定的关系。

五、结论

本研究以《2010 年全国学生体质健康调研报告》为基准,运用独立样本 T 检验等方法对上海市川沙中学 2015 届高一、高二和高三体育专项班学生进行了跟踪测试,旨在探索适合新课改理念的学校体育教学新模式,通过研究得出以下结论:

在身体形态方面, 除高三女生的体重外,其他学生身高、体重和 BMI 随年龄的增长而增加;在身体素质方面,青少年的速度随年龄增长增加;青少年肺活量、坐位体前屈均值和 50 米跑均值随年龄增长而增加,在身体机能方面,青少年的肺活量随年龄的增长而增加。

通过高中三年"混龄教学"与专项化分班授课发现,不同专项授课均对体质健康具有促进作用:篮球有助于学生长高,羽毛球能锻炼学生耐力,武术可增强学生的柔韧性。

参考文献:

[1] 翟丽丽.我国高中体育课健康教育模块教学现状与对策研究[D].首都体育学院硕士学位论文,2011.

[2] 张丽娜,陈健尔,张涛,等.高血压流行病学特征与相关因素调查[J].中国公共卫生,2006,(1):93-94.

[3] 汪洁,丁皓.管理学基础[M].北京:清华大学出版社,2009.

[4] 季成叶, 胡佩瑾, 何忠虎. 中国儿童青少年生长长期趋势及其公共卫生意义[J].北京大学学报:医学版, 2007, (2):126-131.

[5] 人民网.中国青少年体质连续 25 年下降[EB/OL].人民网-人民日报海外版,2014-04-04.

[6] 王桂忠.羽毛球运动员的速度耐力训练浅谈[J].韶关大学学报(自然科学版),1994,(15):73-77.

[7] 郎勇春.浅谈武术运动员柔韧素质的科学化训练[J].安徽体育科技,2004,(25):29-32.

A Comparative Study on Physical Health of Students in Senior High School
—A Case Study of Student of Special Physical Education of Shanghai Chuansha Middle School

ZHOU Yaru

(Shanghai Chuansha Middle School, Shanghai, 201299)

Abstract: In order to improve the students' physical health and improve the teaching efficiency of physical education, Chuansha Middle School has carried out special physical education on the basis of "mixed age teaching" mode. This research uses literature methods and statistics to track and investigate the physical condition of the students during the school years, who entered Chuansha Middle School in 2015, and to explore the influence of different special exercises on their physical health. The results have shown that in the aspects of body shape, body quality and body function, the average value increases with the grade increasing; different sports classes play important roles: basketball can help students grow tall, badminton can exercise students' endurance, martial arts can enhance boys' flexibility.

Key words: senior high school students, physical health, special teaching, mixed age teaching

副词性关联词语的阅读教学模式探究

原苏荣，陆建非

（上海师范大学 外国语学院，上海 200234）

摘　要： 副词性关联词语是近几年不少学者热议的特殊类词语，学界以往的研究主要集中在对比言学领域，对该类词语在阅读教学中的应用研究不足。为了探究副词性关联词语的阅读教学模式在英语阅读教学中的应用，文章采用实证研究的方法，81 名学生参加了此项研究。研究结果显示学生的阅读速度和阅读理解能力都有较明显的提高；结果也说明，学生基本掌握了副词性关联词语在篇章中所表征的逻辑语义关系及其语篇衔接功能，掌握了篇章的主旨和细节。该研究验证了该教学模式的可行性，旨在为提高英语阅读教学质量和学生的阅读能力以启示。

关键词： 副词性关联词语；英语阅读教学模式；应用研究

一、引言

英语阅读在英语学习中扮演着不可或缺的角色，在中学英语阅读教学中尤为重要。当今，大专院校外语学院毕业生中有很多人从事中学英语教学。笔者发现在中学英语阅读理解部分还存在不少的问题，其中之一是学生不够重视副词性关联词语。而这一类词语恰恰十分重要，因为它们不仅能够表明语言单位之间的逻辑语义关系，还能够揭示语篇的隐含之意。[1]教师在阅读教学的过程中往往忽略了这类词语，这直接导致学生缺乏关注副词性关联词语的意识。本文聚焦于副词性关联词语在英语阅读教学中这一重要且研究不够的方面①，专注于副词性关联词语的阅读教学模式在高中英语阅读教学中的应用研究，以期为解决上述问题提供启示。

那么副词性关联词语在英语阅读中有何作用？为什么要探讨副词性关联词语的阅读教学模式？

副词性关联词语是学界近几年热议的一种特殊类词语，是在复句或语篇中起关联作用，表示分句之间、句子之间或语段之间意义关系的词语；它们既有修饰功能，也有连接功能。[2][3][4][5]其语义类别分为 8 大类 20 个小类，如时顺关系（包括先时、相承、后时）、解释关系（包括确认、补正）、转折关系（包括否定、补充、对立、意外）、推论关系（包括可理解性、大致性）、加和关系（包括并列、例外、后重、特提）、断言关系（包括显性、隐性）、结果关系（包括原因-结果、条件-结果）和条件关系（包括有利条件、起码条件）。[3]

基金项目：本文系上海市哲学社会科学规划项目“汉英特殊类词语——副词性关联词语多视角比较研究”（项目编号：2014BYY003）的阶段性成果。

作者简介：原苏荣，上海师范大学外国语学院教授，博士，主要从事语言学及外语教学研究。
陆建非，上海师范大学外国语学院教授，硕士，主要从事跨文化及外语语法研究。

副词性关联词语在高中英语阅读中起重要作用,尤其是随着高中生认知水平的提高,在其理解篇章的语义逻辑关系、语篇衔接、意义连贯中起重要作用。

根据皮亚杰的认知发展理论,高中阶段学生的认知水平进入了形式运算阶段。[6]这意味着他们初步具有了假设和演绎推理的能力,正在形成抽象思维和辩证思维的模式。高中生认知具有以下特征:(1)他们可以利用理论和假设来思考抽象的事物;(2)他们拥有辩证思维的能力;(3)他们的思维模式具备了预见性,通过副词性关联词语体现的逻辑关系,他们能够预测篇章下文的内容。[7]

因此,从高中生的认知特点来看,副词性关联词语在促使学生理解篇章中语言单位间的逻辑关系方面发挥着重要作用,而这种逻辑关系正是副词性关联词语所体现的。

副词性关联词语在高中英语阅读教学中的作用在于它表示语篇前后部分的语义关系,把小句和语篇连接起来。[1]副词性关联词语在语篇组织方面作用关键,它们表示语言单位之间语义关系的功能,表示篇章的结构,揭示下文的内容,表明作者的观点以及篇章中潜在的含义。[2]基于高中英语阅读教学的特点及功能,副词性关联词语可以加快学生阅读速度,促进文本理解,熟悉语篇结构。其主要作用表现在:帮助学生加深对篇章的理解;帮助其掌握文章的结构和主旨;提升他们的阅读速度。

英语阅读教学质量的提升,学生阅读理解能力的提高,离不开好的阅读教学模式。阅读是一种交互的过程,在这个过程中,读者依靠他们的语言能力、认知能力、逻辑思维能力以及背景知识,解码篇章信息并建构自己对信息的理解。[8]

阅读活动可分为精读和泛读。“精读侧重的是语言知识点的学习和句法结构分析,更加注重细节”。[9]“泛读意味着学生只需从宏观上把握篇章的主旨框架,不需要理解每一个词”。[10]厄克特和韦尔(Urquhart & Weir)在其著作中指出,阅读分为细读和寻读。细读要求读者细细品读篇章,既需要把握篇章的主旨框架,又需要了解文中的细节;而寻读或泛读要求读者快速地阅读,选择性地读取关键信息,把握篇章的主旨即可。[11]

不同教学模式的背后蕴含着不同的知识观基础与假设。现行高中英语阅读教学模式有“自下而上”“自上而下”和“交互”阅读模式三种。库克(Cook)把“自下而上”阅读模式定义为“篇章的理解是读者建构作者意图的解码过程”。[12]古德曼(Goodman)提出了“自上而下”阅读模式。[13]该模式指读者根据他们的背景知识、过往经验以及语言的语义系统处理读取的信息,做出预测,在阅读过程中不断地佐证和否定之前的预测或假设。但是如果读者发现“自下而上”阅读模式获取的信息与“自上而下”阅读模式做出的预测有出入,他就需要对其进行调整,以达到两种信息和谐共处。这便是“交互”阅读模式,它是“自上而下”和“自下而上”两种模式的结合体。这些较传统的教学模式,对提高英语阅读教与学起到了积极的作用,但对于提高学习者的阅读速度和掌握篇章整体意义还不够。

副词性关联词语作为宏观组织者,具有承上启下的作用,体现组句和构篇的衔接性,能够帮助学生掌握篇章的结构和主旨思想。[14]因此,副词性关联词语的预测功能可以帮助学生提高他们的阅读速度,更精确地说,许多副词性关联词语能够预测下文内容,减少学生处理后续内容的时间,提升阅读速度。

传统的阅读教学课堂,教师作为组织者、执行者,控制整个阅读活动过程,包括教什么、如何学、什么时候提供指导,强调词汇、语法、句型结构等微观信息[6],而忽略了篇章结构、语句和语段之间的逻辑语义关系。因此,研究试图将副词性关联词语的阅读教学模式应用到高中英语阅读教学中,以期弥补传统教学法的不足。

二、实验

研究设计并实施了为期 6 个月的英语阅读教学实验,旨在检测基于副词性关联词语阅读教学模式的可行性和有效性。换言之,实验的目的在于检测这种阅读教学模式能不能提高学生的阅读能力。本研究主要包括:研究问题、研究对象、研究方法、研究步骤、实际应用。

1. 研究问题

本研究要解答以下几个问题:

(1)副词性关联词语的阅读教学模式能否提高学生的阅读能力?

(2)副词性关联词语在英语阅读教学中有哪些优势?

(3)副词性关联词语如何运用到高中英语阅读教学中?

2. 研究对象

本研究选取上海市徐汇区某中学高三4个班级的学生作为研究对象:高三(1)班、(2)班、(5)班和(6)班,其中高三(1)班和高三(6)班由刘老师授课,高三(2)班和高三(5)班由江老师授课。本文聚焦于高三(1)班和高三(6)进行实验研究,其中高三(1)班41位学生(男生24人,女生17人)是本研究的对照班,高三(6)班40位学生(男生25人,女生15人)是本研究的实验班。根据前测的成绩,两个班的英语水平和阅读水平都差不多;而且,这两个班由同一名英语老师(刘老师)授课,采用同样的教材(上海牛津版高中英语),教师教授课程内容的进度也相同。需要指出的是,在英语阅读教学过程中,强调语法和逐句翻译的传统教学法仍然在使用。通过课堂观察,笔者认为教师应该改变他们倾向于使用传统教学法的习惯,力求做到教学方式多样化。例如将以副词性关联词语为基础的阅读教学模式与传统教学法进行结合,这种教学模式可以帮助学生更好地理解全文。为了验证该模式的有效性,笔者对研究对象进行了教学实验。6个月的实验之后,可以发现两个班学生阅读成绩的变化情况。

3. 研究方法

本文采用了实验法。设计教学实验的目的是为了检测基于副词性关联词语的阅读教学模式是否能够提高学生的阅读能力。在实验的过程中随机选取该中学高三两个班级作为实验对象。其中,高三(6)班是实验班,高三 (1)班是对照班。此外,本实验专门针对阅读能力部分进行了前测和后测。前测主要是为了检测这两个班在阅读理解能力方面是否存在很大的差异。前测所用的阅读材料来自2015年的上海高考英语真题,包括四篇短文、31道单选题和4道问答题。在实验结束后,笔者对两个班的学生进行了阅读能力测试,也就是后测。后测主要检测实验后学生的阅读能力有没有提高。后测的阅读材料来源于2016年的高考英语真题阅读部分,包括27道单选题、4道问答题。

需要说明的是,前测和后测都是由笔者组织的,而且测试时间都是50分钟。之所以选择高考英语真题作为测试的内容,是因为它具有很高的信度和效度。此外,两次测试的数据都通过SPSS 16.0软件进行分析。

4. 研究步骤

本实验包括以下五个步骤:

第一步,给学生讲解副词性关联词语的定义、分类、语篇衔接功能,帮助学生熟悉副词性关联词语。

第二步,帮学生整理出课本、高考英语真题、《简爱》与《苔丝》等语料中出现频率较高的副词性关联词语,并要求学生熟悉和掌握这些词语所表征的逻辑语义关系。

第三步,帮助学生辨认阅读材料中的副词性关联词语,培养他们将副词性关联词语应用到阅读理解中的意识,使其能够更敏锐地捕捉副词性关联词语。

第四步,给学生讲解副词性关联词语的篇章衔接功能,目的在于帮助学生掌握如何利用副词性关联词语来理解语言单位之间的逻辑语义关系及篇章的主旨和结构。

第五步,结合具体的案例讲解,使学生了解如何将副词性关联词语应用到阅读理解中。

5. 实际应用

图1为基于副词性关联词语的阅读教学模式,系统描述了此教学模式的步骤和内容:

(1)读前阶段

首先向学生介绍阅读文章的相关背景知识,让学生标出文中的副词性关联词语,并根据语义关系和

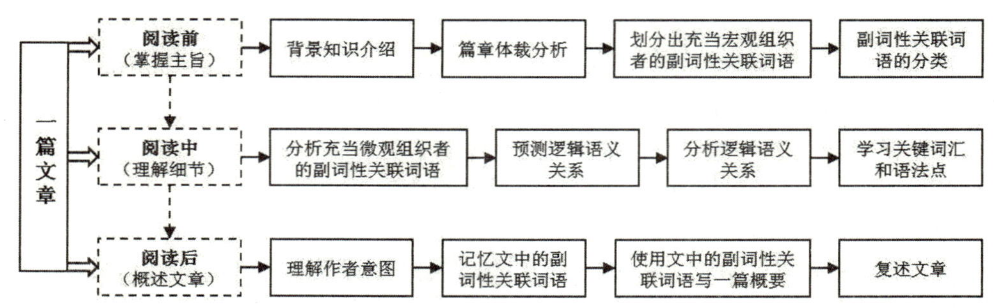

图 1 基于副词性关联词语的阅读教学模式

衔接功能对其进行分类,特别是那些表征篇章结构的副词性关联词语,使学生更快更高效地掌握篇章的宏观结构。

接着,详细介绍所给篇章的体裁。之所以要介绍体裁,是因为不同写作风格的篇章具有不同的组织模式,而这些也会表现在副词性关联词语上。这样的话,学生就能够更好地把握篇章的主旨和框架。

(2)读中阶段

在学生掌握篇章的主旨和结构之后,引导学生关注文中的细节和各个语言单位之间的逻辑语义关系。根据文中的副词性关联词语猜测作者的意图和语言单位之间的逻辑语义关系。此外,笔者要求学生学习那些略微超出他们现有水平的关键词汇,还在克拉申(Krashen)输入假说理论的指导下详述篇章中重要语法点。[15]

(3)读后阶段

学生对篇章有了系统全面的理解之后,笔者要求学生推测作者的写作意图,并记忆篇章中的副词性关联词语,要求学生写一篇概要,必须用副词性关联词语连接各语言单位,最后复述文章。

三、结果分析

研究使用 SPSS16.0 数据分析软件,对比分析了实验班和对照班前测成绩和后测成绩数据,具体的结果和分析如下所示:

1. 实验班和对照班前测成绩差异显著性分析

表 1 实验班和对照班前测成绩独立样本 t 检验

方差齐性检验		独立样本 t 检验						
F 值	sig.	均值偏差	标准误偏差	95%置信区间 下限	95%置信区间 上限	t 值	df 值	sig.(双尾)
1.097	0.298	0.60854	1.31439	−3.21206	4.42913	0.317	79	0.752

方差齐性检测显示实验班和对照班前测成绩 F 值为 1.097,相伴概率为 0.298,大于显著性水平 0.05,表明两个班前测成绩方差符合要求,数据呈正态分布,因此可以进一步进行均值比较。此外,根据方差相等时独立样本 t 检验的结果显示,t 统计量的相伴概率为 0.752,大于显著性水平 0.05,不能拒绝 t 检验的零假设,换言之,实验班和对照班的学生前测成绩平均值不存在显著性差异。与此同时,从样本均值差的 95%置信区间看,下限为负值,上限为正值,这也说明差值的 99%上下限与 0 的差异不明显。由此可以得出结论,在教学实验前,对照班和实验班学生阅读成绩均值差异不显著。

2. 实验班和对照班前后测结果分析

(1)实验班前测成绩和后测成绩数据对比分析

表 2　实验班前测成绩和后测成绩数据

		均值	样本数	标准差	标准误均值
对 1	前测	30.0500	40	9.05524	1.43176
	后测	34.4000	40	8.56588	1.35439

从表 2 中可以发现实验班的平均分由前测的 30.0500 上升到 34.4000,这证明了基于副词性关联词语的阅读教学模式对学生阅读理解能力的提高起到了积极作用。此外,后测成绩的标准差也减少了 0.48936,说明实验班后测成绩的离散程度更低,这就意味着实验班学生的阅读成绩差距减小。

表 3　实验班前后测成对样本检验

	成对差分					t 值	df 值	sig.(双尾)
	均值	标准差	标准误均值	95%置信区间 下限	95%置信区间 上限			
对 1 前测 后测	−4.35000	8.31295	1.31439	−7.00861	−1.69139	−3.310	39	0.002

如表 3 所示,双尾 sig. 值为 0.002,小于 0.05,以及从样本均值差的 95%置信区间看,区间上下限均为负值,表明实验后实验班的前测成绩和后测成绩存在显著性差异。此外,根据表格均值一栏,可以看到实验班的后测平均分较前测平均分提高 4.35 分,因此可以证明基于副词性关联词语的阅读教学模式提高了学生的阅读水平与阅读理解能力。

(2)对照班前测成绩和后测成绩对比分析

表 4　对照班前测成绩和后测成绩数据

		均值	样本数	标准差	标准误均值
对 1	前测	30.6585	41	8.20856	1.28196
	后测	28.8049	41	8.39708	1.31140

如表 4 所示,对照班前测的平均分为 30.6585,后测平均分为 28.8049,且前后测成绩的标准差略有扩大;也就是说在传统阅读教学法的指导下,对照班学生的阅读能力不但没有提高,还略有下降,且学生阅读能力间的差异呈现扩大趋势。

表 5　对照班前后测成对样本检验

	成对差分					t 值	df 值	sig.(双尾)
	均值	标准差	标准误均值	95%置信区间 下限	95%置信区间 上限			
对 1 前测 后测	1.85366	8.85314	1.38263	−0.94074	4.64805	1.341	40	0.188

表 5 中的数据显示,样本均值差的 95%置信区间下限值为负,上限值为正,双尾 sig.值为 0.188 大于 0.05。因此,对照班前测成绩和后测成绩不存在显著差异。同时从表格中的数值可看出对照班后测成绩平均分较前测平均分降低 1.85366 分,这可以进一步说明传统阅读教学法对学生的阅读能力培养效果有待提高。

总之,以上数据证明了基于副词性关联词语的阅读教学模式优于传统的阅读教学模式,基于副词性关联词语的阅读教学模式能够更好地帮助学生提高阅读理解能力。阅读能力的提高也表现在阅读速度的提升,这与学生了解、掌握副词性关联词语在篇章中承载的逻辑语义关系及其语篇衔接功能是分不开的。

值得一提的是,2017 年下半年在该校另一位教师的积极参与下,对高三(2)班和高三(5)班进行了同样的实验研究,其结果表明基于副词性关联词语的阅读教学模式在提高学生阅读理解能力方面效果明显,侧面说明了该教学模式的有效性和可推广性。

四、结论和启示

通过半年的实验,并对收集的数据做深入分析,研究发现基于副词性关联词语的阅读教学模式在提高学生阅读能力方面起到了积极的作用,本研究在获得发现的同时也收获了一些启示。

1. 研究发现

第一,研究发现在采用基于副词性关联词语的阅读教学模式后,实验班的学生的平均分有了较大提高。这表明副词性关联词语对学生阅读能力的提高有积极的影响。

第二,副词性关联词语不仅可以充当微观组织者,同时也能够充当宏观组织者的角色,对英语组句与篇章衔接有重要作用。[13]

第三,基于副词性关联词语的阅读教学模式使学生在无意识的情况下增加了词汇量,在阅读理解中使用副词性关联词语的潜意识也得到了较大的提升。[16]

第四,本研究证明了基于副词性关联词语的阅读教学模式在实际教学中的可行性。多数学生对篇章的阅读,基本能够做到注重细节、把握主旨、理清逻辑关系、掌握整体意义。

第五,本研究还发现在学生阅读理解能力提高的同时,阅读速度也在提升。因为阅读速度与阅读理解是相辅相成的,阅读理解能力强可以加快阅读速度,反之则不然。[17]

第六,基于副词性关联词语的阅读教学模式使学生在英语阅读中建立了自信,激发了他们阅读英语的兴趣,增强了他们自主参与阅读教学的意识。

2. 教学启示

本研究将副词性关联词语运用到高中英语阅读教学中收获了以下几点教学启示:

首先,教师要培养学生在阅读理解中使用副词性关联词语的意识,可以采用以下措施:更多地强调副词性关联词语在提高学生阅读理解能力上的重要性和有效性;对副词性关联词语做一个详细的介绍;向学生展示如何使用基于副词性关联词语的阅读教学模式,鼓励他们在阅读理解中使用副词性关联词语,自发地使用这种阅读模式。

其次,教师应该指导学生如何将副词性关联词语应用于写作中,有助于学生写出衔接连贯的作文。[15]下面的一些任务可以用来提高学生的写作水平:向学生详细解释副词性关联词语的篇章衔接功能[1],使学生能够意识到副词性关联词语在写作中的重要性;要求学生在阅读后,归纳出文章中所出现的副词性关联词语;将学生在写作中是否使用副词性关联词语作为打分的标准,这是促使学生在写作中使用副词性关联词语的一种有效方式。

诚然,本研究对提高学生的阅读能力有积极作用,但也存在一些局限性。如实验的时间相对较短,可能从一定程度上降低了研究的说服力。此外,该阅读教学模式并不能够适用于所有体裁的阅读文章、所有学校或者学生,因为本研究只是就"如何将基于副词性关联词语的阅读教学模式适用于高中"做了一个初步的探索,后期仍然有许多问题需要解决。

综上,应用基于副词性关联词语阅读教学模式有助于提高高中生阅读理解能力。在中学英语阅读教学,甚至大学英语阅读教学中值得尝试推广,主因之一是大学英语词汇共收录单词 7676 个、词组 1870 条(中学阶段应掌握的词为 1800 个)。经过核对,所研究的 5 大类 10 小类副词性关联词语都在大学英语词汇所收录的单词、词组之列。因此,在大学英语的阅读材料和阅读教学中,副词性关联词语的出现频率更高、表达的逻辑语义关系更丰富、使用范围更大。

注释：

①近年来，学界对副词性关联词语的研究多是从语言学视角的对比研究，而对该类词语在教学中应用研究鲜见。

参考文献：

[1] Halliday, M. A. K. An Introduction to Functional Grammar[M]. London: Arnold, 1994: 48-49, 327.

[2] 原苏荣，陆建非. 汉英副词性关联词语篇章衔接功能比较[J]. 上海师范大学学报（哲学社会科学版），2011,(2)：117-127.

[3] 原苏荣. 汉英副词性关联词语比较研究[M]. 上海：上海三联书店，2013a：22，108-110.

[4] 原苏荣. 汉英特殊类词语——副词性关联词语的性质特点和界定标准[J]. 西安外国语大学学报，2015，(1)：12-15.

[5] 张谊生. 现代汉语副词研究（修订本）[M]. 北京：商务印书馆，2014：299-320.

[6] 皮亚杰. 发生认识论原理[M]. 王宪钿，译.北京：商务印书馆，1985：88.

[7] 刘斌. The Enlightenments of Krashen's Input Hypothesis on Reading Instruction[J]. 中学生导报·教学研究，2013，(50)：166-167.

[8] 桂诗春. 中国学生英语阅读能力诸因素分析——一份实验报告[J]. 外国语（上海外国语大学学报），1986，(5)：51-58.

[9] Nuttall, C. Teaching Reading Skill in a Foreign Language[M]. Oxford: Heinemann, 2000.

[10] Lewis, M. & Hill, J. Practical Techniques for Language Teaching[M]. Cambridge: Cambridge University Press, 1992: 105.

[11] Urquhart, A. H. & Weir, C. Reading in a Second Language: Process, Product and Practice[M]. London: Longman, 1998.

[12] Cook, G. Discourse[M]. Oxford: Oxford University Press, 1989: 80.

[13] Goodman, K. S. Reading: A Psycholinguistic Guessing Game[J]. Journal of the Reading Specialist, 1976, (3): 6-35.

[14] 贺嘉宁，原苏荣. 上海地区不同版本高中英语教材中副词性关联词语的比较研究[J]. 中学外语教与学（人大复印报刊资料），2016，(11)：28-32.

[15] Krashen, S. The Input Hypothesis: Issues and Implications[M]. London: Longman, 1985: 138.

[16] 江浩. 副词性关联词语在高中英语阅读教学中的调查与应用研究[D]. 上海师范大学硕士学位论文，2016：106-109.

[17] Radner, W., Radner, S. & Diendorfer, G. A New Principle for the Standardization of Long Paragraphs for Reading Speed Analysis[J]. Graefe's Archive for Clinical and Experimental Ophthalmology, 2016, 254 (1): 177-184.

An Exploration of ACs-based Reading Teaching Model to the Teaching of English Reading

YUAN Surong, LU Jianfei

(Foreign Languages College, Shanghai Normal University, Shanghai, 200234)

Abstract: Adverbial conjunctions (ACs) are the hotly discussed special type of words these years. Previous researches on ACs mainly focus on the comparative studies of them in Chinese and English, while there are few studies on the application of ACs to reading teaching. This paper aims to explore the application of ACs-based reading teaching model to the teaching of English reading. 81 students participated in the empirical study. Through the experiments, the results show that the students' reading speed and reading comprehension have been increased. They also indicate that students have grasped the logical relationship and textual cohesive functions that ACs embody, have mastered the themes and details of the reading texts. The study verifies the feasibility of the teaching model and hopes to give the enlightenments to enhancing the teaching quality of English reading and leaner's reading comprehension.

Key words: adverbial conjunctions, teaching model of English reading, application

《现代基础教育研究》
第 34 卷，2019 年 6 月 (Research on Modern Basic Education) Vol.34，Jun. 2019

“微课教学”概念的认知状况
——基于“中国知网”文献标题的分析

刘家春，袁晓静

(上海师范大学 教育学院，上海 200234)

摘 要： 微课教学作为一种新的教学形式，受到教育研究者和实践者的普遍关注。但相关概念的使用一直存在着歧义。本文采用内容分析法，以“中国知网”数据库中“篇名”含有“微课教学”概念的 1140 篇文献为样本，了解研究者对“微课教学”及其下属概念的认知状况。研究结果表明：除微课应用类和微课资源类概念外，“微课教学”及其下属概念均容易产生歧义甚至误解。而“微课教学”作为上位概念比其下属概念更容易产生混淆，掺杂多学科含义的概念比教育技术领域的常用概念更容易混淆，并且这种现象不会随着时间的推移而自行发生改变。

关键词： 微课；微视频；微课程；微课教学

一、研究背景

自从 2011 年国内第一篇有关“微课”的论文[1]发表以来，微课得到了广大的教育研究人员和一线教师的普遍关注。到了 2013 年则出现了第一篇以“微课教学”为篇名的论文。[2]随着论文数量的增多，为了统一认识，避免误解，研究人员对相关的概念做了一番辨析和界定。其中，苏小兵等于 2014 年在理论上做了比较深入的探讨，他们从课程论与教学论的视角辨析微课和微课程等概念，认为“微课”和“微课程”都属于课程论范畴，而以微课为介质开展的教学活动即微“课”则属于教学论范畴。属于教学论范畴的微“课”，其含义就是“基于微课资源的教学活动”或“将微课资源应用于教学的活动”。[3]汪滢对此进一步研究，并将其简称为“微课教学”。[4]

应该说，以上概念界定已经比较清晰了，但在实际的使用中对“微课教学”及其下属概念的理解依旧会产生歧义。如“微课教学”的下属概念“微课教学策略”，究竟是“基于微课资源的教学活动策略”，还是“微课”资源中呈现的教学策略，在不同的研究中，含义可能不一样。并且对“微课”的另一种比较通行的解释更加深了这种混乱现象，这种解释把微课界定为“以微视频为载体的教学活动”。这实际上是从教学论角度把微课归于一种与传统课堂教学不一样的“教学活动”。这种理解自身并无不妥，但这样一来，“微课”和“微课教学”同属于“教学活动”，使用上的混乱就更加在所难免了。

另一方面，在教育技术学领域形成共识的一些概念，在其他领域如课程与教学论领域，会产生不同的理解。随着信息技术与教育教学深度融合，越来越多的非教育技术领域的人员参与到微课教学的研

作者简介：刘家春，上海师范大学教育学院副教授，主要从事教学论和教学技术研究。
袁晓静，上海师范大学教育学院硕士研究生，主要从事课程与教学论研究。

究和实践中来,同时也出现了更多与“微课教学”相关的概念。为了方便学术观点的理解和交流,也为了微课教学研究和实践的深入发展,了解研究人员和一线教师对“微课教学”及其下属概念的认知状况,并在此基础上对相关概念进行辨析和澄清就显得非常必要了。

文献标题集中体现了文章的主旨,是作者和编者尤其关注的地方。鉴于标题的重要性,本研究将“中国知网”数据库中标题含有“微课教学”概念的文献作为分析对象,探讨研究人员对“微课教学”及其下属概念的认知状况,辨析其认知上的差异,并在此基础上对“微课教学”相关概念的使用提出一些建议。

二、研究设计

1. 研究对象

本文的研究对象来源于“中国知网”(CNKI)数据库。以“篇名=微课教学”为条件精确检索,共获得文献数量1163篇(截止时间2018年7月18日)。本研究主要以期刊论文为研究对象,另有少量硕士论文和会议、报纸文献。在文献分析过程中,如果有些论文在学校图书馆的知网数据库中检索不到全文,则通过其他数据库如维普网检索甚至百度查找。如果仍无法找到,并且仅通过标题和摘要又无法确定篇目的主旨,则删除此篇目,不计入统计数目。这类文献一共有23篇,剔除这些篇目,最后用于研究的实际文献数量为1140篇。

2. 研究方法

本研究主要采用文献计量法和内容分析法。首先,在“中国知网”数据库中通过“篇名”精确检索含有“微课教学”概念的文献;其次,浏览所有的文献标题,编制“微课教学”及下属概念的编码目录;再次,通过文献计量法统计各编码类别的文献篇数,在此基础上,进一步通过内容分析法判断文献标题中相关概念的确切含义;最后,在内容分析的基础上,对初始编码目录中含义比较接近的编码类别进行合并。

3. 编码的效度和信度

为了提高编码的效度,本研究采取了以下几个措施:(1)除少数仅通过标题和摘要就能确定“微课教学”相关概念确切含义的文献外,大部分文献要通过阅读文献的正文以确定文献标题的确切含义;(2)如果文献标题中相关概念的含义比较模糊,一时难以做出准确的判断,则将此类文献另外保存下来,之后再做二次筛查;(3)对于概念理解比较“异常”的文献,如“微课教学设计”属于“基于微课资源的教学设计”,“微课教学模式”属于“微课资源中的教学活动模式”,对于此类文献也先另外保存下来,之后再做二次筛查;(4)对于最终仍难以判断出相关概念确切含义的文献,则通过与其他编码人员及相关专家的讨论进行鉴别。

编码的信度测试采用逐年随机抽样的方法,首先,从2013年和2018年的样本中各抽取10篇,从2014—2017年的样本中每年各抽取20篇,共测试100篇文献。然后由笔者二人分别编码,其中两人编码一致的篇数为72篇,即归类一致性指数CA=0.72,编码信度系数R=0.84,根据内容分析法的信度判断标准(多数学者认可信度系数0.8以上是可以接受的水平,0.9是较好的水平),本分析的结果具有可接受的信度水平。

三、研究结果

1.“微课教学”及其下属概念出现的时间分布

“微课教学”及其下属概念逐年出现的分布情况见表1。其中“微课教学应用类”包括“微课教学应用”“微课教学实践”“微课教学实验”“微课教学现状”“微课教学改革(变革)”“微课教学效果(效用)”“微课教学价值”“微课教学有效性(实效性)”“微课教学可行性”“微课教学平台(系统、交流平台、软件)”等;“微课教学研究类”包括“微课教学反思”“微课教学研究(探索、探究、探析、论析、刍议)”;“微课教学资源类”包括“微课教学资源”“微课教学视频(录像)”“微课教学作品”;“微课教学方法类”包括“微课教学方法”“微课教学策略”“微课教学方式”“微课教学技巧”和“微课教学手段”。后面没有连接其他术语从而组成下属复合概念的则归入“微课教学”一类。

此外,如果在主副标题中都出现了相关术语,则以主标题为主。

表 1　“微课教学”及其下属概念出现的时间分布

概念名称	2018	2017	2016	2015	2014	2013	总数
微课教学	42	138	117	99	24	2	422
微课教学设计	23	65	67	34	7	2	198
微课教学模式	32	62	49	29	7	2	181
微课教学应用类	19	36	39	18	8	1	121
微课教学研究类	8	26	19	12	8	1	74
微课教学资源类	6	14	16	12	5	2	55
微课教学方法类	4	11	12	6	5		38
微课教学比赛(竞赛)	1	4	10	4	8		27
微课教学内容(知识点)		1	2	2			5
微课教学评价		2	2				4
微课教学理念(理论)	1	1	2				4
微课教学模块(体系)		1	1	1			3
微课教学过程(思路)	1		1				2
微课教学行为	1	1					2
微课教学技能		1		1			2
微课教学情境	1						1
微课教学案例		1					1
总数	139	364	337	218	72	10	1140

由上表相关论文篇数分布可见:(1)微课教学及其下属概念的出现篇数呈逐年上升趋势,表明微课教学相关的研究越来越得到普遍的关注;(2)出现频次较高的三个独立概念依次为“微课教学”“微课教学设计”“微课教学模式”,这三个概念的受关注度远超过其他的相关概念;(3)教学过程的大部分要素都有所涉及,微课教学过程、微课教学方法、微课教学评价等下属概念从无到有,表明微课教学相关的研究越来越深入。

2.“微课教学”及其下属概念的具体含义

“微课教学”及其下属概念的具体含义见表 2。根据对相关文献内容的阅读,发现文献标题中的“微课教学”概念主要有两种含义:一是指“以微课为介质开展的教学活动”,即“基于微课资源的教学活动”,或“将微课资源应用于教学的活动”。二是将“微课教学”误解为“微课”和“微课资源”,或者将“微课教学”等同于“以微视频为载体的微型教学活动”。本文把后者归入“微课资源及其中的教学活动”。

如果文献标题的含义以及文献内容的主旨比较模糊,则从两个方面进一步做出判断:一是看正文中是否有“利用微课资源开展的教学活动”相关内容,且至少有独立的一节或一段,或多次重复出现,基本上能构成一个独立的分论点;二是用“微课”或“以微视频为载体的教学活动”替换标题中的“微课教学”,看看是否会出现标题不能涵盖正文内容的情况。如果两种情况都是肯定的,则归入“基于微课资源的教学活动”,否则归入“微课资源及其中的教学活动”。

表 2 “微课教学”及其下属概念的具体涵义

概念名称	基于微课资源的教学活动		微课资源及其中的教学活动	
	篇数	百分比	篇数	百分比
微课教学	273	64.7%	149	35.3%
微课教学设计	49	24.7%	149	75.3%
微课教学模式	137	75.7%	44	24.3%
微课教学应用类	121	100%	0	0%
微课教学研究类	54	73.0%	20	27.0%
微课教学资源类	0	0%	55	100%
微课教学方法类	26	68.4%	12	31.6%
微课教学比赛(竞赛)	12	44.4%	15	55.6%
微课教学内容(知识点)	0		5	
微课教学评价	3		1	
微课教学理念(理论)	4		0	
微课教学模块(体系)	3		0	
微课教学过程(思路)	1		1	
微课教学行为	0		2	
微课教学技能	0		2	
微课教学情境	0		1	
微课教学案例	1		0	
总数	684	60.0%	456	40.0%

由上表可见:(1)对微课教学及其下属概念的两种理解比例为 6∶4,在总数上比较接近,表明两种理解都比较普遍;(2)在统计过百分比的概念中,比较不容易产生歧义的概念从高到低,依次是微课教学应用类、微课教学资源类、微课教学模式、微课教学设计、微课教学研究类,比较容易产生歧义的概念包括微课教学、微课教学方法类;(3)在样本量很小而未统计百分比的概念中,除微课教学评价、微课教学过程(思路)外,其他的概念大都只出现过一种含义;(4)本研究关于“微课教学比赛”的文献都是属于高校范围的。在教育部全国高校教师网络培训中心举办的“全国高校微课教学比赛”中,从公布的比赛方案和评审规则来看,“微课教学比赛”的确切含义应该理解成“微课作品比赛”。但在相关的研究中,有 44.4%的文献特别强调作品的网络评价,或特别关注教师的反馈征文,这些内容实际上就是微课资源的应用。因此,统计时把这一类论文归于“基于微课资源的教学活动”。

3.“微课教学”概念认知类型的时间分布

下面从时间维度考查“微课教学”概念两种认知类型的分布情况,见表 3。

表 3 两类概念认知情况的时间分布

概念的认知类型	2018	2017	2016	2015	2014	2013	总数
基于微课资源的教学活动	88	238	181	128	46	3	684
微课资源及其中的教学活动	51	126	156	90	26	7	456

由上表相关论文篇数分布可见:(1)从时间维度来看,虽然每个年度两种理解的频次有所差异,但产生歧义甚至误解的现象一直存在;(2)除 2013 年外,其他历年都是第一种理解的频次高于第二种,这表明对微课教学的研究已不再局限于微课资源本身,更多的研究关注的是“基于微课资源的教学活动”。

4.“微课教学”及其下属概念认知情况的时间分布

下面从时间维度考查对“微课教学”及其下属概念认知的情况分布,主要选取样本量较大的概念进行分析,见表 4。(由于篇幅限制,表中仅列出三个最典型的概念)

表 4 “微课教学”及其下属概念认知情况的时间分布

概念名称	2018		2017		2016		2015		2014		2013	
	A	B	A	B	A	B	A	B	A	B	A	B
微课教学	29	13	95	43	67	50	65	34	15	9	2	0
微课教学应用类	19	0	36	0	39	0	18	0	8	0	1	0
微课教学资源类	0	6	0	14	0	16	0	12	0	5	0	2

注:A 代表基于微课资源的教学活动,B 代表微课资源及其中的教学活动

通过对上表 A、B 两类情况中相关论文篇数的比例可见:概念不易产生歧义的,历年都是认知清晰的,典型的如微课教学应用类和微课教学资源类。此外,对微课教学模式、微课教学设计的认知相对而言也比较清晰。而其他一些概念则容易出现认知模糊。产生歧义的现象,最典型的如微课教学。而对微课教学研究类、微课教学方法类乃至微课教学比赛(竞赛)的认知相对而言也比较模糊,并且这种情况不会随着时间的推移而自行发生改变。

5. 学位论文中“微课教学”及其下属概念的具体涵义

由于学位论文写作过程的特殊性,下面对学位论文(硕士论文)中“微课教学”及其下属概念的具体涵义进行统计,见表 5。

表 5 学位论文中“微课教学”及其下属概念的具体涵义

概念名称	基于微课资源的教学活动	微课资源及其中的教学活动	总数
微课教学	10	1	11
微课教学设计	1	10	11
微课教学应用类	10		10
微课教学研究类	5		5
微课教学模式	2	1	3
微课教学比赛		2	2
微课教学内容		1	1
微课教学手段		1	1
微课教学资源		1	1
微课教学技能		1	1
微课教学案例	1		1
总数	29	18	47

由上表相关硕士学位论文的篇数分布可见:(1)总的来说,学位论文题目中多采用“微课教学设计”“微课教学应用”“微课教学研究”等更具体的下属概念,因此含义比较明确。而直接采用“微课教学”概念的比较少,只有 11 篇,占总数 147 篇的 7.4%,而在所有 1140 篇文献中则占 0.96%;(2)除了“微课教学”“微课教学设计”和“微课教学模式”外,其他的概念只出现过一种含义,并且上述三个概念出现第二种含义的篇目也分别只有 1 篇,显然比其他类型文献中的概念含义更加明确和单一。

四、研究结果分析

1.“微课教学”概念产生歧义的原因

在样本量比较大的概念中,微课教学应用类、微课教学资源类、微课教学模式和微课教学设计比较不容易产生歧义,而微课教学、微课教学方法类以及其他几个概念则比较容易产生歧义甚至误解。由于

这种情况不会随着时间的推移而自行发生改变，因此很有必要在理论上对歧义产生的原因进行专门的分析。

其中"微课教学"作为上位概念，显然比其下属概念更容易混淆，并且其语义的混淆很大一部分是由于误解和误用引起的。大部分"微课教学在……中的应用"等有"应用"二字的文献标题概念理解和使用上都等同于"微课在……中的应用"，将"微课教学"等同于"微课"或"微课资源"。也有不少篇目将"微课教学"等同于"以微视频为载体的微型教学活动"，这实际上也是等同于"微课"的另一种解释。

对于微课教学方法类的概念，如"微课教学方法""微课教学策略"，其产生歧义的原因主要是概念自身的多义性。既可将它们理解为"微课教学"的方法和策略，也可将其理解为"微课"中的教学方法和策略。与微课教学方法类的概念相比，"微课教学资源"和"微课教学设计"则较少产生歧义，这可能是由于"教学资源"和"教学设计"是教育技术领域的常用概念，其含义已经约定俗成了。而教学方法类概念属于教学论领域的核心概念，当它与"微课"结合起来时，便容易掺杂不同学科的理解。此外，有些概念如"微课教学模式"和"微课教学方式"，除了有"微课教学"的模式或方式和"微课"中的教学模式或方式两种理解外，有时也可以理解成"微课这种教学模式"或"微课这种教学方式"。这里的"微课"显然等同于"以微视频为载体的微型教学活动"，也是对"微课"的另一种解释。

针对上述概念自身的多义性现象，有些文献采用了一些校正方法。如李丹丹《探讨语文教育中"微课"教学模式的应用与实践》一文，其中"'微课'教学模式"的含义是"基于微课资源的教学模式"，即对作为资源的"微课"加引号。[5]但由于无论是在文献的标题还是在正文中，微课这一术语的使用已极为频繁，加引号的做法并非长久之计。另一种比较可行的方法是采用一些介词或助词将容易产生歧义的复合概念分割成两个独立的词语。如周丙锋等的《高校微课中的教学要素及教学效果评价》一文，[6]"微课中的教学要素"含义显然比"微课教学要素"一词更加明确。

2. 学位论文标题中"微课教学"概念表述的特点

由于学位论文需要经过开题、预答辩、盲审、答辩等多个环节以及要经多位研究者审查，并且多采用"微课教学设计""微课教学应用""微课教学研究"等更具体的下属概念，因此含义比较明确，不易产生歧义。此外，学位论文的论述总体来说还是比较严密的，如大部分有关"微课教学设计"的论文虽然在设计之后，都有一部分内容阐释微课的应用情况，但都能很明确地表明此应用是为了检验设计的效果，从而保证了论文标题"微课教学设计"含义的单一性。

3. "微课教学"概念多学科研究的状况

随着"微课教学"这一新型教学形式的发展，越来越多其他学科的研究者参与到微课教学研究中来，但研究的深度却有待于进一步加深。比如，在未合并的独立概念中，出现频次较高的前三位依次为"微课教学""微课教学设计""微课教学模式"，这三个概念的被关注度远超过"微课教学过程""微课教学评价"等独立概念。在合并后的概念类别中，出现频次最高的依次是"微课教学应用类""微课教学研究类""微课教学资源类"，而"微课教学方法类"明显偏少。在课程与教学论领域中，这些数量偏少的独立概念和概念类别恰恰是研究的重点。这表明"微课教学"作为一个学术术语，有待于从课程与教学的角度对其开展更加深入的研究。同时，为了避免概念使用上的歧义现象，各学科间需要加强沟通与交流，开展跨学科的研究。

五、结论与建议

总的来说，通过对"中国知网"数据库中"篇名"含有"微课教学"概念的1140篇文献的内容分析，发现"微课教学"及其下属概念出现的篇数呈逐年上升趋势，但对其含义的理解一直存在着歧义甚至误解现象。并且这种现象不会随着时间的推移而自行发生改变。对于不同的概念，其混淆程度则有所差异。如微课教学应用类、微课教学资源类不易产生歧义，微课教学、微课教学方法类则比较容易产生歧义。

针对上述混淆现象,本文提出如下三点建议:

其一,鉴于“微课教学”作为上位概念比其下属概念更容易产生歧义,建议文献标题多采用下属概念。这也是“微课教学”及其相关研究深入发展的趋势和需要;

其二,对于自身存在多义性的下属概念,建议采用介词或助词将其分割成两个独立的词语,以避免不必要的误解。如“微课资源中采用的教学模式”可以采用“微课资源中的教学模式”或“微课中的教学模式”来表述;

其三,从理论上进一步澄清“微课”和“微课教学”的含义。如果将“微课”的含义界定为教学论范畴的“以微视频为载体的微型教学活动”,则“微课教学”的表述无法成立。如果将“微课”的含义界定为课程论范畴的“微课资源”,“微课教学”的含义则可以界定为“基于微课资源的教学活动”。相应的,“微课教学模式”则可以界定为“基于微课资源的教学模式”或 “微课资源的应用模式”,其他下属概念依此类推。

综上所述,微课教学作为当前教学改革与发展的一种新形式,受到教育研究者和实践者的广泛关注。学术论文是理论研究与教育实践相结合的桥梁,把握研究者对微课教学的认知现状,并基于现状澄清误解,纠正一些偏颇的认识,既有助于学术观点的理解、交流和普及,更重要的是有助于一线教师对微课教学形成客观、理性的理解,从而更加高效地发挥微课教学应有的价值。

参考文献:

[1] 胡铁生.“微课”:区域教育信息资源发展的新趋势[J].电化教育研究,2011,(1):61-65.

[2] 肖安庆.关于微课教学的几点思考[J].青年教师,2013,(2):42-44.

[3] 苏小兵,管珏琪,钱冬明,祝智庭.微课概念辨析及其教学应用研究[J].中国电化教育,2014,(7):94-99.

[4] 汪滢.微课的内涵、特征与适用领域——基于首届全国高校微课教学比赛作品及其征文的分析[J].课程・教材・教法,2014,(7):17-22.

[5] 李丹丹.探讨语文教育中“微课”教学模式的应用与实践[J].语文建设,2016,(1):19-20.

[6] 周丙锋,谢新水,刘星期.高校微课中的教学要素及教学效果评价[J].现代教育技术,2015,(9): 30-36.

Cognitive Status of Micro-teaching Concept: Analysis Based on the Literature Title of CNKI

LIU Jiachun, YUAN Xiaojing

(College of Education, Shanghai Normal University, Shanghai, 200234)

Abstract: As a new form of teaching, micro-teaching has received widespread attention from educational researchers and practitioners. However, the use of related concepts has always been ambiguous. This paper adopts content analysis method, taking the 1140 articles containing micro-teaching concept in the database of CNKI as a sample, to understand the researcher's cognitive status of micro-teaching and its subordinate concepts. The results show that micro-teaching and its subordinate concepts are prone to ambiguity and even misunderstanding, except the concept of micro-course application and micro-course resources. An upper concept is more likely to cause confusion than a subordinate one, and the concept of multidisciplinary meaning is more likely to be confusing than those commonly used in the filed of educational technology. And this phenomenon will not change naturally over time.

Key words: micro-lesson, micro-video, micro-course, micro-teaching

“真实学情”视角下的中学语文教学研究

张雪梅[1]，朱思达[2]
（1. 上海师范大学 知识与价值科学研究所，上海 200234；2. 香港教育大学 中国语言学系，香港 999077）

摘　要： 教学应该从学生真实的学情出发，然而调查发现：在中学语文教学领域，很多师范生并未厘清何为学情，简单把学生的考试成绩等同于学生的学情；语文教师虽然尝试对学生的学情进行分析，但缺少专业性指导和理论知识。针对上述问题，研究归纳并总结出“真实学情”的概念，提出在中学语文教学设计当中，“真实的学情”应该关注到学生的学习起点、学习状态和学习结果，并且这三个部分在教学设计中对应不同的教学环节。从实际成效来看，这种理解和操作不仅能促进师范生的教学水平，提升其未来就业的竞争力，也有助于实现师范生从学生到教师身份的转变，使其尽快适应教师的工作环境，有助于语文教师提高教学效率。

关键词： 学情；真实学情；中学语文教学

《义务教育语文课程标准》(2011 版)指出：“学生生理、心理以及语言能力的发展具有阶段性特征，不同内容的教学也有各自的规律，应该根据不同学段学生的特点和不同的教学内容，采取合适的教学策略。”[1]《普通高中语文课程标准》(2009 版)也写道：“必须顾及学生在原有基础、自我发展方向和学习需求等方面的差异，激发学生的兴趣和潜能，增强课程的选择性，为每一个学生创设更好的学习条件和更广阔的成长空间，促进学生特长和个性的发展。”[2]语文课程标准不仅强调了学情分析的重要性，还从学科教学的角度，为“学情”和“学情分析”提供了重要的指引。虽然两个“标准”给出一个方向性的介绍，但是具体到实际教学中是什么样的状态，尚不清晰。我们针对该问题做了相关调查，并在此基础上提出了解决问题的思路与策略。

一、问题呈现：基于师范生和语文教师的调查

关于“学情分析”在实际教学中的情况，需要先进行一个调查。在调查对象的选择上，根据研究者的情况，本研究选择语文教师和学生两个层面。在教师层面，选择了刚入职的年轻教师；在学生层面，选择了师范生这一群体。

1. 对师范生关于“学情分析”的调查

在问卷设计之后，研究者对云南师范大学 2015、2016 和 2017 级共计 80 名语文学科教学专业的师范生进行了调研。学生在就业岗位的选择上各有不同，因此对调查对象也进行了分类处理。

作者简介：张雪梅，上海师范大学知识与价值科学研究所特聘副研究员，博士，主要从事语言学与中小学语文教学研究。
朱思达，香港教育大学中国语言学系博士研究生，主要从事语文教育与汉语国际教育研究。

表 1　语文学科教学专业的师范生对“学情”的了解情况

题目	选项	初中阶段	高中阶段	总计人数
是否知道“学情”的含义	知道	35(87.5%)	40(100%)	75(93.75%)
	不知道	5(12.5%)	0(0%)	5(6.25%)
是否了解过学情	了解过	22(55%)	30(75%)	52(65%)
	没有	18(45%)	10(25%)	28(35%)
是否认真分析“真实的学情”	有过	21(52.5%)	17(42.5%)	38(47.5%)
	没有	19(47.5%)	23(57.5%)	42(52.5%)

显然,大多数语文学科教学专业的师范生知道什么是“学情”,并且了解过授课对象的“真实”的学情,这一现象看起来令人欣慰。但是,经过进一步“学情分析”调查,就能发现问题,具体资料如表 2、表 3所示:

表 2　语文学科教学专业的师范生对授课对象“学习结果”的关注

是否在教学设计中预估授课对象的学习结果	初中阶段	高中阶段	总计人数
是	7(17.5%)	4(10%)	11(13.75%)
否	33(82.5%)	36(90%)	69(86.25%)
共计	40(100%)	40(100%)	80(100%)

表 3　语文学科教学专业的师范生对授课对象临时情况的态度

是否在教学中根据授课对象的学情临时调整教学活动	初中阶段	高中阶段	总计人数
是	12(30%)	9(22.5%)	21(26.25%)
否	28(70%)	31(77.5%)	59(73.75%)
共计	40(100%)	40(100%)	80(100%)

虽然多数语文学科教学专业的师范生表面上知道什么是“学情”,也在调查中回答“曾经分析授课对象的学情”。但是在具体的教学实践活动中,并没有按照真实的学情进行教学设计和开展教学活动。表 2 中,“对授课对象学习结果”的关注情况,初中只有 7 个人,高中竟然只有 4 个人。在总共 80 位师范生当中,只有 11 位在自身的教学设计当中关注过授课对象“真实的学情”,但是他们对待教学中的“学情分析”要么完全不做,要么走走过场,学情分析较空泛。他们虽然会意识到学情分析的重要性,然而由于缺少专业指引,不知道如何入手,学情分析较为乏力,影响了这些未来语文教师的教学水平。

2. 对语文教师关于“学情分析”的调查

对授课对象的问卷调查,也就是学生所反映的情况,更能够说明现存问题的严重性。因此,本研究选取了云南省昆明市 8 所中学 80 位学生作为调查对象,他们的语文任课教师均是刚毕业 1 至 3 年的研究生。具体数据如表 4 所示:

表 4　学生调查问卷分析表

题目	选项	初中学生	高中学生	总计人数
教师的教学内容在难易程度上是否适宜	是	17(42.5%)	18(45%)	35(43.75%)
	否	23(57.5%)	22(42.5%)	45(56.25%)
能否通过课堂的学习完成教师布置的作业	是	13(32.5%)	11(27.5%)	24(30%)
	否	27(67.5%)	29(72.5.5%)	56(70%)

由于学生自身存在认识的局限性，对于什么是"学情"和"学情分析"等一系列概念存在认识上的不足，难以用问答的形式让学生直接回答，所以把问卷设计成对教学内容的理解以及作业的完成情况，学生是否能够听懂教师所讲授的内容，可以体现出教师是否关注学生真实的学情，具体说就是学生的学情起点；而学生通过一节课的学习能否完成教师布置的作业，则反映出教师有无分析学生的学习结果。在总计 80 位中学生当中，认为语文教师上课内容难度适宜的只有 35 人，约占 43%，不到半数；关于是否能顺利完成作业，选择"不能完成"的学生竟然占到了 70%。由此可得出如下结论：

第一，中学语文教师对学情分析重视不够：要么完全不分析，要么虽然有分析，但主要是将学情分析当作完成一个教学设计的必需步骤而已，学情分析的专业性较为欠缺。

第二，中学语文教师对学情分析的专业能力匮乏：专业认知缺失，缺乏对真实学情的内涵和层级的认知，分析不全面，关注大多只在学习经验，很少关注学生的学习需要。

第三，中学语文教师学情分析的质量普遍不高：学情分析比较空泛，缺乏针对性；分析结果无力，对教学设计几乎不起作用，失去了学情分析的意义。

以上篇幅，研究者基于问卷调查这一方式，从教师和学生两个层面呈现了当前初中语文教学领域中有关"学情分析"所存在的诸多问题，这一问题的解决与否直接关涉教学后续过程的顺利开展，关涉教育质量的水平高低。因此，课堂教学中对于学情进行分析，并且基于"真实学情"这一视角来审视当前的中学语文课堂教学，具有较大的价值和意义。

二、基于真实学情分析的语文教学：价值和意义

研究者认为，当前中学语文教学应该始于对学生真实学情的分析。基于真实学情的视角来分析当前的中学语文教学，具有较大的价值和意义。具体而言，我们可以从"教学"和"成效"这两个维度来加以审视。

1. 教学角度的审视

其一，可以在总结前人研究成果的基础上，形成"真实学情分析"理论。本研究所构建的学情理论，并非仅限于课前的教师对学生成绩的单方面总结，而应该是基于学生的实际需要，教师时刻关注学生在学习活动中的变化，对教学活动做出相应的调整；同时根据教学活动中出现的纰漏、学生对于具体的问题在理解上的偏差、课后对问题的深入探讨能力等，给予符合学生需要的解释。这些事项需要教师在备课的过程中将其放置首位，而不是按照之前的预设将课文的内容进行"填鸭式"输入。

其二，"真实的学情分析"应该分为课前、课中、课后三个部分。若语文教师只是将学生的认识水平进行一个简单评估，那么其进行的教学活动必然是有问题的。如果在实际的教学过程中，教师在提问等环节没有根据学生的需要，或者未根据课堂现实情况对问题进行调整，则会引起学生在内容理解上的困难，乃至对教师的水平产生质疑。因此，"真实的学情分析"要求语文教师不仅应该在授课前充分分析学生的实际需求，同时在课堂教学中依据学生的学习情况进行及时调整，并且在一节课结束之前，根据学生课堂上的学习状态，进行课后作业的安排以及下一节课内容的预习。

其三，改进教学设计，使之更能符合学生的实际需求。"真实的学情分析"直接影响教学设计的内容。教师如果对学生没有一个全方位的认识，仅仅凭个人经验来设计教学，那么在具体的实施过程中，就会偏离学生的实际需要，不仅会在导读部分难以出现师生共鸣的状况，甚至难以开展正常的教学活动。因此，教学设计的布局应该紧贴学生的实际需要，也就是"真实的学情"，从学生的角度出发，进行教学目的、教学重难点、教学方法和教学过程的安排，可以在最大限度上减少学生在接受知识过程中的差距感。

2. 成效角度的审视

其一，能够提高师范生的教学水平。多数师范学校的学生在校期间会参加各种提升教学水平的比

赛以及相关的实习活动,但他们往往缺乏问题分析,尤其是分析授课对象的教学需求。所以,加强师范生的教学水平,特别是其分析授课对象真实需求的能力,可以帮助其在教学技能大赛等活动中取得高效的成果。

其二,有助于实现师范生从“学生”到“教师”之身份的转变,使其能够尽快适应教师的工作环境。当师范生成为一名语文教师后,需要及时进行身份的转换,从而快速适应教师岗位。而落实到具体的环节,就是熟悉学校和班级的实际情况,即班里学生的语文整体水平如何,对文言文、散文和小说的学习是否存在程度不同等问题。新手教师相较有经验的教师,在教学活动处理上处于相对劣势地位。为了避免在课堂上出现教学事故,教师需要根据自身已掌握的理论及经验,结合学生的真实需要,安排日常的教学活动。新手教师如果能够准确把握学生的实际情况,则可以尽快地顺利完成身份的转变。

语文教师对于学生情况的认识,不应该停留在学生的成绩上,而需要多层次分析学生的学习需求。在“真实学情”方面,教师关注的层面应该是多角度的,即学生的学习起点、学生在教学过程中的学习状态以及在教学接近尾声时学生的学习结果,这三个阶段贯穿整个教学活动。而在这三个阶段中,教师还需要注意学生每一个环节的学习经验和学习需求。因为在不同阶段,由于学生个人学习经验的不同,其在需求层次上也是不一样的,所以语文教师在教学活动当中,需要关注到学生在这三个层面的需求。

三、如何走向基于真实学情的分析:思路及行动

走向基于真实学情的分析,需要首先厘清如下问题:什么是“学情”以及“真实的学情”?“真实的学情分析”是什么样的?如何基于“真实的学情”进行语文教学设计?这几个问题不仅教师需要思考,而且即将走上工作岗位的师范生也需要慎重考虑。要解决这些问题,首先需要明确概念,即“真实学情”的含义。

1. 对于“学情”相关概念的界定

学情是在教学活动当中,针对教师的“教”,学生所表现出来的一切变量和因素。学情分析指的是对学生在学习方面有何特点、学习方法怎样、习惯怎样、兴趣如何、成绩如何等情况的分析。现代教学设计理论认为,认真研究学生真实的学情、能力水平和认知倾向,“为学习者设计教学”,优化教学过程,可以更有效地达成教学目标,提高教学效率。[3]

真实的学情不应该是教师为了应付而虚构的,而是学生在教学活动当中所表现出来的一切真实的状态。“真实的学情分析”应该是“对于学生在教学活动中表现出来的一切真实变量进行学习起点、学习状态、学习结果的研究性分析”。“真实的学情分析”基本框架,如图 1 所示。

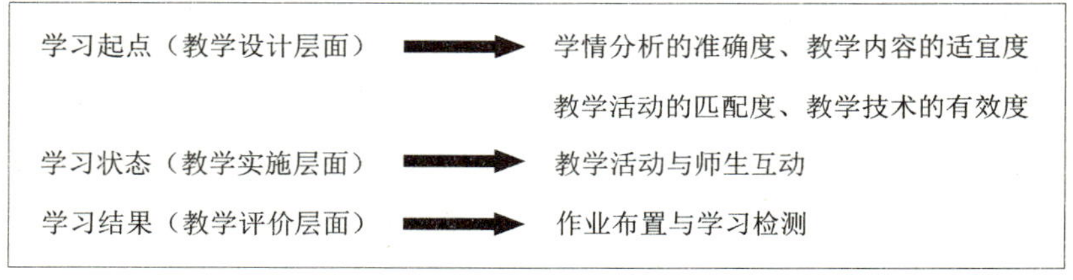

图 1　“真实的学情分析”基本框架

2.“真实的学情”概念的完善

应该从学习起点、学习状态和学习结果三个方面出发,来进行学情分析,基于这些维度的学情分析才可能是“真实的”。同时,研究者也说明了学情分析中的学习起点分析,主要着眼于教学设计层面,包括学情分析的准确度、教学内容的适宜度、教学活动的匹配度、教学技术的有效度等几个方面。而教学内容又包括教学目标的确立、教学重难点的选择、教学内容的选取等,以及教学技术如何在教学设计中实现有效等。

“真实的学情分析”要求教师不仅要在教学设计层面做好学情分析,也要重视在教学实施层面、教学结果层面做好学情分析。学习起点、学习状态和学习结果分析中,都需要关注学习需求和学习经验两个维度。

(1)学习起点中的学习需求和学习经验分析

每一个学段的学生有不同的学习需要,同样的课文对不同学段的学生亦有不同的教法。以统编教材七年级下册第10课“老王”为例,如果教学对象是初中生,教学需求就是依据课标而确定的,通过对课文语言的学习,感受、体验文章的情感和理解文章的主旨;而如果教学对象是大学生,特别是未来的语文教师,教学中就隐含着教会学生学习分析文章的方法等教学需求,因为教学不仅要指向对“老王”主旨的理解,还应该通过这个理解和学习的过程,引导学生学习,使其获得分析文章的思路,这是未来的语文教师需要具备的能力。按照建构主义的观点,学习是个体在已有经验基础上的建构,一堂高效的语文课,可以带给学生怎样的成长?学生的成长能够走向何方?达到何种程度?对这些问题的回答必须关注学生已有的认知经验。以前读过的与没读过的学生,第一课时与第二课时,“教什么”和“怎么教”都会有所不同。

(2)学习状态中的学习需求和学习经验分析

在教学过程中呈现出来的学生学习状态的需求,主要来自教师对学生学习需要的观察。还是以“老王”一课的主旨为例,教学过程中,学生对本课主旨的理解是“知识分子的精神内省”,这与教师事先准备的答案“对小人物命运的同情”不一致。此时,教师应该及时敏锐地观察到学生的需求变化这一学情:学生对于共识性知识基本没有学习需求,其学习需求更多地体现在多元理解、创造性解读的引导和支持需求。语文教师观察到这一学习需要的变化,并及时调整教学活动和教学内容,这才是基于真实学情分析的语文教学。在这一阶段,学生的学习经验主要表现为过程性经验,这和学习起点分析阶段的经验有所不同。

(3)学习结果中的学习需求和学习经验分析

学习结果阶段的需求分析主要表现为对学习需要的评估。学习经验更多是一种结果性的经验分析。这个阶段主要体现在布置作业这一步骤中。教师应该自省:作业的布置是基于学生的学习起点、学习状态的需求吗?作业能否真正实现它的功能?教师应该怎样批改作业?作业的批改可以促进教学目标的达成吗?

3. 基于语文教学实践的探究

(1)基于概念理解进行教学反思

“学情”概念已经提出,但仅靠文字形式的概念不足以完全解决问题,语文教师还需要在认识和理解概念的基础上,对于自身存在的缺点开展反思性活动。反思可以从教学的三个部分进行,即引发阶段、调控阶段和教学评价阶段。反思的主要目的是,语文教师通过自身的认识,发现个人存在的不足之处,以自我检讨的形式改正缺点,正确认识学情的概念,为下一步实践性工作的开展做准备。具体反思的问题包括以下三个层面:1)教学的引发。教师在提问的过程中,是否完全依照之前的教学设计,并能够根据学生的实际情况进行调整?2)教学的调控。教师在引导的过程中,是否仅仅限于教学设计当中的问题?能否根据学情增添新的教学环节?教师发布的指令,是否占据绝对的支配地位?有没有鼓励学生思考,或给予适当的提示?3)教学的评价。教学评估是否仅仅是教师单方面的教学设计改进?教学活动是否对学生起了促进作用?

反思以上三个方面,对应学情理论的三个层次,语文教师是否在教学活动的初始阶段依据学生的经验和需求,进行临时性的调整?在教学实施环节当中,能否积极给予学生适当的提示,鼓励学生思考问题?而在最后的评估阶段,教师布置的课后作业是否可促进和巩固学生的已有知识,进而提升学生对课堂教学内容的认识?

(2)进一步完善基于真实学情的分析

虽然说已经从三个方面初步构建了“学情分析”的概念,但是在实践方面依然有待进一步完善。既然是研究教学,就不能离开实践的研究,而在问题发现和概念明晰的前提下,可以开展下一步的工作,通过语文教学实践活动,使得师范生和教师把“真实学情”概念落实在自身的教学过程中,这样做对于师范生和语文教师大有裨益:1)有助于师范生教学技能的提升。在分析问题和反思的基础上,尝试开展解决问题型课程,即师范生在教学技能训练上,其指导教师应该在训练课程的设置上,添加学情设计的环节,让师范生在充分认识“真实学情”概念的基础之上,通过教育实习等实践性的活动,把这一知识点融入自己未来的教学活动当中。具体的步骤可以为:指导教师提前布置“学情”任务,学生分小组进行基于“真实学情”的教学讨论;小组之间查阅相关数据;各组进行材料整理;小组进行上课汇报;课上学生研讨,分析每组的研习情况;教师点评,小组之间相互评论。2)促进青年教师快速成长。青年教师在认识到学情分析的重要性后,对一线的语文名师课程、优质课程进行观摩,对自身在学情领域认识的不足及原因进行分析,了解到有效的课堂教学在充分考虑学生真实的学情方面的做法是怎么样的。例如分析课例在教学目标、重难点及教学过程的详略安排,并在实际的课堂教学中,根据学情的变化进行相应的调整,进而发现可供改进的方向。

总而言之,针对语文教师对“真实学情”这一概念较为模糊的状况,可以通过两个方面加以解决:一是明晰“学情”的概念;二是通过实践性研究,进一步加深对“学情”的认识和理解。具体来说,从文献中梳理前人对“学情”“真实学情”的看法并进行总结,并多角度关注学生在课堂不同时期的表现,而不应该把学生的“学情”简单等同于学生在某一时间段的状态,或者说某一次测验的成绩;在实践研究阶段,语文教师需要通过教学训练,加深对于“学情”概念的理解,并能够体现在个人的教学活动当中,让教学的进程更符合学生的实际水平,同时也在最大限度上满足学生的真实需要。

参考文献:

[1]　中华人民共和国教育部.义务教育语文课程标准[S].北京:北京师范大学出版社,2011:2.

[2]　中华人民共和国教育部.普通高中语文课程标准[S].北京:北京师范大学出版社,2009:4.

[3]　钱军先.学情分析:有效教学的核心和关键[J].教学研究与评论(中学教育教学版),2009,(8):14.

Research into Chinese Teaching in Middle Schools from the Perspective of Real Learning Situation

ZHANG Xuemei[1], ZHU Sida[2]

(1. Institute of Knowledge and Value Sciences, Shanghai Normal University, Shanghai, 200234;

2. Department of Chinese Language Studies, The Education University of Hong Kong, Hong Kong, 999077)

Abstract: Teaching should start from students' real learning situation. However, the survey found that in the Chinese teaching of middle school, many students from normal universities do not understand what is learning situation, and they simply equate the students' test results with their learning situation. Although Chinese teachers have tried to analyze students' learning situation, but they lack professional guidance and theoretical knowledge. For the above-mentioned problems, this research has summarizes the concept of real learning situation, and proposes that real learning situation should focus on the starting point, learning state and learning results of students. These three parts should correspond to different teaching links in the teaching design. When it comes to the actual results, this understanding and operation can not only promote the teaching level of normal students, but also enhance the competitiveness of their future employment. It also helps to realize the transformation of normal students from students to teachers, so that they can adapt to the work environment of teachers as soon as possible, and improves the teaching efficiency.

Key words: learning situation, real learning situation, Chinese teaching in middle schools

《现代基础教育研究》
第 34 卷，2019 年 6 月 (Research on Modern Basic Education) Vol.34, Jun. 2019

小学生语文概括能力培养的教学策略

李业琼

(上海市徐汇区日晖新村小学，上海 200032)

摘　要： 概括能力培养在语文阅读教学中占有重要的地位。在小学语文中高年级阅读教学中，教师应借助文本，充分挖掘可以培养学生概括能力的训练点。教师应在教学中依据学生的年段特点、文本特点，选用合适的教学策略，让学生在一定的学习经历中探索、感受、理解概括的路径，掌握规律，从而提升能力。

关键词： 概括能力；小学语文；教学策略

《小学语文课程标准》中指出："语文是最重要的交际工具，是人类文化的重要组成部分。工具性与人文性的统一，是语文课程的基本特点。语文课程应致力于学生语文素养的形成与发展。"课程标准中提到的"语文素养"包括：字词句篇的积累、语感、思维品质、语文学习方法和习惯、识字写字、阅读、写作和口语交际的能力、文化品位、审美情趣、知识视野、情感态度、思想观念等内容。显然，"语文能力"包含其中。

"阅读能力"在"语文能力"中占有举足轻重的地位，在语文阅读能力结构中，"理解"居于核心地位，"概括"能力是最基本的技能。当代心理学家林崇德曾说："概括是智力与能力的首要特点。因此，中小学生概括能力的发展，应看成其智力与能力发展的重要指标。"然而，从日常教学与学业能力诊断中进行调研，发现目前小学生概括能力的现状主要表现为：不能准确提炼文本的主要信息；缺乏语言表述的精炼与准确；教师对概括能力的培养缺乏意识及有效的教学策略；小学生概括能力受其心理发展年龄阶段的制约等。这些均是影响小学生概括能力培养的主要因素。有鉴于此，教师需借助教学策略，培养小学生的语文概括能力。

一、概括能力培养在语文阅读教学中的重要性

《小学语文课程标准》中虽然没有直接对"概括"一词进行表述，但从第二、第三学段的阶段阅读目标中却可见对"概括"相关训练点的表述。在第二学段(三至四年级)的阅读目标中提出"能初步把握文章的主要内容"，在第三学段(五至六年级)的阅读目标中提出"阅读说明性文章，能抓住要点""阅读叙述性作品，了解事件梗概，简单描述自己印象深刻的场景、人物、细节""阅读诗歌，大体把握诗意"。从这些阅读阶段目标的表述中可见概括能力的培养在小学阅读教学中占据重要地位。

衡量一个学生的语文能力，很重要的一点是看学生能否将自己所读所听的内容转化为自己的认识，并且恰当地表达出来，这其中就涉及了学生的概括能力。一篇文本无论语言形式如何，文体如何，一定有其行文线索。概括往往能以简练凝缩的方式凸显文本的主体框架，直观显示文本的思路、脉络，有助

作者简介：李业琼，上海市徐汇区日晖新村小学副校长，中学高级教师，教育硕士，主要从事小学语文教学研究。

于学生厘清文本的结构线索,感受作者选材谋篇的独具匠心,亦有助于学生更准确地根据要求提炼信息,进行简洁表达。良好的概括能力还有助于学生对所学语文知识进行梳理、归纳,融会贯通。概括能力的培养能使学生在梳理自己所学的语文知识时更显条理化、清晰化、简洁化,这无疑是教会了学生一种学习语文的方法,提升了学生语文学习的能力。

综上所述,概括能力在学生理解性阅读中占有重要的地位,是学生学习语文非常重要的能力之一。

二、依据年段特点确定概括能力培养的目标与重点

小学阶段,不同年段的学生认知、思维发展水平有着明显的差异。要想真正地提高小学生的概括能力,必须要依据年段,设定相应的概括能力训练目标,依据课程标准、教材,确定小学阶段概括能力培养的重点内容。

1. 依据年段特点,设定相应目标

概括一般分为经验概括和科学概括,小学生因其心理发展水平的限制,其语文概括能力应属于经验概括,在直观的基础上进行的一种归纳性的概括。皮亚杰从认知发展的角度论述了小学生的认知水平处于"具体运算阶段",其思维以形象思维为主。随着年级的递升,学生的认知水平、思维发展水平都呈快速发展的趋势。概括能力的培养要遵循小学生心理发展年龄阶段的规律,根据不同的年段制订相应的训练目标,运用合适的教学方法,通过教师的有效指导,让学生掌握一些概括的方法,从而促进学生在语言上的有效发展。三年级学生的概括,主要指向事物直观形象、外部的特征,侧重于对重点段落进行信息的梳理、提炼与表达训练;四、五年级学生的概括,逐步过渡到以本质、抽象层次为主,此时学生已经能够初步对事物的本质特征和内部联系进行抽象概括,侧重在整篇文本中根据主题寻找信息、提炼信息、重组信息后进行归纳表达。

依据年段特点、学生阅读能力发展及《小学语文课程标准》,结合统编一二年级小学语文教材、沪教版小学语文教材,本研究编制了各年级概括能力训练目标。

表 1　各年级学生概括能力训练目标

年级	概括能力训练点
一年级	能在教师的指导下,找出课文中明显的信息,读懂句子的意思
二年级	能在教师的指导下,根据任务提取文中显性信息,了解课文内容
三年级	1. 能根据任务圈划文本中的关键词句;能用摘句法、借助提示等方法归纳自然段、逻辑段的主要内容
	2. 能查找资料,按要求分类整理、归纳信息
四年级	1. 能从不同角度对结构简单、清晰的课文划分逻辑段
	2. 能用摘句法、借助提示、段意合并等方法归纳重点段落或全文的主要内容
五年级	1. 能根据文章的记叙顺序,结构特点划分逻辑段
	2. 能综合运用各种方法归纳课文主要内容
	3. 阅读诗歌,大体把握并说出诗意

虽然《小学语文课程标准》在第二学段首次提出概括能力的培养,但是教师在第一学段的阅读教学中就要有意识地渗透一些概括的方法,依据学生阅读能力的发展,从学习"提取文中明显信息"开始,从"读懂句子"到"了解课文内容",逐步培养学生的概括能力。

课程标准在第二学段提出了"能初步把握文章的主要内容"这一阅读目标,具体落实时应进行分解。将三年级概括训练的重点放在小节、逻辑段的学习上,通过学习摘句法、提示的关键词语等方法归纳小节的中心思想。初步学习在重点自然段、逻辑段中提炼信息,进行分类整理与归纳。有了三年级学习的基础,四年级概括训练的重点可逐渐由"段"关注到"篇",学习对文本主要内容的概括。通过对文本结构的了解,厘清文脉,将相同信息进行逻辑段合并,用摘句法、提示及文本中的关键句等方法归纳文

本主要内容。

五年级是第三学段的起始年级,有着承上启下的作用,既是在第二学段的基础上进一步进行概括的训练,又是对中学学习概括的衔接。在这一年段的学习中,需要关注学生的综合运用能力。

2. 依据课标教材,确定教学重点

依据课程标准,概括能力培养在小学阶段的教学重点主要有三个方面,一为运用一定的方法提炼文本关键信息,经过筛选后简洁表达;二为归纳节、段、文本的内容;三为对文本中心主旨的提炼。这三方面的概括能力培养相辅相成又呈螺旋上升趋势。

(1)提炼文本关键信息

提炼文本关键信息是学习概括的第一步,也是培养学生概括能力非常关键的一步。依据年级教学重点,三年级侧重于对重点段落进行信息的梳理、提炼与表达训练,四、五年级侧重在整篇文本中根据主题寻找信息,提炼信息,重组信息后进行概括。提炼文本关键信息可以依据以下几个教学策略:

①根据主题寻找关键的段与句

多数文本都会有一些与文本主题或作者创作意图密切相关的关键段或关键句。对重点段或是对整篇文本提炼信息,要先指导学生理解主题,然后根据主题由整体聚焦部分,寻找关键段或关键句子。这样能更准确地提炼文本的关键信息。

②从自然段、句中提炼词句

找到相应的自然段后,教师要引导学生从自然段、句中提炼关键词。所谓关键词,是指在文本中能够概括文本主题、解释文本中心、展示文本脉络、标示句段关系的词语。因此提炼的关键词要能概括这一句或这一段的大致内容,为合并信息、梳理语言做好铺垫。

值得关注的是,“根据主题寻找关键的段与句”“从自然段、句中提炼词句”这两个提炼文本关键信息的策略往往是紧密相关的。以下为沪教版第五册“网上呼救”的实录片段:

师:苏珊为什么要在网上呼救呢?默读课文,找找课文哪一节写了苏珊只能在网上呼救的理由。(生默读课文。)

师:找到了吗?

生:课文的第三节写了苏珊要在网上呼救的原因。

师:请你读读第三节,其余同学找一找你能从中找到几个原因?圈划关键词语。

生:我找到了“双腿剧烈灼痛、不能行走”。

师:想想苏珊不能行走的原因是——

生:因为苏珊双腿剧烈灼痛。

师:既然是这样,那么这里我们只要圈出的词语是——(生)不能行走。继续交流。

生:我找到了“两肋像被紧紧夹住似的,呼吸困难”。

师:想想刚才我们思考的过程,苏珊之所以呼吸困难,是因为——(生)两肋像被紧紧夹住似的。所以,这里应该圈划的关键词语是——

生:呼吸困难。

师:很好,圈划的词语要能归纳出要点,读文的时候,要厘清前后的联系。还有词语吗?

生:整个楼面只有她一个人,距离最近的电话也无法拿到。

师:从圈划出的这些关键内容,可以了解到苏珊只能通过网络进行呼救的原因。自己再读读第3节,看看黑板上的这些内容,还有没有遗漏。(全班沉默)

师:我们再来看看,导致苏珊不能行走、呼吸困难的原因是什么呢?课文中是否告诉了我们?

生:苏珊旧病复发。

师:对,所以“旧病复发”这四个字非常关键,请你圈出来。

……

师:刚才我们通过读文,围绕苏珊在网上呼救的原因,找到了第三节,再通过圈划关键词语,用上这些词语,用简洁的语言说清了苏珊为什么要通过网上进行呼救。

从上述课堂实录中可见,基于三年级学生阅读能力,教师先是引导学生带着问题读文章,找到有关自然段,随后通过一步步引导,让学生了解哪些是关键点,指导学生在句中正确提炼关键,进行圈划,最后根据圈划的词句组织语言。围绕主题找到相关段落,再由自然段到句,从句中找到关键词语,这样分步走,提炼信息的精准性就提高了。

③借助批注提取文本关键信息

对于一些自然段,若文本中没有现成的词语或词组提炼信息,教师可教给学生批注的方法,通过阅读关键句、段,用简洁的语言概括要点,提炼信息。沪教版第九册“一枝白玫瑰”一文中有不少描述性的语言。对于有些描述性较强的语段,学生难以通过圈划关键词语提炼信息,借助批注的方法可以凝练要点,使概括的语言更加简洁。比如第二自然段中概括小男孩的话先找到关键信息:“特别想得到”“她已经跟上帝在一起了”“妈妈也要去了”。如果简单地将这些关键信息合并,不仅语言不精炼,也容易产生歧义。通过批注的方式,引导学生从要点中概括出“渴望”“妹妹已经死了”“妈妈生命垂危”这三点,通过批注的方式进行二次提炼,能够让概括的语言更清楚明了。

(2)归纳节、段、文本的内容

自然段与自然段构成逻辑段,逻辑段与逻辑段之间形成篇章,在某种程度上,篇章主要内容的概括是在逻辑段概括的基础上进行的,逻辑段的概括是在自然段的基础上进行的,而自然段的概括是在提取段中的关键信息的基础上进行的。因而对于段、篇章概括方法的教学策略,一是寻找文本中的特殊句子;二是合并归纳、综合提炼。

仔细阅读一些文本,会发现文本中有一些特殊的句子能帮助学生找准概括的要点。教学时,教师要引导学生找到文本中的过渡句、概括句、中心句,关注文本开头、结尾的句子。这些句子往往能提示文本叙述的主要内容,便于学生抓住要点,进行概括。比如“赵州桥”一文,找到过渡句“这座桥不但坚固,而且美观。”由这句过渡句就能厘清文本的段落,继而概括出段落的要点,上部分介绍了赵州桥的结构坚固,下部分介绍了赵州桥的美观。综合全文叙述,就能清楚地明晰文本的主要内容。

归纳一篇较长的文本内容时,要指导学生先从段的角度,概括出每段的内容,再把几段中的意思合并起来,进行综合提炼,梳理语言,归纳出文本的主要内容。对于较长的段落,同样可以先归纳自然段中心思想,再进行合并、提炼,归纳出段落的内容。此外,有一些文本是以小标题的形式串联文本内容。小标题一般是从几个方面介绍文本的内容,能使学生快速了解这一部分主要内容。合并归纳小标题同样也是一种合并归纳、综合提炼的概括方法。

当然,无论选用哪一种概括的方法,合并时都要注意语言的表达,切忌表达啰嗦、重复,要注意语言表达的连贯、流畅,使概括的语言做到简洁、准确。

(3)提炼文本主旨观点

相比信息的提炼与文本内容的概括,提炼文本观点对小学阶段的学生来说只是一种初步感受与认识。提炼文本观点时,教师要更多地指导学生通过整体阅读,抓住文本的特点,在厘清段落结构及内在联系的基础上进行主旨的提炼。

不同的文体有其表达的特点,记叙文、说明文、议论文所表达的对象不同,文本主旨的表现也就不同。通过阅读,了解文本的基本内容,借助文本特点,能够为提炼文本观点指明方向。概括记叙文的主旨可以根据文本内容,从分析人物性格、厘清行文线索入手进行归纳。以写人为主的文本可从分析人物性格入手。分析文本所写主要人物的外貌、动作、语言、心理等,通过这些描写挖掘人物的品质和心灵。以写事为主的文本可从厘清行文线索,分析事件入手。概括说明文的主旨,可以从事物的特征、厘清说明的顺序入手进行归纳。说明顺序是为说明主旨服务的,厘清说明顺序,就能找到文本主旨。

三、依据文体结构提出概括能力培养的教学策略

确定了年段概括目标与教学重点,教师要借助不同的文本结构,以此作为学习的“例子”,引导学生揣摩其中的规律,学习概括的方法。小学阶段,学生阅读最多的是叙事、写人的文本。从文体的角度,可以将这两类文本归为记叙文、说明文。在训练学生概括能力的时候,可以借助记叙文、说明文这两类文体的特点,寻找合适的教学策略。

1. 记叙文概括的基本教学策略

记叙文以“具体地记叙事件,形象地描写人物活动”为主要特点。作者的思想、情感通过记叙与描写自然地流露出来,使读者阅读时如同亲身经历,亲见其人,受其感染和影响。教师可以借助文本的叙事特点,选用以下教学策略:

(1)厘清要素,抓住行文主线

时间、地点、人物、起因、经过、结果是记叙文的“六要素”,同样也是记叙文的一条行文线索。概括这一类文本,需要先引导学生找到文本的“六要素”,再指导学生根据这些要素,厘清行文线索,通过圈划关键词句,提炼信息,进行归纳概括。教师要根据不同的年级给予不同的指导与示范,三年级大部分学生在阅读这一类文本时还无法准确把握文本的脉络线索,教师在指导学生梳理“六要素”时可以分步进行。通过读文先梳理文本中的时间、地点、人物、结果,这四个要素相对“起因、经过”来说,学生基本能独立完成。随后可引导学生借助句式“什么时候,谁在哪里做了什么事,结果怎样”说清这些要素的内容,初步感知文本的主要内容,分步合并已梳理的要素。这样的分步指导,降低了概括难度,有助于学生更清晰、简洁地表达。起因、经过部分是文本的主体部分,教师应从“扶”到“放”,教给学生清晰的学习路径。沪教版第五册“小狗杜克”一文在指导学生概括起因、经过时,先请学生从1—4自然段中找到杜克救尼科起因的句子,再通过示范,一步步引导学生从关键句中筛选要点,提炼主要信息,最后指导学生抓住要点,说清事情的起因。运用同样的学习路径,引导学生读文,找到事情经过部分的自然段,抓住3个动作词概括杜克救人的过程。

教师应根据学生年段、阅读能力的特点,在教学中分步指导,为学生铺路搭桥。通过示范学习提取关键信息的方法,降低概括的难度,学生对文本的完整概括就水到渠成了。有了清晰的学法指导,学生对这一类文本的概括就有据可循了。

(2)了解结构类型,厘清文本脉络

记叙文的结构类型主要分为以时间为序或以事件发展过程为序的纵式结构、以空间场景转换或事件性质分类为序的横式结构、时空交错的纵横交叉式结构。指导概括时,可引导学生通过把握文本的结构规律,厘清文本层次,进行相应的概括能力培养。“邻家的星期四”一文记叙了作者亲历的三件事情。对于这篇以时间为序的文本,尤其是一篇以三件事串联文本的形式,学生在阅读时会无法厘清事情的主要内容。根据这一文本的特点,教师可先引导学生关注文本结构,找到三件事的共同时间——周三夜晚。以第一件事为范例,抓住要点,引导概括事情发生在迁入新居后的第一个周三夜晚。顺着这一方法,学生很快就概括出了第二、三件事发生的具体时间。厘清了文本的叙述结构,学生对文本内容的理解就更清晰明了。

(3)借助文本题目,了解主要内容

题目就如一篇文本的眼睛,不论是哪一类课题,都从某种角度浓缩了文本最核心的内容,通过题目可以大致了解文章的主要内容和形式。有些记叙文在课题上点明了人物、地点或事情,对于这一类特点的文本,可以从读懂题目入手,进行逐字逐词推敲,找到题目之间的关联。“狼牙山五壮士”是一篇经典的文本。抓住题目,引导学生发现题目中的“五壮士”是人物,“狼牙山”是地点。在概括文本时,找到五壮士和狼牙山之间有联系的相关段落,借助“五壮士在狼牙山干什么”这一思路划分逻辑段、概括段落

大意,通过合并段落内容,梳理语言,概括文章的主要内容。

2. 说明文概括的基本教学策略

说明文以说明为主要表达方式,凡是介绍事物的构造、类别、做法、关系,解释事物的含义、特点、演变过程等方面的文本,一般都属于说明文。

(1)抓住事物特征,读懂文本内容

一篇说明文,只有抓住事物的本质特征进行介绍才能给人以清晰的认识。概括出事物的特征,就能读懂说明类的文本内容。沪教版第七册“五彩池”一文描写了五彩池的大小、形状、颜色及构成其奇异景色的原因。对于五彩池特点的学习,教师通过抓住中心词“奇异”,引导学生分块面,找到文本描写的两方面——池子与池水。随后以概括句为抓手,引导学生筛选要点,提炼信息,概括五彩池的特征,感受五彩池的奇异。小学阶段的说明文语言表达比较清晰,可根据文本的特点,引导学生在文中找到说明事物特点的句子或词语,通过这些关键信息的提取,了解事物的特点,进而进行概括,读懂文本内容。

(2)列结构图厘清说明顺序

说明文一般都有比较清晰的结构,言之有序,条厘清晰是说明文结构的特征。借助这一特点,可以指导学生通过列结构图的方式,进行概括要点的训练,厘清说明的顺序。沪教版第九册“陨石”通过描述陨石的来历及构造、形状,介绍了陨石的历史价值。为了帮助学生读懂第三自然段陨石的形成,教师可设计画结构图的方式,进行要点概括。

首先,教师可请学生朗读第三小节,引导学生关注陨石形成的几个过程,完成结构图。

随后,教师再请学生读第三节,找到流星变成陨石过程中需要的条件,补充结构图。

最后,教师引导学生借助结构图介绍陨石的形成,进行概括训练。借助说明文本的特点,教师教给学生概括的方法,先找到陨石形成的几个过程,再提炼每个过程形成的条件。结构图的形式让学生很清晰地了解陨石的形成。对于这一类文本,学生借助这样的概括路径,能准确地厘清文脉,提取要点,简洁表达。

语文是重要的交际工具,是人类文化的重要组成部分。语文学科在致力于学生语文素养形成与发展的同时,还需培养学生良好的语文习惯,使学生的综合语文能力得以提高。概括能力是语文综合能力中最基本也是最重要的一种能力。小学阶段,教师要重视学生概括能力的培养。在《小学语文课程标准》的指导下,根据年段特点,依据文本特点,在教学中循序渐进地对学生进行相关训练。

四、结语

在培养学生概括能力的同时,教师还需要注意两点:其一,不能将概括能力培养单纯作为一种知识与技能进行训练,要作为学生认知能力发展的途径,不仅传授陈述性知识、程序性知识,还应教给学生策略性知识。在培养过程中,关注学生的情感、态度,在概括能力培养的同时,让学生感受到文字的魅力,感受文本带给自己的震撼与感悟。这样的概括能力培养,对学生来说才是更有价值的。同时,应结合生活实际,学以致用。其二,概括往往是与具体相对的,在培养学生概括能力的同时,不能忽视概括对学生语文思维能力产生的其他作用。教师要让学生经常对比概括前后的语段、文本,让学生感受概括的简练与具体的铺成。

培养和训练学生的概括能力是一个不断反思与调整的过程,学生概括能力培养的策略需要通过教学实践不断完善、修正。只有不断思考、不断实践,才能通过自己的教学实践达到课程标准中提出的阅读分阶段的教学目标,不断提高学生的语文能力。

参考文献:

[1] 陈玉华.中学生概括能力培养[D].华中师范大学硕士学位论文,2008.

[2] 曹祥芹.概括能力:阅读"理解"的基本功[J].语文教学通讯,2010,(2):7-10.

[3] 崔海峰.小学生语文阅读能力的要素、结构、层次及其培养方法[D].南京师范大学硕士学位论文,2007.

[4] 闵慧.反思学生概括能力培养的现状及对策[J].小学教学参考,2010,(8):89-90.

[5] 中华人民共和国教育部.义务教育语文课程标准[S].北京:北京师范大学出版社,2011.

[6] 上海市教育委员会.上海市小学语文学科教学基本要求(试验本)[M].北京:人民教育出版社,2017.

Teaching Strategies for the Cultivation of Primary School Students' Summarization Ability

LI Yeqiong

(Rihui Xincun Primary School of Xuhui District, Shanghai, 200032)

Abstract: The cultivation of summarization ability plays an important role in Chinese reading teaching. In teaching Chinese reading in senior grades in primary schools, teachers should use the example of "text" to fully explore the training points that can cultivate students' summarization ability. This article has analyzed the importance of the cultivation of summarization ability, the determination of training objectives and priorities, and the specific teaching strategies, and pointed out that teachers should choose appropriate teaching strategies based on the characteristics of students' ages and texts in teaching, so as to help students explore, feel, understand the path of summarization, master the rules, and improve their abilities in certain learning experiences.

Key words: summarization ability, primary school Chinese teaching, strategies

论小学语文阅读与写作教学的融合

黄忠华

(上海市世界外国语小学，上海 200233)

摘　要： 小学语文教学中，培养学生的阅读能力和提高其写作水平是重要的两部分，两者相辅相成、互相促进。教师可从阅读与写作两者之间的关系中寻找突破点，探索及分析阅读与写作教学融合的方法——通过阅读培养文学素养、锻炼写作技巧，达到自主创作；以及通过优化写作教学激发阅读兴趣、提升阅读感受，并进一步提高阅读能力，促进学生更好地阅读。

关键词： 小学语文教学；阅读；写作；融合；方法

一、小学生语文阅读和写作的关系

一直以来，语文教学都存在一个问题，即语文教学中常常一手抓阅读，一手抓写作，虽然两手都硬，但教师在授课过程中，由于时间有限，学习任务比较重，导致教师只重视理论知识教学，往往没有时间扩充学生的阅读面，也没有把阅读和写作联系起来进行教学整合，这对学生阅读能力和写作能力的提高都是不利的。笔者认为，阅读与写作之间有着密不可分的关系。

1. 阅读为写作奠定基础

小学是儿童阅读能力进阶的关键时期，大量阅读可增强其阅读能力，只要具备大量的阅读基础，就能水到渠成地提高写作能力。[1] 如果把学生写作比喻成建造高楼，那从阅读中累积而来的素材则是一块块砖石。如果学生前期不积累这些知识和素材，就无法完成有效写作，会使文章空洞无物。学生只有在阅读文章内容的基础上，全面掌握文章中心，结合文章语句进行理解、拓展、延伸，积累词句、素材，丰富自己的语言，习得写作的方法和技巧，提高语言的运用能力，才能真正学会自我创作。

(1)阅读能帮助学生拓宽视野

一般而言，小学生年龄比较小，他们都没怎么接触社会，有效的课内外阅读可以让学生学习中国的文化，了解名胜古迹、名人轶事，还可了解国外的文化、风土人情等。通过阅读，学生了解的知识逐渐增多，加上一定的活动平台，如读书节、阅读分享会等，鼓励学生积极参与到阅读中去，学生在阅读能力提升的同时，也得以拓宽视野。

(2)阅读能帮助学生积累素材

在进行小学语文教学过程中，只有学生的学习兴趣得以激发，才能使学生更好地投入到学习之中。因此结合学生的年龄特点和兴趣爱好来编排的图书，能让他们陶醉在书中的故事里，浸润于书海之中，在爱上阅读的同时，也能够慢慢地养成读书的好习惯。同时他们读的书多了，自然就会积累更多的材料，这对写作很有帮助。古语有云："积之愈厚，发之愈佳。"经过长期的积累，做好了"厚积"工作，学生的阅读能力得到提升的同时，写作素材库也会随之丰富。

2. 写作能促进有效阅读

写作是表达，它是人们有意识地使用语言和文字来记录事情、表达意向的活动。学生写作从某种意义上来说，就是把从阅读中学会的语言、习

作者简介：黄忠华，上海市世界外国语小学一级教师，主要从事小学语文教学研究。

得的表述技巧运用到自己的文字中,表达自己观点,抒发自己情感的过程。它能直接反映出学生的阅读水平和阅读能力。当写作过程中发现问题时,教师、家长或学生可以根据情况对阅读的书籍、阅读的方法等进行及时的修正。

虽然阅读与写作是两个不同的过程,阅读是由外到内的吸收,写作是由内而外的表达,但两者之间可以架构桥梁,巧妙融合。在新课程的语文教学观下,如何将阅读和写作结合起来,让阅读更好地服务于写作,同时也借写作能力的提升来提高学生的阅读理解能力,是我们必须思考的问题。

二、探索阅读与写作教学融合的方法

1. 完善阅读教学,掌握写作方法

(1)通过经典阅读培养文学素养

在实际教学过程中,读比写更受重视。学生要想提升个人写作水平,阅读量是关键因素。[2]经典文本魅力无穷,它总能对学生产生很大的影响。学好一篇经典范例,就是对学生进行美的熏陶,让学生领悟作者在素材整合和表达方法、感悟词句的表达效果方面的作用。在此过程中,学生会情不自禁地与作者的情感产生共鸣,同时激发创作的愿望,这样的经典文本无疑为写作提供了肥沃的土壤。只要有了阅读兴趣,就有了写作灵感,也一定能写出内容充实,具体、生动的好作文。教师在课堂上需协助学生在阅读中积累材料,在写作中培养阅读好习惯,通过小组合作学习拓展视域范围,培养学生文学素养。[3]

如在教学“桂林山水”一文时,为让学生成为学习的主人,教师仅仅作为一个领路人,把“品读领悟”贯穿于课堂的始终,通过让学生一次又一次地朗读,感悟桂林山水的特点,陶冶学生审美的情趣,培养学生写作的激情。在教学上,先采用自由朗读的方式,让学生初读文章,找到最吸引自己的句子圈划出来,并说说自己喜欢这些句子的原因。在培养审美能力的基础上,全班进行朗读,在读中品味作者用词的精准——运用比喻、排比的修辞手法使文章语言更优美生动,突出了漓江水的“静”“清”“绿”,以及桂林山的“奇”“秀”“险”。接着,采用同桌讨论、小组互读互品的方法,引导学生通过对比,感悟作者用词的精妙。这样的教学过程,让学生“读得进去”又“跳得出来”,主动参与学习过程,自己观察、品读好词佳句,切身感受桂林山水独特的美,在钦佩作者的同时,产生想要用手中的笔描写自己眼前的美景的强烈兴趣。

(2)通过补白想象锻炼写作技巧

心理学家曾研究过,阅读是一个心理语言过程,阅读的过程就是读者和作者沟通交流的过程,就是为读者打开一扇又一扇认知的窗口。写作的过程就是从这一扇扇窗口中积累情感和审美方式,用这些积累和沉淀融入自己文本的过程。

巴金老先生曾经说过:“我会写作,不是因为我有才华,而是因为我更有感情”,所以,只要让学生在阅读中插上想象的翅膀,融入课文情感,在自己的脑海里产生作品中所描写的景象,进而产生写作的欲望。如教学“鸟的天堂”一文时,学习“作者一行人第二天来到大榕树,看到鸟儿欢腾的场面”这一部分,学生体会“到处都是鸟声,到处都是鸟影。大的,小的,花的,黑的,有的站在树枝上叫,有的飞起来,有的在扑翅膀”这句话时,引导学生抓住句中描写鸟儿不同颜色和动作的词语,关注作者动静结合描写的方法,然后进行想象练习,想象作者还有可能看到了怎样的鸟儿,看到鸟儿在干嘛?在学习“一只画眉鸟飞了出来,被我们的掌声一吓,又飞进了叶丛。站在一根小枝上兴奋地叫着”这句话时,引导学生想象这只画眉鸟在枝头上兴奋地说着什么?学生踊跃举手,积极发言,把大榕树旁欢腾的场景想象得更热闹、更欢乐。有一位学生说,他自己在植物园就曾经看到过这样的景象,没想到巴金先生把鸟儿飞翔的场景写得这么好,他现在也学会了。由此可见,学生已经从阅读中感受到了语言的魅力,也学会了如何写作。

(3)巧用仿写练习达到自主创作

对于仿写,新课标的语文教材中,许多文章的课后练习里也都有仿写训练,笔者认为仿写是学习写作的必经之路,是阅读为写作护航的重要基石。小学生喜欢模仿,这是由他们的年龄特点决定的,他们看到教师的字会去模仿,看到同伴的穿着会去模仿。作为教师,何不抓住这一特点进行“仿写”训练呢?但如何利用仿写,使“他山之石,可以攻玉”,则应该由易到难、循序渐进,逐步提

高学生写作水平。首先,从仿写句子开始。如上文提到的“桂林山水”一文中“漓江的水真静啊,静得让你感觉不到它在流动;漓江的水真清啊,清得可以看见江底的沙石;漓江的水真绿啊,绿得仿佛那是一块无瑕的翡翠。”可让学生先仿照句子中的比喻写法仿写其中一句,锻炼写话能力。在此基础上,理解作者用三个排比的比喻句淋漓尽致地写出了漓江水“静”“清”“绿”的特点,引导学生体会这样描写的好处,并启发学生能否对自己旅行的某一景点进行仿写。通过讨论之后,学生兴趣高涨,有的学生决定从颜色、动静、动物习性三个方面来写暑假里刚刚去过的非洲大陆;有的学生想尝试从味觉、触觉、视觉三个方面来写自己去过很多次的苏州。连平时提到写作文就害怕的学生,都跃跃欲试,觉得有段落可以参照,自己会写了。当然,写完之后更要注重讲评,可以让学生比较原文和修改后的句子的差异;也可以摘录句子,分析文本使用了什么修辞手法使句子表达更加生动、形象。让学生在比较和思考中感悟文本的语言魅力,提升自己的写作水平。

总之,教师应充分发挥文本的示范作用,根据文本素材整合的方法,有意识地引导学生领悟作者的表达方法。在此基础上找准读写结合的训练点——按照词语、句子、片段、文章层层递进的方式进行训练,学生的读写能力一定能有所提升。

2. 优化写作教学,促进有效阅读

经过一段时间的写作训练之后,学生的写作能力不断提升,他们理解文章中心思想的能力也随之增强,综合性语言表达能力也得以发展,发散性思维、人文素质等都得到切实的提高。因此,学生内心的欲望得到调动,自主阅读和写作的欲望便会更加强烈,从“要我读”变成“我要读”。那么,如何让写作教学作用于阅读指导,激发阅读兴趣呢?

(1)写作前充分准备,用选材激发阅读兴趣

写作前的准备在整个写作过程中起到最关键的作用,做摘抄便是写作前准备的重要方法。俗话说“巧妇难为无米之炊”,不论是用本子来记,还是记在心里,在积累了自己的一系列写作素材后,学生面对每一次的作文题目,才不会发生抓耳挠腮、唉声叹气的状况。为了积累素材,教师可以教会学生学做摘抄,在阅读过程中摘录一些词句,日积月累,在此基础上教会学生如何围绕中心去选材,学会思考选择哪一个素材才更切合题目,更能表达中心,更新颖。学生在教师的引导下,会有意识地选择更能有效帮助自己写作的好作品:文选类书籍、经典阅读书目等。而在写作过程中,哪些部分需详写,哪些需略写,都让学生自己事先安排好,然后在课堂上说出来,让大家来说一说,所选素材是否切题,是否新颖,并一起帮助选材有偏差的学生进行修正。这样长期训练,全班学生都知道,只有平时重视阅读,注重摘记,才能学会围绕中心认真选材,避免偏题、素材老套等问题。

(2)写作时强化训练,用表达提升阅读感受

选材的问题解决了,但文章写出来仍然词汇贫乏,味同嚼蜡。那是因为学生不会描写、不会表达,写出来的文章也没有吸引力。如何提升语言表达能力?要“写”,得先从“说”做起。课堂上,教师不要急着把课文内容讲完,“一言堂”的效果甚微。要给学生留有足够的时间,让学生好好品味文章的精妙用词、流畅的叙述和生动的表达,让学生用讨论或尝试着自己写一写的方式,交流文章中哪些地方写得好,好在哪里?如果自己写,会怎么写?如在教学“我的伯父鲁迅先生”一文时,在课堂上,可以设计让学生写一篇“我的……”,写自己崇拜或喜爱的某一位亲人或朋友。为了写好文章,学生会再次精读课文,对文章内容、写作手法、描写方法等再次梳理,然后进行写作,这样的过程能让学生在感受文字魅力的同时培养学生的审美能力和思辨能力;学会作者的写作方法的同时,促进有效阅读和深入思考,加深对文章内容和主题的理解。在此基础上,让学生畅所欲言,用小组合作或同桌交流等多样的方式进行说话训练。如“琥珀”一文,课堂上应让学生复述作家所猜测的琥珀形成前发生的故事,在复述中得到感受,学会像作者一样去说、去写;还可以让学生对某一现象进行评说,比如在教授“神秘的小岛”一文时,对于“格雷海姆岛神秘地忽现忽隐”的过程,让学生对这一科学现象进行自己的评说。长此以往,天天练习,不仅增长了学生知识,丰富了学生的写作素材,提高了学生的口语表达能力,还让学生产生了再多读一些同类文章的共鸣感。

(3)写作后修改磨合,用讲评提高阅读能力

要想写一篇好文章,需要像鲁迅先生一样,一

改再改。那么教师在写作后的讲评就显得尤为重要,讲评学生作文的过程,也是教师帮助学生将平时阅读的心得再一次内化的过程。

现在的学生阅读速度很快,拿到一本书,一目十行,一会儿工夫,一本书便看完了。看完后对文章的内容略知一二,但是如果再细问情节,那就有点困难了。这是因为阅读时没有进行批注、点评、反思,这些阅读的陋习让学生并没有做到静心阅读,即有效阅读。那么写作之后的讲评如何帮助学生有效阅读呢?在教师讲评之前,先让学生本人对自己的作品进行修改,然后专门运用一堂课的时间进行作文讲评。这节课上同桌间先互评互改,最后拿出一篇典型文章让全班学生一起赏析,让学生做做批注、写写想法,这个过程有助于养成学生动笔写、用心想的习惯,让学生明白文章好在哪里,不好在哪里?培养了学生阅读赏析的能力,衍生出阅读心得。

"以读促写,读写结合",在语文阅读教学和写作教学中发挥着重要的作用,两者不能孤立,小学语文教师必须学会将两者巧妙融合。当前小学生正处于写作能力提高的关键阶段,家长和小学语文教师都应该意识到阅读和写作的重要性,认识到阅读与写作两者之间的密切联系,鼓励学生多阅读、会阅读、巧阅读,让他们多写作、能写作、爱写作,这样他们才能真正地提高阅读能力,同时在阅读过程中积累素材,学会写作方法,进而提升写作能力。

参考文献:

[1] 刘群英.浅谈小学语文教学中阅读与写作教学的融合[J].文理导航,2017,(36):46.
[2] 李红云.浅谈课外阅读在小学语文作文教学中的重要性[J].中国校外教育,2016,(4):26.
[3] 杨翘名.探究小学语文教学中阅读与写作教学的融合[J].课外语文,2017,(10):159.

On the Integration of Teaching Chinese Reading and Writing in Primary Schools

HUANG Zhonghua
(Shanghai World Foreign Language Primary School, Shanghai, 200233)

Abstract: In primary school Chinese teaching, it is very important to cultivate students' reading ability and improve their writing level. The reading and writing abilities complement and promote each other. This paper tries to find a breakthrough point in the relationship between reading and writing, explore and analyze the method of integration of teaching reading and writing, that is, to cultivate literary competences through reading, to exercise writing skills and achieve independent creation, to stimulate reading interest and enhance reading experience through optimization of teaching writing, and to further improve reading ability and promote students to read better.

Key words: primary school Chinese teaching, reading, writing, integration, methods

给养理论视域下外语课堂学习机会的创设

江世勇[1,2]，邓鹂鸣[1]

(1. 武汉大学 外国语言文学学院，湖北 武汉 430072；2. 乐山师范学院 外语学院，四川 乐山 614000)

摘　要： 课堂是我国外语知识学习的主要环境，但知识的生成离不开学习机会的中介作用。传统研究关注教或学的本体，对学习机会创设的条件、生态环境重视不足。给养理论视域下，外语课堂不仅需要足够的学习机会，更需要提供丰富的给养以支撑学习机会。学习活动中，教师必须提供足够的认知、情感、心理、互动等给养，以触发学生对学习机会的感知、解读和利用，从而获得学习机会，习得语言知识。

关键词： 给养理论；外语课堂；学习机会创设；理念；路径

课堂是我国外语知识获得的主要场域，但课堂并不能保证知识的绝对生成。真实的课堂往往充满不确定性，教学未必能按照教师的期待发展[1]，课堂组织形式、学生心理及动机、态度、学习文化、互动方式等都会影响学习机会的形成。事实上，课堂构成了一个独特的生态系统，与自然生态相比，它更凸显人类生态系统的独特性、复杂性[2]，而源于生态心理学的给养理论则为课堂学习机会的研究提供了重要理论依据。课堂给养不仅以教学活动为载体，更体现在行为主体与物理环境、语言资源、活动方式的复杂关系上。要形成学习机会，就必须有足够的给养引起学生的行动，使学习从潜在可能转变为客观现实。因此，教师必须形成生态教学的理念，架设“教师—活动—学生”的认知桥梁，通过丰富的给养支持，在非预知的环境中生成足够的学习机会，从而实现从教学设计到课堂教学、知识生成的动态互适。外语学习的目的在于掌握知识，形成应用能力。因此，教学不能简单停留于热闹的形式上，而应当落实到学习机会形成和学习产生的实质中。本文拟以给养理论为基础，对外语课堂学习机会进行必要论析，并以小学英语教学为例，诠释给养导向的外语课堂学习机会如何创设，以期为我国基础教育外语课堂教学改革提供新的参考和思路。

一、给养理论与外语课堂学习机会

1. 给养理论及其对外语课堂的启示

“给养”的概念最初由知觉心理学家 Gibson 提出，即环境能给动物提供的“养料”，或个体所能感知的事物(或事件、地理、空间)的功能意义。[3] van Lier 认为，“给养是人与自然、物理和符号世界的基础关

基金项目：本文系国家社科基金项目“西部儿童外语能力战略发展的语言文化生态环境研究”(项目编号：13BYY075)和四川省社科规划外语专项“农村学校外语教育生态环境构建与外语教育公平实现策略研究”(项目编号：SC17WY015)的阶段性成果。

作者简介：江世勇，武汉大学外国语言文学学院博士研究生，乐山师范学院外语学院教授，主要从事外语教育研究。
邓鹂鸣，武汉大学外国语言文学学院教授，博士生导师，博士，主要从事语篇语言学研究。

系,是个人获得的能完成某事的东西。"[4]给养是客观性与主观性的统一体,客观性是环境的特征,主观性是行为主体的感知。没有主体的感知,环境中的给养就毫无意义,但给养又非静态的客观性或主观性统一,而是客观环境与行为主体交互的动态存在,主体的感知效果对于给养的存在具有重要意义。给养理论的核心在于环境必须为主体提供能引起行动的"养料",并且当主体能感知到潜在、隐含的"养料",给养才能真正产生并发挥作用。例如,一本书既可用于学习,也能用于拍打蚊子,其作用取决于主体对其属性的感知,主体感知不同,给养也各不相同。然而 Gibson 谈到,给养可能是积极的,也可能是消极的。[3]如果处理不当,消极给养会成为学习的阻碍因素。给养理论对外语教学具有重要理论启示,从给养角度理解外语学习,学习者和学习环境构成不可分割的关系。[5]外语课堂教学不仅要考虑提供何种学习活动、创建何种情景,更要思考如何在教师、学生、活动之间形成适应关系。教师需要观察、发现学生是否适应教学预设和课堂活动,并给予恰当调节,以保证学生基于给养感知学习的可能性,采取行动获得学习机会。从课堂生态结构来看,教师的教学知识、语言知识、语言技能、教学技能等构成了"教"的子系统;学生的学习信念、学习态度、学习兴趣、学习动机、知识背景和学习行为构成了"学"的子系统。这两个子系统构成了课堂生态系统中人的要素,产生认知、情感、心理等给养。课堂中的座位安排、教学平台、学习资源等构成了物的子系统,为学习提供物理环境和资源给养。这些给养因素交互作用,使简单结构形成更复杂、更高级的结构,从而"突现"知识。[4]以给养为取向,外语教师应该走出单向的传统思维,立足课堂环境与学生感知的可能性,关注语料的可学性、注意的持续性、情景的恰当性、任务的科学性、环境的支持性,从而使学习从潜在、隐含的可能转变为外显、可及的现实。

2. 给养理论视域下的外语课堂学习机会

外语课堂是一个复杂的生态系统,蕴含丰富的思维空间、学习活动、经验改造、意义启迪和关系重建。[6]Crabbe 较早解释了外语学习机会,他认为学习机会是所有能实现外语知识或技能习得的通道,包括对可理解输入的处理、语言技能的输出演练和元认知策略的学习。[7] Anderson 发现,课堂学习机会出现在学习过程中,可能是隐性或显性的潜在行为,因此外语学习机会应包括注意、吸收、重塑,以及学习者元认知、情感等可能间接影响语言学习的环境因素。[8]基于 Crabbe、Anderson 的定义以及给养的内涵,我们认为,外语课堂学习机会应当是由一定的认知、情感、心理、互动、社会文化给养支持的所有能促使学习机会产生的通道、活动和过程。学习机会必须以一定的活动为载体,并产生于一定的给养关系当中。以给养为价值取向,教师必须转变线性的教学理念,关注课堂的动态性、复杂性、突现性以及给养的发展趋势,从而有效地创设学习机会。反之,如果教师不关注学生与课堂的适应关系,学习机会则可能是零散、随意和混沌的。课堂不仅要提供产生学习机会的给养条件,更要求教师与学生就学习形成期待与行动的耦合。学习者是知识的体验者、建构者,教学情景不仅需要教师角度的有效预设,以提供足够的学习机会,更要考虑学生的主体性、心理期待和对情景的适应性,确保学习机会的最终生成。因此,教学不能停留于预设的可能性上,而应与学生能否被激活,能否通过给养的支持获得学习机会结合起来。学习机会的创设必须关注教与学的适应性,对教师来说,必须考虑教学设计、教学过程能否适应学生,提供足够的认知体验、加工的学习机会以及所需的认知、情感、互动给养;对学生而言,必须理解课堂活动的目的,发现学习机会,并通过认知、元认知策略对学习机会做出恰当反应。只有教学目标、教学活动中的"可能性"与学生对这种"可能性"的感知的耦合才能形成积极给养,促生学习机会。

二、外语课堂学习机会创设的主要给养

外语课堂给养既包含认知给养,也包括支撑认知活动的情感、互动、心理和文化等因素,而学习机会的成效则取决于给养的发展状况,即课堂能否为学生提供必要的认知、氛围、心理、互动等方面的支持以及学生对暗含、潜在学习机会的感知、解读和利用。结合贺斌与祝智庭[9]的给养分类方式和外语教学特点,外语课堂学习机会的创设至少应涵盖以下给养范畴:认知给养(情景感知、学习活动组织与调

节)、过程给养(师生期待与行为的耦合及调整)、情感给养(适应课堂学习的情感支持)、心理给养(适应课堂学习的心理支持)、文化生态给养(课堂学习文化氛围)等。教师应当对各种给养有明确的理解和把握,通过给养导向的调节,使其能为学生感知,从而实现学习机会的最大化。

表 1 外语课堂给养的类型及其与学习机会的关系

给养类型	给养属性	给养内容	给养与学习机会的关系
认知给养	情景感知语料支持	创设学习情境,提供体验语言的任务或场景;场景可以是真实的,也可是模拟的,与教材、生活密切关联	提供丰富的语料、情景,推动学生体验模拟或真实性语境,感知语言结构,形成语感,在情景中获得学习机会
	学习活动组织调节	通过教学设计、教学组织和学习活动、学习任务操控,维系学生对知识的注意,推动学生的深度思维参与	以学习活动为载体,以教学组织、管理为手段,组织学生参与输入、加工、输出等认知活动,获得深入、全面的学习机会
过程给养	期待耦合互动发展	形成师生关于学习的期待耦合,通过提问、小组活动、认知调节等建立积极的互动关系	通过互动调节,提高师生、生生之间的期待、行动的耦合,减少认知冲突,拓展学习机会
情感给养	情感支持促进认知	通过课内语言、表情以及课后交流,引导学生形成学习兴趣、学习动机,对外语学习产生积极情感	推动学生形成积极的学习兴趣、动机和热情,在课堂中积极参与活动,以获得更多、更深刻的学习机会
心理给养	积极心理促进认知	通过教师言行、课堂环境的调控,提高学生对课堂和自我的积极认知,降低焦虑、紧张、陌生感等消极心理	通过积极心理的引导,降低学习焦虑、紧张、陌生感、恐惧感,提高学生参与的积极性,获得更多、更好的学习机会
文化给养	文化环境学习氛围	构建积极、和谐、团结、互助的学习文化环境和学习氛围,提供学生对课程、教学、群体的认同程度	以积极的学习文化氛围提高学生乐学、愿学的积极性,降低学习参与的焦虑,使个体获得更多的学习机会
物理给养	课堂布置设施应用	以利于学习发生的方式处理学生座位、教师走动;积极利用资源平台	尽可能让所有学生都有公平的听讲、参与的机会,都能等距离与教师接触、利用学习设施,获得学习机会

如表 1 所示,外语课堂是一个由教师、学生、资源和环境所构成的独特生态系统。学习机会的形成源于认知、情感、心理、资源等给养及其生态互适关系。从外语学习的本质出发,学生需要促进习得发生的输入、认知加工以及相应输出的机会。要做到这一点,必须处理好课堂环境中人的因素、物的因素以及人、物、环境的交互关系。教学不仅要提供丰富的积极给养,更要引导学生感知给养,并做出恰当反应,才能获得学习机会。从生态学习观出发,结合外语课堂学习的特点,外语教师必须树立生态教学的观念,提供正向的情景给养、认知给养、过程给养、文化给养和物理给养,减少负向、虚假的给养[9],通过学习主体与学习环境给养的动态适应,以积极的学习情感、学习心理、文化氛围以及有效的互动,增加学生对知识的体验、注意、比较、分析、思考、记忆的机会,从而有效习得语言知识。

三、给养导向的外语课堂学习机会的创设路径

教学是预设与生成的统一,预设是有准备的设计和策略,生成是课堂教学中现时的发生。[10]给养理论视域下,只有通过教师设计、课堂活动和学生感知、行动的互适,才能形成积极的课堂给养并被学生感知、解读和利用,从而为知识的习得和能力发展提供更多的学习机会。以小学英语为例,教学应该考虑学生作为行为主体的认知、情感和心理特点,通过情境设置、认知调控、互动适应、文化支持等给养路径创设学习机会。

1. 立足学生认知,创新学习情景设计思路

情景是外语学习的最直接、最丰富的“养料”,涉及物理环境、知识组织和感知行动的融合。通过创

设新颖、有趣、富含学习机会的情景,提供真实的、生活化的"立体"输入,更利于学生在情景中感知语言结构、功能和意义的关联,发现和应用语言知识。基于课堂给养,教师应把握学生的心智、兴趣、情感实际;基于教学和生活经验创新学习情景设计,使情景、互动、教材融为一体,引导学生在情境中发现、掌握、迁移知识。小学生天性活泼、好奇,容易对图片、色彩、声音、视频、实物等产生兴趣,形成注意,必然要求基于此创设学习情境。[11]与传统教学相区别,给养导向的情景创设必须注重给养支持,一是通过图片、音乐、视频、文字等构建模拟情景,让学生从"情境"自然进入教材,逐步熟悉目标结构及其功能,通过多频次、有意义的结构、功能复现活动,建立英语思维与现实的联结,使词汇、句子和文化知识同化到原有概念系统中。二是利用课堂、家庭、校园、社区等内容,师生共同构建鲜活的"身边情景",通过生动的情景实现语言知识与生活的融通。无论哪种情景,教师均应注意情景中的知识、情感、心理等给养的融合成效,引导学生在情景中把握学习机会。例如学习"be going to do"结构后,教师先让学生观看自编的覆盖该语法的"Lazy Tom"情景,再让学生在课外分组编写、演出"The lazy boy/girl is going to"的情景喜剧,使学生通过生活化的任务获得真实的应用机会。通过小组合作创作剧本,从确定角色、设计台词、背诵台词到课堂展演,学生从"情景外"走入"情景内",深度参与其中,不仅强化学习动机,使"be going to"的知识"突现",还进一步巩固学过的词汇、句子,实现生态化的外语教学。

2. 加强课堂调节,维持学生的注意水平

注意是学习产生的认知内核,学习机会的创设要求学生在恰当时机注意材料所呈现的结构、意义和功能。因此,引起并维持学生的有意识注意水平是认知给养的重要内容。教师不仅在设计上要注意活动的趣味性、挑战性,而且要避免过多的动画、图片抢夺注意资源。例如就小学英语课堂而言,教学应围绕认知目标,充分利用学生的认知特点,以图文、声音、视频相结合的多模态语料吸引学生感知语言,使材料中的结构和用法凸显,并在学生注意力可能减弱时及时调节,维持学生对学习目标的注意。由于学习者对语言目标的注意力有限,小学生并不总能注意到语言活动中呈现的结构和潜在知识,而且很可能被认知目标外的因素所干扰。因此,教师需要形成常态的认知监控意识,及时调节学生的注意、情感、心理给养,确保学生获得体验、比较、加工、内化等学习机会。从视觉注意来看,教师可采用大写、黑体、斜体、下划线、特殊颜色等视觉标识调节注意,提供易感知的给养,使目标更凸显;就内容表征而言,也可让学生快说、快认,形成认知挑战,或采用停顿、重复、夸张、提问、强调等听觉方式引起学生对目标知识的注意。要注意的是,教学目的与手段不能本末倒置,趣味固然能引发学生注意,但过度使用则可能产生消极给养,偏离认知目标。教师必须把握好课堂给养导向,根据学生知识掌握的状况,灵活选择互动策略,引导学生从无意识注意递进到有意识注意,及时把握住学习机会。

3. 优化提问策略,拓展语言体验的机会

提问是外语课堂互动的重要手段,也是指向学习机会的重要给养。有效的提问不仅有益于师生互动,促进学生思维,也为学生提供宝贵的"假设—检验"学习机会。合理、巧妙的追问可以充分展示学生的个性,使教学从表面走向深入,从而增加学生的语言知识,提高学生的语言技能。[12]英语课堂教学目的是为学生掌握语言知识、形成语言应用能力提供学习机会,教师应根据学生的实际状态创新提问方式,既要以单元目标为要求,又要具有一定的层次性和思维启迪,这样的问题才能提供认知"养料"。提问不仅要注意问题的形式、内容、层次,还要考虑提问的时机、方式、参与人数,以及问题能否引发思维和学习。如果多数学生已明确知道答案,回答是程序化、众所周知的内容,那么问题就不再具备认知、思维给养,难以形成学习机会。对小学英语课堂而言,问题的设置在低段、高段学生之间存在不同,低段教学中类似"Yes/No"的简单问题旨在树立学生信心,高段则要减少"Yes/No"形式的简单问题,逐步增加需要思维参与的"Wh-(When/ Where/ What/ Why/ Who/ How)"问题。因此,教师必须从问题与学生认知关联的角度优化提问策略,尤其要把握认知时机,设置有利于思维发展的问题,以引起学生注意和思维的深度参与。比如在一堂阅读课中,在处理新单词"desert"时,教师首先问"Who can tell me what the word … is",然后让第一个学生回答,答案无法确定;教师肯定了第一个学生,并继续让第二个学生猜测,仍无法确定,但已接近正确答案。教师继续引导并给予进一步提示,直到第五个学生猜出答案。[13] 这一追问活动提供了积极的认知和互动给养,通过连续的开放式问答,认知给养不断累积,逐步深入引导所有学生参与思考。这样,通过多个话轮的互动,单向的"teacher-student"交互转变为多向的"teacher-students"交互,让更多的学生参与思维挑战,生成更多的学习机会。

4. 形成对话机制,确保师生期待的互适

学习是学生在与学习环境交互的过程中发生的,"感知—行动" 循环是其发生的重要机制[14],而要实现有效的"感知—行动"互适,师生对话是重要途径。课堂教学中,往往存在教师预设的活动丰富,但学生认知、心理或情感存在某些问题而导致无法学习的情况。这一问题反映出师生在认知期待、学习活动、学习机会上的不对称性。课堂不是教师独白,而是师生对话、生生对话的"对话教学"图景[6],因此,必须形成恰当的对话机制,增强师生间的互动、协商,实现师生关注点的互适,从而提高教与学的耦合成效。教师必须通过对话了解学生的学习意愿、兴趣和认知动向,并将其在教学设计、学习活动中体现出来,如改进练习、调整语料、降低语速。以小学英语为例,教学设计及其实施必须有足够的变通性,以便动态处理课堂中随时可能产生的学习机会。教师应注意评估学生的学习状态,及时与学生沟通,以调节学习活动的形式、内容和时间安排。微观层面,教师可通过使用"Are your ready/Are you clear/Any question"等简单导语重复、强调、协商学习细节,及时获得学生反馈;宏观层面,教师应及时评估学生是否掌握知识,学习时间是否充裕,材料是否适宜,是否有思维参与等,并及时进行调节。

5. 营造学习文化,提高学生的参与意愿

学习文化是课堂中的隐性给养,很大程度上影响着学生对学习机会感知和行动的倾向。积极的课堂学习文化对教学目标的实现具有重要促进作用,如果整个班级的课堂文化积极、活跃,那么就能产生丰富的情感给养,吸引、支持学生参与学习活动,生成更多学习机会。义务教育英语课程标准(2011 版)强调,"教学要面向全体学生,营造良好的语言学习环境"[15],这意味着教师必须坚持生态教学的理念,关注课堂文化生态的影响,采取措施确保课堂学习文化氛围走向积极、轻松、愉快,扩大师生、生生间的有效互动,从而推动学习机会的生成。要做到这一点,教师应尊重学生的主体性,营造宽松、积极的氛围,降低学生的紧张、羞怯和排斥心理,形成尊重、关爱、信任的课堂生态关系,实现师生期待与心理、情感的互适。一方面,教师要了解自我教学的风格、性格特点,使教学适应学生的年龄特点和认知风格,以轻松、活泼、平等的文化给养促进学习机会的生成;另一方面,教师应注意鼓励、引导学生适应课堂学习环境,以积极的文化氛围感染学生,使学生维持、提升学习动机、树立学习自信。基于学习环境生态平衡的考虑,教学应注意保持男女生、前后排、内向与外向型学生之间的机会公平,以构建和谐的课堂文化环境。此外,教师在课后还应加强与学生对话,了解他们的课堂期待和需求,及时调整教学,提高学生的参与意愿,以获得更多学习机会。

外语课堂中的学习活动、学习资源、互动形式、文化氛围等构成了学习机会的核心给养,其导向在很大程度上影响着学习机会的产生,这为外语课堂教学的研究与实践提供了新的思路。给养理论视域下,外语教师需要以生态的视角看待课堂要素及其关系,以学习机会的生成评估教学发展导向,尤其要关注课堂能提供何种给养,能否被学生感知。教师必须正确评估课堂给养,例如教学设计是否有效、学习任务难度是否过高、活动设计能否给学生带来学习机会。随着基础教育改革的推进,形成生态教学理念,处理好课堂生态环境与学习主体的适应关系将成为课堂教学改革的重要内容,这是中小学外语教学需要关注的新视点。课堂教学的效果在于学习机会,不仅需要优秀的教学设计,更需要课堂中的认知、情感、心理、互动等给养关系的支持,以生成有效的学习机会。生态学习观下,外语教师应该转变传统的线性教学思维,立足课堂给养,聚焦学习本质,以足够的给养引导学生感知、解读和把握学习机会,这样才能实现外语教学的生态回归,使课堂活动的"潜在性"转变为知识生成的"现实性"。

参考文献：

[1] Lightbown, P. M. and N. Spada. How Languages Are Learned (3rd edition)[M]. Oxford: Oxford University Press, 2011: 162.
[2] 吴晗清，孙目. 生态学视域下"生态课堂"的构建[J]. 教育理论与实践，2017，(2)：3-6.
[3] Gibson, J, J. The Ecological Approach to Visual Perception[M]. London: Psychology Press, 2015: 3-12.
[4] Van Lier, L. The Ecology and Semiotics of Language Learning: A Sociocultural Perspective[M]. Dordrecht: Kluwer Academic Publishers, 2004: 80-85.
[5] 黄景，等. 给养与外语教育[J]. 外语与外语教学，2018，(1)：39-52.
[6] 钟启泉. 课堂规范：从"失范"到"规范"[J]. 现代基础教育研究，2011，(2)：7-12.
[7] Crabbe, D. The Quality of Language Learning Opportunities[J]. TESOL Quarterly, 2003, (1): 9-34.
[8] Anderson, J. Affordance, Learning Opportunities, and the Lesson Plan Pro Forma[J]. ELT Journal, 2015, (3): 228-238.
[9] 贺斌，祝智庭. 学习环境给养设计研究透视[J]. 电化教育研究，2012，(11)：30-38.
[10] 蔡宝来，车伟艳. 课堂有效教学：内涵、特征及构成要素[J]. 教育科学研究，2013，(1)：12-17.
[11] 吕天. "情景体验式教学模式"在小学英语教学中的应用[J]. 现代中小学教育，2012，(9)：36-39.
[12] 洪小根. 追问—放飞学生思维的助推剂[J]. 中小学英语教学与研究，2015，(3)：20-24.
[13] Kumarvadivelu, B. Beyond Methods: Macrostrategies for Language Teaching[M]. New Haven and London: Yale University Press, 2003: 51-53.
[14] 李彤彤，武法提. 给养视域下网络学习环境的生态结构新解[J]. 电化教育研究，2016，(11)：51-59.
[15] 中华人民共和国教育部. 义务教育英语课程标准(2011 年版)[S]. 北京：北京师范大学出版社，2012：4-5.

The Creation of Learning Opportunities in Foreign Language Classroom from the Perspective of Affordance Theory

JIANG Shiyong[1,2], DENG Liming[1]

(1.School of Foreign Languages and Literature, Wuhan University, Wuhan Hubei, 430072;

2. School of Foreign Languages, Leshan Normal University, Leshan Sichuan, 614000)

Abstract: Classroom is the major environment of foreign language learning in China, while the generation of language knowledge is indispensable from the mediating effect of learning opportunities. Traditional research focused on the noumenon of teaching or learning, paying little attention to the precondition and ecological environment of learning opportunity creation. From the perspective of affordance theory, foreign language classroom needs not only enough learning opportunities, but also rich affordances to support them. In the learning activities, the teacher must provide sufficient cognitive, affective, psychological and interactive affordances in order to trigger students' perception, interpretation and utilization of learning opportunities, so as to obtain them and acquire language knowledge accordingly.

Key words: affordance theory, foreign language classroom, creation of learning opportunities, conceptualization, paths

初中起始年级英语过程体裁法的写作教学

邢 蕊

（上海市梅园中学，上海 200237）

摘 要： 过程体裁教学法将教师、学习者和文本视作三种写作输入源，将写作的各个要素，包括语言知识、语境知识、写作目的和写作手段整合起来，分别作用于教学的不同环节。在初中起始年级的教学中，过程体裁法的运用具体表现为：提供范例，讨论分析；积累素材，集体临摹；实战训练，独立创作；同伴互评，完善提高。实践证明，过程体裁法注重学生的合作学习能力，倡导多主题、多元互动，以及有利于学生的自主学习。

关键词： 过程体裁法；初中起始年级；英语写作教学

一、问题的提出

从历年上海英语中考分析中不难发现，初中英语教学最薄弱的环节还是写作。不少学生对写作充满畏惧和逆反心理，面对写作题目总有无从下手之感。而六年级作为初中的起始年级，学生要从小学的写句过渡到写作，他们面临着更大的挑战，需要教师进一步规范的指导。教师若能在起始年级就培养好学生良好的写作意识与习惯，则可以为他们日后完成高年级的写作任务做好扎实的铺垫。

为此，笔者对上海某区若干所学校六年级师生进行了抽样调研，调研结果反映出目前英语写作教学的一些难点与困惑。有58.9%的教师反映目前许多版本的教材都将写作部分放至每单元最后，教材中的写作部分一般是通过题目或任务描述等来说明写作任务，较少涉及写作策略。以目前上海市使用的《英语（牛津上海版）》教材为例，其编排比例侧重听说和阅读，只言片语的写作部分使得教师在进行写作教学时感到无处可依。67.1%的教师仍在使用传统的教学方法来进行写作教学，即教师给出作文题并要求学生规定时间完成作文；83.6%的教师要任教两个班级，每次写作课后都需要批改大约100篇作文。面对学生五花八门的作文，千奇百怪的逻辑，他们常常感到疲惫痛苦。63.4%的学生表示他们在写作课上的写作兴趣没有被充分调动起来；63.1%的学生认为他们在写作过程中得到的指导十分有限；47.3%的学生认为写作就是将教师给出的词汇、句型拼凑起来，不太考虑逻辑和文体；36.9%的学生觉得自己的作文中总是有许多错误，从而对写作有畏惧心理。

基于以上英语写作教学存在的种种问题，如何在课堂实践中探索一种让学生“有框可仿、有人可依、有话可写、有径可寻”的写作教学模式，提升教师与学生教与学的效能，是本文关注的重点。

二、过程体裁教学法的含义

过程体裁法是由英国的 Richard Badger 和 Goodith White 两位学者提出的[1]，由华南理工大学的韩

作者简介：邢 蕊，上海市梅园中学一级教师，主要从事中学英语教学研究。

金龙教授在《外语界》上发表的题为《英语写作教学：过程体裁教学法》一文引入中国。[2]它是一种结合了成果教学法、过程教学法、体裁教学法三者优势的新型写作教学法。

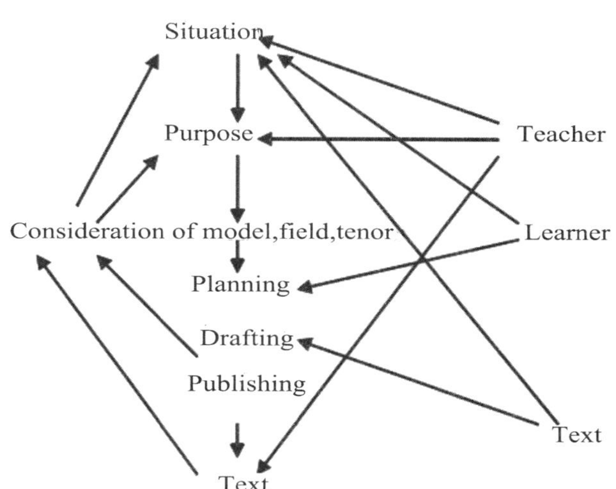

图 1　过程体裁法的教学模型

如图 1 所示，过程体裁教学法将教师、学习者和文本视作三种写作输入源，将写作的各个要素（包括语言知识、语境知识、写作目的和写作手段）整合起来，并分别作用于教学的不同环节。[1]“过程体裁法具有耗时短，效率高的特点，符合我国目前 EFL 写作教学的实际需要，应通过实验加以推广。”[2]它倡导的教学模式能帮助学生有文可依、有话可说、有句可写，提升学生的写作信心，调动学生的创作潜力。

但纵观 17 年来国内对于过程体裁法的研究，仍然大多停留在理论介绍层面，所采用的教学模式基本围绕韩金龙提出的“范文分析、模仿写作/集体仿写、独立写作和编辑修订”主要框架而实施，而且教学对象大多集中在高中、大学阶段，对初中阶段英语写作教学的研究则寥寥无几。

在笔者看来，提高学生的英语写作水平一直都是初中英语教师的重要任务，而六年级作为初中的起始年级，培养其良好的写作习惯与写作能力，更显重要。牛津教材英语六年级版的写作板块主要是通过制作家谱、影集、卡片、请柬、倡议、购物单、小诗、海报、建议等任务，为培养学生的写作能力打下基础。而过程体裁法提倡教师、文本和学生的多元互动，鼓励合作学习，在写作全过程的每个环节上都注重教师的指导、提供文本的借鉴和鼓励学生间的互助，这十分符合初中六年级学生充满依赖性的学习特征。

近年来，笔者尝试在自己的教学实践中通过运用过程体裁法解决以下问题：如何设置有系列性和可复制性教学环节，让教师有方法可依，让学生有迹可循；如何有效使用教材文本并在写作教学中发挥最大效益；如何利用评价工具提升学生写作准确性。

三、基于过程体裁法的写作课堂教学模式实践

1. 提供范例，讨论分析

在写前准备阶段，教师选择特定体裁的典型短文，与学生一起探讨短文的交际目的和体裁特征，使学生充分了解这一体裁的情景语境，包括话语范围、话语基调和话语方式，并在此基础上分析、总结这一体裁的结构、语言特点，使学生全面地了解这一体裁的形式和内容。根据教材内容的特点，一般教师可从以下方面入手：

(1)充分利用教材内容,研读分析体裁特征

《英语(牛津上海版)》6 年级上、下册共有 20 个单元话题,每个单元中听说对话、阅读材料和写作内容基本都与单元话题相一致。在某些单元,教师可以直接选取教材中的内容作为学生的写作范例,让学生讨论分析。

例如,《英语(牛津上海版)》6A Unit5 Open Day 中的读写部分要求学生写一封寄给家长开放日的邀请函。教师可以先以书本上的邀请函格式框架(图 2)为样本,展示给学生,让学生分析讨论邀请函的基本格式和特征。

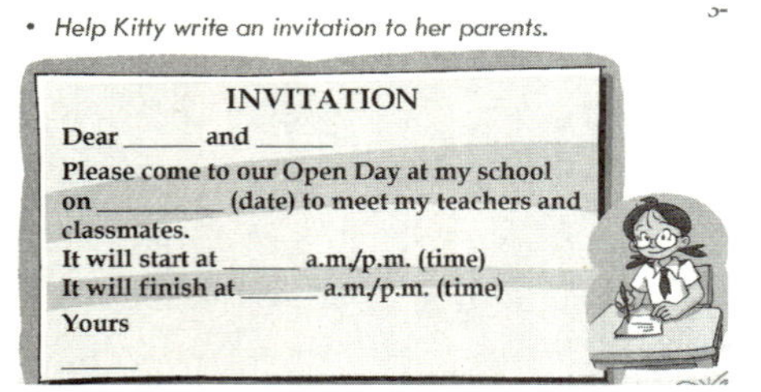

图 2 邀请函格式框架

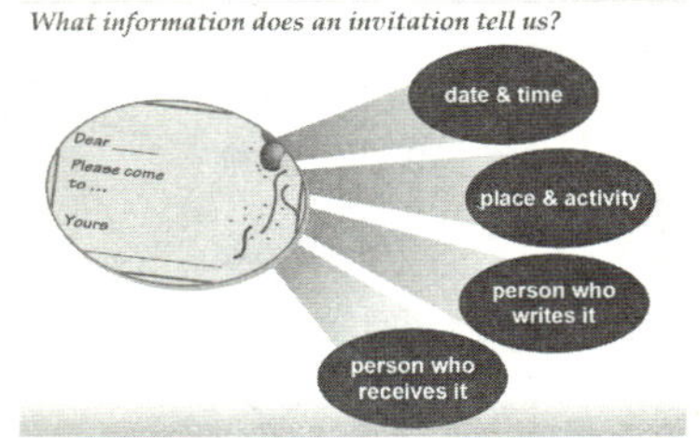

图 3 邀请函应包含的信息

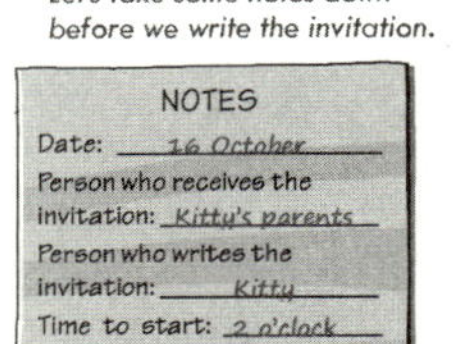

图 4 邀请函关键信息填空

学生分析图 3 后会发现,在写邀请函时要明确时间、日期、地点、活动等信息,要写明接收人和发送人姓名。之后,学生可以通过本单元教材部分的阅读内容来完成关键信息填空(见图 4),作为邀请函文体特征的巩固。

(2)适时补充课外资源,树立学生读者意识

写作具有交际目的,它展现的是作者与读者间的对话。在写作之前,学生要明白写作的对象是谁,应该选择何种内容和语气,并考虑如何使文章更有针对性。例如,在《英语(牛津上海版)》6A Unit10 Healthy Eating 的阅读文本中,学生学习到了平衡膳食和经常锻炼的重要性。教师在备课时将写作教学目标确定为"能为一位同学写一段健康建议"。因为教材中缺乏建议信的范本,教师以班级学生 John 的真实情况为例,经其同意,以他的基本情况作为一个范例来鼓励学生对他的生活习惯提些建议。

表 1 John 健康习惯调研结果

A Quiz: Do you have healthy habits?	
Do you drink a lot of water every day?	×
Do you often do exercise?	√
Do you watch TV when you eat?	×
Do you talk when you eat?	×
Do you brush your teeth before you go to bed?	√
Do you wash your hands before you eat?	×
Do you eat plenty of fruit and vegetables?	×
Do you eat a lot of sweet, fried or spicy food?	√
Do you eat breakfast, lunch and dinner?	√
Do you have enough sleep?	√

表 2　给 John 的建议信范例

Dear John,
Thank you for trusting me. I read your quiz report carefully and I am happy to give you some advice about how to keep healthy.
I think you should …
I hope my suggestions can be useful to you.
Yours
…

学生通过 John 的健康习惯调研结果(见表 1),结合之前课文中所学表达对 John 提出各类建议,如:"You should drink more water every day. It is important for you to wash your hands before you eat because dirty hands will make you sick.You had better eat a lot of fruit and vegetables because they are good for our health."学生在把建议填入信之后,发现他们的建议变得更礼貌和有人情味了,而不是单刀直入,读建议信的人也会欣然接受建议。此写前活动为学生提健康建议做好了语气、语言内容和体裁框架上的铺垫。学生有了读者意识后,写作内容会更有针对性,选用的句式也会更贴切,更符合语境。

2. 积累素材,集体临摹

在学生了解了写作对象和文体之后,教师需要以各类活动有效激活学生的大脑储备,引导学生合理选用写作素材,利用范文的写作框架,完成集体仿写环节。

例如,《英语(牛津上海版)》6A Unit2 I Have a Good Friend 写作部分要求学生完成一篇主题为"My Good Friend"的作文,但课文中对人物的介绍主要集中在性格方面,学生可以用来借鉴的词汇和句型也较少。如果教师不适当地补充语言知识,就容易导致学生作文千篇一律。因此,在之前的范例展示阶段,教师用了一个谜语(见表 3)促使学生认真读文本并猜出文中描写的是哪位教师。

表 3　谜语:"她是谁"

Who is she?
She has straight long brown hair. She likes to wear a purple T-shirt and blue jeans. She is very hardworking. She gets to school very early and go back home very late. She always give her students a lot of useful advice. Her dream was to become an English teacher when she was a young girl. Traveling is her favourite hobby. She also likes to listening to music to relax herself.

在学生解出谜语后,教师通过问题链:"What does she look like? What does she like to wear? What is her personality? What is her dream? What is her hobby? "引导学生再次阅读文本。之后再次提问"When we want to describe a person what can we write about him or her?"学生通过之前的铺垫能较为顺畅地得出结论:"We can write about her appearance,body shape,personality, hobby and dream."

之后,再利用头脑风暴的形式激活学生的表达认知,如描述外表的表达有:"short hair, long hair, straight hair, a pony tail,fair skin, big eyes,a pair of glasses"等,教师可根据学生的表述情况再进行恰当的补充。如图 5 的头脑风暴活动,教师在学生表达了"never tells lies"的基础上,新授了"honest"这个单词。

师生一起积累了写作素材后,关键的活动是引导学生把积累的素材在真实的语境中进行练习和运用。于是,授课教师向学生展示了其他四位任课教师的基本信息,引导学生以小组为单位选取一位教师进行描写。学生先用思维导图的形式确定他们的写作思路和框架,再由组长分配组员各自完成相应内容的撰写,最后整合成文。在之后小组分享和互评活动中,教师可以对共性问题进行提示并提出修改

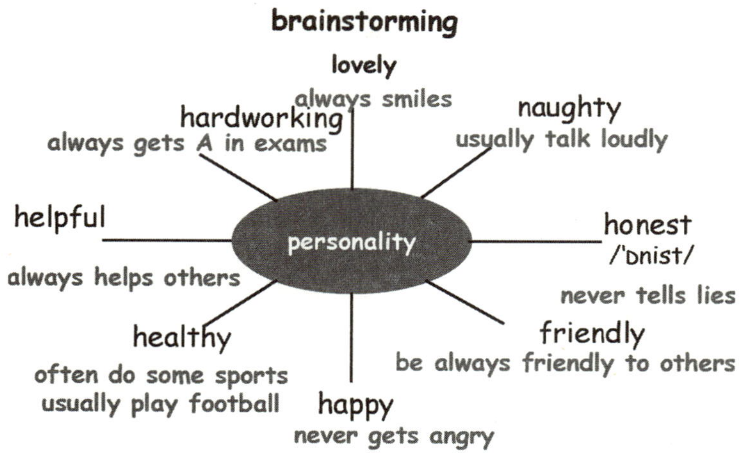
brainstorming
lovely
always smiles
hardworking
always gets A in exams
naughty
usyally talk loudly
helpful
always helps others
personality
honest
/'ɒnist/
never tells lies
healthy
often do some sports
usually play football
friendly
be always friendly to others
happy
never gets angry

图 5　头脑风暴(性格)

意见。

集体临摹的优势在于教师会针对限定的写作主题给予充分的素材支撑,同时因为有范例的存在和小组间的互助,所以不会造成学生无话可写、无框可依、无人可问的窘境。另外在小组展示的时候,也便于教师去指出一些共性问题,能对之后学生独立写作的环节做一个有效的提醒。小组合作也能让心存焦虑的学生有信心,确保其在后续写作同一体裁文章时能得心应手,发挥自如。

3. 实战训练,独立创作

在课堂中,学生通过小组合作完成了某一特定主题的作文仿写之后,学生便可在这一环节根据自己所选定的主题或阅读对象进行实际的创作,独自完成写作的过程,包括查询资料、整合素材、编写提纲、打草稿、成文等步骤,相当于把课堂中学习到的语言知识和技能进行一次迁移运用。

例如,在《英语(牛津上海版)》6B Unit 1 Great Cities in Asia 中,阅读部分的内容介绍了北京、东京和曼谷三个城市,而且文本本身就是现成的写作范例。教师在设计写作教学环节时,可先利用表格填空(见图 6)的形式,促使学生认真阅读教材文本,并总结城市描写的切入点。之后,学生分小组以“上海”为主题(见图 7),从位置、人口、旅游景点、特色小吃等方面着手开始进行课文的仿写。在这一环节结束后,学生可以自己挑选熟悉和喜爱的城市,开始独立创作。

Country	China	Japan	Thailand
Capital	Beijing	Tokyo	Bangkok
Location	north of Shanghai	north-east of Shanghai	south-west of Shanghai
Population	> 15 million	12 million	8 million
Places people enjoy going to	museums, palaces, parks, the Great Wall	tall buildings, huge department store, famous hotels	temples, beaches
Things tourists like doing	visiting those places	shopping	swimming
Food people love eating	dumplings	sushi	fruit, spicy food

图 6　文本内容表格填空

Location/
Population
places of
interest
Local
snacks
...
Things tourists
enjoy doing

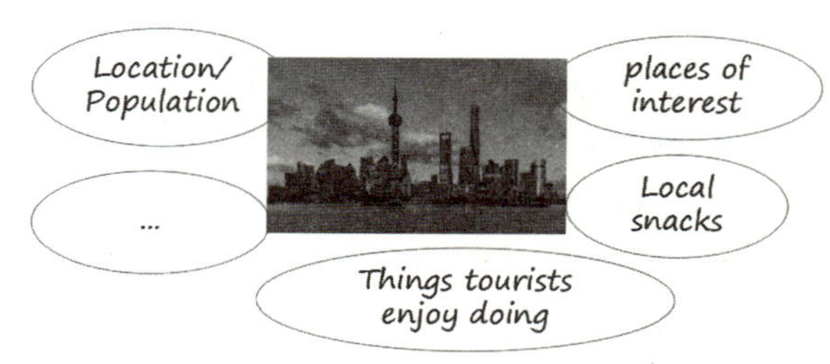

图 7　以“上海”为题进行集体仿写

根据表 4 中某两位学生独立创作的文本,可以发现不同层次的学生都能将学习到的内容进行一次迁移运用。学生基本上能围绕城市几个方面开展介绍与描写,两篇作文都十分切题,表达流畅,差别就在于学生 B 作文中的词汇量和句式相对丰富些。但以上三个环节确实能保证班级所有学生有范例中的框架可以参照,有范例中的句型可以借用,有集体仿写的成果可以提升。

表 4　学生作文“My Favourite City”

学生 A
My favorite city is Hangzhou. It is south-west of Shanghai. There are a lot of different interesting places in Hangzhou such as the Broken Bridge and Leifeng Tower. Tourists like to enjoy the night view of the west lake by boating. Dongpo Pork and Beggar' s chicken are very famous and delicious.
学生 B
My favorite city is Las Vegas. It is in the south-west of America. It is a fantastic city with great hotels, fine restaurants and beautiful night views.Tourists usually spend a lot of time taking pictures in front of the great hotels. We also can see the magic show of David Copperfield at the Mirage Hotel. It is fun to enjoy many different kinds of food in its top restaurants. It is really an exciting place.

4. 同伴互评，完善提高

写作课堂的评价环节是教师监控教学过程、反馈教学信息、激励学生学习、促进教学改进的重要手段，也是教师与学生，学生与学生进行写作交流的载体，能为学生写作能力的拓展提供“最近发展区”的机会，也有助于学生培养自己的读者意识。

(1)利用评价量表进行自评与互评

为了培养学生自查和互评的习惯和体验评价的过程，教师需要根据本堂课的写作主题精心设计评价量表。一方面，学生可以通过评价表来反思自己的写作内容、结构、语言等；另一方面，学生可再次使用本表对同伴的作文进行评价。通过比较，按照评价表中的指标能较清晰地了解自己与同伴的优势与不足，给作文的修改指明了方向。

根据写作主题和技能培养目标的不同，评价表也可以是多种形式的。简表针对性更强，学生更容易操作。例如，学生在描写自己的朋友时，最容易忽略一般现在时的第三人称单数。因此，将此评价指标放入评价单，有助于起到提醒、自查和互查的作用。(见表 5)

表 5　“My Friend”写作教学同伴评价单

Peer-evaluating checklist 同伴评价单	
Content：内容	
Has he/she written down the major information about you? 他/她是否介绍了你的主要信息？	Yes.☞　No.☞
Does his/her description show your uniqueness? 他/她对你的描述是否展现了你的特征？	Yes.☞　No.☞
Grammar：语法	
Did he/she pay attention to the third person singular form? 他/她是否关注了一般现在时的第三人称单数形式？	Yes.☞　No.☞

此外，也可按照教师阅卷时候的评价标准来设计评价表。例如，《英语(牛津上海版)》6A Unit 9 “Picnics are Fun”中，教师根据单元主题，把写作任务设定为“Plan a Picnic”。

本篇作文的语言功能是描述，要求学生写一个野餐计划，时态应用将来时。教师希望学生的作文内容要涵盖 5 个要点：与谁同行，野餐时间，野餐地点，出行交通方式和用时，想要携带的食物和用品。希望学生能围绕主题写 5~6 句话，并注意大小写(首字母、人名、地名等)、称谓，要符合英语文化习惯和语言规范，标点符号基本正确。教师根据以上评价维度设计了“Plan a Picnic”的写作评价表。

表 6 "Plan a Picnic"写作评价表

要素	指标	赋分点	得分(共 10 分)
内容	写作的 5 个要点(4 分)	内容涵盖写作要求中 5 个要点	
语言	时态、选用适切的介词(3 分)	选用正确的将来时态,能用准确的介词进行表达	
结构	语意连贯、结构紧凑(1 分)	行文连贯,句与句有关联	
字数	5 句话(1 分)	达到 5 句话	
书写	大小写、标点符号、字迹(1 分)	大小写,标点正确,字迹清晰	

学生在互评环节之后,进入分享展示阶段,教师可根据实际情况,对学生写作的亮点进行赞扬,鼓励大家模仿学习;也可将出现频率较高的典型问题进行集中讲解。

值得注意的是,学生相互间的评价不可取代教师的专业反馈。课堂上完成的只是学生的初稿,学生可以在课后根据评价表来修改和美化自己的作文,经教师审阅后成文或再次修改。

(2)利用面批途径,给予学生个性化指导

在初中起始年级的写作教学中,如果教师能给予学生个别化的关注,则有利于学生提升对英语写作兴趣,帮助其培养良好的英语写作习惯,进而消除写作畏惧感。教师在面批之前,要做好充分准备。第一,要关注学生的个体差异性,注重表达技巧,要从情感角度对学生在写作中展现出来的优点给予及时的肯定和鼓励。第二,批阅学生的初稿、修改稿和最终定稿时,要侧重于不同的评价维度。例如,对初稿的评价应该侧重于文体和内容;对修改稿的评价应看重语言表达的精准度;对终稿则是总体考量。教师可根据课堂目标的不同,有计划、有选择地进行评价,以解决突出问题。

例如,在批阅某位学生关于"My Favourite Present"的初稿时候,教师发现此学生描述心爱礼物的角度偏向于外在,理由也不够充分,也没有说明礼物的来源和意义。在与学生的交流中,教师给了如下指导:"你的这篇文章很流畅,也符合题目要求,我能从你描写的礼物中可以看出你对这份礼物的喜欢。我希望再给你一些小建议,它们能使你的文章立意更高。你不妨试着写写,这份礼物对你有什么特殊意义,对你日后的生活有什么好的影响。这样你的文章会更出彩和有深度哦。"学生在认真听取了教师的反馈后,在修改时加入了父亲叮咛的话语和睹物思人的情感描写,使得文章更真实和立体。下文为学生修改后的版本:

My Favourite Present is a pretty watch. It is pink and looks very elegant. My father bought it while he was in America. When he came back, he gave me the watch as a birthday present. He said to me, "Don't waste time, my girl. Make full use of your time." I like the watch very much because it keeps good time and it shows my father's love to me. Whenever I look at my watch, I will think of what my father has said. Then I will work harder.

待所有学生完成最终稿的修订后,教师可以设计不同的作文展示活动,让学生享受发表作品的快乐。教师可以在教室展示墙布置优秀作文集锦,课堂上邀请学生上台分享自己作文,或者直接把学生作文作为范例供其他学生参考模仿,也可以发送到晓黑板、朋友圈等 APP 中,供更多的学生和家长知晓和关注。

四、基于过程体裁法的教学模式优势分析

对于初中低年级学生来说,过程体裁法是帮助从写句过渡到写篇的坚固桥梁,它的教学模式(见图 8)有以下三点明显优势:

其一,过程体裁法注重学生合作学习能力。众所周知,六年级学生生性好动,喜欢团队活动。交流和合作贯穿于整个过程的始终,学生写作的信心和兴趣就是在这种不断的合作、交流和参与中逐渐形成

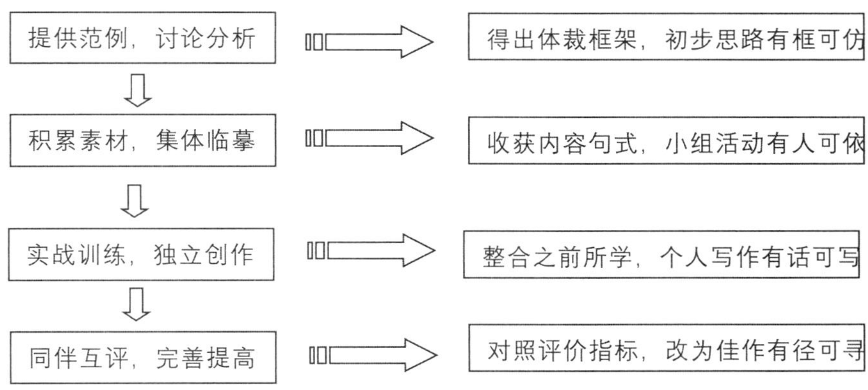

图 8　基于过程体裁法的写作教学模式

和增强的。

其二,过程体裁法倡导多主体、多元互动。过程体裁法鼓励学生、教师与文本之间的循环互动。它强调发挥文本的功能,让学生自己发现文本的体裁特征,让学生通过阅读、分析、模仿文本来得到提高,加强了多主体互动。借助临摹范例的环节,即使是害怕英语写作的学生,也能与小组成员一同在文本范例的引导下完成一篇相似主题或体裁的文章,并作为后面帮助其独立写作的脚手架。教学模式的四个基本环节使学生从一个被动接受知识的学习者变成了主动获取知识的学习者,有利于增强学生学习英语写作的信心并获取积极的情感体验。

其三,过程体裁法有利于学生自主学习。在初中起始年级,学生培养良好的写作习惯尤为重要。《上海市中小学英语课程标准(修改稿)》对初中学生写作能力提出了具体的目标:要求学生能根据写作要求,收集、准备素材;并能在教师的帮助下或以小组讨论的方式起草和修改作文。六年级学生在经历了一系列过程体裁法的教学模式之后,进入了高年级,教师可尝试让学生自己寻找合适的文本作为可参照和模仿的范例,并在课堂中分享。学生通过集体讨论分析体裁特征,借鉴结构框架,并在教师和评价量表的指导下完成写作的自评和互评。

五、思考与展望

基于过程体裁法的写作课堂教学模式在低年级实施之后,它帮助学生掌握了基本的写作技巧,养成了一定的读写习惯。但是在实施过程中,笔者发现部分学生在素材积累环节出现了“库存不够”的现象,也有学生对于该如何梳理与筛选其他同学“贡献”的素材存在着疑惑。“巧妇难为无米之炊”,学生写作素材的积累是促使过程体裁法成功实施的必要条件。因此,教师若能注重指导学生利用课内教材和课外拓展材料等进行素材积累,分层次提高学生积累内容,形成学生个性化作文题材库,则能使过程体裁法教学模式的实施和运用锦上添花。另外,笔者也在尝试充分利用计算机信息技术与网络渠道,拓展课堂教学的空间和时间,发展学生课外自主学习能力。在范文示范阶段,可以先行鼓励学生提前根据课堂主题及相关体裁,自主收集范文资料并发布在网络上,让学生利用课外时间提前阅读和欣赏以节约课堂时间,提升课堂教学效能。

在笔者看来,对于过程体裁法的研究和实践还待继续改进、深化和完善。例如,写作教学实践的终极目的是为了帮助学生成为独立自主的写作者,该采取何种措施防止学生进入高年级后被范例限制思维。另外,是否需要为照顾到不同层次学生的需求而在课堂提供多难度多样本的范例。结合以上思考,笔者在已取得的教学经验的基础上,将进一步在高年级开展过程体裁教学模式的教学探索,提升学生合理有效运用范例和组织素材的能力,使不同层次不同年级的学生都能从这一教学模式中获益。

参考文献:

[1] Badgfer R, White G. A Process Genre Approach to Teaching Writing[J]. ELT Journal, 2000, 54(2): 153-160.

[2] 韩金龙.英语写作教学:过程体裁教学法[J].外语界,2001,(4):38-39.

[3] 上海中小学教程教材改革委员会. 上海市中小学英语课程标准(修改稿)[S].上海:上海教育出版社,2004.

[4] 刘健,施志红. 初中英语写作教学活动设计[M]. 上海:上海教育出版社,2017.

A Research into the Mode of English Writing Classes in Lower Grades in Junior Middle School: Based on Process-genre Approach

XING Rui

(Shanghai Meiyuan Middle School, Shanghai, 200237)

Abstract: Process-genre teaching method treats teachers, learners and texts as three kinds of writing input sources, integrates all elements of writing, including language knowledge, context knowledge, writing purpose and writing means, and exerts their function in different stages of teaching. In teaching lower grades in junior middle schools, the application of process-genre method is reflected in the following aspects: providing, discussing and analyzing examples; accumulating material and imitating the example; practical training and independent creation; and peer review and making progress through perfection. The practice has proved that the process genre teaching method pays attention to the cooperative learning ability of students, advocates multiple themes and multiple interactions, and is conducive to students' independent learning.

Key words: process-genre teaching method, lower grades in junior middle schools, teaching English writing

《现代基础教育研究》
第 34 卷, 2019 年 6 月 (Research on Modern Basic Education) Vol.34, Jun. 2019

低年级小学生英语说话能力培养的策略

苏 萍

(上海市徐汇区上海小学,上海 200231)

摘 要: 为了有效地提高小学生的英语说话能力,教师尝试在低年级采取以下策略:指导学生学会运用学习方法、有逻辑地进行思考和说话;不断地练习巩固;对照评价标准,反思和改进自己的说话;从而提高英语的说话能力。通过教学实践,学生能主旨明确、层次清晰、逻辑合理地进行思维和英语说话。实施之后,学生学会根据不同的情境,自身的思维水平、英语语言知识水平,正确地选择和调整学习方法和思维策略。为学生将来在英语学习能力和知识水平上的可持续发展,打下扎实的基础。

关键词: 小学低年级;英语说话能力;学习方法

小学低年级是培养学生英语听、说习惯和能力的重要阶段。二年级学生经过一年牛津英语教材的学习,已经积累了相当数量的英语词汇和句子,在这一基础上,培养学生运用已有的英语语言知识,层次恰当、有逻辑地说话,是符合学生能力水平发展要求的。

笔者通过指导二年级学生学会运用学习方法、有逻辑地进行思考和说话;进行不断地练习巩固;对照评价标准,反思和改进自己的说话;从而提高英语的说话能力。本研究旨在:让学生能主旨明确、层次清晰、逻辑合理地进行思维和英语说话;让学生学会根据不同的情境,自身的思维水平、英语语言知识水平,正确地选择和调整学习方法和思维策略;为学生将来在英语学习能力和知识水平上的可持续发展,打下扎实的基础。

一、英语说话能力培养的学习方法

在本课题研究中,笔者调整了“教学说话”这一课时的原有教学目标。将原有教学目标 1 学生正确运用词汇和句子(语言知识的掌握),进行表达(语言能力的提高)”调整为教学目标 2。此外,笔者将“学生学会选择和正确运用学习方法,进行说话”设置为教学目标 1。教师关注学生培养的重点,不再仅仅是语言知识和语言能力,还有学习方法。学习方法的掌握,先于语言知识和语言能力,甚至更为重要。教会学生运用学习方法,梳理思维的逻辑和内容的层次,从而提高说话的质量,即为学生英语说话能力培养的策略。

教师梳理和归纳出帮助学生进行英语说话的五种方法(见表 1)。

作者简介:苏 萍,上海市徐汇区上海小学高级教师,主要从事小学英语教学研究。

表 1　促进学生英语语言能力提升的五种方法

学习工具	教材	举例	优点	缺点
图片 Pictures	2B M1U1	A rabbit 	直观、形象,所见即所说	逻辑性、层次性较差
提示 Hints (分为三种:词汇提示、句子提示、词汇和句子提示同时出现)	2A M4U2	A dog Look at the ________.(animal) It's ________. (big/small/fat/thin) It's ________. (colour) It can ________. (run/jump…) It likes ________.(food) 以上为词汇和句子提示同时出现)	可以帮助学生认读、理解词汇和句型; 说话的逻辑性和层次安排非常合理。	学生依赖性较强,一旦离开所给提示,逻辑和层次的合理性就会变差; 表达千篇一律,千人一面;不灵活多样。
问题 Questions	2B M2U3	Animals I like What animals do you like? Are they big or small, fat or thin? What colour are they? How are they?	可以更进一步提高学生认读理解词汇和句型的能力; 说话的逻辑性和层次安排非常合理。	表达千篇一律,千人一面;不灵活多样; 学生自主拓展说话内容的意识较弱,离开所给问题,会出现不知从何说起的情况。
思维导图 Mind maps	2A M2U3	Me 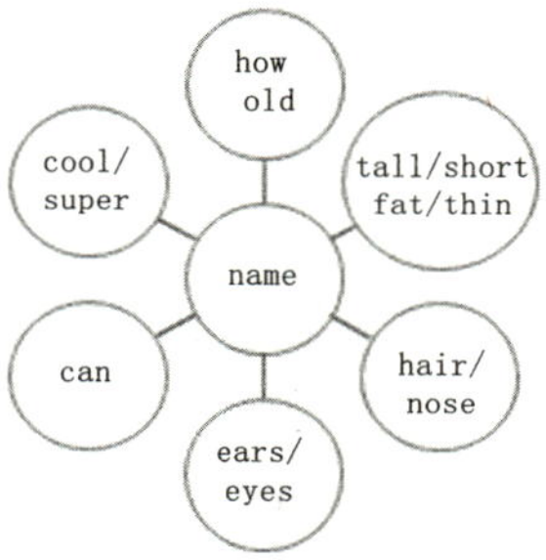 how old cool/super tall/short fat/thin name can hair/nose ears/eyes	方法简单,易于掌握; 逻辑、层次清晰,明确	对学生的观察的能力和归纳、分析、联想等思维能力要求较高。
话题 Topics	2B M3U3	My clothes	简单、清晰; 学生可以进行自由的、无限的发挥。	太过抽象,简单。学习能力落后的学生不知从何入手; 对学生的独立归纳、分析、联想等思维能力,思维逻辑性和层次性要求较高。

这五种学习方法各有优缺点。图片直观,但是逻辑和层次性较差。学生看图说话往往语言层次混乱,逻辑前后矛盾。话题虽然便于学生理解,但是太过抽象,不利于学生展开说话内容,逻辑性和层次性更加无从谈起。图片和话题让学生有话可说;提示、问题和思维导图这三个学习工具,可以很好地帮助学生进行结构和层次上的整理,让学生的说话变得更有质量。在二年级第一学期,需要两种甚至三种学习方法同时出现,帮助学生进行说话。在第二学期,教师尝试减少学习方法,逐步过渡到使用一种方法,最终达到学生仅根据话题,就可以达到说至少 6 句有逻辑,层次合理的话的水平。

说话的逻辑性体现在表达内容的关联性上,如因果关系、并列关系、转折关系、归纳与演绎关系、分析与综合关系、抽象与概括关系、比较关系等。避免用词和内容的重复,避免出现和话题无关的单词和句子(无效信息),是二年级学生学习说话时需要掌握的两条主要逻辑。

说话的层次在结构上可以分为总分、分总和总分总;在顺序上可以是从上到下、从下到上,由表及里、由浅入深、从易到难,按时间顺序等。二年级主要掌握总分总结构,以及从上到下和由表及里的顺序。

二、英语说话能力培养策略的实施

1. 运用艾宾浩斯遗忘理论的策略

根据艾宾浩斯的遗忘曲线理论,设计说话能力培养的课堂复习、作业、练习和测验的内容、形式和时间。理解和学会运用学习方法进行说话后,学生需要不断的练习、巩固,真正熟练掌握这些方法,才能真正流利地说话。因此复习是学习中非常重要的环节。

艾宾浩斯理论认为复习的总次数至少要达到七次以上,见表2:

表2 七次不同形式和要求的复习

次数	第一次	第二次	第三次	第四次	第五次	第六次	第七次
时间	课堂即时	课堂即时	24小时内	3天内	一周后	1个月后	2个月后
形式	课堂复习	课堂复习	作业复习	两分钟预备铃复习/抽查	单元口语练习卷	模块复习、测验和订正	期中(末)阶段练习复习、考查和订正
内容	教学话题	迁移话题	教学话题	教学话题/迁移话题	教学话题/迁移话题	教学话题/迁移话题	教学话题/迁移话题
检查	师生共查	师生共查	学生自查/家长检查	师生共查	教师检查	学生自查/家长检查	教师检查

复习的最佳时间是学习后开始的24小时内;其次重复复习必不可少,适当的过度复习是恰当的;还有,有意义的记忆材料复习效果大于无意义的记忆材料。因此,在二年级中,笔者和备课组内的英语教师从课堂复习、作业设计和检查单元口语练习卷到模块测验卷,进行了全部的整理和修改。为了帮助学生进行知识和方法的迁移,每一个话题都设计了迁移话题。

以2BM1U1为例,话题是"A rabbit",迁移话题"A bee/A bird/A frog/A bear/A tiger/A monkey/A panda/A dog/A cat/A pig/A sheep/A chick/A duck/A hen/A cow/A fox/A hippo"(1A到2A出现过的小动物)。让学生选择自己喜欢和乐于描述的小动物,进行说话。课堂设置即时复习的环节,教师指导全班借助提示(hints)和图片(pictures)共同完成"A rabbit"的说话。"I see a rabbit. It is small and fat.It is white/black/yellow. It can jump. It likes grass. It is lovely/cute."师生共同评价发言者说话的完成度,指出不足和错误。教师提醒全班学生注意避免类似的错误。3到4位学生发言后,PPT出示各种图片,同时去掉提示,请学生挑选自己喜爱的动物,进行新话题的迁移和拓展。"A bear: I see a bear. It is big and fat. It is white/black/brown. It can swim.It likes meat/fish. It is lovely/cute."接着在回家作业中,教师布置:完成看图说话A rabbit;画一个自己喜欢的小动物,进行说话,可以是学过的小动物,也可以是课外的。有的学生会说出一些较难或冷僻的单词,如alligator, dinosaur等。教师可以根据时间,自行安排在第2或第3节课,或者这两节课的预备铃时间,请学生说一说自己准备的小动物。完成一个单元(Unit)的教学后,教师会给学生一张朗读卷。说话的题目是课堂教学话题或者是迁移话题。在一个月后,会进行一个模块(Module)的测验,话题是课堂教学话题或者是迁移话题。教师一对一批改,明确地告知需要改进的地方。这张单元测验卷可以让家长知道自己的孩子哪里需要改进。经过至少6次的复习、改进,学生基本已经熟练掌握学习工具,能够灵活、正确地运用,进行层次合理、逻辑正确的表达。少数未能达到平均水平的学生,仍然需要时间反复练习。

2. 建立评价规则和标准的策略

建立明确的评价规则和标准,可以有效提升学生个体的学习效率和反思效果。通过备课组讨论建立的评价规则是:倾听规则,倾听并理解教师的讲解和同伴的发言;评价规则,在教师允许的情况下,对照评价标准,表达自己的观点;反思规则,前几位发言同出现的错误,自己应该避免发生。这三条评价规则,对于学生来说简单明确,易于操作。偶尔有违反或忘记规则的,经提醒,也能马上改正。第三条规则充分发挥了评价的改进作用,对学生的进步起到了很大的作用。学生不仅能发现别人发言的错误,更能主动地改进自己的错误。和以前的教学相比,学生的自我纠错能力和进步更快、更明显。

表3 二年级学生说话能力评价标准

等第	A	B	C	D
话语量	至少6句	5句	4句	3句或以下
发音 & 表达	清楚、正确,流利	清楚、正确	清楚	含糊不清
词法句法	没有错误	1个错误	2—3个错误	3个以上的错误
层次合理	有开头句和结尾句;有总分或分总的结构;按照从上到下,从左到右,方位顺序或时间顺序进行描述或叙述	有开头句和结尾句;有总分或分总的结构	有开头句和结尾句	层次安排非常混乱
逻辑正确	没有自相矛盾或说不通的表达			逻辑混乱,前后矛盾,不能自圆其说
注:如果偏题,等第为D。				

表4 二年级学生说话能力评价标准

	评价标准细则说明
等第	偏题,等第为D。 达成前五项,等第为C; 达成前七项,等第为B; 在前七项的基础上,达成八项或九项中的任何一项,等第为A。
项目	□ 说话时,眼睛看着倾听者,神态自然。 □ 有动作或肢体语言,帮助倾听者理解话语内容。 □ 话语量至少6句。 □ 发音 & 表达清楚、正确、流利。 □ 有开头句和结尾句。 □ 逻辑正确没有自相矛盾或说不通的表达。 □ 层次合理,有总分、分总或总分总的结构,按照从上到下,从左到右,方位顺序或时间顺序进行描述或叙述。 □ 语法句法正确。 □ 有新单词、新句子或者好词、好句。

表3和表4为英语备课组反复修改后制订的评价标准细则。和表3相比,表4的评价标准更加全面、详细。并且与中高年级语篇写作的评价标准接近,实现了低年级说话和中高年级写作的无缝对接。评价表的项目虽然看上去繁杂,但是非常具有可操作性,二年级的C级的五项标准就是一年级说话的评价标准,学生几乎都能达成。教师倾听学生说话时,可以更多关注B级和A级的评价标准。

另外，这些标准可以在期末输入学生评语，有助于教师更为详细、清晰和准确地对学生做出评价，也让家长明确等第的评价标准，可以有针对性地帮助孩子改进。这些评价帮助学生明确自己努力的方向；根据标准对他人做出正确、客观的评价；根据标准和他人评价，改进自己的不足。这些评价标准促使教师精准、明确和公正评价学生。由于有了明确的评价规则和标准，评价的人可以是教师、班级集体、学生个体，也可以是家长。

3. 单元实施案例

图 1 为 2B M2U3 P3 单课时为教学案例。教师首先根据本课时教学内容，给出话题 The lions，然后请学生举手，对“lions”进行描述。“They are brown. They have long tails. They like meat.”除了以上这些书本上的句子，学生还说出了“They are big.They can run.”开头句，教师启发学生可以运用多种句式进行表达。在学生发言中，教师选了两种学生学习过的句子。然后，教师请学生运用学过的学习工具（提示 hints）和已有的句子，根据自己的经验，设计一份提示。

接着，请学生 4 人为一组，对以上的句子进行排列。完成学习工具提示后，教师给出指令“Listen ”，让全班倾听教师的正确示范（PPT 上只呈现提示，不出现答案，需要学生做出即时反应）。接着请学生个体独立模仿操练“The lions”。然后，教师请个别学生说话，教师和班级对照评价标准一起给出评价，指出学生容易出现的错误。再次，挑选学生说话，对学生的反思和改进予以评价。在这之后，教师在 PPT 上出示“The zebras”的话题和图片，进行话题的迁移练习。直接请学生起来做示范，教师和个别学生评价。一周后的口语练习卷进行复习巩固，一个月后再进行模块测验。教师通过面对面的口试，发现班级中还有哪些学生不能正确说话，及时帮助学生纠正、改进。

4. 不同学习工具使用的案例

同一个话题，可以运用多种学习工具。以 2B M3U3 P5 “The Four Seasons”为例，除了图片和话题外，其余三种学习工具也都可运用。话题设计为“The season I like”。

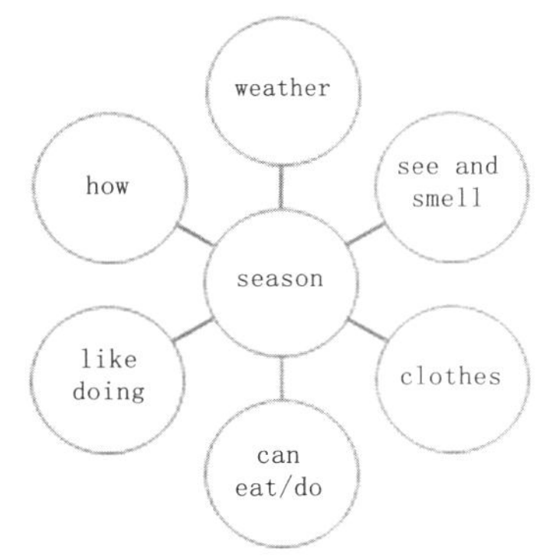

图 1　思维导图 Mind map

问题

What season do you like?
How is the weather?
What colour is the season?
What can you see?
What can you smell?
What do you have?
What can you eat/do?
What do you like eating/doing?
How is the season?

提示

What season do you like?
How is the weather?
What colour is the season?
What can you see?
What can you smell?
What do you have?
What can you eat/do?
What do you like eating/doing?
How is the season?

三、英语说话能力培养策略的成效与问题

1. 成效

学生掌握学习工具后，在说话时，会注意表达的逻辑性和层次安排，使表达更加理性和有依据。运用学习工具进行说话，根据规律进行有效复习，建立规则引导学生反思、改进说话的教学策略，大大提高了二年级学生的说话能力和水平。学生在二年级期末说话项目的考查中，得 A 的比例达到了 96.76%

(年级共 339 人,得 A 人数 328 人)。和往届相比,比例得到了大大提高。在英语专用教室,由非本班任课的英语教师进行考查,又是口语练习中最难的一个形式,但是学生表现得非常自信,表达熟练、流利。

2. 问题

二年级学生能看懂思维导图,并主动借助思维导图进行说话,但是没有独立绘制思维导图的能力。学生设计问题的能力也较差,笔者认为这是由于掌握句子比较有限所致。以上两点,是本研究可以改进和突破的地方。鼓励学生个体独立绘制思维导图,让学生以小组为单位设计和整理问题清单,通过这种方式来培养学生独立思考,互动合作,主动运用有效学习方法的意识和能力。制作的思维导图和问题清单可以布置在教室中,进行班级分享或者收藏在学生的成长档案袋中。

参考文献:

[1] 叶浩生.21 世纪高校心理学教材西方心理学理论与流派[M].广州:广东高等教育出版社,2004.

[2] 祁静静.艾宾浩斯记忆法与英语学习[J].宿州教育学院学报,2011,(1).

[3] 余文森.核心素养导向的课堂教学[M].上海:上海教育出版社,2017.

[4] 人民网.《中国学生发展核心素养》发布[EB/OL].2017-01-04.

[5] 中国教育新闻网.中国学生发展核心素养研究课题组负责人答记者问[EB/OL]. 2017-01-09.

[6] 王凯.发展性校本学生评价研究[M].上海:华东师范大学出版社,2009.

The Strategies of Developing Students' English Speaking Ability in Grade Two of Primary Schools

SU Ping

(Shanghai Primary School of Xuhui District, Shanghai, 200231)

Abstract: In order to effectively improve English speaking ability of primary school students, teachers have tried to adopt the following strategies in the lower grades: to guide students to learn to use learning methods, to think and speak logically; to practice constantly for consolidation; to compare the evaluation criteria, reflect and improve students' speech, thus improving their English speaking ability. Through teaching practice, students can think and communicate in English with a clear theme on their minds and with a clear hierarchy and rational logic. After implementation, students can learn to correctly choose and adjust learning methods and thinking strategies according to different situations, their own thinking level and their level of English language knowledge. Such practice can lay a solid foundation for students' sustainable development in English learning ability and knowledge level in the future.

Key words: grade-two students, English speaking ability, learning tools

优秀传统文化进入中小学课堂的价值取向与推进逻辑

郭文良

（天津师范大学 教育学部，天津 300387）

摘　要： 传承与发展优秀传统文化已成为一种国家战略。推动优秀传统文化进入中小学课堂，意味着课堂成为优秀传统文化传承与发展的主阵地，优秀传统文化成为课堂教学的重要内容。优秀传统文化进入中小学课堂的价值取向，体现为：传承与创新优秀传统文化，增强国民优良品性，培育具有优秀传统文化素养的一代新人，打造中国特色基础教育新样态。优秀传统文化进入中小学课堂的推进，应沿着目标定位、内容选择、方法推进和效果评估的逻辑进行。

关键词： 优秀传统文化；课堂；价值取向；推进逻辑

中国传统文化是中华民族的根脉和灵魂。传承与发展优秀传统文化是新时代国家发展、民族振兴的基石。学校作为育人的重要场所，承担着传承与发展优秀传统文化的重要使命。推动优秀传统文化进校园、进课堂已成为社会各界的基本共识，也是国家政策的应有之义。2017年1月，中共中央、国务院印发了《关于实施中华优秀传统文化传承发展工程的意见》（以下简称“意见”），提出“把中华优秀传统文化全方位融入思想道德教育、文化知识教育、艺术体育教育、社会实践教育各环节。以幼儿、小学、中学教材为重点，构建中华文化课程和教材体系。”[1]学校课堂是传承文化的主阵地，让优秀传统文化进入中小学课堂，既是提升优秀传统文化教育成效的重要路径，也是让中小学生理解、认同、热爱、传承优秀传统文化的必然选择。然而，审视当前教育实践，优秀传统文化进课堂存在形式主义、价值偏离等问题。因此，厘清优秀传统文化进课堂的基本意蕴，明确优秀传统文化进课堂的价值取向与推进逻辑，对于实现“传承与发展优秀传统文化，培育有灵魂的时代新人”具有重要的时代意义和现实价值。

一、优秀传统文化进入中小学课堂的基本意蕴

优秀传统文化进课堂的前提性认识，即是对其基本意蕴的理解。优秀传统文化进课堂包含着两方面的基本意蕴：一方面是优秀传统文化进课堂，对课堂意味着什么；另一方面是优秀传统文化进课堂，对于文化本身意味着什么。

1. 课堂成为优秀传统文化传承与发展的主阵地

让优秀传统文化进入中小学课堂，首先意味

基金项目：本文系2018年度天津市教委社会科学重大项目“优秀传统文化进入中小学课堂路径研究”（项目编号：2018JWZD08）和2017年度天津市高等学校人文社会科学研究项目“天津智慧校园建设标准研究”（项目编号：2017SK140）的阶段性研究成果。

作者简介：郭文良，天津师范大学教育科学学院讲师，博士，主要从事教育基本理论、课程与教学论研究。

着将课堂作为传承与发展优秀传统文化的主场所、主阵地。时下,传承与发展优秀传统文化已在教育领域掀起一股热潮,优秀传统文化融入教育全过程、贯穿教育各环节,在未来教育中将成为一种新常态。而不管优秀传统文化教育如何开展,其都离不开课堂这一重要的学习场域。布迪厄认为,场域是一个相对独立的社会空间,也是一个充满竞争的空间,场域中存在着积极活动的各种力量,它们之间的不断博弈使场域充满活力。[2]在充满活力的课堂场域中,各种复杂关系主体通过某种制度或规则,以课堂活动的形式传承与发展优秀传统文化。

优秀传统文化的传承与发展离不开课堂。要让优秀传统文化教育更全面、系统、可持续,课堂是最好载体。[3]任何一种文化的传承与发展都必须具备传承与发展文化的主体、手段和环境这三个基本条件。课堂作为传承与发展文化的重要环境,是无法被其他环境所替代的。课堂是一个有着多种结构的综合形态,是集教学和课程及与之密切相关的课堂文化、课堂关系、课堂组织与管理、课堂环境于一体的多种要素构成的综合体或系统。[4]课堂不同于教室,也不同于班级,其有多种价值。优秀传统文化的传承与发展主要是通过课堂来落实。关于优秀传统文化的活动可能是一时的,而优秀传统文化进入课堂则更具长效性、持续性和连贯性。

2. 优秀传统文化成为课堂教学的重要内容

课堂充满着无限的价值意蕴,教育各主体正是在课堂空间中实现发展的。课堂不是孤立于社会存在的,其受到社会政治、经济、文化等各个方面的深刻影响。随着课堂教学改革的推进,文化在课堂中的地位日益凸显,并逐渐成为课堂教学的重要内容,培养“文化人”逐渐成为课堂教学的主要目标。

课堂教学内容多种多样,选择合适的课堂教学内容是课堂价值实现的前提和基础。让优秀传统文化成为课堂教学的重要内容是源于文化对于课堂教学的重要价值。可以说,文化是课堂教学的源泉和命脉。对已往课堂教学内容的梳理发现,其经历了从注重科学到注重人文,再到注重科学与人文相结合的发展阶段。优秀传统文化具有浓厚的人文意蕴,理应成为课堂教学的重要内容。将优秀传统文化作为课堂教学的重要内容,不是排斥其他因素在课堂教学中的作用,而是在重视其他各因素的同时,突出优秀传统文化在课堂教学内容中的重要位置。让优秀传统文化成为课堂教学的重要内容也是基于对课堂教学内容的深层理解。

二、优秀传统文化进入中小学课堂的价值取向

“什么知识最有价值”“谁的知识最有价值”以及“如何实现价值”,一直是课堂教学关注的核心议题。对于这类问题的回答实际上就涉及价值取向问题。所谓价值取向是指一定主体基于自己的价值观在面对或处理各种矛盾、冲突和关系时所持的基本价值立场、价值态度以及所表现出来的基本价值倾向。[5]优秀传统文化进入中小学课堂的价值取向,是指教育主体基于一定的客观标准对优秀传统文化进入中小学课堂的价值判断,以及在价值判断基础上根据自身的价值观念开展相关活动所表现出来的一种价值倾向。从价值哲学的角度审视优秀传统文化进课堂,其价值取向主要体现在以下几个方面:

1. 传承、发展与创新优秀传统文化

优秀传统文化进课堂的价值取向,首先是不断传承、发展与创新优秀传统文化。文化传承包含两个方面的意蕴,一是在时间上具有延续性,二是在代际间具有传递性。从实质上看,文化传承是一种基于一定标准的文化选择过程,即对某种文化内容进行不断选择和扬弃的过程。作为文化的精髓,优秀传统文化的传承需要通过教育来实现,而优秀传统文化进课堂是传承文化的最佳途径。优秀传统文化进课堂不仅意味着进入课堂本身,更意味着进入课程、教学、课堂活动等课堂的全过程之中。在课堂上,教师将优秀传统文化作为重要的课程内容,以丰富多样的教学形式传递给学生,实现优秀传统文化的传承。

优秀传统文化不仅需要传承,还需要不断发展。文化传承是文化发展的基础和前提,而文化发展则是文化传承的根本指向。优秀传统文化的发展体现为文化自身的繁荣,也体现为由优秀传统文化发展而带来的社会整体风貌的改变。优秀传统文化进入课堂,有利于优秀传统文化的发展。任何文化的发展都需要时间和空间来进行。从时

间上看,优秀传统文化的发展不是一蹴而就的,必然经历长时间的发展历练。从空间上讲,优秀传统文化的发展需要适宜的空间来进行。课堂是学校最核心的教学环境,集各种教育优势资源为一体,在发展优秀传统文化上具有其他环境无法比拟的优势。

创新是优秀传统文化得以传承的根基,也是文化发展的不竭动力。文化的创新既是在文化发展中不断改造旧文化的过程,也是创造新文化的过程。优秀传统文化进入中小学课堂,能够促进优秀传统文化的创新。当优秀传统文化进入中小学课堂后,有利于培育出更具创新性的人才,并通过创新人才推动文化的创新。课堂中的文化交流与碰撞能够为优秀传统文化的创新提供契机和活力,文化创新正是在交流碰撞中得以产生的。

2. 增强国民优良品性,培育具有优秀传统文化素养的一代新人

教育的根本目的是传承文化,培养人才,促进人的发展。教育就是要大力弘扬这种优秀传统,让孩子们成为文化的传承人、文化自信的拥有者。[6]优秀传统文化进入中小学课堂正是实现文化传承与人才培养的重要途径。而在人才培养方面,增强国民优良品性是优秀传统文化进入中小学课堂的重要价值取向。

国民性是一个国家或民族在长期的历史文化积淀过程中所形成的国民品性。国民性受到地域、宗教、民族、种族以及人的遗传、环境和教育等多因素的影响。[7]其中,教育对国民性的改造起着重要作用。教育的重要使命就是发扬国民性的优点,改造国民劣根性。中华优秀传统文化历经大浪淘沙、去粗取精,立足当下仍然展现着人性之美、思想之魅,蕴含着"立德树人"可资汲取的宝贵智慧。[8]优秀传统文化进课堂能够有效发挥优秀传统文化改造国民性的功能,实现国民性的整体优化。中华优秀传统文化是中华民族共同培育民族精神的源泉。作为民族精神的集中体现,国民性的培育或改造要通过传承中华优秀文化得以实现。优秀传统文化进课堂,实质上是让课堂充分发挥出其应有的育人价值,以增强国民的优良品性。

在增强国民优良品性的基础上,优秀传统文化进课堂旨在培育具有优秀传统文化素养的一代新人。首先,一代新人的基本诉求是做人,即具备做人的基本道德、伦理以及知识与技能等。优秀传统文化进课堂要满足对于基本做人的培育,以文化育人,让人真正成为人。其次,一代新人要具有优良的文化品性。文化往往代表着一个人的基本标识,优秀传统文化进课堂有利于将中国文化标识印刻在每一位学生身上。最后,一代新人要具有现代意识、现代思想和现代文化等。当前,部分优秀传统文化教育走入迷途的重要原因,即是未能将培育符合时代要求的一代新人作为其应有的价值取向,阻碍了教育应有价值的实现。

3. 打造中国特色基础教育新样态

打造中国特色基础教育新样态,是优秀传统文化进入中小学课堂的重要价值取向。优秀传统文化进入中小学课堂所带来的重要变革,是基础教育观念的深层变革。教育观念与文化紧密相连。教育观念的形成与发展正是各种文化尤其是优秀传统文化不断积淀的结果。优秀传统文化进入中小学课堂,进入的不仅仅是课堂场域之中,更是要进入到教师与学生的观念之中,形成教育观念的新样态。

优秀传统文化进入中小学课堂,将带来教育内容的巨大变革,有利于形成教育内容新的样态。课堂之中"教什么"一直是教育关注的热点。优秀传统文化的引入为课堂"教什么"确立了方向,并提供了文化源泉。中国传统文化源远流长,以其为主题的教育资源应该成为学校文化宣传的重点内容[9],也应该成为学校课堂教学的重要内容。在教育空间上,优秀传统文化的引入必然带来课堂空间的巨大改变,让课堂空间充满文化气息,焕发出学生的朝气与活力,形成教育空间的新样态。优秀传统文化进课堂所打造的基础教育新样态是带有中国特色的新样态。传统文化本身的"中国特色"决定了其对基础教育影响的中国特色,也决定了形成基础教育新样态的中国特色。优秀传统文化所蕴含的"天人合一""自强不息""贵和尚中"等思想,通过各种形式进入课堂,必然能够改变基础教育的"旧样态",形成具有中国特色的基础教育新样态。

三、优秀传统文化进入中小学课堂的推进逻辑

科学推进优秀传统文化进课堂需要沿着一定

的逻辑进行,在推进过程中需要结合时代背景、课堂实际、学生状况等,并努力做到优秀传统文化课堂常态化、整体化和全面化。审视优秀传统文化进入中小学课堂的全过程,一般是沿着优秀传统文化进课堂的目标定位、内容选择、方法推进、效果评估的推进逻辑进行的。

1. 目标定位:基于历史、参照现实

推进优秀传统文化进课堂,合理的目标定位是至关重要的,它决定了优秀传统文化进课堂的方向。优秀传统文化进入中小学课堂的目标定位,即是通过某种目标的设定以确定其未来发展的方向。而要确立科学合理的目标定位,需要基于历史,参照现实。优秀传统文化进入中小学课堂的提出,是基于历史的经验与现实的需求。基于历史,即是需要从历史经验中提炼优秀传统文化进入中小学课堂的目标,参照现实则是参照教育的现实需要来确定目标。教育部《关于全面深化课程改革落实立德树人根本任务的意见》中明确指出,努力使学生具有中华文化底蕴、中国特色社会主义共同理想、国际视野,成为社会主义合格建设者和可靠接班人。[10]《关于基础教育改革与发展的决定》规定,要使学生继承和发扬中华民族的优秀传统和革命精神,成为有理想、有道德、有文化、有纪律的一代新人。[11]这些文件不仅为"立德树人"及基础教育改革指明了方向,也为优秀传统文化进课堂指明了方向,提供了确立其目标定位的依据。

据此,优秀传统文化进课堂的目标定位可以分为国家、学校、教师三个层面。从国家层面来讲,优秀传统文化进课堂的目标定位是树立文化自信,铸就中国灵魂,实现文化强国。作为推动中华优秀传统文化传承与发展的重要举措,优秀传统文化进课堂的目标定位应围绕着国家的发展战略,通过树立文化自信,铸就中国灵魂,切实实现文化强国、民族振兴。从学校层面来讲,优秀传统文化进课堂的目标定位是凸显学校文化特色,实现文化育人。优秀传统文化进学校、进课堂,不能千校一面、千课一面,而应该形成各自的学校文化特色,根据学校自身特点,建立基于优秀传统文化,尤其是地方优秀传统文化的特色学校,真正实现在不同文化特色学校下的学生特色发展。从教师层面来看,优秀传统文化进课堂的目标定位是以学科核心素养为依托,培育理解、认同优秀传统文化,拥有理想人格、视野宽广的青少年。现代人格的养育离不开传统文化的滋养。[12]课堂是优秀传统文化的主阵地,教师则是优秀传统文化的主要传播者。故应将优秀传统文化进课堂的目标定位于课堂之中,定位于教学之中,定位于各个学科之中,定位于培养学生的具体文化素养之中。

2. 内容选择:注重规律、提炼精髓

推进优秀传统文化进入中小学课堂,在明确目标定位的基础上,选择合适的内容是关键。中国传统文化博大精深,内容极为丰富,且有优劣之分。因此,让优秀传统文化进入课堂,需要对传统文化的内容进行选择与加工。法国社会学家涂尔干曾说:"教育本身不过是对成熟的思想文化的一种选编。"[13]教育传承与发展文化的过程,不是对文化的全盘传递,更不是对文化的复古,而是有选择的传承。中国传统文化的发展就是经过不断筛选、优化和扬弃的结果。课堂是教育的集中地,是传承与发展文化的重要场所,传统文化要进入课堂这一重要的教育场域,必然需要经过慎重的选择。

优秀传统文化进课堂的内容选择,首先要适合学生的身心发展规律,选用生动形象的各种材料,选取知识性和趣味性强的内容。在不同学段应选择不同的内容。小学阶段侧重对优秀传统文化的兴趣与启蒙,初中阶段侧重体验、理解与认同,高中阶段则侧重深化与践行。其次,优秀传统文化进课堂的内容选择要体现出优秀传统文化的精髓。2014 年教育部发布的《完善中华优秀传统文化教育指导纲要》(以下简称"纲要"),从爱国、处世、修身三个层次概括凝练中华优秀传统文化教育的主要内容。2017 年的《意见》将中华优秀传统文化教育的主要内容确定为核心思想理念、中华传统美德、中华人文精神这三个方面。这些可以作为课堂内容选择的重要标准。

3. 方法推进:立足课程、活用技术

优秀传统文化进课堂的方法,是为传承与发展优秀传统文化,培育具有相应的文化素养的人而采取的手段、途径、步骤与行为方式等。根据文化传承与发展的特点,推进优秀传统文化进入中小学课堂要立足课程,活用技术。具体而言,包括以下几个方面:

首先,专门增设关于优秀传统文化的课程科目,编写相关教材。目前我国中小学实行分科教学、分科考核,语文、数学、英语、政治等科目是中小学的主要课程科目,缺少关于优秀传统文化的独立课程科目,这无疑在一定程度上影响了优秀传统文化的传承与发展。而将优秀传统文化作为独立课程科目,以相应的教材在课堂上进行传授,将会极大地促进优秀传统文化的传承与发展。同时,要编写相关教材。应单编传承中华优秀传统文化的教材,在教材内容上可参照《完善中华优秀传统文化教育指导纲要》中的相关规定。[14]可以说,增设科目和编写教材将会成为优秀传统文化进课堂的重要方式。

其次,将优秀传统文化融入各科教学之中,修订相关教材。正如德育活动的开展,不仅需要有专门思想品德课程,还需要融入其他各学科的教学之中一样,优秀传统文化的传承与发展也不仅需要增设独立的课程科目,还需要融入课堂的其他学科教学之中。将传统文化融入学校完整而全面的日常教育教学中,使中华优秀传统文化贯穿学校的各种课程与各个环节。[15]这就要求各科教师要提升自身的传统文化素养,并能够将传统文化与课程教学联系起来。同时,对其他各科教材进行修订,增加优秀传统文化在教材中所占的比重。

最后,活用现代教育技术推进优秀传统文化进课堂。新时代的学校课堂在信息技术的影响下,出现了翻转课堂、云课程、慕课等课堂教学新样态。活用现代教育技术,借助各种信息技术平台和方法,有利于推进优秀传统文化进课堂,提高课堂的时效性。在技术的影响下,未来课堂将呈现出环境舒适、装备先进、操控便利、资源丰富、交互实时、教学灵活的功能特征[16],这为推进优秀传统文化进课堂提供了极大的技术支持。

4. 效果评估:突出过程、指向素养

从优秀传统文化进入中小学课堂的评估方式和目的来看,进行科学合理的效果评估,关键要突出过程、指向素养。

突出过程即重点关注对优秀传统文化进课堂的过程进行效果评估,而不是仅关注结果,这也和优秀传统文化所蕴含的精神是一致的。只有在效果评估中突出过程,才会实现预定目标。突出过程意味着在优秀传统文化进入课堂的过程中全面审视其目标定位是否合理,内容选择是否得当,方法运用是否可行等,通过对整个过程进行全面审视与评估,并不断进行信息反馈,有利于顺利开展优秀传统文化进课堂的各项活动,确保各项活动取得好的成效。进入课程是优秀传统文化进课堂的重要方式,突出过程还意味着对优秀传统文化课程进行全面评估,具体包括对优秀传统文化课程目标、课程方案、课程标准以及课程实施过程等的评价。

指向素养则是指明优秀传统文化进课堂的效果评估方向,即指向对学生传统文化素养的评估。优秀传统文化进课堂的目的就是传承与发展优秀传统文化,提升学生的传统文化素养。《纲要》指出,增加中华优秀传统文化内容在中考、高考升学考试中的比重,将中华优秀传统文化教育纳入课程实施和教材使用的督导范围,定期开展评估和督导工作。[17]这无疑从政策方面为优秀传统文化进课堂提供了制度保障,也为进行优秀传统文化进课堂的效果评估提供了政策依据。效果评估指向学生传统文化素养,将学生的传统文化素养作为衡量优秀传统文化进课堂成效的重要指标。可以采用定量评价和定性评价相结合的方式开展效果评估。具体方式方法的选择应根据学校、教师及学生的实际情况而定。定量评价的形式一般有书面评价、单元测试、模块终结性测验等;定性评价的形式一般有档案袋评价、表现性评价、行为观察、访谈法、情境测验法等。[18]总之,推进优秀传统文化进课堂需要进行其效果的评价,只有加强对其效果的评价,加强各方面的监督与管理,才能真正实现优秀传统文化进课堂的总目标,培育出具有优秀传统文化核心素养的现代中国人。

参考文献:

[1] 中共中央办公厅,国务院办公厅.关于实施中华优秀传统文化传承发展工程的意见[N].人民日报,2017-01-26(6).

[2] 布迪厄,华康德.实践与反思:反思社会学导引[M].李猛,李康,译.北京:中央编译出版社,2004:133.

[3] 赵婀娜,杨宁,毛殷平.优秀传统文化进校园,这样"圈粉"[N].人民日报,2018-04-18(12).

[4] 纪德奎.变革与重建:课堂优质化建设研究[M].北京:中国社会科学出版社,2011:22-23.

[5] 陈丽.学校改进的特征与价值取向分析[J].教育科学研究,

2010,(11):5-8.
[6] 郑金洲.新时代素质教育的新理念新要求[J].河北师范大学学报(教育科学版),2018,(4):41-44.
[7] 和学新,郭文良.教育中政治仪式锻造国民性的可能与限度[J].西北师大学报(社会科学版),2016,(1):103-108.
[8] 张宏.中华优秀传统文化与语文课程深度融合的路径探析[J].教育研究,2018,(8):108-112.
[9] 王伟建.优秀传统文化的精华及教育渗透[J].中国教育学刊,2017,(6):79-82.
[10] 中华人民共和国教育部.关于全面深化课程改革落实立德树人根本任务的意见[Z].2014-03-30.
[11] 中华人民共和国国务院.关于基础教育改革与发展的决定[Z].2001-05-29.
[12] 严一平.基于中国传统教育的现代人格培养[J].现代基础教育研究,2017,(1):95-99.
[13] 涂尔干.教育思想的演进[M].李康,译.上海:上海人民出版社,2003:23.
[14] 温小军.中华优秀传统文化融入语文课程:实践样态与改进路径[J].中小学教师培训,2016,(3):38-42.
[15] 吴文涛.传统文化如何走进学校?——论学校传统文化教育的实践逻辑[J].中国教育学刊,2018,(3):37-42.
[16] 邱峰,张际平.未来课堂研究的价值取向与展望[J].现代教育技术,2015,(12):19-25.
[17] 中华人民共和国教育部.关于印发《完善中华优秀传统文化教育指导纲要》的通知[Z].2014-04-01.
[18] 连文达.传统文化融入中小学课程的路径选择[J].教育评论,2016,(12):137-141.

The Value Orientation and Promoting Logic of Excellent Traditional Culture Entering the Classrooms of Primary and Secondary Schools

GUO Wenliang
(Faculty of Education, Tianjin Normal University, Tianjin, 300387)

Abstract: It has become a national strategy to inherit and develop excellent traditional culture. The promotion of excellent traditional culture entering the classroom of primary and secondary schools means that the classroom becomes the main place for the inheritance and development of excellent traditional culture, which itself becomes an important part of classroom instruction. The value orientation of excellent traditional culture entering the classrooms of primary and secondary schools is reflected in the inheritance and innovation of excellent traditional culture, the enhancement of fine national character and the cultivation of a new generation with excellent traditional cultural literacy, and the creation of a new pattern of basic education with Chinese characteristics. The promotion of excellent traditional culture entering primary and secondary school classrooms should follow the logic of target position, content selection, method promotion and effect evaluation.

Key words: excellent traditional culture, the classroom, value orientation, promoting logic

部编《道德与法治》教材的栏目使用策略

刘凯旋

（上海市世界外国语中学，上海 200233）

摘　要： 随着国家部编《道德与法治》教材在全国范围的广泛使用，教师普遍认为教材操作性强、思辨点多。但与此同时，教师又需要在立足课标和学情的基础上，创造性地活用教材。文章结合某初中的学生认知和教学实践，以七年级上册《道德与法治》教材为例，对部分教材栏目进行了一定的增设与搭桥、重组与整合、延伸与扩展，从而更加有效地构建开放多维的学习平台。

关键词： 道德与法治；部编教材；栏目使用策略

部编义务教育初中《道德与法治》教材，已于 2017 年秋季学期在全国初一年级普遍使用。《道德与法治》教材延续思想品德基于初中学生生活的学科特点，以“立德树人”为总目标，注重社会主义核心价值观的引领，融合道德、心理健康、法律和国情等相关内容。对于部编教材的使用，教师需要准确理解和把握“道德与法治”是一门综合性课程，在活用教材的过程中，重视构建开放的学习平台，打造自由讨论与平等对话的时空，并依托教材开发更多的学习资源，从而促成师生共同学习、共同成长。

通过对部编教材的学习和使用，教师普遍认为教材中设计了很多操作性强、思辨点多的活动，可以直接使用到自己的教学设计中。但与此同时，由于各地学生在已有认知和理解能力方面都存在一定的差异性和不均衡，教师需要在立足教学实际的基础上，创造性地活用教材，才能构建更为开放多维的学习平台。因此，笔者以七年级上册《道德与法治》教材第一单元为例，对教材单元进行分析，梳理教学中的实际问题，最终对教材栏目的使用提出方法和策略。

一、部编教材栏目解读与分析

1. 对部编教材栏目特点和功能的分析

部编《道德与法治》教材提出“思维演进路径”，探索如何避免思想认识上的表面化、平面化，从而实现对学生的思想性引导。首先从经验引入，为学生设置情境或活动导入，从学生已有的生活经验入手，引出课堂教学的主题。紧接着通过各种活动聚焦主题，并进一步解释矛盾，为学生提供深入分析、多角度认识的途径和平台，最后进行相关行为和行动能力的指导。基于上述的思维演进路径，本教材超越了知识传递性的学习，以栏目搭建教学的脚手架，鼓励学生与文本对话，与自身的经验和感受对话。

作者简介：刘凯旋，上海市世界外国语中学二级教师，硕士，主要从事道德与法治教学研究。

从栏目的类型来看,“运用你的经验”为新课的导入环节,通过“探究与分享”“方法与技能”“阅读感悟”“相关链接”等栏目的穿插,提供了有效突破教学重难点的活动和素材,最后以“拓展空间”收尾,进一步启发学生思考或实践。从栏目的功能来看,“运用你的经验”,强调教学应以学生个体化的生活经验为起点,让学生能够结合身边事来自由表达,唤起学生的生活经验和已有认知;“探究与分享”栏目属于综合型的活动设计,主要包括“思维拓展型”“体验反思型”“情景讨论型”和“行为导向型”,此栏目环节聚焦课堂主题中隐含的矛盾焦点或重要问题,需要学生在情境中深入思考;“方法与技能”为学生提供从思想认识走向道德实践的行为策略和方法引领,如“努力也有方法”“课堂笔记策略”“自我评价方法”等,在可供借鉴和操作的方法指导下,同样赋予师生进一步探讨总结的空间;“阅读感悟”为学生提供了更为丰富的文字资料,在阅读和思考中体悟教材的文本和核心观点,以人物事例、小说散文等形式出现;“相关链接”为教师教学和学生思考提供相应的知识素材,有名言警句、古诗散文和报告文件等内容,也有助于学生的道德认知。因此,教师能否在自己的教学过程中充分实现不同栏目类型的功用,直接影响到了课堂教学目标的达成。

2. 对部编教材单元内容和结构的分析

部编七年级上册《道德与法治》教材的第一单元,具有统领全套教材的意义。它既是学生在初中阶段学习本学科课程的起始单元,又是全套教材建构的逻辑起点。“道德与法治”课程建设与实施的基础。对于刚刚进入中学校门的学生而言,中学时代是一个全新人生阶段的开始。学生既会对新生活充满期待和憧憬,又希望以全新的姿态来度过新的学习征程。因此,“促使学生对中学时代这一新的人生阶段充满更多的期待与思考”,是本单元主要的思想和核心观点。

基于上述分析,针对学生在初中阶段会遇到的心理变化和学习生活上的调整,本单元以“成长的节拍”为题,涉及“中学时代”“学习新天地”和“发现自己”三个主题,从学生学习环境和角色的变化入手,了解中学时代对人生成长的重要奠基作用。与此同时,通过对“梦想”一词的探讨,让他们做好初中阶段的规划,并充分感受少年的梦想与人类进步、个人目标、时代脉搏和国家发展紧密相连。紧接着教材带领学生拓展对“学习”的认识和理解,学习不仅仅局限在学校,生活中的点点滴滴都是学习。同时,渗透学习点亮生命的重要观点,学习使我们的生命更加有价值和意义。进而,引出“认识自己”的话题,在学会正确自我认知的基础上,不断努力发掘自身的潜能。

二、使用部编教材教学出现的问题

1. 学生现有认知与生活经历体现不足

教材中的“探究与分享”栏目,为突破教学重难点提供了诸多活动类型。它承载着帮助学生在课堂上生成具有主体性“道德认知”的功能,影响其生活经验分享的广度与思想认识的深度。部编七年级上册第一单元第二课第一框的第二目“学习点亮生命”,阐述了学习对个体和国家社会的重要意义。其中“学习打开了生命视窗”“拓展了新的通道”“改变了思维方式和行为”“变得更加独立和自由”等文字内容的出现,对学生的已有认知和生活经历的累积提出了较高要求。此处,教材“探究与分享”栏目直接创设了学生讨论的开放场景,提出“你想过自己为何而学吗?” 两人一组,相互探问对方,并对对方的回答进行追问。

通过前期的教学实践,笔者发现,在此环节的对话和讨论中,如果仅凭学生已有的认知和经历,依照教材“探究与分享”栏目的方式展开对话与讨论,他们课堂上能够分享出的“学习的意义”多为“考取好学校”“有一份好工作”等层面的回答，而对于“学习打开生命的视窗”“带来更多选择”的理解，他们仍缺乏相应的体验和感悟。教师需要补充更多事例材料为佐证，才能更好地生成核心观点。

2. 学生自我反思和自我认识能力有待加强

教材的“探究与分享”栏目属于综合型的活动设计，其中“体验反思型”活动，强调活动内容需激发学生个体的生命体验，希望引导学生与自身生活经验展开对话。在部编七年级上册第一单元第三课第一框第二目“多把尺子量自己”中，教材揭示了认识自己的内容和途径。其中“正确对待他人评价”是本目的教学重点。教材把“探究与分享”作为本目起始环节，借助“我的十二行诗”的形式，让学生完成对自我的描述。而结尾“拓展空间”栏目选择了“乔哈里窗[①]”的呈现方式，学生通过对这张图的填写，谈谈自己的发现和启示，并建议以日记的形式记录下来。

通过第一轮依照教材栏目进行教学的实施，笔者发现初中学生限于其成长环境以及生理心理特点，自我反思和自我认知能力还远远达不到这一水平。有的学生“公开区”范围过小，人际交往状态较为闭塞，不愿意在校园的学习生活中展示自己的特点和能力；有的学生“盲目区”范围过大，往往会高估自己的水平和能力；还有的学生并未充分挖掘自己的“未知区”，前进的目标与方向并不明确。

3. 学生放眼未来和规划生涯的意识尚未形成

教材的“拓展空间”属于“课外拓展型”活动设计，位于每一框的结尾，活动设计有一定的综合性、延展性、复杂性和创造性。部编七年级上册第一单元第一课的第二框“少年有梦”，激励学生敢于有梦、勇于追梦。教材“拓展空间”以“在生活中，你会为实现梦想付出怎样的努力”为主题活动展开，通过“未来四年里，我最大的梦想”“为了实现梦想，我需要培养的品质”“我需要做的准备”“我目前可以开始的具体行动”这四个子问题，引导学生制订自己的努力计划，使教学从课堂延伸到生活实践。

在教学过程中，笔者发现，学生按照“拓展空间”的要求，认真填写了“梦想计划”后，多数人的追梦之路并未启航。那些代表着年轻与朝气、彰显着创新与担当的少年之梦，随着课程内容的结束和学习生活的叠加，只能成为定格在课本中的美好想象。因此，若想真正达成“追逐梦想”的行动目标，就需要教师进一步调整教材“拓展空间”栏目的使用方式。

三、部编教材栏目使用的教学策略

基于上述对教材栏目特点和功能的分析，对教学单元内容和结构的分析，以及按照现有教材栏目进行教学所出现的问题，笔者对部编七年级上册教材部分栏目进行了调整和设计后，又进行了具体的课堂教学实践。其中以下三个教学活动的实施效果良好，现将相应的教材栏目使用策略汇总如下：

1. 增设与搭桥——突破教学难点

在部编七年级上册第一单元第二课第一框的第二目“学习点亮生命”的教学中，为了弥补学生已有认知和社会阅历的不足的现状，笔者在后续的备课中，在教材已有栏目的基础上补充了恰当的素材资料，进而使学生对“学习的意义”这一教学难点的理解更具生成性和层次性。笔者呈现这样的拓展素材：2018年的教师节，马云宣布一年后将辞去阿里巴巴董事局主席投身教育的消息，远比庆祝教师节的话题赢得了更多点击量。马云的求学经历与成长之路完整而有力地印证了“学习点亮生命”的主题，因此，笔者选取了马云的3个关键事件在课堂进行呈现：从蹬三轮送杂志的少年，到大学学生会主席并留校任教，再到美国归来辞职创业。每一次身份和命运的转变，“学习”二字都发挥了不可替代的作用。在接下来的教学环节，笔者给学生提出问题：“请你罗列，学习给马云带来了哪些方面的改变？”根据呈现的素材,学生能够直接归纳出的词语有“职业”“身份”“视野”“选择的空间”“对世界的认识”等,教师只需适当提炼,即可把学生生成的思考与教材中“学习打开生命视窗”“拓展新的通道”“带来更多选择”等观点进行结合。最后,呈现“马云宣布离开阿里投身教育”的视频,让学生真切感受到一个曾经被学习点亮的人,正希望通过自身的光和热去继续照亮身边更多的人,“帮助他人”“服务社会”,真正做到“点亮生命”。此课,笔者以问题思考为突破口,将远离学生认知的核心观点与真实、丰富且有影响力的人物材料相结合,从而引发学生的积极思考和观点的有效生成。

2. 重组与整合——用透活动体验

在部编七年级上册第一单元第三课第一框第二目“多把尺子量自己”中,笔者希望能够在课堂上充分发挥“乔哈里窗”这一自我认识的工具,让学生理解并掌握人际交往中的基本策略,学会通过适当扩大自己的公开区、缩小自己的盲目区并充分挖掘自己的未知区。

结合本课的教学内容,为了让学生拥有更为完整的自我认识体系,笔者将上述两个栏目活动进行了重组整合:首先在课前请学生完成“我的十二行诗”的自我描述,然后挑选某些学生的自我描述,作为课堂第一个教学活动 “慧眼识人 这是谁”的文字呈现,请学生猜出他(她)的姓名。由此揭示出在我们的自我认识中,自己知道且他人同样知道的内容属于乔哈里窗的第一个区域“公开区”,而自己知道别人却不知道的属于“秘密区”;紧接着第二个教学活动“洗耳恭听,我是谁”,教师给学生发放写有他人对自己评价的小纸条,并提出三个问题:第一个问题“看到同学们写下的这些词语,你的第一感受是什么?”第二个问题“角色扮演,你会怎样与评价同学进行交谈?”第三个问题“请你找到为你撰写评价的同学,就自己的优缺点进行探讨。”通过上述的三个步骤,让学生真正掌握理性对待他人评价的具体方式。而通过探讨,学生也发现了自己的“盲目区”;在第三个教学活动“人物解读:他是谁”中,笔者使用港珠澳大桥总工程师林鸣的事例,让学生看到典型人物逐梦之路上对于自身“未知区”的挖掘,最后让学生结合之前所学的梦想一课,对自己的未来也进行畅想。

3. 延伸与扩展——见证行为践行

为了不让学生撰写的计划流于形式、止步课堂,在部编七年级上册第一单元第一课的第二框“少年有梦”中,笔者借助“拓展空间”的环节,希望提高学生对于此份“努力计划”的设计热情和实践意义,于是将此环节的呈现形式进行了适当调整与延续:要求学生在初步明确自己梦想的基础上,将其以轮廓图的形式进行呈现,通过“梦想地图”的方式,让梦想跃然纸上。同时在梦想轮廓图中,结合教材原有活动设计的子问题,设置了“四年内的阶段性任务”“目前遇到的困难”“四年后的长期目标”,从而让学生能够通过绘制,清晰地认识到自己目前的问题和不足,找准发力点,向自己的梦想不断迈进。与此同时,为了让学生更好地践行“追求梦想的过程并不应止于心动,更要付诸行动”,笔者与同组教师展开了“梦想孵化器——磨砺中学生坚毅性品质的活动研究”课题,在年级中遴选出 20 位怀揣梦想的学生,以此“梦想地图”为蓝本,从 2018 年 12 月至 2019 年 12 月,为期一年。在此过程中,教师对学生梦想任务的完成情况进行为期一年的过程性评价与激励,帮助学生把课堂上的梦想誓言落地开花。

在国家推行义务制教育《道德与法治》统编教材的契机之下,作为初中一线教师,也要坚持统一性和多样性相统一,落实教学目标、课程设置、教材使用、教学管理等方面的统一要求,因地制宜,因材施教。在青少年的 “拔节孕穗期”,给学生心灵埋下真善美的种子,真正实现“立德树人”的总目标。

注释:

① “乔哈里窗”是指一种关于沟通的技巧和理论,最初由乔瑟夫和哈里在20世纪50年代提出。“乔哈里窗”理论将人际沟通的信息比作一个窗子,它被分为4个区域:开放区、秘密区、盲目区、未知区,人的有效沟通就是这四个区域的有机融合。

参考文献:

[1] 朱小蔓,王坤.初中《道德与法治》教材使用对教师的期待与引领[J].中国教育学刊,2018,(4):24.

[2] 朱小蔓.《道德与法治教师教学用书》七年级上册教参[M].北京:人民教育出版社,2018:8.

[3] 吴蓉.人教版《道德与法治》教材的主要特点及教学策略[J].政治教学月刊,2016,(9):9.

The Column Use Strategies of the Textbooks of *Morality and Rules of Law* Compiled by the Ministry of Education

LIU Kaixuan

(Shanghai World Foreign Language Middle School, Shanghai, 200233)

Abstract: With the extensive and nationwide use of the textbook Morality and Rules of Law across the country, compiled by the Ministry of Education, teachers generally believe that the textbook is highly operational and has many thinking points. Meanwhile, teachers need to creatively use this textbook based on curriculum standards and learning conditions. Based on the students' cognition and teaching practice in a junior high school, this paper used the textbook of Morality and Rules of Law in the first semester of grade seven as an example, and added and bridged, reorganized and integrated, and extended and expanded some sections of the textbook, so as to construct an open multi-dimensional learning platform more effectively.

Key words: *Morality and the Rule of Law*, a textbook compiled by Ministry of Education, column use strategy

碎片化思维影响下学生思想政治教育研究

戚　静

(上海师范大学 人文与传播学院,上海 200234)

摘　要: 互联网环境下,碎片化思维给人们思维的广度、深度和速度都带来了影响和改变,其本质上是对思维的逻辑性、主动性和系统性进行了解构和重构。碎片化思维使学生的思维呈现开放性、包容性和创新性,对学生思维的惰性、跳跃性、片面化和个人主义倾向的产生有着明显影响,也令学生思想政治教育的目标主导性、内容整体性、主体权威性和方法逻辑性都遭到极大的挑战。思想政治教育者要适应并超越碎片化思维给学生带来的影响,努力做到求同存异、形散神聚、亲师信道和内外结合,不断优化学生思想政治教育方式方法,提高学生思想政治教育的有效性。

关键词: 碎片化思维;学生思维方式;思想政治教育

碎片化思维是伴随着互联网全面发展而产生的一种新的思维方式,这一思维方式对学生①认知和行为产生了显著影响,同学生思想政治教育产生了矛盾和冲突。思想政治教育者必须正视这一变化,调整工作方式方法,化解矛盾与冲突,实现碎片化思维与学生思想政治教育的融合。

一、碎片化思维的内涵

思维方式是"一定时代人们的理性认识方式,是人的各种思维要素及其结合按一定的方法和程序表现出来的相对稳定的定型化的思维样式,是主体观念把握客体,即认识的发动、运行和转换的内在机制和过程"。[1]虽然每个人都有自己独特的思维方式,但就人类思维的基本特征看,都具有逻辑性、主动性和系统性特征。逻辑性表明人的思维活动依据一定的规律运行,主动性是人类的思维活动能够围绕目的性主观能动地展开,系统性是人类的思维活动根据已掌握的知识和经验来建构自己的思维体系。思维方式受到一定的社会现实、历史文化、学历背景等各方面因素的影响,是社会发展总和的反映。

随着互联网技术的发展,网络渗透到人们学习、生活、工作的方方面面,使人们的思维方式发生着深刻的发展与变化,也催生了一种独特的思维方式——碎片化思维。碎片化思维是互联网时代人们在接受多元、局部、零散信息过程中养成的一种思维方式,它表现为人们在认识事物时的手段、渠道、标准、判断等呈现出的非系统性的方式方法。"碎片"从字面上看,就是完整的事物破裂成零块。碎片化最早被引入传播学或网络媒体研究语境中,是指人们通过网络媒体了解阅读与以往相比数量更巨大而内容取向分散的信息,完整信息被分类分解为各式各样的信息片段。伴随信息碎片化而来的,还有主体时间的碎片化、地点的碎片化、需求的碎片化等,"网络社会信息传播内

作者简介:戚　静,上海师范大学人文与传播学院讲师,上海师范大学马克思主义学院博士研究生,主要从事思想政治教育研究。

容、形式、途径、主体等的碎片化特征导致思维方式的碎片化”[2]，使得人们越来越难从整体上进行直观判断，并逐渐改变了传统的整体统一的思维方式，形成了碎片化思维。

碎片化思维给人们思维的广度、深度和速度带来了影响和改变，其本质上是对思维的逻辑性、主动性和系统性进行了解构和重构。从思维广度上看，网络上铺天盖地的信息使人们的思维接触到更为丰富的信息，人们的思维方式也能够站在更宽广的平台上开展，呈现出相当大的开放性，但如何在大量的碎片化信息中获取真实、有效的信息，对人们思维方式的逻辑性提出了更高的要求；从思维的深度上看，碎片化的信息可以让人们从网络中不断挖掘想要得到的信息，而同时也正是由于大量的信息阻碍了人们对信息背后的本质的探寻，对人们思维方式的持久性和主动性提出更高的要求；从思维的速度上看，网络碎片化信息的高速传输，加快了大脑对信息的加工速度，使得思维必须快速运转，同时也改变了传统的“三思而后行”的思维方式，人们需要在短时间内思考问题，对人们思维方式系统性提出了更高的要求。

二、碎片化思维对学生思维方式的影响

学生思维敏捷，热爱追求新事物，乐于接纳外来事物，“互联网+”时代的碎片化思维既增强了学生思维方式的开放性、包容性和创新性，又带来了学生思维方式的惰性、跳跃性、片面化和个人主义倾向。

1. 碎片化思维对学生思维方式的积极影响

第一，碎片化思维增强了学生思维方式的开放性。互联网带来了更宽广的信息流通渠道、更丰富的学习娱乐社交平台，加上学生本身敏感度高，容易更快地接受新事物，碎片化思维可以使学生突破传统思维定式和狭隘眼界，以更开放、更广阔的视角来看待问题。学生获取信息越来越便捷和自由，获得信息的数量也已经远远超过了课堂所提供的信息量。碎片化思维带来学生思维的开放性背后是更多的可能性，学生可以运用一切可利用的资源进行“跨界”和“整合”，对自己所拥有的知识、能力和价值观体系进行建构。同时也可以用来丰富和创新思想政治教育的内容和形式，学生的主体性和互动性大大增强，拉近了教育者和受教育者的距离。

第二，碎片化思维增强了学生思维方式的包容性。网络呈现出一切皆可容纳的态势，为学生的思维发展提供了优越的文化环境。在碎片化思维的影响下，学生看待问题的视角更加多样，更少偏见，更能接受差异和不同，更宽容，更会尊重。这种包容性的前提是更自信，更独立，更能坚持己见，更有规则意识。这使思想政治教育工作更加充满人性关怀，真正围绕学生的需求而开展，以此为基开展的活动也会更加有实效性。

第三，碎片化思维增强了学生思维方式的创新性。作为互联网的“原住民”，当代学生思维呈现出显著的创新性特质。碎片化思维通常能突破传统思维的影响，不受现成思路的约束，寻求全新的独特的解决方法。近年来，国家高度重视学生创新，以“创青春”创新创业系列赛事、“互联网+”系列赛事、国家大学生创新性实验计划等组成的赛事体系激发学生创新创业意识，取得了很好的效果。思想政治教育者应当进一步引导和调动学生学习的主动性、积极性和创造性，将碎片化思维中的闪光点转化为学生的创新思维和创新意识，掌握思考问题、解决问题的方法，提高创新能力和实践能力。

2. 碎片化思维对学生思维方式的消极影响

首先，碎片化思维容易引起思维惰性。虽然碎片化带来主体性的增强，却也容易让人们注意力分散、不聚焦，思维依赖外界提供的信息，产生“信息多、无观点”的情况。学生通过网络传媒浮光掠影地阅读信息，但往往没有深刻的理解和记忆，只是即时性、静态化地接受，缺乏深入思考，也不做对比和联系，很多都是接受大量的碎片化信息后在网络的随机反应，不是深思熟虑的结果，这增加了思想政治教育深化的难度。

其次，碎片化思维容易导致思维的跳跃性。碎片化思维使人们的思维缺乏逻辑性，从而引起思维的跳跃性，就是通过非线性、不依逻辑步骤，直接从命题跳到答案，并再一步推广到其他相关的可能，使大脑在思维时呈现的一种扩散、跳跃状态。思维的跳跃性，本身具备许多优点，比如变通

性强、灵活新颖,在激发学生创新能力方面有着重要的作用,但同时,思维的跳跃性会打乱有序的思考模式,还会造成逻辑思维的缺失,思维组织比较杂乱无序,也使思想政治教育内化遇到阻碍。

第三,碎片化思维容易使思维陷入片面化的状态。当注意力被自己所关注的信息过分占据的时候,就容易引起认知能力和判断能力的下降。学生片面地认为自己从网络中所看到的、所了解的碎片的不全面的信息是正确的内容,将局部的认知当作整体认知。再加上网络参与者的匿名性、网络信息的自由性和获取的低成本造就了一个多元的环境,在虚拟外衣的"安全保护"之下,学生可以更大胆地表达观点、讨论问题。在这种思维模式下,学生的理性和辩证能力弱化,对于网络信息的真实性以及价值导向性缺少正确的判断,对课堂和教师所传授的传统权威内容产生质疑,使传统思想政治教育收效甚微。

第四,碎片化思维容易令思维呈现个人主义倾向。碎片化思维信息的出发点都是为满足"我"这个个体而存在,将"个人"放在了碎片化信息的核心位置。碎片化思维背后是个体利益诉求的差异化,"将思维聚焦于局部和细微信息上,强调与主体自我的关联和独特个性的释放。"[3]学生的思维方式已经从传统的集体主义的、服从大众的、内敛的模式中完全摆脱出来,更加追求个性、自我、享受等。进一步带来的后果是考虑问题缺乏全面、长远的观照,出现较为主观的倾向,较少考虑他人的感受,对于有些问题的看法难以统一,集体意识缺乏,呈现出强烈的个人主义色彩。学生人际关系和同伴矛盾问题突出,认为没有必要参加集体活动等,都给现有的集体主义教育带来了巨大的挑战。

三、学生思想政治教育遭遇碎片化思维的挑战

长期以来,学生的思想政治教育是一个有独立系统的教育阵地,其目标具有主导性,主体具有权威性,内容具有整体性,方法具有逻辑性。从思维视角来看,知识教育是学生思想政治教育的手段,而让学生学会独立思考、分析和解决问题,正确认识世界和改造世界才是思想政治教育的真正核心。但是碎片化思维对传统的思想政治教育带来巨大的冲击与挑战,使后者面临着严峻的考验。

1. 碎片化思维与学生思想政治教育目标主导性的碰撞

学生思想政治教育的目标是按照国家和社会要求的思想观念、政治观点、道德规范,对其施加有目的、有计划、有组织的影响,使他们形成符合一定社会所要求的思想品德[4],从而实现每一位学生自由而全面的发展。从目标上看,是思想政治教育者一方对学生一方思想的输出,思想政治教育者想要学生转化个体思想,使学生个体思想保持与社会思想的一致,强调的是规范和引领的价值功能。这个确定的、预定的目标一直主导着思想政治教育理论与实践的方向,但在当前社会中却遭遇了碎片化思维的挑战。碎片化思维依赖的是多信息、多渠道、多价值观,造成了个性选择的多样性,在多元化中每一位学生都能找到自我意识归属,强调个体价值的张扬,这让他们在不知不觉中发生了价值选择的转移。学生乐于接受多元文化下的不同价值观,"彼此以近乎包容的态度相互交叉感染,淡化了思想政治教育的主旨"[5],并将思想政治教育主导的价值观看作普通价值观中的一种,或者看作被强迫灌输的一种特殊的"价值观"而不断疏远。

2. 碎片化思维与学生思想政治教育主体权威性的抗衡

教师是开展思想政治教育活动的主导者,发挥着主观能动性,学生作为在教育过程中学习的主体,发挥着主体性。这一现实遭遇碎片化思维后,对学生思想政治教育主体的权威性提出了挑战。首先,对学生思想政治教育主体提出了挑战,师生双方都成了学习者,同样接受着碎片化环境下大量知识点、信息点的输入,教师掌握的知识储备量不再具有绝对性,学生可能随时质疑教师的论点、论据和论断,教师必须尽可能根据时代发展调整教学的内容。其次,思想政治教育主体的任务增加了,不仅要做思想政治教育内容的输出者,还要合理有据地驳斥大量带有"迷惑性"的假信息、错误信息,净化思想政治教育的环境,为学生成长发展拨开"迷雾"。第三,思想政治教育主体

变得“泛化”,碎片化思维带来的是多元思想主体的融入,多样化的传输渠道使学生有了与思想政治教育主体互动的话语权,有了自主选择思想政治教育主体的机会,他们可能摒弃了原有的最具权威性的主体,转而投奔更能与其达成共识的主体,使传统思想政治教育主体存在的合理性遭遇危机。

3. 碎片化思维与学生思想政治教育内容整体性的对抗

碎片化思维给学生思想政治教育内容的整合性带来极大的冲击,使思想政治教育的整体性和系统性被分化。首先是“碎”和“整”的对抗,碎片化思维本质是零散和分割等,思想政治教育内容的理论整合性是基于马克思主义理论的完整性和体系性,碎片化思维的离散状态使学生很难系统全面接受思想政治教育的内容,使思想政治教育的内化产生阻碍。其次是“浅”和“深”的对抗,碎片化思维展现出非线性的、快捷化、个性化的特征,思想政治教育内容的知识深刻性体现在它是一种线性的、有深度的真理性内容,应该成为学生的精神粮仓,然而碎片化思维阻碍了学生更加深入地思考问题,使其停留在表象,不愿深究本质,对于需要深入思考、费心思索的经典文献越发不喜爱,更无从谈起对深刻性的追求。第三是“虚”和“实”的对抗,碎片化思维受碎片化信息影响,往往呈现的是网上虚拟的且自发无序的内容,思想政治教育内容的实践现实性不会停留在理论上,更强调引导学生用理论指导实践,在实践中发现问题、解决问题,回归在人的现实性上,但是碎片化思维却使学生热衷于做“键盘侠”,脱离调查和实践,在网上“指点江山”,致使思想政治教育的有效性大打折扣。

4. 碎片化思维与学生思想政治教育方法逻辑性的对立

思想政治教育方法具有极强的历史和现实的逻辑性,它以马克思主义的唯物辩证法为指导,蕴含着认识和改造世界的思维范式,是人们能够掌握和认识客观规律探索世界的一般法则。碎片化思维主张的是形象表达,最大的优势是能用视频、图片、流行语等表达观点,带有较强的娱乐性,接收者在视觉、听觉上得到较大的满足并因此快速接受信息,但其中的感性内容居多,理性内容比较少,历史的逻辑性和现实的逻辑性都不强。在这种情况下,学生思想政治教育的方法如果要适应碎片化思维模式,仅仅展现比较突出的形象表达,而不使用历史辩证方法去看待的话,其内容和价值就容易被曲解、弱化、平面化。

四、运用碎片化思维提高学生思想政治教育的有效性

学生思想政治教育有明确的政治任务和使命,承担着培养学生良好思想政治素养的重任,因此,思想政治教育不能因为遭遇碎片化思维就放弃阵地,而应该正视这个客观事实,运用好碎片化思维的优势,主动回应并实现超越。

1. 求同存异,基于共同价值进行精准引导

碎片化思维是时代的产物,其承认和包容多元价值。托夫勒认为“第三次浪潮的变革,只会使生活越来越多样化,而不是更进一步标准化”[6],博采众长、求同存异,是思想政治教育理应教会学生的一课,也为学生思想政治教育开展基于共同价值的精准引导提供了科学依据。

必须承认的是,伴随着经济全球化与社会迅速发展,多元价值并存、各类文化相互交融已经成为不争的事实。学生在这样的文化背景下接收到的必然是多元的价值观点和文化理念,“汉服迷”“漫威粉”“二次元”展现了学生的多样选择。面对这一现实,思想政治教育必须正确对待价值的多元性和差异性,要坚持以宽广的胸襟来容纳和引导多元化价值取向,让学生在宽广的文化海洋中进行比较、鉴别和选择。

大数据是碎片化思维下学生思想政治教育求同存异的关键手段。用以数据核心为特征的思维方式分析学生关心什么、喜爱什么、需要什么,再以此为基础投射共同价值,是学生思想政治教育坚持目标主导性、融合碎片化思维的有效方式。首先,分析学生思想动态,通过网络平台的互动信息、留言、社会调查数据等掌握学生的价值取向,分析学生的关注点和喜好,有针对性地开展教育引导活动。其次,预测学生观念的变化,学生的观念变化不是瞬间的,而是一个逐步发展的过程,思

想政治教育的大数据应该具备不断捕捉学生变化的过程并进行预测的能力。同时,思想政治教育还可以运用大数据分析,根据实时热点进行引导,把教育做在前面。第三,评估学生思想政治教育效果,大数据能够结合动态与静态评价,评估学生在一段时间内接受教育的效果,为后续思想政治教育工作提供很好的依据。最终目的就是引导学生价值取向,实现学生的价值取向同思想政治教育的价值导向一致。

2. 形散神聚,抓住焦点、热点问题的关键

互联网时代仍然有着汇聚核心的力量,使产品、信息能最大限度满足人们的需要,关键在于碎片化思维的最大优势是能让人们在大量的碎片化的信息中"快而准"地提取到关键内容。在网络时代,信息不停地更新换代、推陈出新,刚刚发布的信息可能很快就会被淹没,因此碎片化思维要求必须能够把握核心内容。学生思想政治教育要学习碎片化思维的展现形式,更要懂得运用思想政治教育内容整体性和方法逻辑性去突破碎片化思维模式的局限。

第一,要学会"微"操作。适应碎片化思维的形式,开展"微"教育,将学生的关注点吸引过来。"微"就是短、平、快,"短"就是内容不要洋洋洒洒且无重点;"平"就是要平等交流,不可高高在上、盛气凌人;"快"就是要跟进最新事件和学生最关心的内容。在实践中,要寻找或打造学生能经常使用的"微平台",把长的、枯燥的理论转化成短小精悍又通俗易懂的"微理论""微语录",让学生能一眼抓住里面的关键内容,从原来的局限的正式沟通变为更易扩散的"微传播",让思想政治教育真正走进学生心中,从而真正说服学生。[7]

第二,要保证"内容为王"。思想政治教育内容要以马克思主义的整体性思维为统领,从历史与现实的整体出发,在历史中找寻经验,在现实中发展未来,使学生更好把握历史与现实的连贯性;从理论与实践的整体出发,增强学生认识世界和改造世界的能力,培养问题意识以及在实践中解决问题的能力,强化学生理性思维;从个人与社会的整体出发,培养学生的大局意识和集体精神,养成学生的关爱他人、关注社会的责任意识。

第三,要坚持"以生为本"。思想政治教育必须做到满足学生的核心需求,甚至引导学生的需求方向,坚持"以生为本"的核心理念,"体验至上""按需定制"。"体验至上"就是要关注学生接受思想政治教育时的感受与收获,当然前提必然是做到了解学生所思所想,把握学生成长规律;"按需定制"就是提供学生需要的个性化内容,从学生角度出发,满足学生丰富的、多层次的需求,

第四,要做到张弛有度。碎片化思维的发散性具有"张力",为学生思想政治教育发挥最大的效果奠定了可能性,而在思想政治教育过程中还要形成一定的"合力"。这就需要思想政治教育者引导学生以某个思考对象为核心,从不同的方向将思维指向这个中心,达到思维的目标,对信息进行有效的筛选,通过分析、讨论、比较得出最佳答案,从个性中总结出共性,在推理归纳过程中去发现规律,从而使思维的跳跃性和思维的逻辑性有机结合,上升为发现事物的本质,并最终得出结论。

3. 亲师信道,打造"偶像"教师

在碎片化思维影响下,学生希望与教师以平等的地位和身份对话,师者权威的树立不仅需要依靠教育者的知识储备量,也需要师德示范、人格魅力的引领,这才是化解思想政治教育主体间冲突的最好方式。

首先,亲其师,信其道。即要在情感上靠近学生。在思想政治教育过程中,要在价值主张上吸引学生群体,现在的学生不论是交友还是沟通都注重价值观是否相通,"话不投机半句多"说的就是这个道理。因此,将教育者打造为"偶像"品牌时,必须要清楚学生喜爱的方向,同时提升教育者的个人形象、口才、学识、人格等方面魅力,量身打造"偶像"教师,使学生跟着自己的"偶像"探索知识、追求真理和高尚人格。

其次,信其道,亲其师。师生良好互动关系的维护重点还在于"道",也就是说教师必须能够"引人以道""启人以智",做学生人生发展的指路明灯,让学生真正追随的是科学和真理。教师要及时有效同学生进行互动,例如开设"师生互动平台",学生可以私信教师,教师在登录后回答学生问题,也可以就某些问题与学生共同学习讨论,甚至可以把线上活动延展到线下,开设小型读书

会等，加强与学生之间的联系，使思想政治教育者的权威性立稳扎深。

4. 内外结合，实现学生主体的自主构建

在碎片化思维下，对学生开展思想政治教育要跟上快速变化的节奏。习近平总书记在2016年12月高校思想政治工作会议上提出，"要运用新媒体新技术使工作活起来，推动思想政治工作传统优势同信息技术高度融合，增强时代感和吸引力"[8]，在合理引导和有效约束的范围内，充分挖掘网络的丰富资源，研究图、文、音、频等宣传形式的技巧，尽可能提供多样的内容，构思同学生没有距离感的教育情境，采取学生喜爱的话语体系，做到贴合学生需求、引导学生需求、超越学生需求，调动全体成员的积极性，增强教育内容与形式的吸引力。

碎片化思维给新形势下学生思想政治教育带来了困境，思想政治教育者必须因势而谋、应势而动、顺势而为，牢牢把握学生思维方式的特征及其变化，运用好碎片化思维的优势，探索破解碎片化思维下学生思想政治教育难题的新举措、新办法，提高学生思想政治教育的实效性。

注释：

①本文所指的学生是未满18周岁的在校学生（含大学生）。

参考文献：

[1] 李秀林.辩证唯物主义和历史唯物主义原理[M].北京：中国人民大学出版社，2004：267-268.

[2] 卢秀峰，李辉.基于新媒体背景下的青年大学生碎片化思维及其整合[J].黑龙江高教研究，2015，(5)：88.

[3] 柴紫慧. 思想政治教育的碎片化及整合路径[J].思想政治课研究，2017，(5)：55.

[4] 陈万柏.思想政治教育学原理[M].北京：中国人民大学出版社，2013：4.

[5] 郭智勇.传媒"碎片化"与思想政治教育范式转换[J].思想教育研究，2012，(11)：50.

[6] 阿尔文・托夫勒.第三次浪潮[M].朱志焱，等译.北京：新华出版社，1996：82.

[7] 农毅.传媒"碎片化"环境下高校思想政治教育文化平台建设的探索[J].学校党建与思想教育，2014，(1)：63.

[8] 习近平.习近平在全国高校思想政治工作会议上的讲话[EB/OL].[2016-12-08].http://dangjian.people.com.cn/n1/2016/1209/c117092-28936962.html.

Research on Students' Ideological and Political Education under the Influence of Fragmented Thinking

QI Jing

(College of Humanities and Communications, Shanghai Normal University, Shanghai, 200234)

Abstract: Under the Internet environment, fragmented thinking has affected and changed the breadth, depth and speed of people's thinking. In essence, it deconstructs and reconstructs the logic, initiative and systematicness of thinking. Fragmented thinking makes students' thinking open, inclusive, innovative, and exert positive influence on the inertia, jumping, one-sidedness and individualism of students' thinking. Therefore, the ideological and political education of students' objective dominance, content integrity, subject authority and method logicality are subjected to great challenges. Ideological and political educators should adapt to and go beyond the impact of fragmented thinking on students, strive to achieve the convergence of form and spirit, seek common ground while shelving differences, follow excellent teachers, combine both internal and external factors for better education, thus optimizing the ways and means and improving the effectiveness of ideological and political education for students.

Key words: fragmented thinking, students' way of thinking, ideological and political education

图书在版编目(CIP)数据
现代基础教育研究 第34卷/何云峰主编.——上海:上海教育出版社,2019.6
ISBN 978-7-5444-9179-2

Ⅰ.①现… Ⅱ.①何… Ⅲ.①基础教育—研究—中国
Ⅳ.①G639.2

中国版本图书馆CIP数据核字(2019)第100310号

执行编辑 王中男,孙 珏,张雪梅
责任编辑 戴燕玲,邹 楠

现代基础教育研究
何云峰 主编

出版发行 上海师范大学期刊社
上海教育出版社有限公司
官 网 www.seph.com.cn
地 址 上海市永福路123号
邮 编 200031
印 刷 上海师范大学印刷厂
开 本 889×1194 1/16 印张 15.375 插页 2
字 数 440千字
版 次 2019年6月第1版
印 次 2019年6月第1次印刷
书 号 ISBN 978-7-5444-9179-2/G.7573
定 价 50.00元

聚焦学科核心素养，促进学生个性发展

——上海市南洋模范中学“学术节”简介

2018年秋冬之际，上海市南洋模范中学举办了以“聚焦学科核心素养，促进学生个性发展”为主题的第10届校学术节。本届学术节有三个特点：首先是有聚焦点,聚焦课标，聚焦学科核心素养；其次是把课堂教研与主题研讨结合起来，把课堂展示课当作一个案例并由此切入，关注点是研究学科教学如何落实学科核心素养的培养；第三是各教研室请来教研员、特级教师、大学教授等上海市知名专家学者观摩教学，参加研讨，专业点评，使本届学术节达到专业高度，颇具学术氛围。

教学公开展示

这次学术节面向市、区开设了15节教学展示课，举行了10场学科研讨会，邀请到各学科教研员、特级教师以及来自市、区40多所兄弟院校的近500名教师同行。开课教师汇聚了市名师后备人、区学科带头人、区中青年骨干教师、局学科中心组成员、学科教研组长等阵容强大的教师团队，以及获得骏马奖、百花奖的中青年骨干力量。学校教师围绕“核心素养教学的关注点”开展了积极而富有成效的思考，并努力探索课改下的新型授课方式。课后，各教研室邀请区教院的相关教研员组织了研讨活动，与会者积极发言，热烈讨论。教研员围绕教改、课改方向对展示课进行了高质量点评，大家对学校教师的课堂教学以及由此展现的学校学术氛围给予了高度的肯定和赞扬。

高屹校长点评

这一届学术节还有众多缤纷之处。有对跨学科协同教学的探索，有从单元综合的角度、关键细节的角度、年段教材衔接的角度、教研室整体认知的角度去探究学科核心素养的培养，体现了南模教师基于课标又超越课标的扎实功底，体现了他们既结合实际又主动探究的创新意识。

南模教育一直强调是在“学习的场域”中进行的，这就是说场域中有多重的主客体关系或主体间的关系。学校每年举行的一次学术活动，都要以学习之心对待，要积极参与进去，获取切身的体悟。本次学术节充分展示了学校师生的精神风貌，体现了深厚的学习研究氛围，为学校117周年校庆活动添加了绚烂浓重的一笔。

基于核心素养的学科研讨

在项目化学习活动中实现教学相长

——上海市嘉定区迎园中学“项目学习”专题

项目化学习活动专题汇报

上海市嘉定区迎园中学（以下简称“迎中”）的项目化学习起源于2008年，在10余年的尝试中，学校的项目化学习研究不断趋于成熟，学生的学习经历更加丰富，教师的教学视野更加开阔。

☆PBT模式

项目化学习主要采用两种模式。第一种是PBT模式。全称Project－Based Teaching（基于项目管理的教学）的管理模式，它是一种通过调查、研究、探索、展示、分享等形式进行的跨学科活动，它由一系列真实性任务和教学性任务相结合而成，最终解决生活中的实际问题。

例如学校的生命科学教师在指导“绿色行动进行时”项目活动时，教师首先提出项目总任务（识别校园植物、绘制校园植物地图等），做好总体设计与策划，然后在全校范围内以班级为单位建立28个项目组，教师通过培训项目管理人（学生）的方法和技巧，进行任务分解；各项目管理人负责本班级学生的学习和管理，完成活动目标。项目活动全部结束以后，学生通过PPT、文档、视频、海报、照片等形式展示和分享收获。

环保体验活动：农场除草

☆PBL模式

第二种是PBL模式。这是一套设计学习情境的完整方法，也称问题式学习，是以问题为导向的教学方法，是一种基于现实世界的以学生为中心的教育方式。

如语文组教师开展的“传承经典文化”阅读推广项目活动，经过反复推敲，确定了学生4年的基础阅读书目，还每年组织“元宵古诗文灯会”普及性的古诗词竞答活动以及竞争性的诗词大会；每月读一本名著；每周1节语文课作为阅读课；每天的微信平台推送一篇学生佳作。经过多年的努力，语文教师完成了《走向无师自通的语文课》阅读文集的编写。

元宵古诗文灯会

通过一次次的项目学习的锻炼，学生在项目管理的过程中，增强了自主学习、时间管理、解决问题等能力；参与的学生具备了一定的学习策略、创新精神，以及探究合作意识和沟通、处理信息的能力；学生的毅力得到培养，养成了坚持不懈解决问题的学习态度，提升了学习自信心。